정영헌의

다빈치
리졸브

DaVinci | Resolve

마스터하기

정영헌 저

DIGITAL BOOKS
디지털북스

정 영 헌 (E-mail : DavinciMaster@naver.com)

- 현재 미국 뉴욕시립대 방송과 교수로 재직 중
- 애플 파이널 컷 프로 X 10.4 공인 트레이너
- '정영헌의 Final Cut Pro X 마스터하기' 저자
- 파이널 컷 프로 강사 : CNN, NBC, FOX, Journalism School
- ESPN 로던 펠로우쉽 Instructor
- 동국대학교 국제 협력교수
- 한국영상대 국제 협력교수
- 한대수의 MY NY 제작 감독
- Director of CUNY Study Abroad Program in South Korea

| 만든 사람들 |

기획 IT·CG기획부 | **진행** 양종엽, 박소정 | **집필** 정영헌 | **책임 편집** D.J.I books design studio
표지 디자인 Visual Designer & Media Artist · 이한 | **편집 디자인** 디자인숲 · 이기숙

| 책 내용 문의 |

도서 내용에 대해 궁금한 사항이 있으시면
저자의 홈페이지나 디지털북스 홈페이지의 게시판을 통해서 해결하실 수 있습니다.
디지털북스 홈페이지 digitalbooks.co.kr
디지털북스 페이스북 facebook.com/ithinkbook
디지털북스 인스타그램 instagram.com/digitalbooks1999
디지털북스 유튜브 유튜브에서 [디지털북스] 검색
디지털북스 이메일 djibooks@naver.com

| 각종 문의 |

영업관련 dji_digitalbooks@naver.com
기획관련 djibooks@naver.com
전화번호 (02) 447-3157~8

영상물을 다루는 창작자의 자세

영상 제작은 최첨단 기술이 사용되는 트렌드한 작업입니다. 그리고 매일같이 영상 제작에 관련된 솔루션과 장비들이 발표되고 우리에게 다가옵니다. 이러한 기술 변화의 흐름 속에서 살아가려면, 새로움을 유연하게 받아들이는 자세를 갖는 것이 좋다고 생각합니다. 영상 편집 수업을 하다 보면 많은 분들이 자신이 익숙한 하나의 방법 또는 소프트웨어에 얽매어서 새로운 방법과 또 다른 솔루션에 대한 빈감을 나타내기도 합니다. 그 이유는 익숙한 환경이 주는 편리함에 안주해 새로운 것을 받아들이는 데 게을러진 것이 아닐까 합니다.

저자는 지난 20년 동안 영상 제작을 해오면서 수많은 영상 제작 솔루션과 장비, 그리고 소프트웨어가 사라지는 것을 목격했습니다. 그 이유는 간단합니다. 기존의 것보다 더 좋은 솔루션과 트렌드에 맞는 소프트웨어가 등장해서 대체했기 때문입니다. 저자가 처음 다빈치 리졸브를 사용하게 된 계기 역시 색 보정을 하기 위해서였습니다. 하지만 다빈치 리졸브에 안정되고 강력한 편집 기능이 추가되면서 편집과 색 보정을 위해 각각 다른 소프트웨어를 사용할 필요 없이 한 곳에서 안정적으로 영상 편집의 시작과 마무리를 하게 되었습니다.

다빈치 리졸브는 영상 제작을 위한 수많은 기능을 제공하지만 결국 결과물은 제작자가 그 툴을 어떻게 활용하는지에 달려있습니다. 저자가 이 책을 쓴 이유는 더 많은 사람들이 다빈치 리졸브를 활용하기를 원해서입니다. 이 책을 통해 다빈치 리졸브의 워크 플로우에 익숙해진 후 무한한 상상력으로 자신이 원하는 창조적인 영상을 구현해낼 수 있기를 바랍니다.

고마운 사람들

이 책을 완성하기까지 일 년 정도 걸렸습니다. 그 시간 동안 옆에서 자료 정리 및 집필을 도와준 김기동에게 가장 먼저 고마운 마음을 전합니다. 그리고 책의 아웃라인을 계획하는 데 도와준 조윤경, 편집 내용을 도와준 채상민, 책의 표지를 디자인해준 미디어 아티스트 이한(HanLee)에게도 다시 한번 고마운 마음을 전합니다. 또한 디지털북스의 편집부 박소정 편집자님에게도 무한한 감사의 마음을 진심으로 전달하고 싶습니다. 수많은 사람들의 소중한 인연으로 책이 이 세상에 나오게 된 것이라 믿습니다. 마지막으로 책을 쓰는 동안 늘 변함 없이 남편을 이해해주고 격려해준 아내 심수승, 늘 아빠를 웃게 해준 Erin과 Tay에게 형식적인 말이 아닌 진심으로 고맙다는 말과 사랑을 전합니다.

저자 정 영 헌

이 책의 구성

CHAPTER

DaVinci Resolve의 페이지 사용법 또는 영상 편집을 하기 위해 알아야 할 지식을 주제를 CHAPTER로 나누어 정리했습니다.

그리고 각 챕터마다 무엇을 배울지 미리 알려주는 발문을 담아냈습니다.

각 챕터의 상세 구성

챕터마다 SECTION, UNIT 등의 제목으로 이루어집니다.

SECTION과 UNIT은 개념을 이해하기 위한 배경 지식, 중점적으로 배울 것, 학습 목표 등을 먼저 안내하고 본문으로 들어가도록 구성하였습니다.

부연 설명

박스로 본문이나 따라하기 내용 중 중요한 사항을 강조하거나 궁금할법한 점을 상세히 설명하였습니다.

이론 구성

DaVinci Resolve의 인터페이스나 주요 기능 또는 영상 편집 관련 기본 지식을 정리하였습니다.

따라하기 구성

영상 편집을 하는 방법을 번호를 붙여 따라하기 방식으로 구성하였습니다.

주석

본문이나 따라하기 내용 중 생소할 수 있는 개념을 간단히 정리하거나 상세한 설명이 있는 곳으로 안내하였습니다.

4 　다빈치 리졸브(DaVinci Resolve) 마스터하기

참조 사항

본문이나 실습 중 언급한 내용 외에 참조할만한 내용을 정리했습니다.

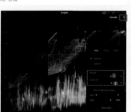

비디오 스코프를 좀 더 밝게 보는 방법

비디오 스코프에서 흰색 웨이브폼이 잘 보이지 않을 때, 웨이브폼을 더 밝게 하고 싶으면 비디오 스코프 세팅 창에서 트레이스 이 밝기 레벨을 조절할 수 있는 슬라이더를 오른쪽으로 높여주면 된다.

Tip

본문이나 실습 중에 언급한 중요한 기능이나 역할을 구체적으로 설명하거나 정리했습니다.

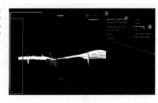

Tip 밝기의 레벨을 백분율로 바꾸고 싶다면 Waveform Scale Style 〉 Percentage를 체크

밝기의 레벨을 10 bit가 아닌 백분율로 바꾸고 싶다면 오른쪽 상단의 메뉴 버튼을 누르고 Waveform Scale Style > Percentage를 체크하면 된다.

미디어 스토리지(Media Storage)의 용어 구분

DaVinci Resolve에서 미디어 스토리지(Media Storage)라는 단어는 서로 다른 두 가지 맥락에서 사용된다. 먼저 Media 페이지에서 사용되는 미디어 스토리지는 컴퓨터에 연결된 드라이브를 탐색하여 미디어 클립을 임포트할 때 사용하는 윈도우이다. 반면 시스템 세팅의 미디어 스토리지 탭은 영상을 편집하면서 생성되는 미디어 파일들(프록시, 갤러리, 캐쉬, 백업 파일 등등)에 관한 설정을 하는 곳이다. 두 가지 뜻을 가진 미디어 스토리지를 헷갈리지 않도록 주의하자.

▲ Media 페이지에서의 미디어 스토리지(Media Storage)는 DaVinci Resolve에서 미디어 파일을 불러올 때 사용하는 파일 탐색기 윈도우를 뜻한다

▲ 시스템 세팅에서의 미디어 스토리지는 편집 과정에서 발생되는 파일들이 저장되는 위치를 의미한다

주의 사항

본문이나 실습 중 주의할 내용을 정리했습니다.

CHAPTER 01 요약하기

이번 챕터에서는 편집을 시작하기에 앞서 간략하게 비디오의 구성 요소인 프레임 레이트(Frame Rate), 해상도(Resolution), 인터레이스드 방식 및 프로그레시브 방식, 화면 비율(Aspect Ratio)에 대해서 알아보았다. 그리고 DaVinci Resolve에서 지원하는 강력한 기능 중 하나인 Wide Gamut, 즉 확장된 색역과 HDR(High Dynamic Range)을 소개하였다. 또한 가장 중요한 부분인 DaVinci Resolve의 인터페이스, 데이터베이스 그리고 프로젝트에 대해 알아보았고, DaVinci Resolve의 파일 구조 및 미디어 클립의 상관 관계, 프로젝트 파일에 대한 개념을 정리하였다. 또한 작업 중 생성되는 파일들이 저장되는 장소에 대해서도 간략히 배워보았다. 이와 관련된 내용은 추후 챕터에서 다시 자세히 따라하기로 배울 것이다.

요약하기

각 챕터 마지막은 항상 '요약하기'로 마무리합니다. 챕터에서 배운 주요 내용을 정리했습니다.

한 권으로 끝내는 다빈치 리졸브!

"다빈치 리졸브(DaVinci Resolve) 마스터하기"는 다빈치 리졸브를 이용한 영상 편집의 전반적인 과정을 다루며, 영상 편집이 처음인 분들도 따라할 수 있도록 이론, 따라하기 구성을 담았습니다. DaVinci Resolve의 인터페이스나 주요 편집 기능, 영상 편집 관련 기본 지식을 정리하고, 영상 편집 기본기부터 하나씩 따라하며 익힐 수 있도록 구성하였습니다.

대상 독자

- 가성비 높은 무료 영상 편집 소프트웨어를 이용해 영상 편집을 배우고 싶은 분
- 국내 레퍼런스 부족, 영어 강의 등으로 다빈치 리졸브를 배우기 어려웠던 분
- 다빈치 리졸브를 이용한 색보정 작업이 필요한 영상 편집자

이 책의 구성

CHAPTER 01 **DaVinci Resolve와 비디오에 대한 이해** _ DaVinci Resolve의 기본 구성, 편집자가 사용할 영상 재료인 비디오 클립에 대한 기초 지식을 배웁니다.

CHAPTER 02 **Cut 페이지를 이용한 기본 편집(Basic Editing)** _ Cut 페이지의 단순 편집 툴을 이용해 간단하고 빠르게 영상 편집 작업을 완성하는 방법을 배웁니다.

CHAPTER 03 **파일을 임포트(Import)하고 정리하기** _ DaVinci Resolve로 파일을 불러오고(Import) 불러온 파일을 정리하는 방법, 편집을 시작하기 전에 프레임 레이트를 설정하는 방법 등을 배웁니다.

CHAPTER 04 **Edit 페이지를 이용한 기본 편집** _ Edit 페이지에서 영상 클립을 타임라인으로 모으고, 전반적인 편집 기술을 배우며 나에게 맞는 방법을 찾아 익힙니다.

CHAPTER 05 **프로젝트 타임라인에서의 정교한 편집** _ 사용할 클립을 적당히 분류해서 정리하고 타임라인에서 이루어지는 기본 트리밍 편집 방법을 배웁니다.

CHAPTER 06 **고급 편집 툴(Advanced Editing Tool)** _ DaVinci Resolve가 제공하는 네 가지 기본 트리밍 툴을 알아보고, 여러 가지 편집 상황에 맞추어 각 툴을 사용하는 방법을 배웁니다.

CHAPTER 07 **이펙트 라이브러리(Effects Library)** _ 두 클립 사이를 부드럽게 이어주는 트랜지션, 영상에 비주얼 효과를 주는 필터 이펙트, 그리고 타이틀 등을 배웁니다.

CHAPTER 08 **애니메이션과 리타임(Animation and Retime)** _ 비디오의 형태와 모양을 바꿀 수 있는 툴들과 키프레임을 이용해 애니메이션 효과를 주는 방법 등을 배웁니다.

CHAPTER 09 **오디오 편집(Audio Editing)** _ 필수 오디오 편집 기능 그리고 DaVinci Resolve가 제공하는 편리한 오디오 툴을 자세히 배웁니다.

CHAPTER 10 **Fairlight 페이지 사용하기** _ DaVinci Resolve에 내장된 전문 오디오 프로그램, Fairlight를 이용한 고급 오디오 편집 기능을 배웁니다.

CHAPTER 11 **Fusion 페이지 사용하기** _ Fusion 페이지에서 정교한 모션 그래픽 효과를 만드는 방법을 배웁니다.

CHAPTER 12 **Color 페이지 사용하기** _ 색보정(Color Correction)을 하기 위한 컬러 기초 지식을 알고, Color 페이지에서의 컬러 측정 툴을 사용해 색보정을 하는 방법을 배웁니다.

CHAPTER 13 **컬러 그레이딩(Color Grading)** _ 갤러리, 커브, 파워 윈도우, 크로마키, LUT, Open FX 등을 활용해 색과 밝기를 정교하게 고치는 방법을 배웁니다.

CHAPTER 14 **Deliver 페이지 사용하기** _ 편집이 끝난 후 비디오 또는 오디오 파일 등을 유튜브 등 온라인 비디오 포맷에 최적화된 파일을 만드는 방법을 배웁니다.

일러두기

1. 이 책은 DaVinci Resolve 17 버전을 기준으로 작성하였습니다.
2. 이 책에서는 다빈치 리졸브를 'DaVinci Resolve'로 표기하였습니다.
3. 이 책의 CHAPTER 01 ~ 02는 PDF 파일로 별도 제공합니다. 자세한 내용은 목차 마지막 페이지의 '실습 파일 및 PDF 별도 제공 안내'를 참조해주세요.
4. DaVinci Resolve를 원활히 이용하기 위해서는 컴퓨터 사양을 꼭 확인해주셔야 합니다.

Windows	macOS
• Windows 10 Creaotrs 업데이트	
• 16 GB의 시스템 메모리 (퓨전 사용 시 32 GB)	• macOS 10.14.6 Mojave(모하비)
• 블랙매직 디자인 데스크톱 비디오 버전 10.4.1 이상	• 16 GB의 시스템 메모리 (퓨전 사용 시 32 GB)
• 최소 2 GB의 VRAM이 있는 통합 GPU 또는 이산 GPU	• 블랙매직 디자인 데스크톱 비디오 버전 10.4.1 이상
• Open CL 1.2 또는 CUDA 11을 지원하는 GPU	• 최소 2 GB의 VRAM이 있는 통합 GPU 또는 이산 GPU
• GPU에 필요한 NVIDIA/AMD/Inter GPU 드라이버 버전	• Metal 또는 OpenCL 1.2를 지원하는 GPU
• 최소 451.28 NVIDIA 드라이버 버전 필요	

CHAPTER 03

파일을 임포트(Import)하고 정리하기

CHAPTER 04

Edit 페이지를 이용한 기본 편집

CHAPTER 05

프로젝트 타임라인에서의 정교한 편집

CHAPTER 06

고급 편집 툴(Advanced Editing Tool)

CHAPTER 07

이펙트 라이브러리(Effects Library)

CHAPTER 08

애니메이션과 리타임(Animation and Retime)

CONTENTS

CHAPTER 09

오디오 편집(Audio Editing)

CHAPTER 10 ▶

Fairlight 페이지 사용하기

CHAPTER 11 ▶

Fusion 페이지 사용하기

CHAPTER 12

Color 페이지 사용하기

CHAPTER 13

컬러 그레이딩(Color Grading)

CHAPTER 14

Deliver 페이지 사용하기

⬇ 실습 파일 및 PDF 별도 제공 안내

이 책은 실습 파일을 기반으로 DaVinci Resolve를 학습합니다. 또한 CHAPTER 01~02는 PDF 파일을 별도로 제공합니다. 다음의 링크(URL 1 또는 URL 2)를 통해 실습 파일 또는 PDF를 다운로드할 수 있습니다.

[URL 1] www.davincimaster.net
[URL 2] www.dropbox.com/sh/korybefewa7glel/AABnxinEFZb4n9Pdn1X6_6oza?dl=0

▲ [URL 2] QR

CHAPTER 03

파일을 임포트(Import)하고 정리하기

DaVinci Resolve

DaVinci Resolve에 미디어 클립을 임포트하는 것은 하드 드라이브에 있는 클립과의 연결을 위한 과정이다. 즉, 미디어 클립을 임포트하여도 실제 미디어 클립은 프로젝트나 데이터베이스에 복사되지 않고 단순히 프로젝트 내에서 사용할 수 있도록 연결될 뿐이다. 따라서 사용자는 미디어 클립을 임포트하기 전에 Windows의 탐색기나 macOS의 Finder 등에서 폴더를 이용해 클립을 정리한 후 사용할 파일을 임포트하는 습관을 가져야 한다. 클립이 정리되지 않은 상태에서 임포트했을 경우, 실수로 원본 클립을 지우거나 위치를 옮기면 임포트된 클립들은 오프라인(Offline) 클립으로 바뀌어서 사용할 수 없기 때문이다.

새로운 프로젝트를 시작할 때 가장 먼저 해야 하는 일은 촬영해놓은 영상 클립들을 가져오는 것이다. 이 단계를 우리는 임포팅(Importing)이라고 부른다. 임포팅은 클립을 미디어 풀로 가져오는 과정을 말하는데 처음 시작하는 새 프로젝트는 당연히 미디어 풀이 비어 있다.

첫 번째 파일을 임포팅하기 전에 반드시 결정해야 할 일이 있다. 바로 프로젝트의 비디오 프레임 레이트, **FPS(Frames Per Second)를 설정**하는 것이다. **프로젝트의 FPS는 한 번 설정해 놓으면 클립을 가져온 후에는 변경할 수 없다.** 그러므로 클립을 임포팅하기 전에 확실히 정해야 한다.

타임라인에서 익스포트(Export)* 할 최종 영상 클립의 프레임 레이트를 미리 결정한 후, 클립을 임포트해서 프로젝트를 시작하자. 예를 들어 최종 전달 클립이 29.97 FPS인지 아니면 24 FPS인지 꼭 확인한 후 프로젝트를 시작해야 한다.

＊ 익스포트(Export)는 임포트(Import)의 반대 개념이다. 익스포트는 DaVinci Resolve로 편집한 영상을 유튜브, SNS 등의 비디오 플랫폼이나 방송용 플랫폼으로 내보내는 것을 의미한다.

▲ 클립을 임포트하기 전에 프레임 레이트 설정 확인하기

 프로젝트의 프레임 레이트 결정 시 고려할 사항

1. 최종 결과물에서 원하는 프레임 레이트를 실정한 후 임포트를 한다.

2. 결과물의 프레임 레이트가 크게 중요하지 않다면, 가장 많이 사용할 클립의 프레임 레이트로 설정하는 것이 좋다. 작업 중 렌더링이 덜 요구되기 때문이다.

DaVinci Resolve 세팅 자세히 보기

DaVinci Resolve의 환경설정은 시스템 세팅과 사용자 세팅으로 나뉜다. 시스템 세팅은 데이터베이스와 프로젝트 간 연결을 위한 설정 그리고 하드웨어에 관련한 설정(메모리 사용, 미디어 파일의 저장 경로 설정 등)을 할 수 있다. 사용자 세팅은 사용자 최적화(작업 환경, 사용자 인터페이스 등)와 관련한 설정을 할 수 있다.

그런데 한 가지 의문이 생길 수 있다. 앞 챕터(Chapter 02)에서는 프로젝트 세팅에서 비디오 클립의 저장 경로를 꼭 확인해야 한다고 하였는데, 이 경로가 시스템 세팅에서 지정한 미디어 저장 경로와 다르다면 실제로 파일은 어디에 저장될까?

시스템 세팅은 모든 프로젝트에 적용할 수 있는 상위 개념이라, 프로젝트 세팅(Project Settings)의 작업 폴더(Working Folder)는 시스템 세팅에서 저장한 경로를 기준으로 정해진다. 그런데 작업 폴더의 위치를 바꾸면 시스템 세팅과는 관계없이 이 설정이 우선 적용된다. 즉 프로젝트 세팅을 바꾼 후 생성한 파일들은 시스템 세팅의 경로를 따르지 않고 지정한 장소로 저장된다.

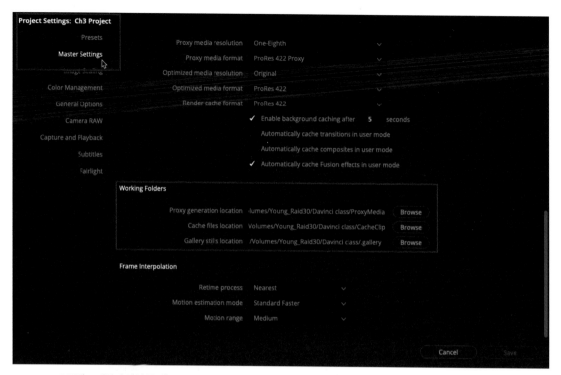

▲ 프로젝트 세팅의 작업 폴더(Working Folder)는 시스템 세팅의 미디어 스토리지 저장 경로를 기준으로 정해진 것이다

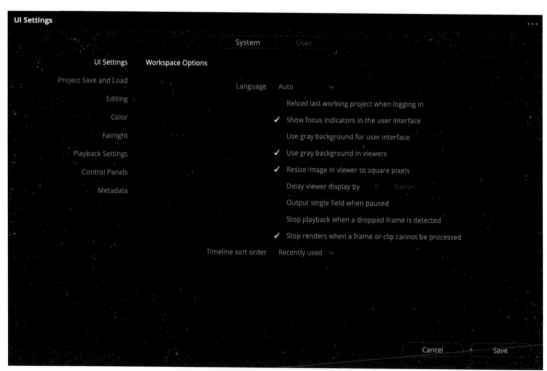

▲ 사용자(User) 세팅: 사용자가 원하는 작업 환경과 사용자 인터페이스 설정

시스템 세팅 및 사용자 세팅은 상단 메뉴바의 DaVinci Resolve 〉 Preferences를 선택해 확인한다.

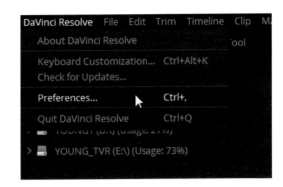

Unit. 01 ▶ 새 프로젝트(New Project) 만들기

새 프로젝트를 만들려면 먼저 프로젝트 매니저(Project Manager)를 열어야 한다. 다음을 따라해보자.

01 프로젝트 매니저는 DaVinci Resolve를 처음 실행했을 때 볼 수 있다. 기존 프로젝트를 열어둔 상태라면, 화면 오른쪽 하단에서 집 모양 아이콘을 눌러 프로젝트 매니저를 열어보자.

02 프로젝트 매니저에서 새 프로젝트(New Project)를 누르면 프로젝트의 이름을 정하는 창이 나온다.

03 프로젝트의 이름을 입력하고 생성하기(Create)를 누른다.

04 새로운 프로젝트가 생성되었다. 이 상태에서 화면 하단의 Media 페이지 버튼을 눌러 Media 페이지로 이동하자. 아직 아무런 영상 클립이 임포팅되지 않아 미디어 풀이 텅 빈 상태이다.

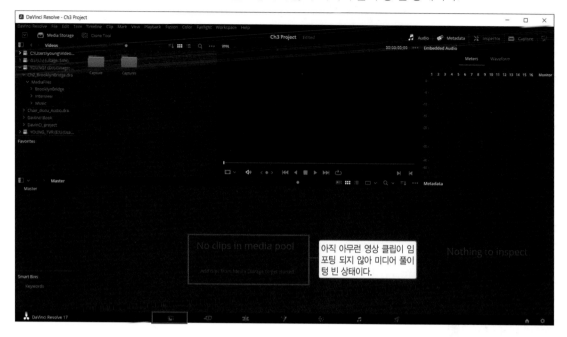

아직 아무런 영상 클립이 임포팅 되지 않아 미디어 풀이 텅 빈 상태이다.

Unit. 02 ▶ 프로젝트 세팅(Project Settings) 설정하기

앞서 계속 말하지만, 클립을 임포팅하기 전에 프로젝트 세팅을 확인하고 결정하는 것이 중요하다. 그러므로 파일을 보고 가져오는 일은 다음 섹션에서 자세히 다루고, 이번 섹션에서는 프로젝트 세팅을 자세히 알아보자. 프로젝트 세팅의 여러 설정 항목을 한 번씩 살펴보면서 역할을 이해하고, 자신의 컴퓨터 사양에 맞게 설정할 정도로 익숙해지는 것을 목표로 한다. 프로젝트 세팅을 충분히 이해하였다면 다음 섹션으로 바로 넘어가도 된다.

01 DaVinci Resolve의 화면 오른쪽 하단에서 톱니바퀴 모양 아이콘을 누르면 프로젝트 세팅이 열린다.

02 프로젝트 세팅에서 왼쪽 두 번째 탭인 마스터 세팅(Master Settings) 탭을 누르면 다음과 같은 화면이 나온다. 마스터 세팅의 첫 번째 메뉴인 타임라인 포맷(Timeline Format)을 먼저 살펴 보자. 타임라인 포맷에서는 해상도와 화면비, 프레임 레이트 등을 설정할 수 있다.

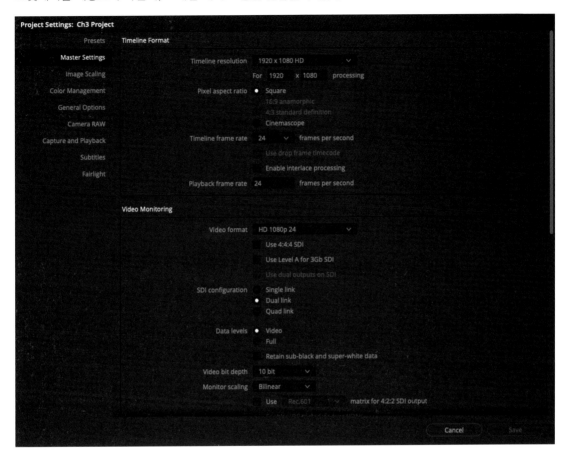

03 타임라인 해상도(Timeline resolution)에서 해상도를 기본 1920×1080 HD로 하고, 4K 해상도가 필요하다면 3840×2160 Ultra HD로 바꿔보자. 무료 버전인 DaVinci Resolve에서는 UHD 해상도가 제일 큰 사이즈이다. 만약 이보다 더 높은 해상도가 필요하다면 DaVinci Resolve Studio를 구매해야 한다.

04 타임라인 프레임 레이트(Timeline frame rate)
에서 프레임 레이트를 30으로 바꿔보자.

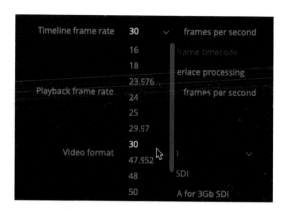

05 마스터 세팅의 두 번째 메뉴인 비디오 모니터링(Video Monitoring)을 살펴보자. 비디오 모니터링에서
는 외장 모니터에 출력될 영상의 해상도와 재생 프레임 레이트 등을 설정할 수 있다. 전문 편집실과
같이 외장 모니터를 반드시 사용하는 환경이라면 이 설정을 통해 외부 모니터와의 연결 및 출력 옵션을 꼭 확
인한다.

▲ 외부 모니터가 연결된 작업 환경

06 프록시와 최적화 파일은 기본 설정만으로도 충분하다. 다만 좀 더 세밀하게 설정하고 싶다면, 마스터 세팅의 세 번째 메뉴인 최적화된 미디어와 렌더 캐시(Optimized Media and Render Cache)를 살펴보 자. 이 메뉴에서는 프록시 미디어의 설정을 변경할 수 있다. 프록시 미디어 해상도(Proxy media resolution)를 8 분의 1(One-Eighth)로 설정하고 Proxy media format은 DNxHR LB를 선택하자. 그리고 Optimized media format 은 DNxHR HQ로 지정하자.

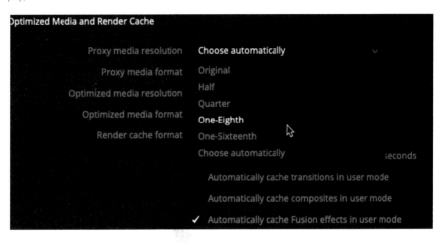

 Tip 최적화 미디어(Optimized Media)와 마스터 파일 생성 관계

편집이 끝난 후 DaVinci Resolve는 원본 클립의 사이즈와 화질로 다시 파일을 만든다. 그렇기 때문에 최적화된 미디어 와 렌더 캐시(Optimized Media and Render Cache) 설정을 해제하지 않아도 된다. 꼭 최적화된 미디어 포맷으로 다시 렌 더링해서 마스터 파일을 만들고 싶으면 Deliver 페이지의 고급 설정에서 선택할 수도 있다. 최적화된 미디어(Optimized Media)와 프록시 미디어의 설정은 편집 과정에서 필요한 가장 좋은 화질과 실시간 클립 재생을 위한 설정이라고 기억 하면 된다.

07 운영체제별 최적화된 미디어와 렌더 캐시(Optimized Media and Render Cache)의 최종 설정은 다음과 같다. 아래 그림은 실시간 재생을 위한 설정이므로 참고해두자. 자신의 컴퓨터 사양에 따라 이보다 더 좋은 화질로 설정해도 된다.

- **Windows 사용자의 경우**: DNxHR HQ와 DNxHR LB로 설정한다.

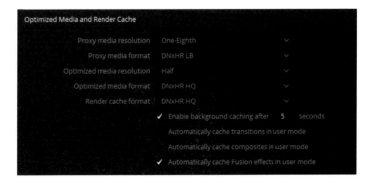

- **macOS 사용자의 경우**: ProRes 422 정도면 일반적인 편집 환경에서 고화질을 유지하며 작업을 진행할 수 있다.

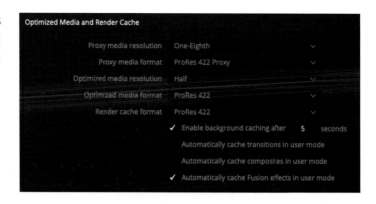

08 마스터 세팅의 네 번째 메뉴, 작업 폴더(Working Folders)에서는 프록시, 캐시 파일, 갤러리 파일의 저장 경로를 지정할 수 있다. 아래 그림의 저장 경로는 시스템 세팅에 있는 미디어 스토리지에서 지정한 장소이다. 참고로 기본 저장 경로는 시스템 하드 드라이브인데 앞으로 많은 작업을 대비해 저장 경로를 변경하는 것도 좋은 방법이다.

 편집이 끝난 후에는 반드시 최적화된 미디어를 삭제

최적화된 미디어는 캐시 파일이 작성된 위치와 동일한 곳에 생성된다. 편집이 끝난 후에는 하드 드라이브 저장 공간을 충분히 확보하기 위해 최적화된 미디어를 삭제할 것을 잊지 말자. 편집에 최적화된 미디어 파일을 만들어서 편집을 끝냈으면 더 이상 이 파일들은 필요하지 않다. 편집 후 원본 미디어 클립만 저장하고 중간에 생성된 렌더 파일과 최적화 파일은 지워야 한다.

09 마스터 세팅의 다섯 번째 메뉴인 프레임 보간(Frame Interpolation) *에서는 타임라인에서의 효과를 적용했을 때 렌더링되는 방식을 설정할 수 있다. 저자가 추천하는 리타임 프로세스(Retime process)는 옵티컬 플로우(Optical Flow)이다. 옵티컬 플로우는 클립 전체 프레임의 모든 픽셀값을 스캔해서 움직임을 부드럽게 하는 방식으로, 다른 두 방식보다 렌더링 시간이 훨씬 많이 소요되긴 하지만 더욱 자연스러운 영상을 만들어낸다.

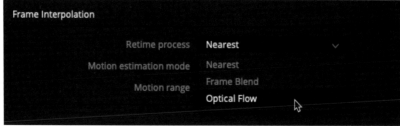

10 프로젝트 세팅의 세 번째 탭은 이미지 스케일링(Image Scaling) 탭이다. 이 탭의 입력 스케일링(Input Scaling)에서는 프로젝트 해상도보다 크거나 작은 이미지를 타임라인으로 가져왔을 때 이미지 크기를 어떻게 조정할지 설정할 수 있다. 맞지 않는 해상도 파일(Mismatched resolution files)의 기본값은 Scale entire image to fit(전체 이미지 맞추기)으로 되어 있다. 만약 불러온 이미지의 크기를 직접 조정하고 싶다면 Center crop with no resizing(이미지 자르고 사이즈 유지하기)으로 바꿔주자.[**]

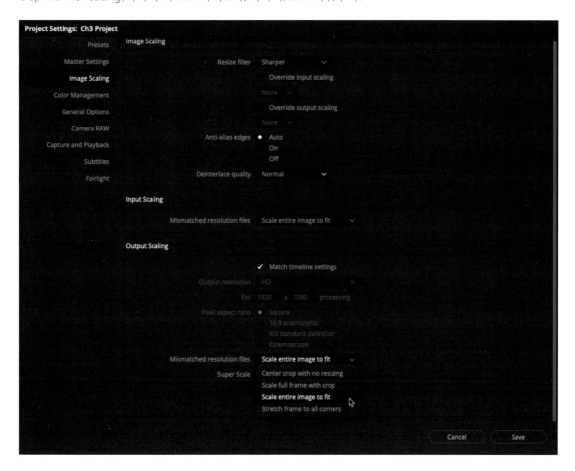

---

11 이번엔 프로젝트 세팅의 네 번째 탭인 색상 관리(Color Management) 탭을 눌러보자. 이 탭의 색공간 & 변형(Color Space & Transforms)에서는 타임라인에서 사용될 색공간을 지정해줄 수 있다. HD와 4K 의 차이점은 픽셀을 구성하는 색공간이 다르다는 것인데, HD는 Rec.709를 사용하고 4K는 더 넓은 대역대를 가지는 Rec.2020 색공간을 사용한다(일례로 iPhone 12나 Galaxy S21은 HDR 모드에서 Rec.2020 색공간 촬영 을 지원한다). Rec.2020의 색공간을 지원하는 카메라로 촬영한 영상을 편집할 경우 타임라인 색공간(Timeline color space)의 값을 Rec.2020으로 설정해야 올바른 색을 표현할 수 있다.

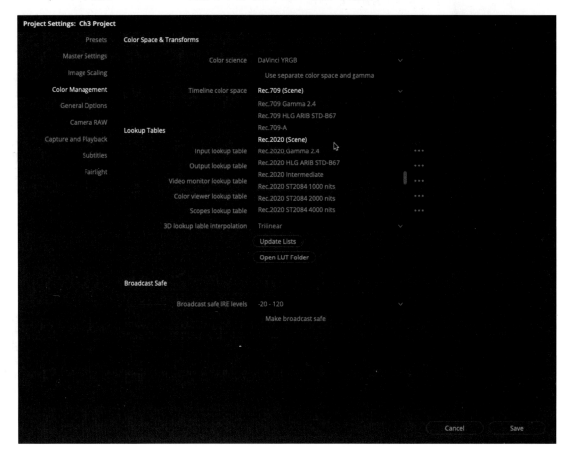

12 프로젝트 세팅의 일곱 번째 탭인 캡처 및 재생(Capture and Playback) 탭에서는 아날로그 방식의 영상을 디지털화(Digitizing)하는 비디오덱을 통해 영상 파일을 캡처할 때 필요한 옵션을 설정할 수 있다.

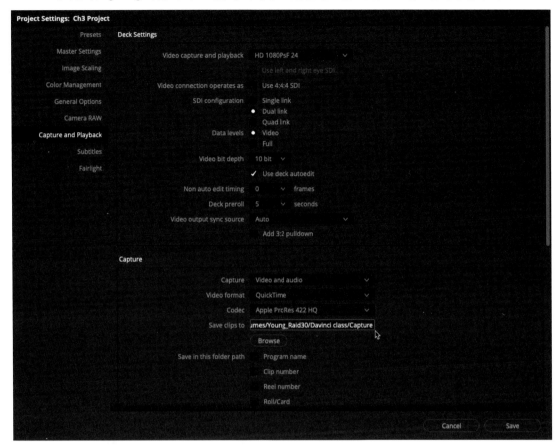

13 프로젝트 세팅의 마지막 탭인 Fairlight 탭에서는 Fairlight 페이지에 관련된 설정을 할 수 있다(자세한 내용은 Chapter 10을 참고하길 바란다). 확인이 끝났으면 Save 버튼을 눌러 바꾼 설정을 저장하고 창을 닫자.

지금까지는 프로젝트에 관련된 내용을 설정하는 방법을 다루었다. 이제부터는 모든 프로젝트에 적용될 수 있는 상위 개념인 시스템 세팅을 알아보도록 하겠다. 시스템 세팅은 작업 중 발생하는 미디어의 장소를 지정해 주거나, 오디오 및 비디오의 인풋/아웃풋 등을 실행할 수 있다.

01 상단 메뉴바에서 DaVinci Resolve > Preferences를 누르자.

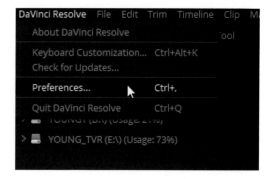

02 싱단에서 시스템(System) 버튼을 누르면 그림과 같은 시스템 세팅 화면이 나온다. 시스템 세팅의 첫 번째 탭인 메모리와 GPU(Memory and GPU)에서는 메모리 할당량을 설정하고 사용 중인 GPU를 선택할 수 있다. 메모리 할당(Memory Configuration) 메뉴에서는 DaVinci Resolve에 할당할 최대 메모리를 설정할 수 있다.

03 시스템 세팅의 두 번째 탭인 미디어 스토리지(Media Storage)에서는 작업 과정 중 발생하는 모든 이미지
와 캐시 파일의 저장 경로를 설정할 수 있다. 네트워크 하드 드라이브를 사용하는 환경에서 작업을 할
경우에는 연결된 로컬 및 네트워크 저장 위치를 자동으로 표시(Automatically display attached local and network
storage locations) 항목을 체크해주자. 이외에도 자신이 여기에서 사용할 외장 하드가 있다면 Media Storage
Locations에서 저장 경로를 지정해주자.

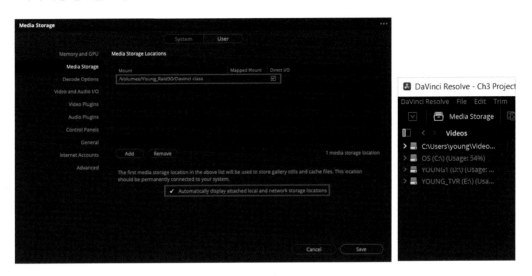

04 미디어 스토리지에서 캐시 파일의 저장 경로를
추가하고 싶다면 추가(Add)를 눌러 장소를 지정
하자.

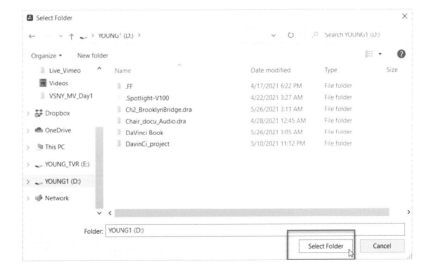

---

* 캐시 파일이란 작업 중에서 발생되는 일종의 메타데이터로, 클립의 썸네일이나 웨이브폼에 대한 이미지 등을 말한다.

사용자 세팅은 사용자가 원하는 인터페이스를 설정할 수 있다.

01 이번에는 상단의 사용자(User) 버튼을 누르자. 사용자 세팅을 확인할 수 있다.
왼쪽의 UI 설정(UI Settings) 탭을 누르면 작업 공간(Workspace)의 인터페이스 설정을 확인할 수 있다.
DaVinci Resolve를 실행할 때 자신이 마지막으로 사용한 프로젝트를 자동으로 불러오고 싶다면, 로그인 시 마지막으로 작업한 프로젝트 불러오기(Reload last working project when logging in)를 체크하자.

02 프로젝트 저장 및 불러오기(Project Save and Load) 탭에서는 자동 저장 기능을 설정할 수 있다.
프로젝트를 열 때 모든 타임라인 불러오기(Load all timelines when opening projects)는 메모리를 많이 사용하므로 체크를 해제하는 것을 추천한다.
실시간 저장(Live save)은 작업 중인 프로젝트를 자동 저장해주는 기능이므로 반드시 체크해주자. 프로젝트 백업(Project backups)은 작업 중인 프로젝트의 사본을 주기적으로 만들어두는 기능이다. 이 기능도 반드시 체크해주자. 그리고 백업 파일의 위치를 변경해주자. 원본 프로젝트 파일이 위치한 하드 드라이브가 아닌 다른 곳으로 지정해두어야 원본이 손상되었을 때 복구하기 쉽다.

03 편집(Editing) 탭에서는 타임라인에 관한 설정을 할 수 있다.

타임라인 전용 스마트 빈(Smart bin for timelines)을 체크하면 DaVinci Resolve가 타임라인만을 모아서 스마트 빈*에서 보여준다. 그리고 일반 설정(General Settings) 메뉴의 Standard still duration 항목에서는 사진 이미지를 가져왔을 때 기본 길이를 설정할 수 있다. 아래 그림에서는 5초로 설정되어 있다.

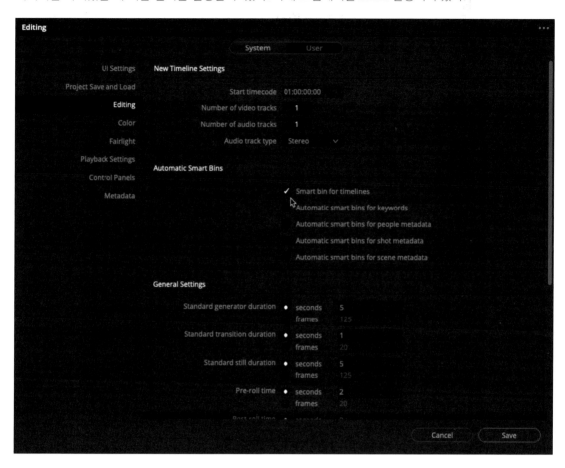

---

* DaVinci Resolve에서 빈(Bin)은 폴더와 같은 개념이다. 특히 스마트 빈(Smart Bin)은 같은 종류의 클립이나 타임라인 등을 자동으로 모아서 정리된 빈 이다. 이번 챕터에서 빈의 개념과 종류를 자세하게 알아볼 것이다.

DaVinci Resolve로 영상 편집 작업을 하다 보면 다양한 파일이 자동으로 생성된다. 그리고 파일이 저장되는 위치는 사용자 세팅의 각 탭에서 확인할 수 있다. DaVinci Resolve에서 쓰이는 파일이 어디에 저장되는지 하나씩 살펴보자.

1. 백업 파일이 저장되는 장소

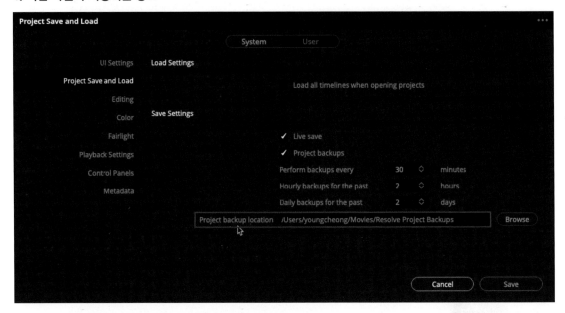

2. 미디어 스토리지(스틸 이미지나 캐시 이미지)가 저장되는 장소

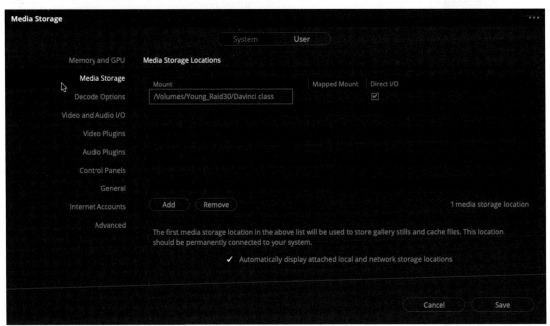

3. 사용할 오디오 플러그인의 장소

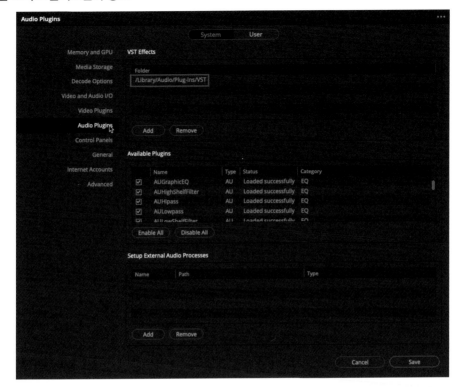

4. LUT(Look Up Table, 색 정보에 대한 차트값)이 저장되는 장소

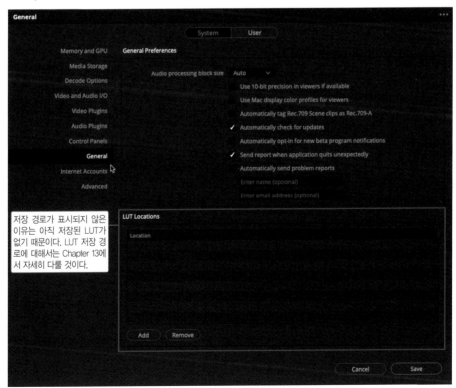

저장 경로가 표시되지 않은 이유는 아직 저장된 LUT가 없기 때문이다. LUT 저장 경로에 대해서는 Chapter 13에서 자세히 다룰 것이다.

5. 프록시 파일, 캐시 파일, 갤러리 파일이 저장되는 위치

 최적화(Optimized) 미디어와 프록시(Proxy) 미디어란?

최적화 미디어와 프록시 미디어란 무엇인지 알아보자(프록시 미디어와 관계된 내용은 이 챕터 마지막 부분에서 좀 더 자세히 설명하겠다).

- **최적화(Optimized) 미디어**: 임포트한 클립을 마우스 오른쪽 클릭하고 'Generate Optimized Media' 옵션을 선택하면 DaVinci Resolve가 임포트된 원래 비디오 클립을 바탕으로 DNxHR HQ 또는 Apple ProRes 422 코덱으로 자동 변환시킨 새로운 파일을 하나 더 만든다. 이것은 편집에 최적화된 비압축 클립으로, 편집 시 드롭 프레임(Drop Frame)을 덜 발생시키고 최상의 화질을 보장한다. 다만 클립이 프레임별로 압축이 되기 때문에 저장 공간이 많이 필요하다(한 시간 분량의 ProRes 422 HD 클립 = 약 60 GB).
- **프록시(Proxy) 미디어**: 저사양 PC에서 편집하기 적합한 DNxHR LB와 Apple ProRes Proxy 포맷의 비디오 클립을 말한다. 화질은 조금 떨어지지만 프록시 미디어의 크기는 최적화(Optimized) 미디어의 4분의 1 정도다. 따라서 저사양 PC로 편집 작업을 하는 데 부담이 적고 영상이 훨씬 부드럽게 재생된다. 그리고 프록시 미디어 편집을 끝낸 후 파일을 내보내기(Deliver)할 때는 원래의 클립으로 다시 연결만 하면 된다(한 시간 분량의 프록시 클립의 용량 = 약 18 GB).

Intermediate Codec	per frame	per second	per minute	per hour
Apple ProRes 4444 XQ 12-bit	8.44 MB	202.50 MB	11.87 GB	711.91 GB
Apple ProRes 4444 12-bit	5.84 MB	140.19 MB	8.21 GB	492.86 GB
Apple ProRes 422 HQ 10-bit	3.91 MB	93.75 MB	5.49 GB	329.59 GB
Apple ProRes 422 10-bit	2.61 MB	62.73 MB	3.68 GB	220.54 GB
Apple ProRes 422 LT 10-bit	1.81 MB	43.52 MB	2.55 GB	153.00 GB
Apple ProRes 422 Proxy 10-bit	819.34 KB	19.20 MB	1.13 GB	67.51 GB
Avid DNxHR 444 12-bit	8.44 MB	202.50 MB	11.87 GB	711.91 GB
Avid DNxHR HQX 12-bit	6.90 MB	165.68 MB	9.71 GB	582.48 GB
Avid DNxHR HQ 8-bit	5.62 MB	135.00 MB	7.91 GB	474.61 GB
Avid DNxHR SQ 8-bit	3.62 MB	86.79 MB	5.09 GB	305.11 GB
Avid DNxHR LB 8-bit	1.15 MB	27.61 MB	1.62 GB	97.08 GB

▲ 4096×2160 영상의 네이티브 코덱 파일 사이즈

6. 데이터베이스가 저장되는 장소

DaVinci Resolve에서의 프로젝트는 여러 가지 연결 정보를 가지는 하나의 데이터베이스 파일이다(프로젝트를 저장하는 폴더를 데이터베이스라는 말로 지칭한다). 아래 그림을 보면 데이터베이스 저장 공간이 두 개 설정되었는데, 그중 davinci_book 데이터베이스에 프로젝트가 두 개 있다. 데이터베이스는 기본적으로 사용자가 원하는 장소를 저장 폴더로 지정할 수 있다. 다만 데이터베이스가 설정된 장소로 접근하는 것이 쉽진 않다. 데이터베이스를 보호할 목적으로 경로를 어느 정도 숨겼기 때문이다.

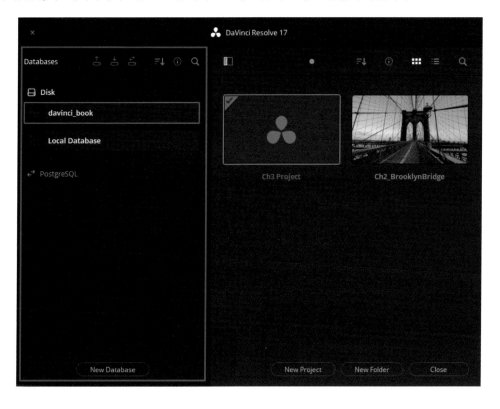

- PostgreSQL: 일종의 온라인 서버를 이용하는 데이터베이스이다. 서버를 이용해 데이터베이스를 저장하는 방식인데 개인 작업에서는 추천하지 않는다.

Windows에서의 시작 데이터베이스 기본 저장 폴더

C:/Users/<사용자 이름>/AppData/Roaming/BlackMagic Design/DaVinci Resolve/Support/Resolve Disk Database

macOS에서의 데이터베이스 기본 저장 폴더

Macintosh HD/Library/Application Support/Blackmagic Design/DaVinci Resolve/Resolve Disk Database/Resolve Projects/Users/guest/Projects

---

기본 설정 장소 이외에도 사용자가 원하는 하드 드라이브의 어느 장소든 데이터베이스 저장 공간으로 설정할 수 있지만 반드시 자신이 설정한 장소를 기억해야 한다. 데이터베이스에 있는 프로젝트와 사용 중인 미

디어 클립은 각각 다른 공간에 존재할 수 있기 때문이다. 한 컴퓨터에서만 작업할 때는 이 연결이 크게 문제가 되지 않지만, 다른 컴퓨터로 이동 시 파일이나 데이터베이스의 복사 및 연결에 문제가 생길 수 있다.

초장부터 너무 많은 설정을 확인하느라 복잡하게 느껴질 수 있지만, 영상 편집을 하다 보면 점점 익숙해지게 될 것이다. 이 책에서 소개한 설정은 대부분 참조 사항이니 필요할 때 참조해보자.

Unit. 06 ▶ 새 프로젝트 시작 설정 순서

지금까지 알아본 프로젝트 시작 설정 순서를 간단하게 5 STEP으로 정리해보자.

STEP 1~2 데이터베이스 확인 / 프로젝트 만들기

STEP 3 프로젝트 세팅에서 타임라인 프레임 레이트 정하기

프로젝트 세팅에서 작업 폴더(Working Folders) 확인

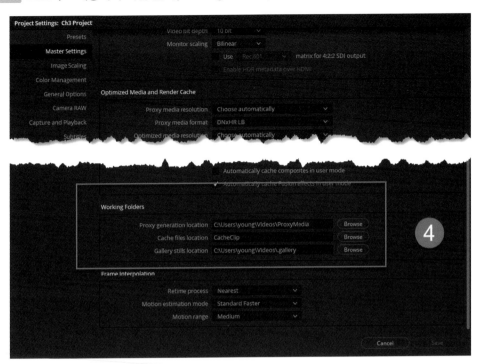

파일 임포팅

위의 과정이 끝났다면 이제 편집할 준비가 된 것이다.

SECTION 02

미디어 불러오기 & 정리하기
Media Importing

DaVinci Resolve

Unit. 01 ▶ Media 페이지 인터페이스 살펴보기

Media 페이지는 프로젝트에 사용될 클립을 가져와서 저장하고 분리하는 곳이다. Media 페이지는 큰 임포트 창이라고 생각하면 이해하기 쉽다. Media 페이지는 크게 다섯 가지 창으로 구성된다.

① **미디어 스토리지(Media Storage)**: 연결된 모든 하드 드라이브와 탐색기(Windows) 또는 Finder (macOS)에 있는 미디어를 보여준다. 촬영된 미디어 카드를 연결할 경우, Clone Tool을 이용해서 사용자의 하드 드라이브로 복사하는 기능이 있다. 미디어 스토리지에서 보이는 클립은 아직 프로젝트로 임포트된 것이 아니라, 하드 드라이브에 존재하는 구조를 미리보기 하는 것이다.

 DaVinci Resolve에서 의미하는 두 가지 미디어 스토리지

DaVinci Resolve에서의 미디어 스토리지(Media Storage)는 두 가지 의미를 가진다. 첫 번째는 Media 페이지에서 존재하는 미디어 스토리지이다. 이는 컴퓨터에 연결된 드라이브를 탐색해 미디어 클립을 임포트할 때 사용한다. 두 번째는 시스템 세팅에서의 미디어 스토리지이 다. 이곳은 미디어 클립이 저장되어 있 는 실제 미디어 스토리지로, 영상을 편 집하면서 생성되는 미디어 파일(프록 시, 갤러리, 캡처, 백업 파일 등)에 관한 설정을 하는 곳이다. 두 가지 의미를 가 진 미디어 스토리지를 헷갈리지 않도 록 주의하자.

② **뷰어(Viewer)**: Media 페이지에서 선택된 클립을 보여주는 창이다. 뷰어 오른쪽 상단의 메뉴 버튼(•••)을 누르고 Live Media Preview를 체크하면 선택된 클립을 스키밍(스크럽)* 형식으로 미리보기 할 수 있다. Space Bar 를 눌러 영상 클립을 재생/정지할 수 있다.

③ **미디어 풀(Media Pool)**: 현재 프로젝트로 임포트된 모든 미디어와 생성된 모든 타임라인이 보이는 곳이다. 여기에서 미디어와 타임라인을 정리하고 사용자의 편의에 따라 클립을 보는 방식(아이콘 뷰 또는 리스트 뷰)을 지정할 수 있다. 미디어 클립을 정리할 때, 폴더 또는 빈(Bin)을 사용하여 파일을 찾기 쉽게 정리하는 것이 편집 과정에서 매우 중요한 일이다.

④ **메타데이터 에디터(Metadata Editor)**: 미디어 페이지에서 클립을 선택하면 해당 메타데이터가 메타데이터 에디터에 표시된다. 메타데이터 에디터의 헤더에는 파일 이름, 디렉터리, 비디오 코덱, 프레임 속도, 해상도, 오디오 코덱, 샘플 속도 등 선택한 클립에 대한 정보가 포함되어 있다. 또한 여러 클립을 동시에 선택하면 마지막 클립의 정보만 나타난다.

> **Tip** 메타데이터(Metadata)란?
>
> 데이터에 대한 데이터란 뜻으로 영상 클립에 대한 모든 정보를 지칭한다. 이를 테면 파일 이름, 디렉터리, 길이, 프레임 레이트, 해상도, 클립이 생성된 날짜 등이 메타데이터에 해당한다. 메타데이터를 기준으로 클립을 분류하고 정리하면 필요한 영상 클립을 찾기 쉽다.

⑤ **오디오 패널(Audio Panel)**: 재생 중인 클립의 오디오 레벨을 보여주는 오디오 미터가 있다. 또한 오디오 파일에 대한 웨이브폼을 확인할 수도 있다.

오디오 패널은 옵션 메뉴를 통해 두 가지 모드 중 하나로 설정할 수 있다. 기본 미터 모드에서는 재생 중인 클립의 오디오 레벨을 보여주는 오디오 미터가 표시되고 그 옆에는 다른 옵션으로 클립의 웨이브폼을 볼 수도 있다.

Unit. 02 ▶ 미디어 미리보기(Media Previewing)

미디어 클립을 미리보기하는 방법을 배워보자.

(※ 이 책에 보이는 클립 파일의 수나 뷰어에 나오는 이미지가 여러분의 실습 환경과 다를 수 있다. 하지만 중요한 것은 그림과 실제 결과를 비교하는 것이 아니라 이 단계를 자신이 이해하는 것이다.)

---

* 스키밍(Skimming)은 재생 방법 중의 하나로, 타임라인이나 미디어 풀에 있는 클립의 썸네일 위에 마우스 포인터를 놓고 좌우로 움직여 영상 내용을 간단히 훑어볼 수 있다.

01 클립을 임포트하기에 앞서 미디어 스토리지를 이용하면 하드 드라이브에 있는 영상 클립을 미리 볼 수 있다. Media 페이지의 미디어 스토리지에서 예제 파일이 위치한 장소로 들어가자. 그 다음 Chair 폴더 안에 있는 Chair_Interview 폴더로 들어가 여러 영상 클립이 있는 것을 확인하자.

02 Chair_Interview1 영상을 클릭하면 뷰어에서 해당 영상을 볼 수 있다. [Space Bar]를 누르거나 재생 버튼을 눌러 영상을 재생하자.

03 뷰어 오른쪽 상단 메뉴에서 Live Media Preview가 체크되어 있으면 클립을 미리보기 할 수 있는 스크러빙 기능을 사용할 수 있다.
(※ 지금까지 우리는 미디어 스토리지에 있는 파일을 미리보기 한 것이지, 아직 파일을 프로젝트의 미디어 풀로 임포트한 것은 아니다. 클립을 가져오기 전에 미리보기 하는 것을 배웠다.)

Tip 하드 드라이브나 폴더에 추가한 클립이 보이지 않을 땐 리프레시 기능을 이용

선택된 하드 드라이브나 폴더에 추가한 클립이 있는데 보이지 않을
경우가 있다. 이럴 경우 리프레시(Refresh) 기능을 이용하면 폴더 안
의 뷰를 업데이트할 수 있다.

〈뷰어의 숨은 기능〉

뷰어의 세 모서리에는 아주 중요한 기능이 숨어 있다.

❶ 뷰어의 미리보기 사이즈 조절을 할 수 있고, 줌 인/아웃 후 Fit을 이용해 현재 사용하는 뷰어에 가장 꽉
차는 이미지로 보여준다.

❷ 소스 클립이나 오디오 트랙을 선택해서 볼 수 있다. 멀티캠 편집이나 싱크된 클립을 사용하면 더 많은
소스를 선택할 수 있게 된다.

❸ 선택된 클립의 타임코드 옵션과 뷰어 아래에 오디오 웨이브폼을 보이게 하는 옵션이 있다.

Unit. 03 ▶ **미디어 스토리지에서 파일 임포트하기**

이제 영상 클립들을 프로젝트로 임포트해보자. 미디어 클립 또는 파일을 임포트하는 방법은 크게 세 가지
가 있다.

방법1 **미디어 스토리지에서 마우스로 드래그 앤 드롭하기**

미디어 스토리지에서 Chair_Interview 폴더를 선택한 후 Chair_Interview1.mov를 미디어 풀로 드래그 앤 드롭하자.

아래의 그림은 Chair_Inverview1.mov가 임포트된 모습이다.

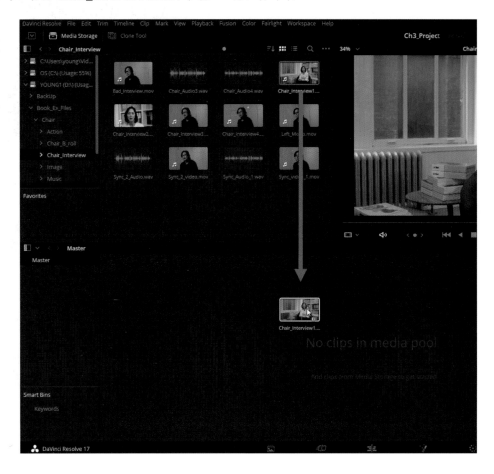

Chair_Interview1.mov 클립은 1920×1080, 30 FPS, 48 KHz의 파일이다. 만약 프로젝트 세팅에서 이 클립과 같은 프레임 레이트를 설정하지 않았다면 첫 번째 클립이 임포트될 때 아래와 같은 경고창이 뜰 것이다. Change를 클릭하면 이 프로젝트의 프레임 레이트는 30 FPS로 설정될 것이다. 이와 반대로 자신이 설정한 프로젝트 세팅을 그대로 유지하려면 Don't Change를 선택하자. 이 클립이 임포트된 후에는 프레임 레이트를 더 이상 바꿀 수 없다.

탐색기 또는 Finder에서 DaVinci Resolve로 드래그 앤 드롭하기

Windows의 탐색기 또는 macOS의 Finder에서 Chair_Interview 폴더를 연 후 Chair_Interview2.mov를 미디어 풀로 드래그 앤 드롭하자.

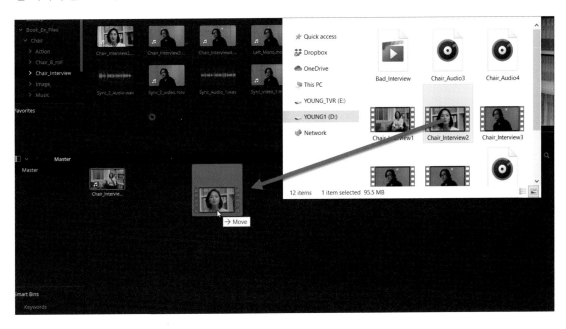

아래 그림은 Chair_Interview2.mov가 임포트된 모습이다.

이번에는 앞의 방법과는 별개로 폴더 구성을 그대로 유지한 채 파일 및 폴더를 임포트해보자. 먼저 미디어 풀 안에 임포트된 영상 두 개를 드래그하여 선택한 후 Delete를 눌러 삭제하자. 마우스 오른쪽 클릭을 한 후 Remove Selected Clips를 눌러도 영상 클립을 삭제할 수 있다.

미디어 스토리지에서 뒤로가기 버튼을 눌러 Chair 폴더가 미디어 풀에 보이도록 하자. 그리고 Chair 폴더를 드래그해 빈 리스트(Bin List)에 있는 Master 빈(Bin) 구역에 드래그 앤 드롭하자.

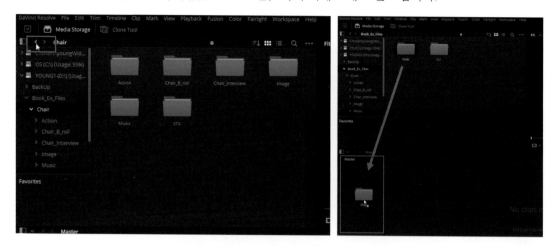

폴더의 구성이 유지된 채로 영상 클립 및 폴더가 임포트된 것을 확인할 수 있다.

폴더를 미디어 풀로 드래그하면 해당 폴더 안의 모든 영상 클립이 임포트됨

폴더를 빈 리스트가 아닌 미디어 풀로 드래그하면 폴더의 구성을 무시한 채로 해당 폴더 안의 모든 영상 클립이 임포트된다.

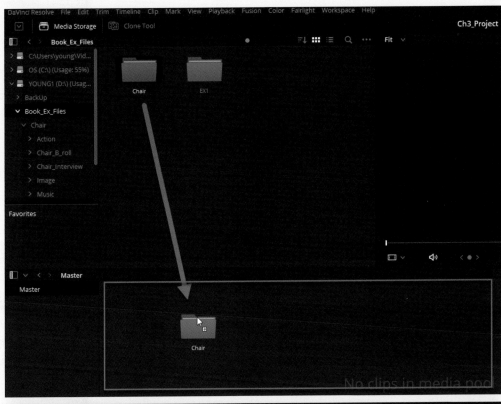

Tip 빈 또는 폴더를 여러 개 드래그하거나 Shift를 누른 채 선택하여 다중 선택 가능

빈의 구조를 가지는 미디어 풀에서는 선택된 빈 안의 클립만 보여준다. 하지만 빈을 여러 개 드래그해서 선택하면 폴더의 구성을 유지한 채로 빈 안의 영상 클립을 한번에 볼 수 있다. Chair 폴더를 선택한 후 Shift를 누른 상태로 마지막 폴더를 눌러도 폴더를 여러 개 선택할 수 있다.

방법3 **미디어 스토리지에서 폴더를 마우스 오른쪽 클릭 후 메뉴 선택하기**

마지막으로 미디어 스토리지에서 드래그 앤 드롭을 사용하지 않고 임포트하는 방법을 알아보자. 미디어 스토리지에서 임포트하고 싶은 폴더 위에 마우스 포인터를 올린 후 오른쪽 클릭을 하면 임포트를 할 수 있는 메뉴가 나온다. 이 메뉴를 이용해 자신이 원하는 방식으로 폴더 및 파일을 임포트할 수 있다. 다만 이 방법은 사용 빈도가 낮으니 참조하는 정도로만 알아두자.

- Add Folder into Media Pool: 오로지 해당 폴더 안에 있는 영상 클립을 가져온다. 서브 폴더 안의 영상 클립은 가져오지 않는다.
- Add Folder and SubFolders into Media Pool: 해당 폴더 구성을 무시하고 해당 폴더와 서브 폴더 안에 있는 모든 영상 클립을 가져온다. 폴더를 미디어 풀로 드래그 앤 드롭하는 것과 같은 결과가 나온다.
- Add Folder and SubFolders into Media Pool (Create Bins): 해당 폴더의 폴더 구성을 유지한 채로 해당 폴더와 서브 폴더 안에 있는 모든 영상 클립을 가져온다. 폴더를 빈 리스트로 드래그 앤 드롭하는 것과 같은 결과가 나온다.

▲ 폴더 구성을 무시하고 영상 클립을 가져온 경우

▲ 폴더 구성을 유지한 채 영상 클립을 가져온 경우

 Tip 다른 편집 페이지에서 영상 클립 임포트하기

편집 과정 중에 Cut 페이지나 Edit 페이지 등 다른 페이지에서도 파일을 타임라인이나 미디어 풀로 임포트할 수 있다. 하지만 메타데이터 정리와 분류를 위해 Media 페이지에서 정리하면서 클립을 임포트하는 것을 권장한다.

Unit. 04 ▶ 미디어 창에서 클립 정리하고 뷰어 레이아웃 바꾸기

이제 임포트된 영상 클립을 보는 방법과 정리하는 방법을 알아보자.

임포트된 영상 클립을 보는 방법은 세 가지가 있다. 다음을 따라하며 익혀보자.

▲ (왼쪽 아이콘부터) 메타데이터 뷰, 썸네일 뷰, 리스트 뷰

01 빈 리스트에서 모든 폴더를 선택하여 미디어 풀에 모든 영상 클립이 한번에 보이게 하자. 기본 설정인 썸네일 뷰로 영상 클립이 보이는 것을 확인할 수 있다.

02 미디어 풀의 상단 메뉴에서 메타데이터 뷰를 누르자. 영상 클립의 메타데이터와 썸네일을 한번에 볼 수 있다.

03 이번엔 미디어 풀의 상단 메뉴에서 리스트 뷰를 눌러보자. 리스트 뷰는 한 화면에 많은 영상 클립과 메타데이터를 보고 싶을 때 유용하다.

04 미디어 풀 오른쪽 상단의 메뉴 버튼(ᐧᐧᐧ)을 누르고 Show Filmstrip을 체크하면 리스트 뷰에서도 클립을 작은 타임라인처럼 볼 수 있다. 리스트 뷰로 파일을 정리한다면 Show Filmstrip을 체크하는 것을 추천한다.

05 이번에는 파일을 다른 폴더로 옮겨보자. 먼저 미디어 풀 상단 메뉴 중에 Layout을 눌러 듀얼 레이아웃으로 만들자.

06 미디어 풀이 두 개로 나뉜 것을 확인할 수 있다.

07 왼쪽 레이아웃에서 Chair_B_roll 빈을 클릭한 후 오른쪽 레이아웃에서는 Image 빈을 클릭하고 썸네일 뷰로 바꾸자. 그리고 그림과 같이 Image 폴더 안에 있는 2_Thrones 클립을 드래그해 Chair_B_roll 빈 위로 드래그 앤 드롭하자.

> 가끔 리스트 뷰의 빈에 클립을 바로 드래그하면 이동이 안 될 때가 있다. 이러한 경우엔 클립 보기 방식을 썸네일 뷰로 바꾸면 빈 안으로 바로 드래그해도 이동이 된다.

08 Layout 버튼을 눌러 다시 싱글 레이아웃으로 돌아오자.

09 2_Thrones 클립이 Chair_B_roll 빈 안에 들어온 것을 확인할 수 있다.

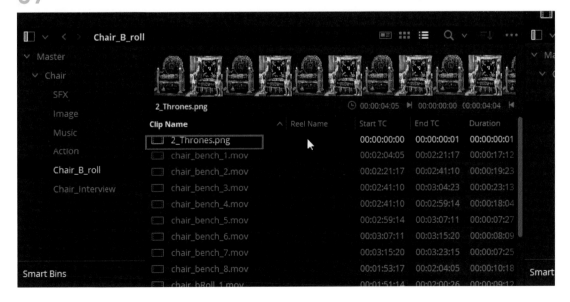

단순하지만 꼭 필요한 기능이라 소개하겠다. 영상 클립을 정리하는 데 빈(Bin)이 더 필요하다면 빈 리스트에서 새로운 빈을 추가하면 된다. 빈 리스트에서 오른쪽 마우스 클릭을 한 후 메뉴에서 Add Bin을 누르면 새로운 빈이 생성된다.

이번에는 미디어 풀로 임포트한 클립의 이름을 바꿔보자.

01 빈 리스트에서 Chair 폴더 안에 있는 Image 폴더를 누르자. Throne.jpg와 Throne_2.jpg가 미디어 풀에 표시될 것이다.

02 Throne.jpg의 클립 이름을 한 번 누르면 이름을 바꿀 수 있게 된다. 아래 그림을 참고해 클립 이름을 한국어로 바꿔보자.

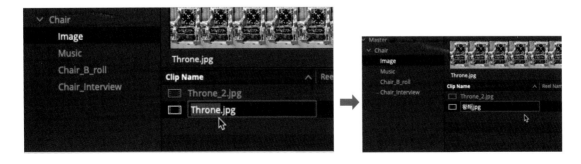

03 Throne_2.jpg의 이름도 한국어로 바꿔보자.

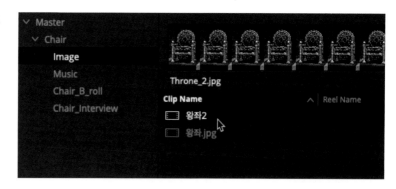

Tip 클립 이름에 확장자를 생략해도 파일 인식에 문제 없음

클립 이름에 확장자(예: jpg, png 등)를 생략하더라도 파일 인식에는 문제가 없다.

Unit. 06 ▶ 포스터 프레임 지정하기

포스터 프레임은 영상 클립을 대표하는 이미지로 썸네일과 같은 역할을 한다. 보통 비디오 클립의 첫 번째 프레임이 썸네일로 지정되는데, 간혹 이 클립이 카메라가 움직이는 샷이라면 첫 번째 프레임이 썸네일이 될 수 없기도 하다. 이럴 때 포스터 프레임을 지정하여 자신이 원하는 클립을 쉽고 빠르게 찾을 수 있다.

Chair_bRoll_6.mov은 길거리 장면으로 시작하지만 클립의 주요 내용은 벤치이다. 포스터 프레임을 벤치로 변경하여 이 클립이 어떤 내용인지 쉽게 알 수 있도록 만들어보자.

01 빈 리스트에서 Chair_B_roll 빈을 선택한 후 아이콘 뷰를 썸네일 뷰로 바꿔보자.

02 하지만 이대로 보기에는 썸네일의 크기가 너무 작다. 상단 슬라이드를 오른쪽으로 움직여 아이콘의 크기를 키워보자.

03 Chair_bRoll_6.mov의 썸네일 위에 마우스 포인터를 올리고 벤치가 나올 때까지 스키밍하자. 그 다음 마우스 오른쪽 클릭을 하여 메뉴를 열고 Set Poster Frame을 누르자.

04 그림과 같이 포스터 프레임이 변경되었을 것이다.

05 Set Poster Frame을 눌러도 포스터 프레임이 지정되지 않거나 기존의 포스터 프레임으로 돌아가고 싶은 경우가 있다. 이때는 마우스 오른쪽 클릭을 한 후 메뉴에서 Clear Poster Frame을 눌러보자. 그러면 포스터 프레임을 초기화한다.

Clone Tool을 사용해야 하는 이유

외부 저장장치에 있는 파일을 임포트해서 사용할 경우, 저장장치가 제거되면 더 이상 해당 파일에 접근할 수 없어 파일이 오프라인 상태가 된다. 또한 외부 저장장치는 파일의 입출력 속도가 내장 드라이브에 비해 현저히 느리므로 작업 속도를 떨어뜨리는 원인이 된다. 따라서 외부 저장장치에 있는 파일을 임포트할 때는 반드시 Clone Tool을 사용하여 내장 드라이브로 파일을 직접 복사한 후 임포트해야 한다.

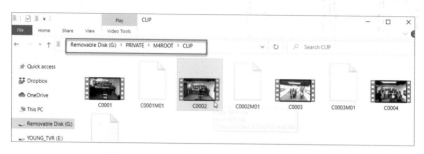

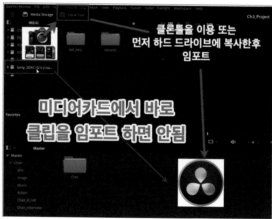

미디어 카드가 제거되면 그 미디어 카드에서 바로 가져와서 사용한 파일이 오프라인 상태로 바뀐다.

다음을 참고하여 Clone Tool을 사용해 외부 저장장치의 파일을 내부 저장장치로 복사해보자.

01 외부 저장장치를 컴퓨터에 연결
한 후 미디어 스토리지에서 표시
되는지 확인하자. 그리고 상단의 Clone
Tool 버튼을 눌러 Clone Tool 창을 활성화
하자.

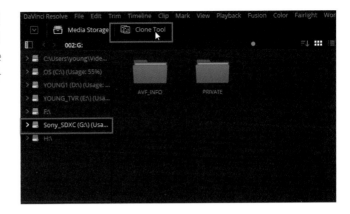

02 Clone Tool 창이 열리면 작업을 진
행하기 위해 Add job을 누르자.
Job 1이 Queue에 추가된 것을 확인할 수
있다.

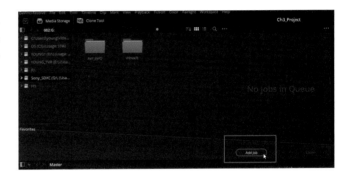

03 미디어 스토리지에서 외부 저장
장치를 드래그해 Job 1의 Source
위에 끌어다 놓자.

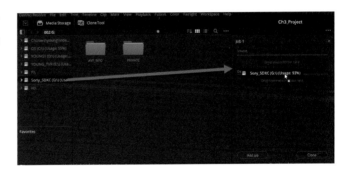

04 외부 저장장치의 파일을 복사해
저장할 폴더를 Job 1의 Destination
위에 드래그 앤 드롭하자. 저자는 예제 파
일의 Chair 폴더를 사용했다.

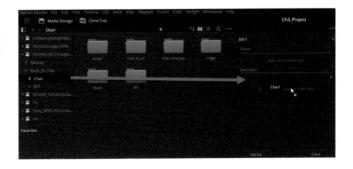

반드시 Job 1 영역 위에 올려놓아야 폴더를 인식할 수 있다. 영역 밖으로 드래그 앤 드롭할 경우 폴더가 인식되지 않는다는 것을 기억하자.

05 이제 Clone을 누르면 외부 저장장치의 파일이 복사된다.

06 파일이 복사될 때까지 잠시 기다려주자.

07 Job 1 영역의 오른쪽 상단에 Complete가 표시되면 복사가 완료된 것이다.

08 클론 작업이 완료된 후 복사가 잘 되었는지 미디어 스토리지에서 꼭 확인하자. 앞에서 배운 Refresh를 해야 업데이트된 내용이 보일 것이다.

Refresh 기능은 'Unit.02 미디어 미리보기하는 방법'의 Tip을 참조해보자.

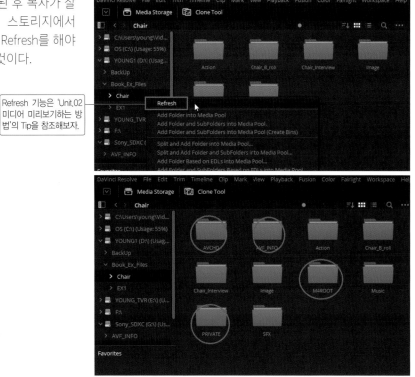

09 Windows의 탐색기나 macOS의 Finder를 통해서도 외부 저장장치에 있었던 폴더와 파일이 지정된 위치로 복사된다. 다만 사용하는 카메라 기종에 따라 폴더 이름과 저장 경로가 다르니, 미디어 카드의 내용과 미디어 풀에 복사된 내용을 꼭 확인하기 바란다.

10 미디어 카드에서 지정된 프로젝트 폴더로 파일과 클립이 복사되었으면 Clone Tool 버튼을 눌러 창을 닫아준다.

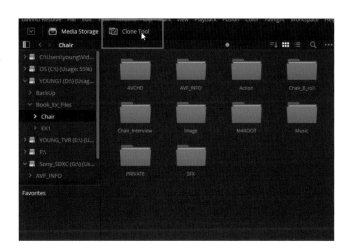

11 끝으로 Clone Tool을 사용한 후 복사한 파일을 미디어 풀로 임포트해주는 것을 잊지 말자.

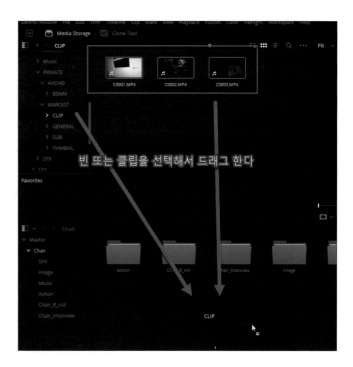

Tip 카메라 기종에 따라 영상의 저장 위치가 다름

저자는 SONY A7 Ⅲ 로 찍은 영상이 담긴 SD 카드를 사용하였다. 자신이 사용하는 카메라 기종에 따라 미디어 카드에 저장되는 파일의 위치 구조가 달라진다. 영상이 저장된 위치를 파악하고 상황에 알맞게 파일들을 임포트하자.

SONY 미러리스 카메라의 경우 영상을 촬영하면 썸네일이 같이 생성된다. 따라서 폴더 전체를 임포트하면 영상 파일 뿐만 아니라 불필요한 썸네일까지 임포트되어 버린다. 썸네일 파일들을 미디어 풀에서 직접 지워도 되지만, 영상 클립이 들어 있는 하위 폴더에서 영상 파일을 찾아서 미디어 풀로 임포트하는 것이 효율적이다.

Unit. 08 ▶ 자주 사용하는 폴더나 미디어 하드 드라이브 지정하기 (Favorites)

영상 편집 작업을 하다 보면 같은 폴더에 있는 파일을 자주 임포트하는 경우가 있다. 이럴 때 미디어 스토리지에서 Favorites 기능을 사용하면 편리하다. Favorites에 자주 사용할 폴더나 진행 중인 프로젝트 폴더를 지정해두면 미디어 스토리지에 항상 보이므로 빠르게 접근할 수 있다.

01 미디어 스토리지에서 자주 사용하는 미디어 하드 드라이브 또는 폴더를 Favorites로 드래그 앤 드롭하자.

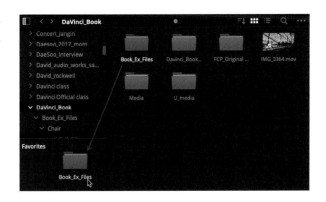

02 Favorites에 새로운 폴더가 추가된 것을 확인할 수 있다. 이로써 Book_Ex_Files 폴더를 따로 찾지 않아도 바로 접근할 수 있게 되었다.

Tip Favorites에서 폴더를 없애려면 마우스 오른쪽 클릭 후 Remove Folder from Favorites를 선택

Favorites에서 폴더를 없애고 싶다면 해당 폴더 위에서 마우스 오른쪽 클릭을 한 후 Remove Folder from Favorites를 눌러주면 된다.

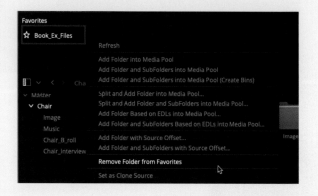

SECTION ❶
03
DaVinci Resolve

클립 정리 후 메타데이터 지정하기

영상 클립에 메타데이터를 기록하면 이를 바탕으로 더 빠르고 쉽게 원하는 클립만을 볼 수 있다. 파일에 메타데이터를 기록하는 방법을 알아보자.

메타데이터는 두 가지 종류가 있다. 첫 번째는 카메라가 영상을 촬영할 때 자동으로 기록되는 메타데이터 이다. 타임코드, 길이, 프레임, 해상도, 프레임 레이트, 날짜 등이 해당된다. 두 번째로는 사용자가 임의로 지정하는 메타데이터이다. 키워드, 클립 컬러, 플래그 등이 이에 해당된다.

▲ 빨간 선 안의 모든 정보가 메타데이터라고 할 수 있다

클립이 많아질수록 원하는 클립을 찾기 어려워진다. 이럴 때에는 파일에 키워드(Keyword)를 지정해두면 자신이 원하는 클립을 찾기 쉽다. 키워드는 SNS 게시글의 '#태그' 같은 것으로, 키워드를 지정해두면 검색 을 통해 해당 키워드를 가진 클립을 한번에 볼 수 있다.

다음을 따라하며 직접 키워드를 만들고 키워드가 포함된 클립만 찾는 연습을 해보자.

01 빈 리스트에서 Chair_B_roll을 선택한 후 리스트 뷰로 바꾸자. 리스트 뷰에서는 모든 클립의 메타데이터를 한번에 볼 수 있다.

02 메타데이터 에디터를 넓게 보기 위해 인터페이스 툴바에서 Audio 탭을 눌러 오디오 패널을 잠시 닫아두자. Metadata 탭만이 활성화될 것이나.

03 미디어 풀에 있는 아무 클립이나 누르고 화면의 우측을 보면 해당 클립의 메타데이터를 확인할 수 있다. 하지만 불필요한 메타데이터가 너무 많아 한눈에 보기 어렵다. 따라서 이번에는 메타데이터 프리셋을 생성해 자신이 원하는 메타데이터만 보는 방법을 알아보자.

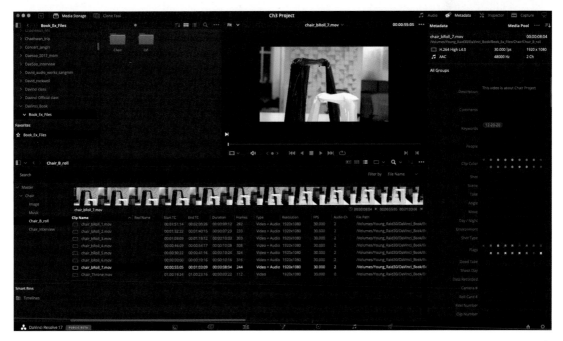

04 메타데이터 세팅을 위해 DaVinci Resolve > Preferences를 눌러 설정 창을 열자.

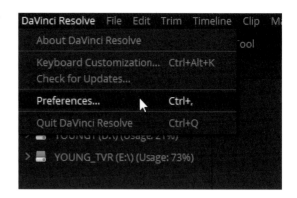

05 상단의 사용자(User) 버튼을 누르고 왼쪽에 있는 메타데이터(Metadata) 탭을 누르자. 여기서는 메타데이터의 프리셋과 옵션 등을 설정할 수 있다.

06 Metadata Presets에서 New를 누르면 프리셋의 이름을 정할 수 있는 창이 나온다. 프리셋 이름을 Keyword_1이라 입력하고 OK 버튼을 누르자.

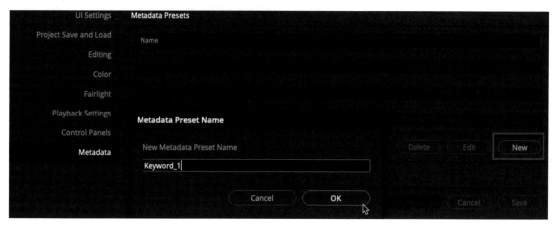

07 스크롤을 아래로 내리고 메타데이터 옵션에서 Description, Keywords, Comments, Reel Number, Date Recorded를 체크하자. 메타데이터 프리셋을 저장할 때는 반드시 상단의 Save 버튼을 먼저 누른 후 하단의 Save 버튼을 눌러 마무리하자.

상단의 Save 버튼은 메타데이터 프리셋을 저장하는 버튼이고, 하단의 Save 버튼은 해낭 설정을 DaVinci Resolve에 적용하는 버튼이다. 따라서 하단의 Save 버튼만 누를 경우 프리셋이 제대로 저장되지 않을 수 있다.

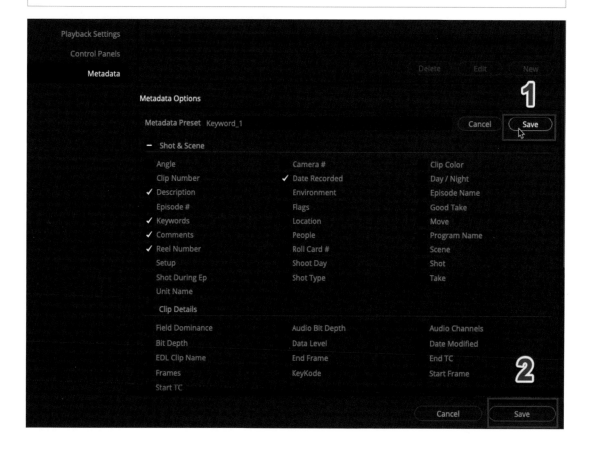

Tip 메타데이터 프리셋의 편집이 안 되면 새로운 프리셋을 만든 후 다시 편집

메타데이터 프리셋이 편집되지 않을 땐 새로운 프리셋을 하나 더 만든 후 다시 편집을 해보자.

08 메타데이터 에디터로 돌아와서 오른쪽 상단의 설정 버튼(⋯)을 누르고 방금 생성한 Keyword_1을 눌러주면 프리셋이 적용된다. 이로써 메타데이터 에디터에는 우리가 원하는 메타데이터만 남게 되었다.

09 메타데이터에는 기본적으로 클립을 찍은 날짜가 키워드로 기록된다(이 키워드는 카메라에 기록된 그대로 남는다). 여기서 우리가 원하는 Keyword를 추가해보자. 미디어 풀에서 chair_bRoll_7.mov를 선택한 후 메타데이터 에디터의 Keywords 영역을 클릭하자. indoor를 입력하고 Enter를 누르면 키워드가 추가된다.

10 이번에는 chair_bRoll_1.mov를 선택한 후 outdoor를 입력하고 [Enter↵]를 눌러 키워드를 추가하자.

11 클립을 여러 개 선택하여 같은 키워드를 입력할 수도 있다. 미디어 풀에서 chair_bRoll_2.mov부터 chair_bRoll_6.mov까지 선택한 후 메타데이터 에디터에서 outdoor 키워드를 추가하자.

> chair_bRoll_2.mov를 선택하고 Shift 를 누른 상태에서 chair_bRoll_6.mov를 클릭하면 선택 범위 내 모든 클립이 선택된다.

12 여러 클립에 메타데이터를 입력할 경우 하단에 Save 버튼이 나타난다. Save 버튼을 눌러야만 저장이 된다는 것을 잊지 말자.

> * 키워드는 필요에 따라 계속해서 추가하거나 삭제할 수 있다. 그림에 보이는 FS5_Bench는 저자가 이전 작업을 하면서 추가해 놓은 키워드이다.
> * 만약 다른 종류의 메타데이터를 보고 싶다면 Preferences 창에서 메타데이터 프리셋을 수정하면 된다.

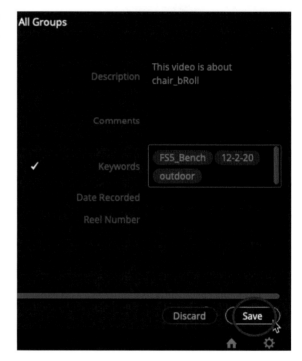

13 이제 우리가 작성한 키워드 메타데이터를 활용해 클립을 검색해보자. 미디어 풀 상단의 돋보기 버튼을 눌러 검색 창을 열자. 검색 창이 열리면 우측의 Filter by에서 Keyword를 선택한다. 마지막으로 검색 창에 indoor를 입력하고 Enter↵ 를 누르면 indoor가 키워드로 설정된 클립을 볼 수 있다.

14 이번에는 outdoor를 검색해보자. outdoor가 키워드로 지정된 모든 클립이 보일 것이다.

15 키워드 검색이 끝나면 검색 창 오른쪽의 X를 눌러서 모든 클립이 다시 나타나게 하자. 그리고 미디어 풀 상단의 돋보기 버튼을 눌러 검색 창을 닫아주자.

예제에서는 클립들이 많지 않지만 클립 수가 많은 프로젝트에서 작업할 경우에는 키워드 검색을 이용하면 원하는 클립들을 쉽게 찾을 수 있다. 클립을 정리할 때 키워드를 입력하는 습관을 들이면 나중에 시간을 크게 절약할 수 있다.

리스트 뷰에서 원하는 메타데이터만 보기 (Column Layout 변경)

리스트 뷰에서는 클립의 메타데이터를 한눈에 볼 수 있어 편리하지만 불필요한 메타데이터가 표시될 때도 있다. Column Layout을 변경해 필요한 메타데이터만 볼 수 있게 설정해보자.

01 먼저 미디어 풀에서 리스트 뷰로 설정되어 있는지 확인한다. 그리고 상단의 아무 Column 탭에서 마우스 오른쪽 클릭을 하면 Column Setting 팝업 메뉴가 나타난다. 여기에서 원하는 메타데이터를 체크하면 해당 메타데이터만을 볼 수 있다.

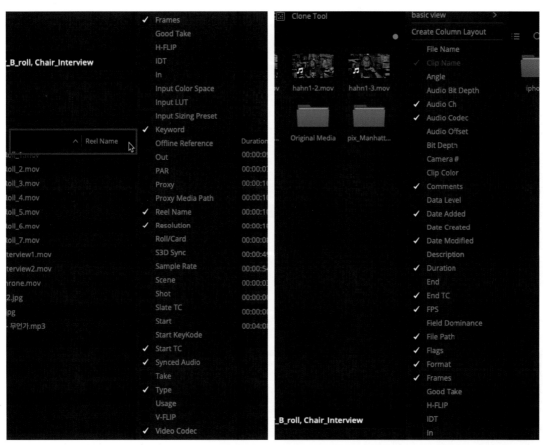

▲ 리스트 뷰로 설정한 후 열(Column) 제목 부분을 마우스 오른쪽 클릭을 하면 Column Layout을 변경할 수 있다

02 팝업 메뉴에서 Comments, Date Created, Duration, FPS, Keyword, Resolution, Start TC 를 체크하자.

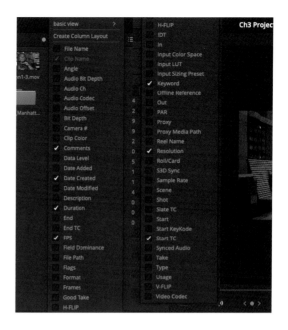

03 우리가 원하는 메타데이터만 남아 간단한 뷰로 바뀌었다. 우리가 추가한 Keyword들이 잘 입력되었 는지도 확인해보자.

04 순서를 바꾸고 싶은 열이 있다면 해당 열을 드래그해보자. 자신이 원하는 위치로 옮길 수 있다.

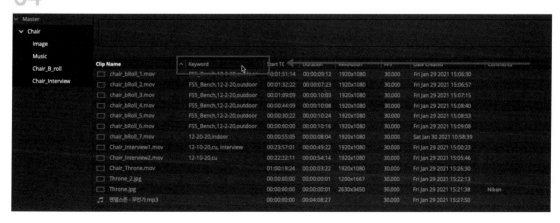

스마트 빈 Smart Bins 사용하기

스마트 빈(Smart Bins)이란?

앞에서 배운 것처럼 모든 클립은 크기, 촬영 장소, 키워드, 파일 포맷 등의 메타데이터를 항상 포함한다. 스마트 빈은 키워드와 그 외 메타데이터를 이용해서 클립들을 정리하는 기능이다. 즉, 사용자가 조건을 설정하여 원하는 종류의 클립만 찾아 보여주는 기능이다. 스마트 빈을 사용하면 복잡한 조건의 파일들을 한번에 찾을 수 있다.

스마트 빈을 이용해 복잡한 키워드 조건을 가진 클립을 한번에 찾아내보자.

01 스마트 빈을 사용하기 위해 영어와 한국어를 포함한 좀 더 복잡한 키워드를 설정해보자. Chair_B_roll 빈 안에 있는 chair_bRoll_1.mov에 '동상'이라는 키워드를 추가하자.

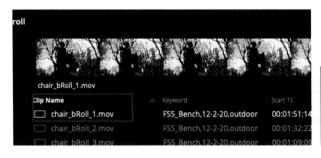

02 마찬가지로 chair_bRoll_5.mov에도 키워드 '동상'을 추가한다.

03 미디어 풀 왼쪽에 보이는 스마트 빈의 리스트 영역에서 마우스 오른쪽 클릭을 하고 팝업 메뉴가 나타나면 Add Smart Bin 선택하자. 스마트 빈을 생성하는 창이 나타날 것이다.

04 메타데이터 속성을 고르는 첫 번째 구간에서 Shot & Scene을 선택한다.

05 두 번째 구간에는 다양한 분류 방식이 보일 것이다. 그중에서 우리가 원하는 메타데이터인 Keywords 를 선택하자.

06 문자열의 포함 조건을 고르는 세 번째 구간에서 contains(포함)을 확인한 후 다음 구간에 ourdoor라고 키워드를 입력하자. 그러면 조건에 해당하는 클립들이 미디어 풀에 실시간으로 보일 것이다.

07 메타데이터의 교집합을 지정하기 위해 우측의 + 버튼을 눌러 새로운 Rule을 추가하자.

08 두 번째 Rule도 첫 번째 Rule과 같이 설정해주되 마지막 구간에서 키워드를 '동상'이라고 입력한다. 그러면 미디어 풀에 'outdoor'와 '동상' 키워드를 동시에 포함하는 영상 클립을 실시간으로 확인할 수 있다.

09 마지막으로 'Outdoor 동상'이라고 이름을 입력해 준 후 Create 버튼을 누르자.

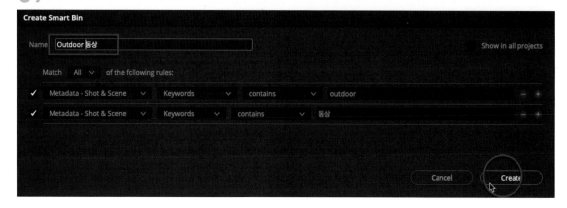

10 스마트 빈 리스트에 'Outdoor 동상' 스마트 빈이 생성되었다. 앞으로 'outdoor'와 '동상' 키워드를 포함한 영상 클립이 추가되면 자동으로 이 스마트 빈에서 확인할 수 있다.

지금까지 스마트 빈을 추가하는 방법 그리고 스마트 빈을 이용해서 복잡한 조건의 클립을 찾아 정리하는 방법을 알아보았다. 스마트 빈을 사용하기 위해서 메타데이터 속성, 메타데이터, 포함 조건, 그리고 문자열을 설정해 Rule을 만들어야 한다. 따라서 수많은 메타데이터 중에서 자신이 원하는 메타데이터가 어디에 속하는지 알아두는 것이 좋다. 특히 스마트 빈은 규모가 큰 프로젝트를 작업할 경우에 유용하다. 스마트 빈을 여러 개 만들어두면 많은 클립 가운데 자신이 원하는 클립을 쉽게 찾을 수 있어 작업 효율이 오른다. 편집을 처음 시작한다면 당장 한번에 많은 클립을 다루지 않기 때문에 필요성을 느끼기 어렵겠지만, 차츰 작업할 프로젝트의 규모가 커지다 보면 스마트 빈의 중요성을 알게 될 것이다.

Tip 스마트 빈 관련 기능

스마트 빈 편집 및 삭제

만들어진 스마트 빈은 언제든지 편집하거나
삭제할 수 있다. 스마트 빈 위에서 마우스 오
른쪽 클릭을 한 후 팝업 메뉴에서 Edit를 누르
면 해당 스마트 빈을 편집할 수 있고, Remove
를 누르면 사용하지 않는 스마트 빈을 삭제할
수 있다.

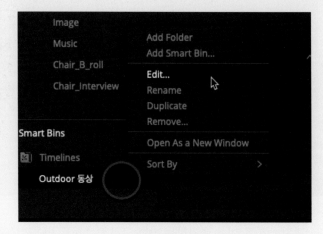

스마트 빈 리스트를 보이거나 감추기

미디어 풀 좌측에 스마트 빈 리스트가 보이지 않는다면 상단 메뉴바에서 View > Show Smart Bins를 체크해주자. 반대로
스마트 빈 리스트를 감추고 싶다면 체크 해제하면 된다.

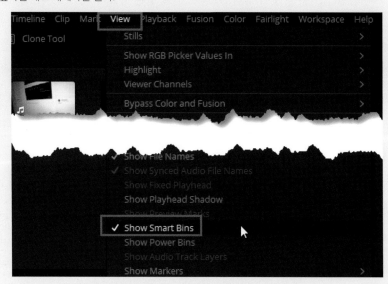

파워 빈 Power Bins 사용하기

파워 빈(Power Bins)이란?

파워 빈은 같은 데이터베이스 안에 있는 여러 프로젝트가 공유하는 빈이다. 예를 들어 같은 프로그램에서 여러 편의 에피소드를 편집할 경우 로고 파일이나 백그라운드 뮤직, 그래픽 등을 매번 사용할 것이다. 이렇듯 어떤 자료를 같은 데이터베이스 안의 다른 프로젝트에서도 사용해야 할 때 공용 폴더를 만들어 놓으면 프로젝트마다 일일이 임포트하는 수고를 덜 수 있다. 파워 빈을 활성화하는 방법은 스마트 빈과 같다. 아래 그림과 같이 상단 메뉴바에서 해당 옵션을 체크해 활성화한 후 그 빈에 사용할 클립을 넣어두면 된다.

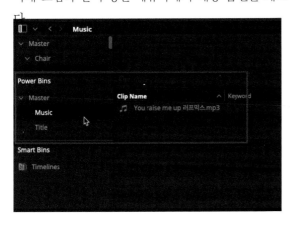

파워 빈(Power Bins)의 장점

파워 빈을 사용하면 여러 프로젝트가 같은 파일을 공유하기 쉽다.

아래의 다른 두 프로젝트는 파워 빈을 통해 사용할 음악 클립을 공유하고 있다.

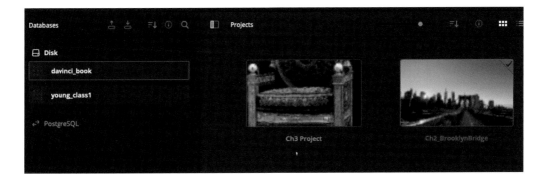

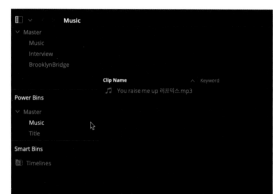

빈(Bins)의 개념과 종류 – 빈, 파워 빈, 스마트 빈의 차이

미디어 풀에는 빈(Bins), 파워 빈(Power Bins), 스마트 빈(Smart Bins)이 있는데 각각 사용자 편의를 위한 기능을 제공한다. 세 가지 빈의 개념과 특징을 하나씩 정리해보자.

❶ **빈**: 간단하게 폴더라고 이해하면 된다. 클립들을 정리해서 각 빈에 넣은 후 뷰어 옵션을 바꿔 클립을 아이콘 뷰 또는 리스트 뷰로 본다. 각 클립에 있는 메타데이터를 이용해서 클립을 그룹으로 묶을 수도 있다. 가장 기본적인 개념의 저장소이다.

❷ **파워 빈**: 프로젝트 간 공유 개념의 폴더이다. 기본적으로 숨어 있지만 활성화하면 현재 데이터베이스 안의 모든 프로젝트에 공유할 수 있다. 자주 사용하는 타이틀, 음향 효과, 음악 파일 등의 클립을 빠르고 쉽게 접근해야 하는 작업에 적합한 폴더라고 이해하면 된다. 파워 빈을 생성하고 편집하는 방법은 일반적인 빈의 사용 방법과 크게 다르지 않다.

❸ **스마트 빈**: 사용자가 메타데이터를 이용해 지정한 규칙으로 미디어 풀의 콘텐츠를 태그해서 원하는 클립을 찾는 데 사용한다. 메타데이터 에디터를 사용하여 클립에 장면 종류, 샷 및 테이크 정보, 키워드, 주석 및 설명 텍스트 및 기타 정보를 추가할 수 있다. 또한 여러 메타데이터를 중첩해서 클립을 숨길 수도 있고 원하는 그룹이나 하나의 클립을 보이게 할 수도 있다.

최적화 클립과 프록시 클립
Optimized Media & Proxy Clip

DaVinci Resolve에서 비디오 클립 트랜스코딩(파일 변환)후 재생할 때 주의사항

DaVinci Resolve에서 영상을 재생할 때 자주 렌더링하거나 심하게 버벅거린다면 사용하는 클립이 편집용이 아닐 경우가 많다. 사용하는 클립의 코덱을 바꿔 편집용 클립으로 만드는 과정을 트랜스코딩(Transcoding)이라고 하는데, 사용하는 클립의 어떤 설정을 어떻게 바꾸어야 자신의 컴퓨터에서 최상의 편집 환경으로 만들 수 있는지 알아보자.

Unit. 01 ▶ 최적화 클립과 프록시 클립 이해하기

DaVinci Resolve에서 임포트한 클립은 다음과 같은 네 가지 포맷으로 변환하여 저장하거나 재생할 수 있다.

- **최적화 미디어(Optimized Media)**: 촬영 원본 클립이 임포트된 후 고화질의 편집용 포맷으로 변환된 포맷이다. DaVinci Resolve에서 최적화된 미디어는 프레임별로 이미지 파일이 하나씩 생성된다.
- **프록시 미디어(Proxy Media)**: 저화질의 편집용 포맷으로 변환하는 것인데, 컴퓨터의 사양에 따라 여러 단계의 저화질로 만들어서 재생할 수 있다. 편집이 끝난 후 원래 클립으로 재연결해서 파일을 익스포트한다.
- **렌더 캐시(Render Cache)**: 편집 중인 클립에 어떤 모션 그래픽이나 효과를 적용한 경우, 실시간 재생을 하려면 적용된 효과의 레이어를 렌더링해야 하는데 이때 생성되는 파일이다.
- **타임라인 프록시 미디어(Timeline Proxy Media)**: 타임라인에서 임시로 저화질 파일을 만들어서 재생하는 경우가 있는데, 저장되는 파일을 만드는 것이 아니라 메모리에 잠시 머무는 임시 파일을 만들어서 실시간 재생을 원활하게 한다. 이때 잠시 사용하는 임시 저화질 파일이다.

이렇게 여러 가지 포맷이 존재하는 이유는 대용량의 비디오 클립을 효과적으로 편집하기 위해서이다. 자신의 컴퓨터 사양에 따라서 여러 포맷 옵션 중 하나를 선택하면 된다. 저자가 추천하는 방식은 프록시 클립을 만들어서 편집을 진행하고, 편집이 끝난 후 원본 클립 또는 최적화 클립으로 재연결하여 최종 마스터 파일을 만드는 것이다. 이 모든 과정이 복잡하게 느껴지겠지만 보통 한두 단계만 거치면 프록시 파일들을 사용할 수 있다. 또한 4K 이상의 고해상도 파일을 편집할 경우, 프록시 파일을 사용하는 것은 선택이 아닌 필수이므로 여기서 설명하는 프록시 파일과 최적화 파일을 만드는 법을 충분히 숙지하도록 하자.

▲ 프로젝트 세팅에서 프록시 미디어와 최적화 미디어가 저장되는 경로[*]를 설정할 수 있다

임포트된 클립들을 다시 최적화하여 비압축 방식의 편집용 ProRes 422(macOS용) 또는 프록시 파일로 만들 수 있다(Windows의 경우 DNxHR 포맷을 사용한다).

파일 최적화는 클립들을 임포트할 때 자동으로 최적화되게끔 선택할 수 있지만 이렇게 임포트된 클립 중에서 필요한 클립만 선택해서 따로 최적화할 수도 있다.

미디어 최적화는 파일 변환(Transcode)을 의미하는데 카메라의 압축 촬영 포맷인 H.264 또는 AVCHD 포맷을 편집용 비압축 포맷으로 바꾸어주는 것이다. 이렇게 편집용 코덱으로 바뀐 클립은 편집 시 최상의 화질을 보장하고 영상 효과를 주었을 때 렌더링이 훨씬 빨라진다. 하지만 압축 촬영 포맷에 비해 많은 저장 공간을 필요하다는 단점이 있다(한 시간 분량의 ProRes 422 클립 = 약 60 GB). 프록시 클립은 가장 압축이 많이 된 작은 데이터 용량의 파일로서, 여러 클립을 동시에 재생해야 하는 멀티캠 편집에 많이 사용한다.

- **최적화 클립**: 편집 프로그램 시스템이 가장 효율적으로 다룰 수 있는 고화질의 편집 파일 포맷이다. macOS에서는 ProRes422, Windows에서는 DNxHR을 권장한다.
- **프록시 클립**: 편집 프로그램 시스템이 가장 효율적으로 다룰 수 있는 저화질의 편집 파일 포맷이다. 저사양의 시스템에서 적은 리소스를 가지고 편집할 때 주로 쓰인다.

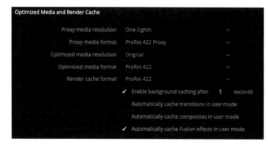
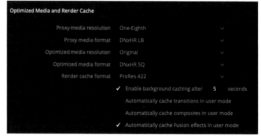

▲ 자신의 컴퓨터가 고사양일 경우 DNxHR HQ나 ProRes 422 HQ를 사용해도 된다

프록시 클립을 사용하는 이유

영상 편집 작업을 하기에 시스템 사양이 충분하지 않을 때, 원본과 똑같지만 해상도가 낮은 프록시 클립을 만들어서 사용하면 원활하게 편집을 진행할 수 있다. 편집 과정에서는 프록시 클립을 사용하고 Deliver 과정에서는 다시 원본 클립으로 돌아가서 최종 결과물을 만들어내면 된다. 사용하는 컴퓨터의 성능에 따라

---

[*] 최적화 미디어 클립은 캐시 파일(Cache File) 저장 경로의 하위 폴더에 저장된다. 따라서 캐시 파일이 저장되는 경로를 바꾸면 자동으로 최적화 미디어 클립이 저장되는 장소도 바뀌게 된다.

서는 비디오 클립이 실시간으로 재생되지 않거나 드롭 프레임이 발생할 수 있는데, 이 경우에는 꼭 프록시 클립을 만들어서 진행하기 바란다.

Unit. 02 ▶ 프록시 클립 만들기

01 프록시 클립을 만들기 전 프록시 미디어 설정을 해보자. 화면 오른쪽 하단의 톱니바퀴 아이콘을 눌러 프로젝트 세팅 (Project Settings)을 연다.

02 프로젝트 세팅에서 왼쪽의 마스터 세팅 탭을 누른 후 Proxy media resolution을 원본의 1/8 해상도 (One-Eight)로 설정하자. 원본의 8분의 1 해상도로 프록시 클립이 생성될 것이다. 자신의 컴퓨터 사양이 좋다면 1/4 해상도(Quarter)를 선택하는 것을 추천하고, 컴퓨터 사양이 부족하다면 1/16 해상도(One-Sixteenth)로 설정하는 것이 좋다.

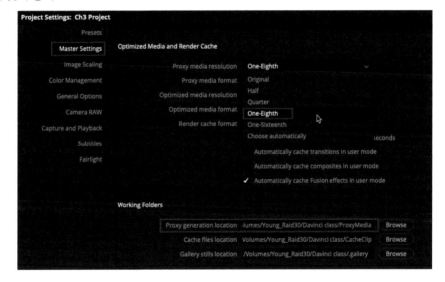

03 빈 리스트에 있는 Chair_B_roll을 선택하고 모든 클립을 드래그하여 선택하자.

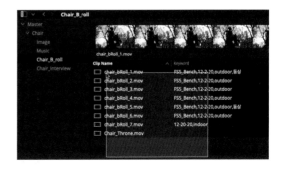

---

* 생성된 프록시 클립은 작업 폴더(Working Folder)의 Proxy generation location에 지정한 경로로 저장된다.

04 드래그한 클립 위에서 마우스 오른쪽 클릭을 하여 팝업 메뉴를 연다. 메뉴에서 Generate Proxy Media 를 누르면 프록시 클립이 생성된다.

05 프록시 클립 생성이 완료되면 지정된 경 로에서 프록시 파일들을 확인할 수 있다.

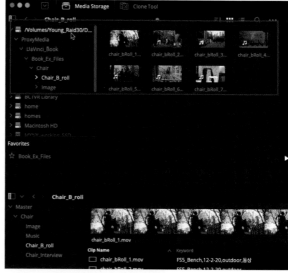

06 만들어진 프록시 클립을 실제로 사용할 수 있도록 Playback > Use Proxy Media if Available의 체크 여부를 꼭 확인하자. 이 옵션이 체크되어 있다면 프록시 클립이 우선 재생된다.

생성된 프록시 클립을 사용하여 편집을 해도 영상이 끊기거나 느리다면 02번으로 돌아가 프록시 클립의 해상도를 재조정해보자.

최적화 클립을 사용하는 이유

촬영 비디오 포맷은 대부분 GOP(Group Of Picture) 방식으로 압축하여 저장하는데, 이 때문에 편집 프로그램에서 압축된 고화질 비디오 클립을 재생하려면 그룹으로 뭉친 프레임들을 매번 풀어줘야 한다. 그래서 압축된 촬영용 포맷을 비압축된 고화질 편집용 포맷으로 변환해서 화질은 최상으로 보고 컴퓨터에는 작업 부담을 덜어준다. 이것을 '최적화 미디어를 만든다'고 표현한다. 앞서 살펴본 ProRes 422 또는 DNxHR이 대표적인 편집용 포맷이다.

▼ OptimizedMedia	Today at 5:22 PM
▼ b20fd1b910ee3f945d4bc802dbdf7626	Today at 5:22 PM
▼ b4b147bc522828731f1a016bfa72c073	Today at 5:20 PM
0000000000.dvcc	Today at 5:20 PM
0000000001.dvcc	Today at 5:20 PM
0000000002.dvcc	Today at 5:20 PM
0000000003.dvcc	Today at 5:20 PM
0000000004.dvcc	Today at 5:20 PM
0000000005.dvcc	Today at 5:20 PM
0000000006.dvcc	Today at 5:20 PM
0000000007.dvcc	Today at 5:20 PM
0000000008.dvcc	Today at 5:20 PM
0000000009.dvcc	Today at 5:20 PM

CHAPTER 03 ▶ 요약하기

이번 챕터에서는 Media 페이지에서 파일을 임포트하는 방법을 자세히 배웠다. 그리고 새로운 프로젝트를 시작하면서 알아야 하는 세 가지 중요한 설정을 배워보았다. 파일을 임포트한 후 파일을 정리하는 방법과 빈을 이용해서 미디어를 정리하는 방법, 스마트 빈을 이용해서 사용자가 원하는 파일을 빠르게 볼 수 있는 방법을 알아보았다. 이외에 여러 가지 파일 변환 방법을 살펴보았다. 특히 프록시 미디어는 반드시 사용해야 하는 개념이므로 꼭 사용 방법을 숙지해서 편집과정에서 클립을 재생할 때 문제가 없게 하자.

새로운 프로젝트가 만들어진 후 적용되는 DaVinci Resolve 하드웨어와 파일 저장 장소를 결정하는 시스템 세팅, 사용자 인터페이스와 기본 편집 룰을 지정하는 사용자 세팅을 배웠다. 그리고 편집을 시작하기 전에 반드시 프로젝트 세팅에서 프레임 레이트를 설정해야 한다는 것을 배웠다.

편집 과정에서 생성되는 여러 종류의 미디어 클립이 어디에 저장되는지 확실히 이해하고, 사용자가 지정한 경로에 필요한 파일이 보내질 수 있도록 세 가지 세팅을 연습해보자. 그리고 사용하는 프로젝트는 프로젝트 세팅에서 지정한 설정이 시스템 세팅보다 우선한다는 것을 꼭 기억하자.

CHAPTER 04

Edit 페이지를 이용한 기본 편집

DaVinci Resolve

이번 챕터에서는 Edit 페이지로 넘어와 기본 편집 도구를 사용해 영상을 타임라인에서 가편집하는 방법을 배워보자. 가편집 (Rough Cut)이란 편집자가 일련의 순서에 맞추어 클립들을 타임라인에 모으는 과정을 일컫는다. 기본적으로 편집을 할 때 는 마우스나 단축키를 자주 사용하여 편집하는데, 편집하는 방법에 정답은 없다. 자신의 스타일에 맞는 방법으로 원하는 결 과를 정확하게 만드는 것이 편집의 궁극적인 목표이다. 여러 방법을 익히며 나에게 잘 맞는 방법을 찾고 숙달해보자.

DaVinci Resolve에서 편집을 시작할 때 사용할 수 있는 방법은 크게 나누자면 세 가지로 볼 수 있다.

- 비디오 클립을 미디어 풀에서 선택한 후 타임라인에 드래그해서 편집을 시작하는 방법 (다음 그림의 ⓐ)
- 비디오 클립을 왼쪽 뷰어에서 보면서 필요한 부분만 선택한 후 단축키를 이용해 타임라인으로 가져와 편집하는 방법 (다음 그림의 ⓑ)
- 비디오 클립을 왼쪽 뷰어에서 보면서 필요한 부분만 선택한 후 오른쪽 뷰어에 뜨는 오버레이(Overlay)를 이용해서 편집하는 방법 (다음 그림의 ⓒ)

DaVinci Resolve 화면에 보이는 여러 버튼을 사용하는 방법은 아직 레이아웃에 익숙하지 않은 초보자에게는 더 어려울 수 있다. 따라서 기본 편집은 마우스 또는 단축키를 사용해서 클립을 타임라인으로 직접 가져와서 진행할 것이다.

Tip 오버레이(Overlay)란?

Edit 페이지에서는 오버레이를 이용한 편집을 자주 접하게 될 것이다. 미디어 풀이나 왼쪽 뷰어에서 오른쪽 뷰어로 미디어 클립을 클릭해서 드래그앤 드롭하면 그림과 같이 오버레이가 나타난다. 오버레이에는 다양한 메뉴가 있는데, 주로 타임라인에 클립을 추가하거나 변경하는 기능을 한다. 다음 페이지로 넘어가 각 메뉴의 특징을 알아보자.

본편집 단계로 넘어가면서 다양한 편집 기능을 만나볼 수 있다. 이러한 기능은 스크린상의 버튼 클릭, 단축키 이용, 메뉴에서 해당 기능이나 옵션을 선택한 후 드래그 앤 드롭하는 등 다양한 방법으로 활용할 수 있다(영상 편집을 하다 보면 자연스럽게 활용법을 체득하게 되니, 조급하게 방법을 익히려하진 않아도 된다). 여기서는 우선 Edit 페이지에서 핵심적으로 다루게 될 기능인 오버레이(Overlay) 메뉴를 알아볼 것이다. 오버레이 메뉴는 일곱 가지가 있는데, 주요 기능을 중심으로 살펴보자.

Overlay 창의 메뉴 정리

타임라인에 클립 추가 (주요 편집 스타일)

❶ 인서트(Insert)

❷ 덮어쓰기(Overwrite)

❸ 연결하기(Place on Top)

❹ 덧붙이기(Append at End)

타임라인의 클립 교체

❺ 바꾸기(Replace)

❻ 속도 바꿔서 채우기(Fit to Fill)

❼ 빈 자리 없이 덮어쓰기(Ripple Overwrite)

DaVinci Resolve의 기본 네 가지 클립 추가 편집 스타일

먼저 자주 쓰는 네 가지 기본 편집인 인서트(Insert), 덮어쓰기(Overwrite), 덧붙이기(Append at End), 연결하기(Place on Top)를 알아보자. 클립의 연결 상황에 따라서는 다른 편집 방식이 필요할 수 있지만, DaVinci Resolve에서는 대부분 위의 네 가지 방법으로 클립을 타임라인에 추가할 수 있다.

- **인서트(Insert)**: 선택한 클립을 타임라인의 플레이헤드가 위치한 곳에 삽입하여 추가한다. 해당 위치에 있던 기존의 클립은 지워지지 않고 오른쪽으로 이동한다.

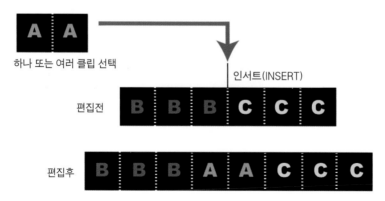

- **덮어쓰기(Overwrite)**: 선택한 클립으로 타임라인의 플레이헤드가 위치한 클립을 덮어쓴다. 해당 위치에 있던 기존 클립은 새 클립으로 덮여서 사라진다.

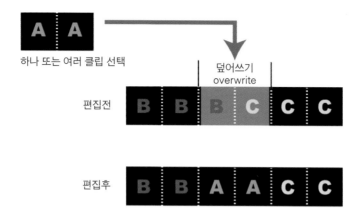

- **연결하기(Place on Top)**: 선택한 클립을 타임라인의 플레이헤드가 위치한 클립의 최상단 트랙에 연결한다.

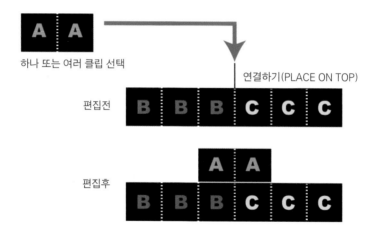

- **덧붙이기(Append at End)**: 선택한 클립을 타임라인 끝에 추가한다. 타임라인의 인 포인트 또는 플레이 헤드가 놓인 위치는 무시된다.

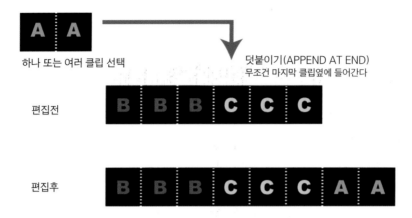

DaVinci Resolve의 세 가지 클립 바꾸기 편집 스타일

오버레이를 이용해 클립 추가 외에도 클립을 바꾸는 편집을 할 수 있다. 바꾸기(Replace), 속도 바꿔서 채우기(Fill to Fill), 빈 자리 없이 덮어쓰기(Ripple Overwrite)를 이용 하면 타임라인의 기존 클립을 새 클립으로 대체할 수 있다.

시작점과 끝점의 단축키

- **클립이 사용될 시작점(인 포인트)**: 플레이헤드를 위치한 후 ⓘ 누르기
- **클립이 사용될 끝점(아웃 포인트)**: 플레이헤드를 위치한 후 ⓞ 누르기

위 그림에서는 총 세 가지 포인트가 사용되었다. 뷰어에서 보이는 현재 클립에는 시작점(인 포인트)과 끝점(아웃 포인트)이 사용되었고, 타임라인의 시작점 또는 플레이헤드의 위치는 클립 추가가 시작되는 곳으로 사용되었다.

이와 같은 편집 방식을 3-포인트 편집 방식(3-Point Editing)이라 하는데, 편집 시 가장 많이 사용한다. 3-포인트 편집 방식을 사용하면 클립 전체가 아닌 정확하게 원하는 구간만 선택해서 사용할 수 있다. 보통 소스 뷰어에서 시작점과 끝점을 잡고, 타임라인에서 시작점을 잡아서 편집을 한다. 참고로 타임라인에 시작점을 표시하지 않으면 클립 위에 위치한 플레이헤드가 시작점을 대신한다.

 키보드 위/아래 방향키를 이용해 이전/이후 편집 포인트 선택 가능

마우스를 사용하지 않고 키보드의 위 또는 아래 방향키를 이용하면 클립 사이의 편집 포인트를 선택하기 쉽다. 위 방향키를 누르면 이전 편집 포인트로 이동하고 아래 방향키를 누르면 다음 편집 포인트로 이동한다.

최적의 편집 환경을 위한 네 가지 재생 옵션 지정하기

영상의 재생이 끊기지 않아야 편집 작업을 원활하게 할 수 있다. DaVinci Resolve에서 여러 방법으로 재생 환경을 설정해서 재생 성능을 최적화해보자.

재생 성능 측정 방법

DaVinci Resolve의 재생 성능을 최적화하기 전에, 자신의 컴퓨터 사양으로는 클립이 어떤 상태로 재생되는지 알아야 한다.

메인 뷰어의 왼쪽 상단 모서리에 GPU 상태 성능 표시등과 FPS(Frame Per Second) 디스플레이가 있는데 여기에서 성능 지표를 확인할 수 있다. 성능 표시등은 실시간 재생 또는 원활한 재생 환경을 갖추었는지 여부를 알려주고, FPS 디스플레이는 초당 재생 가능한 프레임 수를 알려준다. 시스템이 매초 얼마나 많은 프레임을 제공 가능한지 알 수 있다.

성능 표시등이 녹색일 땐 실시간 재생이 가능함을 의미하고, 빨간색일 땐 컴퓨터 사양상 재생 성능이 부족해 실시간 재생을 하기 어려움을 의미한다.

 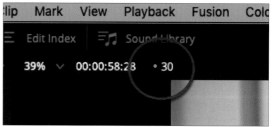

▲ 왼쪽 그림은 18.4 FPS, 오른쪽 그림은 30 FPS로 영상이 재생됨을 나타낸다

재생 성능 최적화를 위한 네 가지 재생 설정

DaVinci Resolve에서 재생 성능을 최적화할 수 있는 네 가지 재생(Playback) 설정을 알아보자.

1. 성능 모드(Performance Mode)

성능 모드(Performance Mode)는 컴퓨터의 하드웨어 구성을 분석한 후 자동으로 이미지 처리를 조정한다. 최종 출력의 해상도나 비트 전송률의 손실 없이 보다 부드러운 재생 성능을 제공한다.

이 메뉴에서는 'UI 오버레이 숨기기(Hide UI Overlays)'와 '재생 중 인터페이스 업데이트 최소화(Minimize interface updates during playback)' 항목을 체크한다. 이 항목은 재생하는 동안 화면 제어기(마우스, 전원 윈도우 등)를 업데이트하지 않기 때문에 GPU에서 초당 재생 가능한 프레임 수(FPS)를 늘려준다.

DaVinci Resolve Studio는 비디오 카드의 성능을 극대화하는 하드웨어 가속을 지원하는데 H.264, H.265와 같은 일반적인 압축 코덱에 대해 향상된 처리를 할 수 있다. 다만 이 기능은 DaVinci Resolve 무료 버전에는 포함되어 있지 않다.

성능 모드를 사용하려면 DaVinci Resolve 〉 Preferences 〉 Users 〉 Playback Settings로 들어간다. 다음과 같이 Performance mode를 활성화하고 Save를 누르자.

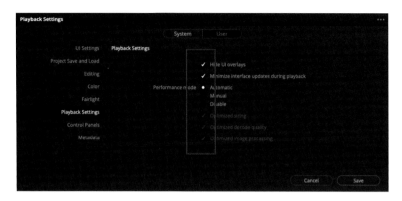

2. 타임라인 프록시 모드(Timeline Proxy Mode)

일반적인 작업 환경에서는 원본 파일을 프록시 파일로 변환해서 사용하고, 편집이 끝난 후에는 원래의 화질로 다시 렌더링한다. 하지만 타임라인 프록시 모드는 타임라인에서 임시로 저화질 파일을 만들어서 실시간 재생을 원활하게 할 수 있도록 도와준다.

타임라인 프록시 모드를 사용하려면 Playback 〉 Timeline Proxy Mode로 들어가 절반 해상도(Half Resolution) 또는 1/4 해상도(Quarter Resolution)를 선택해주자.

〈타임라인 프록시 모드의 특징 및 주의사항〉

- 타임라인 프록시 모드는 프록시 미디어 클립과 다르다. 프록시 미디어 클립은 원본 미디어 클립을 저해상도의 편집용 포맷으로 변환한 클립이다. 반면에 타임라인 프록시 모드는 편집용 클립을 생성하지 않고 타임라인에 보여지는 화면의 해상도를 실시간으로 낮은 해상도로 보여준다.
- 타임라인 프록시 모드는 프록시 클립을 만들지 않아도 되기 때문에 시간과 저장 공간을 아낄 수 있지만 화질이 절반 또는 1/4로 낮아진다.
- 정교한 그래픽 작업이나 모션 작업을 해야 할 땐 타임라인 프록시 모드를 끄고 원래의 화질로 다시 영상을 확인하는 것을 잊지 말자.

3. 최적화된 클립 만들기(Create Optimized Clip)

- **최적화 클립**

최적화 클립은 촬영 원본 클립이 임포트된 후 고화질의 편집용 포맷으로 변환된 포맷이다. 프록시 미디어 클립보다 화질은 훨씬 좋지만 용량을 많이 차지한다는 단점이 있다.

최적화 미디어 클립을 사용하려면 Playback 〉 Use Optimized Media if Available을 활성화하자.

▲ 이 항목을 체크/체크 해제하여 원본 또는 비압축 미디어와 최적화된(프록시) 파일 사이를 쉽게 전환할 수 있다

- **최적화 클립 만들기**

최적화 클립을 만들려면 미디어 풀에서 변환할 클립을 모두 선택하고 마우스 오른쪽 클릭을 한 후 Generate Optimized Media를 누르면 된다.

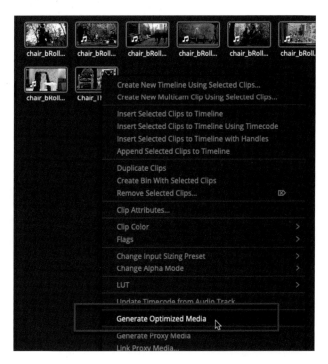

최적화 미디어 클립의 포맷과 해상도의 설정은 프로젝트 세팅에서 할 수 있다.

프로젝트 세팅의 Master Settings를 누르면 Optimized Media and Render Cache 메뉴에서 자신이 원하는 최적화 클립의 해상도와 포맷을 설정할 수 있다.

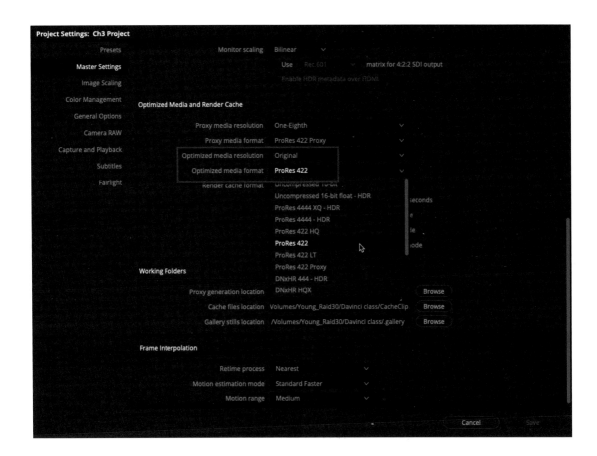

4. 캐싱(Caching)

미디어를 구분하도록 돕는 시각적인 정보를 캐시(Cache) 파일이라 하며 썸네일, 아이콘, 지정된 색깔 등이 있다.

DaVinci Reslove에서는 캐시를 렌더(Render)하는 방법으로는 User 모드와 Smart 모드가 있다. User 모드에서는 사용자가 직접 캐시를 렌더해야 하지만 Smart 모드에서는 Davinci Resolve가 알아서 캐시를 렌더해준다.

캐시 파일이 자동으로 렌더되게끔 Playback 〉 Render Cache * 〉 Smart를 선택하자.

---

* 렌더 캐시(Render Cache)의 저장 경로에 대한 설명은 Chapter 03의 Section 07을 참고하자.

렌더가 끝난 클립은 타임라인에 파란색으로 표시되고 끝나지 않은 클립들은 빨간색으로 표시된다.

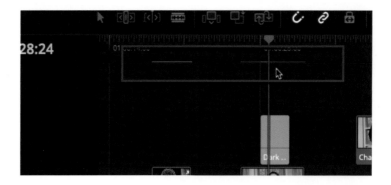

캐시 설정은 앞에서 한 최적화 미디어 클립의 설정과 같은 메뉴에서 할 수 있다.

Edit 페이지 인터페이스

SECTION ▶ 02
DaVinci Resolve

Unit. 01 ▶ Edit 페이지 초기 화면 인터페이스

Edit 페이지를 처음 열면 다음과 같은 인터페이스를 볼 수 있다.

❶ **미디어 풀**: Cut 페이지와 Media 페이지에서 알아본 미디어 풀과 동일하다. 임포트된 미디어 클립을 빈 (Bin)을 통해 정리할 수 있다.

❷ **소스 뷰어**: 미디어 풀에 있는 클립을 더블 클릭하면 소스 뷰어에서 미리보기 할 수 있다. 타임라인에 클 립을 넣기 전에 클립의 인 포인트/아웃 포인트를 지정해서 사용할 부분을 선택할 수 있다.

❸ **타임라인 뷰어**: 편집 중인 타임라인을 크게 보여주는 곳이다. 여기에 보이는 클립의 프레임은 타임라인 플레이헤드의 위치를 보고 알 수 있다. (플레이헤드 관련 설명은 차후 Section 03에서 Tip으로 다룰 예정).

❹ **타임라인**: 모든 편집이 이루어지는 공간이다. 비디오/오디오 트랙을 사용하여 미디어 풀에서 가져온 영 상을 편집하는 곳이다.

❺ **툴바**: 편집과 관련된 주요 설정 및 편집 툴을 모아놓은 곳이다.

❻ **좌측 인터페이스 툴바**: 이펙트 라이브러리, 에디트 인덱스, 사운드 라이브러리 등을 열 수 있다.

❼ **우측 인터페이스 툴바**: 믹서, 메타데이터 에디터, 인스펙터 등을 열 수 있다.

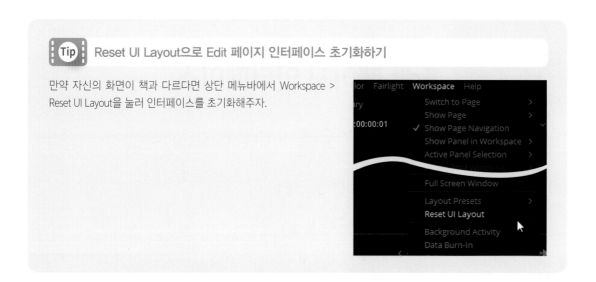

Tip Reset UI Layout으로 Edit 페이지 인터페이스 초기화하기

만약 자신의 화면이 책과 다르다면 상단 메뉴바에서 Workspace > Reset UI Layout을 눌러 인터페이스를 초기화해주자.

Unit. 02 ▶ Edit 페이지 인터페이스 살펴보기

초기 화면에서 보이지 않는 이펙트 라이브러리, 에디트 인덱스, 사운드 라이브러리, 믹서, 메타데이터 에디터, 인스펙터 등은 인터페이스 툴바에서 열고 닫을 수 있다. 해당 기능의 창이 열린 상태에서 다시 탭을 클릭하면 창이 닫힌다.

- **이펙트 라이브러리**: 화면을 전환하거나 자막, 필터 등의 효과를 넣을 수 있는 곳이다.

- **에디트 인덱스**: 타임라인에 사용된 클립, 오디오, 효과를 리스트로 보여주는 곳이다.

- **사운드 라이브러리**: DaVinci Resolve에서 제공하는 무료 사운드 라이브러리(Blackmagic Fairlight Sound)를 로드해 사용할 수 있는 곳이다.

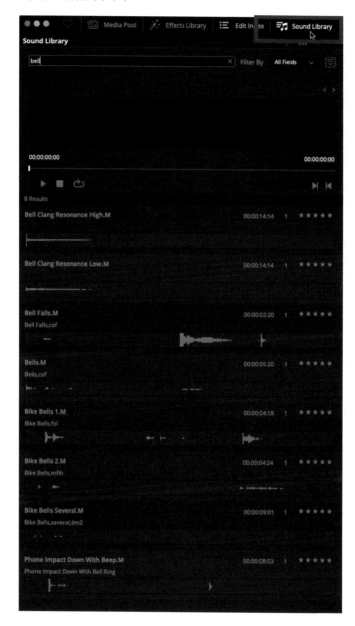

DaVinci Resolve 무료 사운드 라이브러리 1.0 레지스터 및 다운로드 페이지

[URL] https://www.blackmagicdesign.com/support/download/05acbc36dbba4519a4972b7ddce31810/Mac%20OS%20X

- **믹서**: 오디오의 이퀄라이저를 설정하거나 트랙별 음량을 설정할 수 있는 곳이다. (Mixer를 누르면 타임라인 우측에 해당 창이 나온다.)

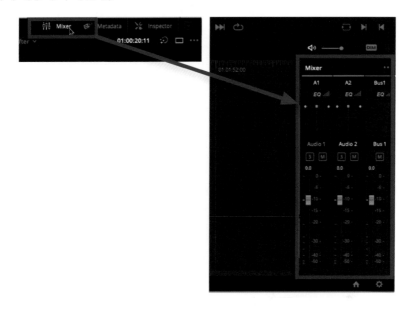

- **메타데이터 에디터**: 모든 클립의 특성인 메타데이터를 수정, 확인할 수 있는 곳이다.
- **인스펙터**: 영상 클립이나 오디오 또는 이펙트 등의 자세한 정보를 확인할 수 있고 키프레임을 설정하여 애니메이션을 적용할 수도 있는 곳이다.

Edit 페이지에서 가편집하기
Rough Cut

다음 유닛을 쭉 따라하며 프로젝트를 임포트한 후 Edit 페이지에서 가편집을 해보자.

Unit. 01 ▶ 프로젝트 임포트하기

01 DaVinci Resolve를 실행한 후 프로젝트 매니저의 빈 공간을 마우스 오른쪽 클릭하고 Import Project를 누르자.

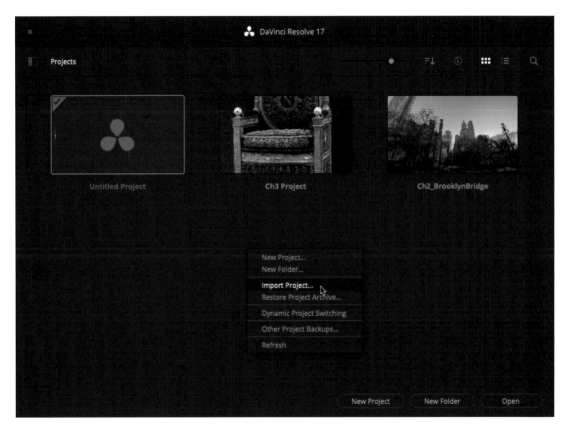

DaVinci Resolve를 실행하면 프로젝트 매니저에 Untitled Project가 있는데, 우리는 예제 파일을 불러올 것이므로 이는 무시하자.

02 Chair_docu.drp을 고르고 Open을 눌러 예제 파일 프로젝트를 불러오자. 프로젝트 매니저에 Chair_docu가 임포트된 것이 보인다.

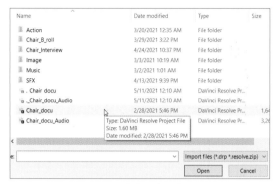

▲ Windows에서 보이는 파일 모습

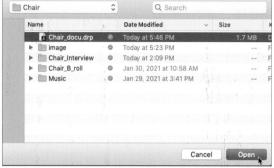

▲ macOS에서 보이는 파일 모습

03 프로젝트 매니저에서 Chair_docu를 더블 클릭해 프로젝트를 열자.

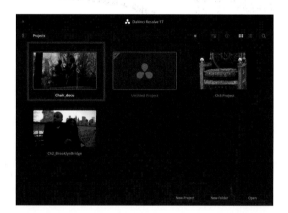

04 프로젝트가 열리면 이미 저장된 빈 리스트와 미디어 클립이 미디어 풀에 보일 것이다.

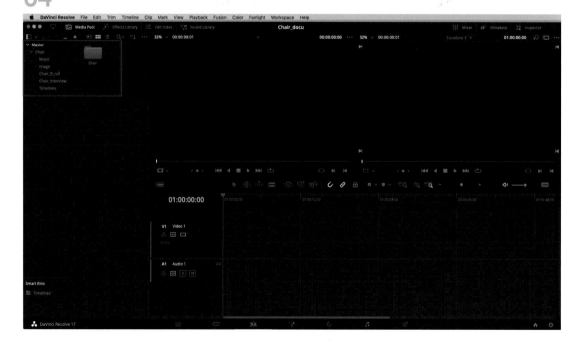

01 File > New Timeline을 누르자.

02 새로운 타임라인 생성 창이 나타나면 타임라인의 이름을 Ch4_Edit으로 정하고 Create를 누른다.

03 새로운 타임라인이 생성되었다.

> **Tip** 타임라인을 생성하는 또 다른 방법
>
> 빈 리스트에서 Timelines 빈을 선택한다. 그 후 미디어 풀에서 마우스 오른쪽 클릭을 하고 Timeline > Create New Timeline을 눌러서 새로운 타임라인을 생성할 수 있다. (단축키: Ctrl + N)*

01 빈 리스트에서 Chair_Interview 빈을 눌러보자. 빈 안에 있는 미디어 클립 2개가 미디어 풀에 나타날 것이다.

---

* 앞으로 단축키를 언급할 때 Alt 는 Alt 또는 Option, Ctrl 은 Ctrl 또는 ⌘를 의미하는 것으로 알아두자.

02 Chair_Interview 빈 안에 있는 Chair_Interview1.mov를 더블 클릭하자. 그러면 미디어 풀에는 해당 파일에 빨간 테두리가 둘러지고, 소스 뷰어에는 영상이 나타나며 뷰어 상단에 클립 이름이 표시된다.

03 소스 뷰어 상단의 메뉴 버튼(⋯)을 누르고 Live Media Preview가 체크되어 있는지 확인해 보자. Live Media Preview가 활성화되어 있으면 미디어 클립 위에 마우스 포인터를 올려만 놓아도 소스 뷰어에서 바로 내용을 확인할 수 있어 편리하다. Live Media Preview가 익숙하지 않은 사람은 비활성화해서 사용해도 된다.

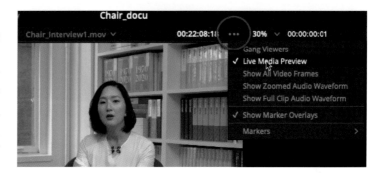

04 소스 뷰어 상단의 메뉴 버튼을 누른 후 Show Full Clip Audio Waveform을 체크하자. 영상 하단에 오디오 웨이브폼이 나타날 것이다.

Tip 다양한 클립 재생 방법을 이용해 최적의 편집 포인트 찾기

실제 편집을 할 땐 프레임을 하나씩 보면서 최적의 편집 포인트를 찾는다. 클립의 연결 상황에 따라 다양한 재생 방법을 이용하는데, 보통은 Space Bar 를 눌러서 재생하거나 일시 정지를 한다. 프레임별로 옮기고 싶으면 키보드의 오른쪽(→)/왼쪽 방향키(←)를 눌러서 재생하면 된다.

<다양한 클립 재생 방법>

- Play: 현재 플레이헤드가 놓은 위치에서 재생한다.
  (단축키: Space Bar)
- Play Selection: 선택된 클립의 처음부터 끝까지 재생한다. 특정한 클립이나 구간을 재생할 때 사용하면 좋은 기능이다.
  (단축키: /)
- Play Around Current Selection: 현재 플레이헤드가 놓은 위치에서 앞뒤 몇 초 간을 재생한다. 유저 세팅에서 프리롤(pre-roll)과 포스트롤(post-roll) 시간을 직접 지정할 수 있다.
  (단축키: Shift + /)
- Play In to Out: 해당 영상 클립 또는 타임라인의 인 포인트부터 아웃 포인트까지 재생한다.
  (단축키: Alt + /)

- Loop/Unloop: 트리밍을 계속 진행하면서 특정 구간을 끊임 없이 반복하여 재생할 수 있게 해준다.
  (단축키: Ctrl + /)

<재생 컨트롤 단축키>

- Space Bar : 재생을 시작하거나 멈춤
- Shift + Ctrl + I : 클립을 처음부터 재생
- 슬래시(/): 노란색 테두리로 선택된 클립의 구간만 재생
- Shift + 슬래시(/): 특정한 범위를 지정하지 않아도, Shift +슬래시(/)를 누르면 현재 플레이헤드가 위치한 곳의 앞뒤로 2초 재생된다.
- J , K , L : 모든 전문가용 소프트웨어에서 쓰이는 단축키이다. J , L 은 누르는 횟수에 비례해 더 빠르게 재생된다.
  - J : 뒤로 재생(Play Backward)
  - L : 앞으로 재생(Play Forward)
  - K : 일시 정지(Pause)

Tip 플레이헤드(Playhead)

Edit 페이지는 Cut 페이지보다 조금 더 복잡한 구성을 가져서 플레이헤드와 얽히는 요소가 다양하다. 플레이헤드의 역할과 기능, 소스 뷰어나 타임라인 뷰어와의 관계를 정리해보겠다.

플레이헤드는 프로젝트 타임라인이나 뷰어에서 클립을 재생할 때 보이는 현재 위치점이다. 타임라인에는 빨간색 얇은 세로선으로 클립 위에 표시되고 소스 뷰어나 타임라인 뷰어에는 하얀 세로선으로 표시된다.

플레이헤드는 주로 고정되어 있으나 클립이나 타임라인을 클릭해서 위치를 바꿀 수 있다. 그리고 클립이 재생될 때 현재 위치에 따라 자동으로 움직인다. 플레이헤드 위치를 알려주는 현재 타임코드의 정보는 소스 뷰어와 타임라인 뷰어 오른쪽 상단에 각각 표시된다. 소스 뷰어의 왼쪽 상단에 표시된 숫자는 인 포인트와 아웃 포인트로 지정된 구간의 길이를, 타임라인 뷰어의 왼쪽 상단에 표시된 숫자는 타임라인의 전체 길이를 의미한다.

참고로 DaVinci Resolve에서는 타임라인의 타임코드가 01:00:00:00부터 시작한다. 왜 그럴까? 예전 테이프를 사용할 때 시작점을 잘 못 맞추면 마이너스로 돌아가는 경우가 있었다. 그래서 앞부분을 01로 설정했는데 이것이 관습적으로 남아서 그렇다. 물론 시작 타임코드는 설정을 통해 바꿀 수도 있다. 미디어 풀에서 해당 타임라인 클립을 마우스 오른쪽 클릭한 후 Timelines > Starting Timecode를 누르면 설정 창이 나온다. 여기서 원하는 시작 시간을 입력하여 변경할 수 있다.

05 영상을 재생한다. 그러다 영상 속 인물이 "영어로…"라고 말할 때에 플레이헤드를 멈춘다(오른쪽 상단에 타임코드 00:22:05:10을 직접 입력하고 [Enter↵]를 눌러도 된다). 상단 메뉴 바에서 Mark > Mark In (단축키: [I])를 눌러 인 포인트를 지정하자.

06 다시 영상을 재생한 후 이번에는 인물이 "…대부분인데…"라고 말한 직후에 플레이헤드를 멈춘다(오른쪽 상단에 타임코드 00:22:22:10을 직접 입력하고 [Enter↵]를 눌러도 된다). 그리고 Mark > Mark Out (단축키: [O])을 눌러 아웃 포인트를 지정하자.

07 소스 뷰어를 타임라인으로 드래그 앤 드롭한다. 우리가 지정한 길이만큼의 영상 클립이 타임라인으로 들어온 것을 확인할 수 있다.

미디어 클립을 미디어 풀에서 타임라인
으로 직접 드래그 앤 드롭해도 해당 미디
어 클립을 가져올 수 있다.

※ 왼쪽에 빈 공간이 생기지 않도록 왼쪽
끝에 맞춰서 드래그 앤 드롭하자. 만약 빈
공간이 생겼다면 빈 공간을 선택하고 Delete
를 눌러 삭제한다.

08 이번에는 미디어 풀에서 Chair_Interview2.
mov을 더블 클릭해보자. 마찬가지로 소스
뷰어에서 영상이 보일 것이다.

09 영상을 재생한 후 영상 속 인물이 "그림들
을…"이라고 말할 때 인 포인트를 지정한다.
(타임코드: 00:24:01:13)

10 이번에는 인물이 "…많은데요."라고 말한 직
후에 아웃 포인트를 지정하자. (타임코드:
00:24:25:12)

11 이번에는 소스 뷰어를 타임라인 뷰어로 드래그해보자. 타임라인 뷰어의 우측에 기본 편집 오버레이 (Overlay)가 나타날 것이다. Overwrite 위에서 마우스 클릭을 떼자. (단축키: F10)

> 📽️ **미디어 클립을 타임라인 뷰어로 가져올 때 반드시 타임라인 플레이헤드의 위치를 확인**
>
> 미디어 클립을 타임라인 뷰어로 가져올 땐 반드시 타임라인 플레이헤드가 첫 번째 클립의 마지막에 위치하는지 확인 하고 드래그 앤 드롭을 하자. 타임라인에 미디어 클립을 가져올 때 플레이헤드가 타임라인의 인 포인트(가져온 클립이 시작되는 지점)가 되기 때문이다.
>
> 참고로 미디어 클립을 타임라인으로 가져오면 마지막으로 가져온 클립의 끝 부분에 플레이헤드가 위치한다.

12 두 번째 영상 클립이 타임라인에 생성되었다.

🎬 **플레이헤드가 타임라인의 마지막 프레임에 위치되면 타임라인 뷰어 우측에 자국이 표시됨**

플레이헤드가 타임라인의 마지막 프레임에 위치한다면 타임라인 뷰어의 우측에 톱자국이 표시된다.

Unit. 04 ▶ 인/아웃 포인트를 지정하고 타임라인으로 미디어 클립 가져오기 – (2)

이번에는 앞에서 본 영상의 다른 부분을 가져와서 새롭게 인/아웃 포인트를 지정해보자.

01 미디어 풀에서 Chair_Interview1.mov를 더블 클릭하자. 그리고 미디어 풀의 상단에서 List View를 눌러 리스트 뷰로 바꾸자.

02 상단의 메뉴 버튼(···)을 누르고 Show Filmstrip 을 활성화하면 리스트 뷰 상단에 미리보기 구간이 열린다. 여기에서는 간단한 정보 세 가지(선 택된 구간의 길이, 시작점의 타임코드, 끝점의 타임 코드)를 알 수 있다.

03 리스트 뷰의 미리보기 구간에서 밝은 부분은 인 포인트와 아웃 포인트가 지정된 구간이다. 이미 지정 된 인/아웃 포인트를 제거하기 위해 Mark > Clear In and Out을 누르자. (단축키: Alt + X)

04 영상 속 인물이 "그렇게 생각해보 면..."라고 말할 때에 인 포인트를 지정하자. (타임코드: 00:23:01:04)

05 이번에는 인물이 "...라고 생각합니다."라고 말한 직후에 아웃 포인트를 지정하자. (타임코드: 00:23:16:20)

06 미디어 풀에 있는 Chair_Interview1.mov를 타임라인 뷰어로 드래그해서 오버레이 위에 있는 Append at End에 마우스 버튼을 놓자. (단축키: F12)

 Tip Append at End로 미디어 클립을 가져오면 미디어 클립의 위치는 타임라인의 오른쪽 끝

Append at End로 미디어 클립을 가져올 경우 타임라인의 플레이헤드의 위치와 관계 없이 해당 미디어 클립은 타임라인의 오른쪽 끝에 위치하게 된다.

앞의 과정에 이어 Chair_Interview1.mov의 다른 구간을 인/아웃 포인트를 지정한 후 다시 한번 타임라인으로 가져와보자.

01 영상 속 인물이 "Chair라는 그 자리가…"라고 말할 때에 인 포인트를 재지정하자. (타임코드: 00:22:23:17)

Tip 새로운 인/아웃 포인트 지정 시 기존 지점이 지워짐

인/아웃 포인트를 지우지 않아도 새로운 인/아웃 포인트를 다시 지정하면 원래 있던 지점이 지워지고 새로운 지점으로 인/아웃 포인트가 생성된다.

02 이번에는 인물이 "…상징하는 경우가 많습니다."라고 말한 직후에 아웃 포인트를 지정하자. (타임코드: 00:22:32:19)

03 이 구간은 타임라인의 가장 왼쪽으로 가져올 것이다. 타임라인의 플레이헤드를 제일 앞쪽에 위치시키자.

Tip 타임라인의 플레이헤드가 [Home] 키를 누르면 맨 앞, [End]를 누르면 맨 뒤로 이동됨

키보드의 [Home]을 누르면 타임라인의 플레이헤드가 맨 앞으로 이동하고 [End]를 누르면 맨 뒤로 이동한다.

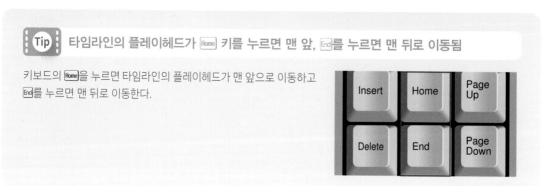

04 미디어 풀에 있는 Chair_Interview1.mov를 타임라인 뷰어로 드래그해서 오버레이 위에 있는 Insert에 마우스 버튼을 놓자. (단축키: [F9])

05 마지막 클립이 타임라인 맨 앞에 위치하는지 확인하자. 이렇게 해서 지금까지 총 네 가지 영상 클립이 타임라인에 생성되었다. [Shift] + [Z]를 누르면 타임라인의 모든 미디어 클립을 한눈에 볼 수 있다.

06 이번에는 타임라인에 이미지 클립을 인서트해보자. 빈 리스트에서 Image 빈을 누르면 여러 이미지 클립이 보일 것이다. 그중에서 Chair_Insert.jpg를 더블 클릭하면 소스 뷰어에 의자 사진이 보일 것이다.

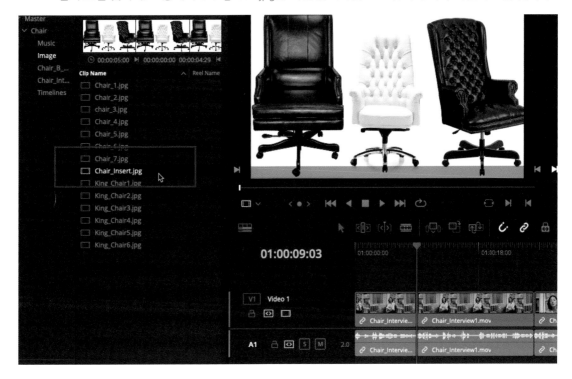

07 타임라인의 첫 번째 클립과 두 번째 클립 사이에 플레이헤드를 위치시키고 툴바에서 Insert Clip을 누른다. (단축키: F9)

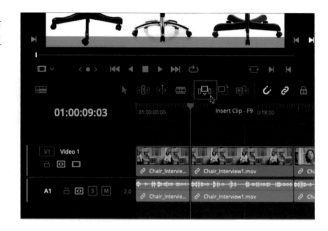

08 영상 클립의 형식으로 이미지가 타임라인에 생성되었다.

> 이미지 클립을 타임라인으로 가져오면 5초짜리 스틸 이미지 영상이 자동으로 생성된다.

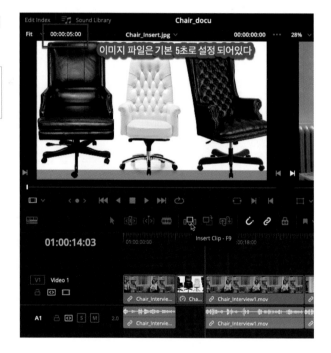

Tip 이미지를 타임라인으로 가져올 때 자동 생성되는 영상의 길이 변경하기

이미지를 타임라인으로 가져올 때 자동 생성되는 영상의 길이는 사용자 세팅에서 변경할 수 있다(초기 설정은 5초).

▲ DaVinci Resolve > Preference > Users > Editing에서 변경

01 이번에는 새로운 미디어 트랙으로 이미지 클립을 가져오자. 미디어 풀에서 Chair_1.jpg를 더블 클릭한다.

02 타임라인의 플레이헤드가 두 번째 영상 클립의 맨 앞에 위치하는지 확인한다. 그리고 소스 뷰어를 타임라인 뷰어로 드래그해서 Place on Top 위에 마우스 버튼을 놓자.

03 새로운 트랙(Video 2)과 함께 새로운 클립이 타임라인에 생성되었다.

Unit. 07 ▶ 미디어 클립 여러 개 가져오기

01 이번에는 이미지 클립을 여러 개 가져오자. 미디어 풀에서 Chair_2.jpg부터 Chair_4.jpg까지 선택한다.

02 선택한 이미지 클립들을 타임라인으로 드래그해서 방금 생성한 이미지 클립(Chair_1.jpg) 바로 옆에 놓아보자. 세 클립이 동시에 타임라인에 생성된다.

SECTION 04
데스티네이션을 설정해 원하는 클립 가져오기

DaVinci Resolve

Unit. 01 ▶ 데스티네이션을 설정하고 Overwrite로 미디어 클립 가져오기

타임라인 왼쪽에 있는 데스티네이션(Destination)을 사용해서 편집을 해보자.

데스티네이션은 클립을 타임라인으로 가져올 때 어느 트랙으로 가져올지 지정하는 기능이다. 편집이 진행되어 있는 타임라인으로 새로운 클립을 가져올 때 실수로 이미 타임라인에 있는 클립을 지울 경우가 많다. 이럴 때 데스티네이션 기능을 이용해 정확하게 사용할 트랙을 지정하여 실수를 방지할 수 있다.

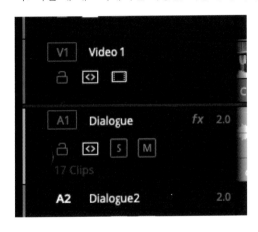

<소스 트랙>　　　　　<데스티네이션 트랙>
V1(비디오 소스 트랙) → Video 1(Video Destination Track)
A1(오디오 소스 트랙) → Dialogue(Audio Destination Track)

- **소스 트랙**: 뷰어에서 가져올 수 있는 클립의 트랙
- **데스티네이션 트랙**: 소스 클립을 가져올 수 있는 트랙

데스티네이션을 사용하면 뷰어의 오버레이를 이용해서 타임라인으로 클립을 가져올 때 유용하다. 다만 데스티네이션의 영향을 받지 않은 경우도 있다. 미디어 풀이나 뷰어에서 드래그 앤 드롭으로 클립을 직접 타임라인에 가져오면 데스티네이션 설정은 무시되고 마우스로 드래그한 트랙 위로 클립이 들어온다.

다음 과정을 따라하며 데스티네이션을 설정한 후 덮어쓰기(Overwrite), 덧붙이기(Append at End)로 타임라인에 미디어 클립을 가져와보자.

01 미디어 풀에서 Chair_5.jpg를 더블 클릭하고 타임라인의 플레이헤드가 01:00:37:12에 위치하는지 확인하자. 현재 비디오 트랙명 왼쪽의 V1에 빨간 네모 상자가 표시되어 있다. 이는 Overwrite 작업이 V1 트랙에서 이루어진다는 것을 의미한다.

02 툴바에 있는 Overwrite Clip을 누른다(단축키: F10). 기존의 인터뷰 영상이 지워지고 이미지 클립이 그 위에 덮어 써진다. 이는 데스티네이션이 첫 번째 비디오 트랙으로 지정되어 있었기 때문이다. 이번에는 데스티네이션을 바꿔 새로 만든 비디오 트랙에 미디어 클립을 Overwrite해보자.

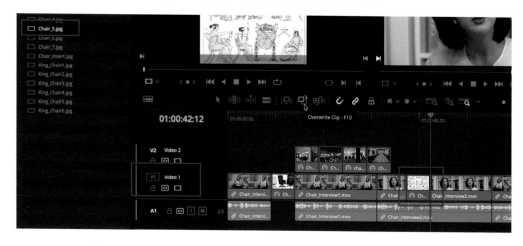

03 두 번째 비디오 트랙명 왼쪽에 V2를 누른다. 빨간 네모가 나타나면 데스티네이션이 V2 트랙으로 활성화된 것이다.

데스티네이션 표시의 문제점

데스티네이션이라는 용어 때문에 사용자가 헷갈릴 수 있는 점이 있다. 빨간색 박스로 표시된 데스티네이션은 미디어 풀에서 앞으로 사용될 클립의 트랙을 의미하고, 그 옆에 있는 Video 1 등의 표시가 타임라인의 실제적인 데스티네이션 트랙이라고 이해하면 된다.

다음 첫 번째 그림을 보면 소스 클립의 V1이 타임라인의 Video 1 트랙으로 들어간다. 한편, 두 번째 그림은 소스 클립 V1이 Video 2 트랙으로 들어간다. 그리고 세 번째 그림은 오디오 클립을 선택했을 경우 비디오 트랙이 없기 때문에 비디오 트랙의 데스티네이션이 보이지 않는다.

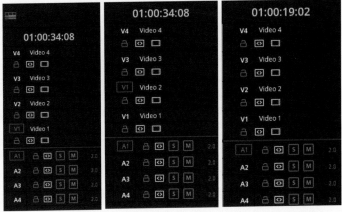

04 이번에는 미디어 풀에서 Chair_6.jpg를 더블 클릭하고 툴바에서 Overwrite Clip을 누른다.

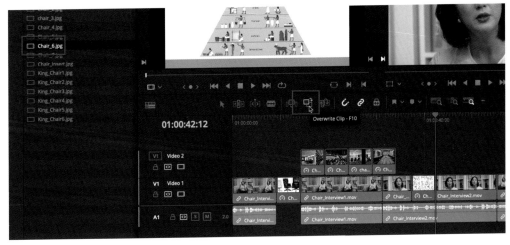

05 앞에서와 달리, 기존의 인터뷰 영상을 덮어쓰지 않고 두 번째 비디오 트랙에 미디어 클립이 생성되었다.

06 마지막으로 미디어 풀에서 Chair_7.jpg를 더블 클릭하자.

07 소스 뷰어를 타임라인 뷰어로 드래그해서 오버레이의 Append at End 위에 마우스 버튼을 놓자.

08 이번에는 두 번째 트랙의 마지막 클립 뒤에 새로운 미디어 클립이 생성되었다. Append at End는 활성화된 트랙을 기준으로 마지막 클립의 오른쪽에 새로운 클립을 위치시킨다.

Tip 데스티네이션의 영향을 받는 경우와 받지 않는 경우

데스티네이션은 편집 작업이 어떤 트랙에서 이루어지는지 알려주는 표시이다. 트랙 이름의 왼쪽에 보이는 빨간 네모 표시로 확인할 수 있다. 데스티네이션은 오버레이를 통해 미디어 클립을 가져올 때, 툴바의 버튼을 누를 때, 단축키를 이용할 때 영향을 받는다. 반면 미디어 클립을 직접 타임라인으로 드래그 앤 드롭하는 경우에는 데스티네이션의 영향을 받지 않는다.

데스티네이션의 영향을 받는 경우	데스티네이션의 영향을 받지 않는 경우
오버레이, 툴바 버튼, 단축키	미디어 풀이나 소스 뷰어에서 타임라인으로 직접 드래그

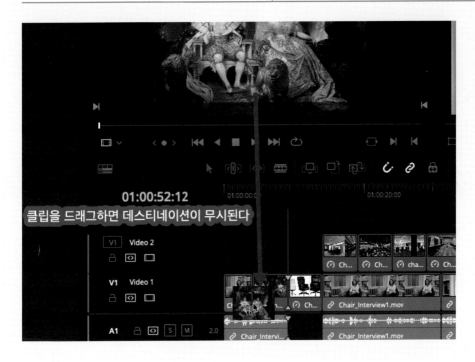

Unit. 02 ▶ 데스티네이션을 이용해서 비디오 트랙만 타임라인으로 가져오기

다큐멘터리를 편집할 때 원본 오디오는 계속 재생되고 화면만 자료 영상으로 바뀌는 경우가 많다. 이것을 컷어웨이(Cutaway)라고 한다. 컷어웨이를 하려면 원본 클립에 영상 클립의 비디오 트랙만을 타임라인으로 가져와야 한다.

01 영상 속의 인물이 "의자라는 것은…"라고 말할 때 ꆎ를 눌러 타임라인에 인 포인트를 지정해준다. (타임코드: 01:00:56:23)

02 이번에는 영상 속의 인물이 "…가구가 아니고…"라고 말한 직후 ꂦ를 눌러 타임라인에 아웃 포인트를 지정해준다. (타임코드: 01:01:01:07)

03 미디어 풀에서 Chair_B_roll 빈을 누르고 chair_bRoll_7.mov를 더블 클릭하자.

04 인터뷰의 오디오는 유지한 채 비디오만 바꿀 것이다. 오디오 트랙의 데스티네이션 버튼을 눌러 비활성화하자.

05 메뉴에서 Edit > Overwrite를 누른다.

06 타임라인의 지정된 구간만큼 비디오 트랙만 덮어 써진 모습이다. 오디오 트랙은 데스티네이션 버튼이 비활성화되어 있기 때문에 아무런 변화가 없을 것이다.

Unit. 03 ▶ **Video Only 버튼을 이용해서 비디오 트랙만 타임라인으로 가져오기**

01 Alt + X 를 눌러 타임라인에 지정된 인/아웃 포인트를 지우자. 그리고 오디오 트랙의 데스티네이션 버튼을 다시 활성화해두자.

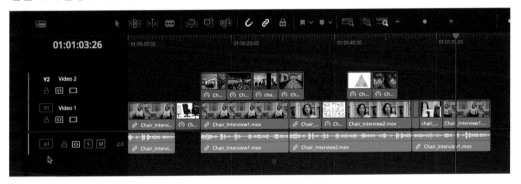

02 미디어 풀에서 chair_bRoll_1.mov를 더블 클릭한 후 타임코드 00:01:55:14에 인 포인트를 지정해주자.

03 소스 뷰어에 마우스 포인터를 올리면 Video Only/Audio Only 버튼이 나타날 것이다. 여기에서 왼쪽의 Video Only 버튼을 눌러 타임라인으로 드래그하자.

04 이전 유닛에서 덮어쓰기(Overwrite)로 타임라인에 들어온 클립의 끝부분에 소스 클립을 가져오자. 이때, Video 1 트랙이 아니라 Video 2 트랙으로 소스 클립을 가져온다.

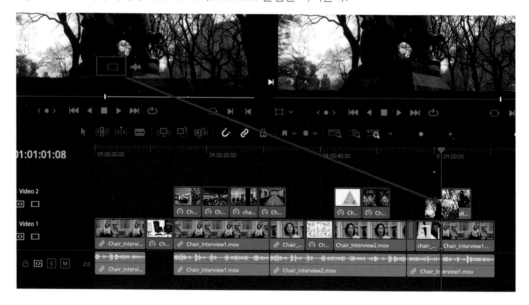

05 데스티네이션 버튼은 V1 트랙과 A1 트랙이 활성화되어 있지만, 소스 뷰어의 Video/Audio Only 버튼을 이용하면 데스티네이션의 설정과 관계 없이 원하는 지점의 비디오/오디오 트랙만 타임라인으로 가져올 수 있다.

이번에는 이미 타임라인에 있는 클립을 미디어 풀에 있는 다른 클립으로 교체해보자.

01 타임라인의 플레이헤드를 Chair_2.jpg와 Chair_3.jpg사이에 위치시킨다. 그리고 Video 2 트랙의 데스티네이션 버튼을 활성화한다.

02 미디어 풀에서 Chairman_1.jpg를 더블 클릭한다. 오디오가 없는 이미지 클립을 선택했기 때문에 오디오 트랙의 데스티네이션 버튼이 비활성화되는 것을 볼 수 있다.

03 툴바에 있는 Replace Clip 버튼을 누르자. (단축키: F11)

04 Chair_3.jpg가 Chairman_1.jpg로 교체되었다.

Unit. 05 ▶ 타임라인으로 오디오 클립 가져오기

다음을 따라하며 타임라인으로 오디오 클립을 가져와보자.

01 빈 리스트에서 Music을 누르자. Mendelssohn - Songs without Words.mp3를 더블 클릭하면 소스 뷰어에 해당 오디오 클립의 웨이브폼이 나타난다. 소스 뷰어의 상단에는 클립의 전체 길이가 표시되고 하단에는 현재 위치가 표시된다.

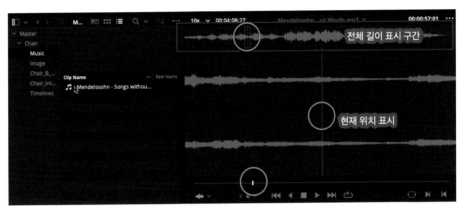

02 빈 리스트에서 Music을 누르자. Mendelssohn - Songs without Words.mp3를 더블 클릭하면 소스 뷰어에 해당 오디오 클립의 웨이브폼이 나타난다. 소스 뷰어의 상단에는 클립의 전체 길이가 표시되고 하단에는 현재 위치가 표시된다. 소스 뷰어의 조그 휠(Jog Wheel)을 사용해서 플레이헤드를 움직여보자. 2초 정도 되는 지점에서 인 포인트를 지정한다.

![Tip] 사용자의 모니터 크기에 맞춰 소스 뷰어 기능 조절

조그 휠이 잘 보이지 않을 땐 미디어 풀을 닫아보기

작은 모니터를 사용한다면 소스 뷰어에 조그 휠이 보이지 않을 수 있다. 이럴 땐 미디어 풀을 닫으면 조그 휠이 나타난다.

소스 뷰어의 왼쪽 상단의 배율 버튼으로 웨이브폼 크기 조절 가능

소스 뷰어의 왼쪽 상단의 배율 버튼을 누르면 자신의 모니터 크기에 맞게 웨이브폼의 크기를 조절할 수 있다.

03 1분 27초 정도에 아웃 포인트를 지정한다.

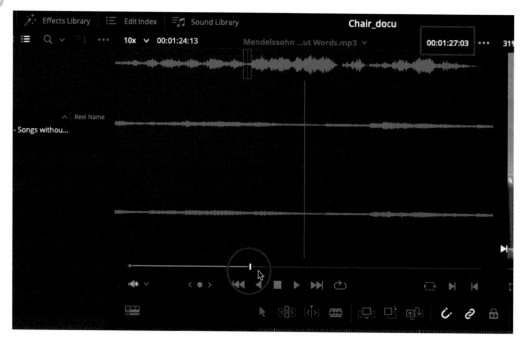

04 타임라인의 플레이헤드를 타임라인 맨 앞에 위치시키자. (단축키: Home)

05 F12를 누르자. Place on Top을 비디오 트랙에 적용하면 기존 트랙의 위로 새로운 트랙이 생성되지만 오디오 트랙에 적용하면 아래쪽에 새로운 트랙이 생성된다.

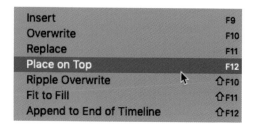

06 새로운 오디오 트랙과 클립이 타임라인에 생성되었다.

Unit. 06 ▶ 볼륨 조절하기

이전 유닛에서 생성한 오디오 트랙의 볼륨을 조절해보자.

01 우선 오디오 트랙의 볼륨을 잘 확인할 수 있도록 트랙의 높이를 조절해보자. 툴바의 가장 왼쪽에 있는 Timeline View Options를 누르고 Audio 슬라이드를 오른쪽으로 드래그해 오디오 트랙의 높이를 올려보자.

02 트랙의 높이가 올라간 오디오 트랙을 보면 상단에 흰 선이 있다. 이 선을 아래로 드래그하면 트랙 전체의 볼륨을 낮출 수 있다.

03 Audio 2 트랙의 볼륨을 -7.8 dB 정도로 낮추자.

04 인터페이스 툴바 구간에서 인스펙터를 누르고 그 아래에 있는 Audio 탭을 연다. Audio 탭에서는 오디오 트랙을 구간별로 확인할 수 있다. 여기서 자신이 원하는 볼륨 레벨로 조절해보자.

05 마지막으로 전체 영상을 재생하며 BGM의 볼륨이 적절한지 확인해보자.

타임라인을 보면 두 번째 오디오 트랙의 길이가 비디오 트랙에 비해 너무 길다. 비디오 트랙 길이에 맞춰 오디오 트랙의 길이를 조절해보자.

01 트랙의 오른쪽 끝에 마우스 포인 터를 갖다 대면 아래와 같이 모양 이 변할 것이다.

02 마우스를 왼쪽으로 드래그해서 비디오 트랙 길이만큼 오디오 트 랙 길이를 맞추자. Snapping이 활성화되 어 정확한 위치에 가이드라인이 생긴다.

03 이로써 비디오 트랙과 오디오 트랙의 길이가 같아진다.

Tip 마우스를 드래그하여 비디오 트랙과 오디오 트랙의 길이 조절 가능

비디오 트랙도 오디오 트랙과 같은 방법으로 길이를 조절할 수 있다.

Unit. 08 ▶ 오디오 트랙에 페이드 아웃 적용하기

영상을 끝맺는 느낌을 자연스럽게 연출하도록 오디오 트랙에 페이드 아웃을 적용해보자.

01 오디오 클립이 끝날 때 소리가 점점 작아지게 만들어보자. 오디오 트랙의 윗부분에 마우스 포인터를 올리면 그림과 같이 변한다.

02 마우스를 왼쪽으로 드래그해 페이드 아웃을 만들자. 드래그할 때 얼마나 길게 페이드 아웃을 만들지 숫자로 표시된다. 페이드 아웃을 2초 정도 길이로 만들어보자.

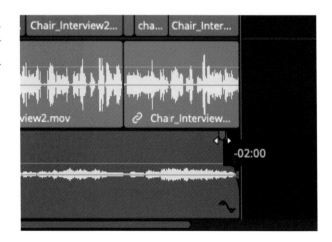

03 타임라인을 재생해보면 끝에서 소리가 점점 줄어드는 것을 확인할 수 있다.

SECTION 05

인스펙터에서 클립 크기 조절하기

DaVinci Resolve

지금 사용 중인 타임라인의 크기는 1080p, 즉 가로 픽셀 1,920개와 세로 픽셀 1,080개를 가지는 크기이다. Video 1 트랙에 사용 중인 비디오 클립의 크기는 1080p(1920×1080)라서 비디오 이미지가 뷰어에 꽉 채워진다. 하지만 Video 2 트랙에 사용 중인 이미지 파일의 크기는 1200×799로 Video 1 트랙의 클립보다 작다. 따라서 두 이미지를 함께 놓으면 Video 2의 클립 뒤로 Video 1의 클립이 삐져나온 것처럼 보인다. 이처럼 크기가 맞지 않는 클립은 트랜스폼 기능을 이용해 조절할 수도 있지만, 가장 손쉬운 방법은 인스펙터를 이용해서 한번에 고치는 것이다. 그러므로 인스펙터에서 필요한 관련 정보를 보는 법을 먼저 익혀보자.

Unit. 01 ▶ 클립 크기 확인하기

이미지 파일은 비디오 파일과 달리 크기가 다양하다. 그렇다 보니 크기가 각각 다른 이미지 파일을 타임라인에 가져오면 타임라인 크기나 화면 비율이 달라서 위의 예시처럼 이미지 파일 뒤에 다른 이미지가 보일수도 있다. 먼저 이미지의 사이즈를 확인하는 방법을 알아보고, 뒤에 다른 이미지가 삐져나오지 않게 크기를 자동으로 조절해보자.

01 타임라인에서 Chairman_1.jpg 클립을 선택하자. 그러면 그림과 같이 양쪽으로 뒷부분의 이미지가 보일 것이다. 이 이미지 크기를 확인해보자.

02 화면 우측 상단에 있는 인스펙터를 열자.

03 이미지의 해상도를 확인할 것이다. 인스펙터에서 File 탭을 선택하면, 해당 클립의 해상도(Resolution)가 보인다. 이 이미지의 해상도는 1200×799 사이즈로, 프로젝트의 크기인 1920×1080보다 작다. 다음 유닛에서 이 클립의 크기를 키우는 방법을 알아보자.

하나 또는 여러 이미지를 뷰어에 꽉 채우는 크기로 자동 조절해보자.

01 인스펙터에서 Video 탭을 누른다. 스크롤을 아래로 내린 후 Retime and Scaling 섹션을 활성화해 내용을 연다. 그리고 Scaling의 설정을 Fill 로 선택하자.

02 이미지가 뷰어에 꽉 채워졌다.

03 이번에는 여러 이미지 파일을 동시에 수정해보자. 타임라인에서 마우스를 드래그하여 이미지 클립 여섯 개를 모두 선택한다.

04 마찬가지로 인스펙터의 Video 탭에 들어가서 Scaling을 Fill로 설정한다.

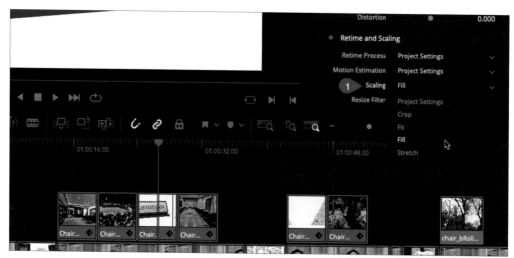

05 선택된 이미지가 모두 뷰어에 꽉 채워졌다.

Tip 클립 소스를 타임라인에 가져올 때, 스케일링 기능을 이용해 이미지 크기 자동 조절 가능

DaVinci Resolve는 클립 소스를 타임라인에 가져왔을 때 자동으로 이미지를 화면에 맞추는 스케일링 기능을 제공한다.

오른쪽 그림은 스케일링 기본 옵션 중 하나인 Fit(Scale full frame with crop)이다. Fit을 이용하면 원래의 클립 화면 비율을 유지하면서 클립의 전체 이미지가 각 프로젝트 사이즈에 꽉 차도록 맞출 수 있다.

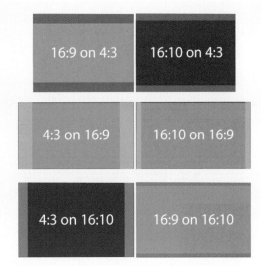

※ 인스펙터의 스케일링 옵션(Fit/Fill/Crop)은 Chapter 08 의 Section 07 스케일링(Scaling)에서 자세히 다룰 것이니 참조하자.

CHAPTER 04 ▶ 요약하기

이번 챕터에서는 처음으로 Edit 페이지를 이용해 편집을 시작해보았다. 편집 창의 레이아웃을 알아보고 원활한 영상 재생을 위한 주요 네 가지 설정도 확인하였다. 편집의 시작인 미디어 풀에서 미디어 클립을 타임라인으로 가져오는 여러 방법을 소개하고, 편집을 시작하기 위해 클립을 미디어 풀 또는 리스트 뷰의 미리보기 구간에서 가져오는 방법을 배웠다. 또 마우스 드래그를 이용해 클립을 타임라인으로 가져오고, 뷰어에 나타나는 오버레이를 이용해서 원하는 편집 옵션을 여러 개 선택하기도 하였다. 메뉴에서 기본 편집 방식을 하나하나 찾아서 적용하는 것도 가능하지만, 아직 단축키에 익숙하지 않은 초보자라면 마우스로 사용할 클립을 지정한 후 타임라인 또는 오버레이로 가져오는 방식을 추천한다. 또 타임라인에 클립을 가져올 때 데스티네이션 버튼을 설정해서 원하는 트랙으로 해당 클립을 가져오는 방법을 배워보았다. 마지막으로 인스펙터를 통해 클립의 정보를 확인하고 타임라인에 맞는 사이즈로 자동 변환하는 방법을 배웠다. 더 자세한 인스펙터의 사용 방법은 다음 챕터에서 설명하겠다.

CHAPTER 05

프로젝트 타임라인에서의 정교한 편집

DaVinci Resolve

앞 챕터(Chapter 04)에서 기본적인 편집 툴을 가지고 전반적인 편집 기술을 익혔다면, 이번 챕터에서는 사용할 클립을 적당히 분류해서 정리하고 타임라인에서 이루어지는 기본 트리밍 편집 방법을 배워보도록 하겠다.

편집 단계를 분류할 때 가편집(Rough Cut)과 본편집(Fine Cut)으로 나누어서 설명을 하는데, 이전 챕터에서 배운 기본 편집 방식은 가편집에서 많이 사용되고 지금부터 배우는 타임라인 트랙을 이용한 클립의 트림은 본편집에서 많이 사용된다.

가편집(Rough Cut)이란 스크립트(Script)에 맞춰 사용할 클립들을 타임라인에 적당히 모은 상태를 말한다. 실제로 가편집 과정은 전체 편집 과정에서 많은 시간을 차지하지는 않는다. 가편집이 끝난 후 실제적인 편집 단계를 본편집(Fine Cut)이라 하는데, 이 단계에서 편집자들은 대부분 한두 프레임을 정교하게 편집하기 위해 많은 시간을 소요한다. 이 과정에서 트리밍(Trimming)이라는 기능을 이용하면 기본 편집툴로는 한계가 있는 까다로운 작업을 수월하게 할 수 있다. 우선 이 챕터에서는 고급 트리밍을 사용하기 전에 익혀둘 기본기를 다룰 것이다. 타임라인의 트랙과 각 클립의 사용에 초점을 맞춰 공부해보자.

타임라인에서 사용할 클립 정리하기

여러 클립의 연결 상황에 따라 다른 편집 방식이 필요하지만, DaVinci Resolve는 앞에서 배웠던 네 가지 기본 클립 추가 방식(인서트, 덮어쓰기, 연결하기, 덧붙이기)으로 클립을 타임라인에 추가할 수 있다.

이전 챕터에서는 클립을 타임라인의 원하는 위치 또는 트랙에 가져오기 위해서, 인 포인트와 아웃 포인트의 사용법을 배웠다. 이때는 플레이헤드가 인 포인트를 대신해서 사용된 경우가 많았다. 이번 챕터에서는 마우스로 클립을 드래그 앤 드롭하지 않고, 타임라인에 클립이 들어올 인 포인트를 지정한 후 단축키를 사용해서 클립을 추가해볼 것이다.

〈타임라인 관련 단축키〉

- **인서트(Insert):** F9
- **덮어쓰기(Overwrite):** F10
- **연결하기(Place on Top):** F12
- **덧붙이기(Append at End):** Shift + F12

Insert	F9
Overwrite	F10
Replace	F11
Place on Top	F12
Ripple Overwrite	Shift+F10
Fit to Fill	Shift+F11
Append to End of Timeline	Shift+F12

Unit. 01 ● 타임라인 복사하기

타임라인 클립은 텍스트 기반의 아주 작은 데이터베이스이기 때문에 용량이 작다. 타임라인을 복사하는 이유는 프로젝트가 진행되는 과정에서 시간대별로 복사하여 백업으로 사용할 수 있기 때문이다. 이번 유닛에서는 기존의 타임라인을 복사해서 새로운 타임라인을 만들어 사용하는 방법을 배워보겠다.

01 빈 리스트에서 Master 빈을 누르고 미디어 풀 상단에서 리스트 뷰 버튼을 눌러 타임라인들을 리스트 뷰로 보자.

02 타임라인 Ch4_After를 선택한 후 마우스 오른쪽 클릭을 눌러 메뉴를 연다. Duplicate Timeline을 누르면 타임라인이 복사된다.

03 새로 생성된 Ch4_After copy를 한 번 누르면 이름을 변경할 수 있다.

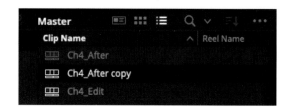

04 Ch5_Edit라고 이름을 입력한 후 엔터를 눌러 타임라인의 이름을 바꾸자.

이번 챕터에서는 이 타임라인을 가지고 실습을 할 것이다.

Unit. 02 ▶ **DSLR 비디오 클립과 분리된 오디오 싱크하기 (Double System Recording)**

DaVinci Resolve에서는 이중 시스템 녹음(Double System Recording)을 이용해서 두 클립을 묶을 수 있다. 이중 시스템 녹음이란 오디오와 비디오가 다른 장비로 각각 녹음/녹화된 클립을 일컫는다. 최근에 많이 사용하는 DSLR 카메라를 예로 들면, 촬영 시 내장된 마이크로 싱크할 때 비교할 사운드를 녹음하고 실제 사용할 오디오는 다른 디지털 오디오 레코더로 녹음하는 경우가 그렇다. 이렇게 다른 두 소스의 클립을 싱크하는 가장 쉬운 방법은 자동 싱크 기능을 이용하는 것이다.

싱크 포인트는 마커(Marker)가 될 수도 있고 매치하는 타임코드나 파일 생성 날짜, 오디오 콘텐츠가 될 수도 있다.

오디오 웨이브폼을 바탕으로 각각 녹음/녹화한 비디오 클립과 오디오 클립을 싱크해보자.

01 빈 리스트에서 Chair_Interview를 선택한 후 미디어 풀에서 Chair_Interview3.mov를 더블 클릭하자. Space Bar 를 눌러 소스 뷰어에서 해당 영상 클립을 재생하고 사운드를 확인한다. 오디오의 품질이 고르지 않은 것을 확인할 수 있다.

> **Tip** 소스 뷰어 하단에 웨이브폼이 안 보일 땐 Show Full Clip Audio Waveform을 체크
>
> 소스 뷰어 하단에 오디오 웨이브폼이 보이지 않는다면 소스 뷰어 상단의 메뉴(⋯)에서 Show Full Clip Audio Waveform을 체크해주자.

02 미디어 풀에서 Chair_Interview3.mov와 Chair_Audio3.wav를 선택한다. Ctrl 을 누른 채 미디어 클립을 클릭해 여러 개의 클립을 선택할 수 있다. Chair_Audio3.wav 오디오 클립은 디지털 레코드로 분리해서 녹음한 소스 오디오 파일이고, Chair_Interview3.mov 비디오 클립은 DSLR 카메라로 촬영했기 때문에 내장 마이크로 녹음된 오디오의 음질이 좋지 않다.

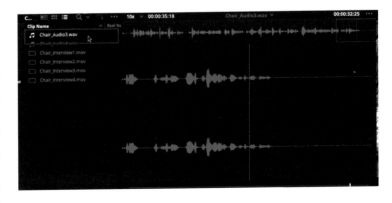

03 마우스 오른쪽 클릭을 하고 메뉴에서 Auto Sync Audio > Based on Waveform을 누른다. 오디오 웨이브폼을 바탕으로 DaVinci Resolve가 자동으로 두 클립의 싱크를 맞춰줄 것이다.

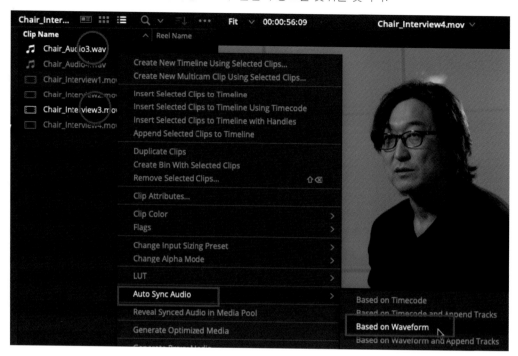

04 작업이 끝나면 소스 뷰어에서 싱크된 클립을 재생해보자. 음질이 훨씬 나아지고 소스 뷰어 하단의 웨이브폼이 바뀔 것이다.

05 Chair_Interview4.mov와 Chair_Audio4.wav도 웨이브폼을 바탕으로 오디오의 싱크를 맞춰주자.

06 Chair_Interview3.mov와 Chair_Interview4.mov 모두 새로운 오디오로 싱크를 맞췄다. 하지만 미디어 풀에서는 해당 클립 아이콘의 변화가 없어 차이를 알기 어렵다. 실제로 오디오가 교체되었는지 확인하기 위해 클립 위에서 마우스 오른쪽 클릭을 한 후 메뉴에서 Clip Attributes를 누르자.

07 Clip Attributes의 Audio 탭을 선택하면 현재 어떤 오디오 소스가 선택되었는지 확인할 수 있다. Source Channel 영역이 Linked Channel로 선택된 모습을 볼 수 있다.

08 Linked Channel은 새로 연결된 외부 오디오 트랙을 의미한다. 기존 비디오 클립에 내재된 오디오 트랙으로 돌아가고 싶다면, Embedded Channel을 선택하거나 Linked Channel이 선택된 상태에서 오른쪽에 보이는 작은 쓰레기통 버튼을 누르면 된다.

Unit. 03 ▶ 타임코드 이해하기

편집 시간을 표시하는 타임코드에는 두 가지 표현 방식이 있다. 초와 프레임 사이를 ;(semi-colon)로 표시하는 드롭 프레임(Drop Frame) 타임코드와 :(colon)로 표시하는 논드롭 프레임(Non-Drop Frame) 타임코드가 있다.

아래의 그림은 편집 시간이 9초 21프레임인 드롭 프레임(Drop Frame) 타임코드와 논드롭(Non-Drop Frame) 프레임 타임코드를 각각 표기한 것이다.

TCG +00:00:09;21

▲ 드롭 프레임(Drop Frame)

TCG +00:00:09:21

▲ 논드롭 프레임(Non-Drop Frame)

한국 방송 환경에서 사용하는 ATSC(Advanced Television Systems Committee) 비디오의 실제 시간 길이는 29.97 FPS(초당 29.97 프레임 레이트)를 사용해서 계산한다. 그렇기 때문에 30 FPS를 사용해서 1시간 분량의 비디오 프레임을 계산할 경우 1시간하고도 4초 20프레임이 초과된다. 즉 한 시간 분량의 비디오는 01:00:04:20으로 표시된다.

이런 문제를 고치기 위해 드롭 프레임 타임코드가 사용되는데, 사실 드롭 프레임이라고 해서 실제로 비디오 프레임을 지워내는 것은 아니다. 단지 프레임에 번호를 붙일 때 1분마다 2프레임씩 건너뛰는 방식을 이용하는 것이다. 예를 들면 30프레임은 1초가 되지만 60초가 되는 순간에는 1분 2프레임이 된다.

00:00:00;29 => 00:00:01;00
00:00:59;29 => 00:01:00;02

반면에 논드롭 프레임 타임코드에서는 30프레임은 1초가 되고 60초는 다시 1분이 된다.

00:00:00;29 => 00:00:01:00
00:00:59;29 => 00:01:00:00

- **클립 길이 확인**: 클립을 선택한 후 길이를 확인할 수 있다. (단축키: Ctrl + D)

아래 그림의 클립은 논드롭 프레임 타임코드로, 8초 9프레임이라는 것을 알 수 있다.

편집 방식에서 가장 많이 사용하는 3-포인트 편집 방식(3-Point Editing)을 직접 사용해보자.

3-포인트 편집을 사용하면 소스 뷰어나 타임라인에서 정확하게 원하는 구간의 클립만 선택해서 편집을 할 수 있다.

3-포인트 편집 방식은 위 그림과 같이 소스 뷰어에서의 ❶ 시작점(인 포인트)과 ❷ 끝점(아웃 포인트) 그리고 ❸ 타임라인의 시작점(단축키: I) 등 총 세 가지 편집 포인트를 사용해 편집한다. 시작점을 표시하지 않으면 플레이헤드가 시작점을 대신한다.

3-포인트 편집을 이용하여 미디어 클립을 타임라인으로 가져와보자.

01 Chair_Interview3.mov를 더블 클릭해 소스 뷰어로 영상을 확인하자. 영상 속 인물이 말을 하기 직전에 인 포인트를 지정한다. (타임코드 00:05:03;02)

참고로 뷰어에 나오는 타임코드는 원본 클립의 타임코드이다. 영상 촬영 시 논드롭 프레임을 썼느냐 드롭 프레임을 썼느냐에 따라 뷰어에 표시되는 타임코드의 표현 방식이 달라진다. 이 책에 사용된 예제의 타임라인은 논드롭 프레임을 기준으로 사용했지만, 촬영본은 논드롭 프레임과 드롭 프레임이 섞여 있다.

02 영상 속 인물이 말을 마친 직후 아웃 포인트를 설정하자. (타임코드 00: 05:35;18)

03 타임라인으로 가서 앞서 편집한 영상이 끝나는 지점에 플레이헤드를 위치하고 인 포인트를 설정하자.

04 소스 뷰어에서 이미지를 클릭해 타임라인 뷰어로 드래그한 후, 오버레이가 팝업되면 Overwrite 위에 서 마우스 클릭을 놓자.

> **⚠️** 미디어 클립을 타임라인으로 가져오면 기존의 타임라인 인 포인트를 무시하고 새 시작 위치를 지정함
>
> 미디어 클립을 드래그해서 타임라인으로 가져오면 타임라인에 지정했던 인 포인트가 무시되고 마우스의 위치에 따라 해당 클립의 시작 위치가 결정된다.

05 타임라인의 인 포인트 지점부터 우리가 원하는 만큼의 구간이 타임라인에 생성되었다.

06 Chair_Interview4.mov도 3-포인트 편집으로 타임라인에 가져와보자. 미디어 풀에서 Chair_Interview4.mov를 더블 클릭하고 인/아웃 포인트를 지정하자. (인 포인트 타임코드 00:00:15;09 / 아웃 포인트 타임코드 00:01:09;26)

07 Chair_Interview3.mov를 가져왔던 것처럼 Overwrite(단축키: F10)를 이용해서 Chair_Interview4.mov를 타임라인으로 가져오자.

이전 유닛에서는 미디어 클립에 인/아웃 포인트를 지정하고 타임라인에 인 포인트를 지정해서 3-포인트 편집을 실습해보았다. 이번에는 반대로 타임라인에 인/아웃 포인트를 지정하고 미디어 클립에 인 포인트를 지정해서 3-포인트 편집을 해보자.

01 이번에는 3-포인트 편집으로 B롤에 미디어 클립을 가져와보자. 우선 Alt + X를 눌러 타임라인에 생성된 인 포인트를 제거한다.

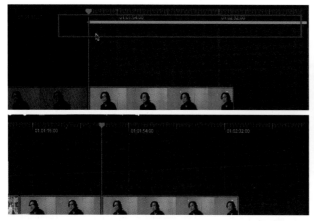

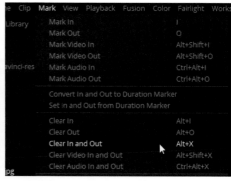

02 타임라인에 인 포인트를 새로 지정하
자. (타임코드 01:01:13:19)

03 타임라인 뷰어의 오른쪽 상단에 표시
된 현재 타임코드를 누르고 +500을 입
력한 후 Enter↵ 를 누르자. 플레이헤드가 정확
히 5초 뒤로 이동한다.

04 방금 플레이헤드를 옮긴 지점을 아웃
포인트로 지정한다. 그러면 5초 길이
의 타임라인 인/아웃 포인트가 지정된다.

05 이제 빈 리스트에서 Chair_B_roll 빈을
누르고 chair_bench_2.mov를 더블 클
릭하자.

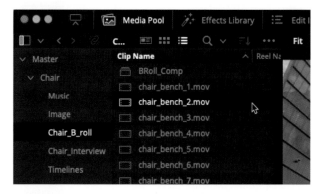

06 소스 뷰어에서 타임코드 00:02:25:26
에 인 포인트를 지정한다.

07 아래 그림처럼 세 가지 인/아웃 포인트가 지정되었는지 확인하자.

08 소스 뷰어에서 이미지를 클릭해 타임라인 뷰어로 드래그한 후, 오버레이가 팝업되면 Place on Top 위에서 마우스 클릭을 놓자.

09 Video 2 트랙에 새로운 B롤 영상이 생성되었다.

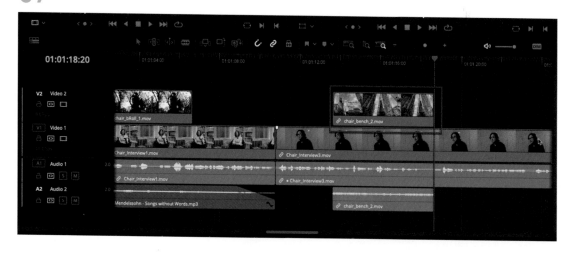

Unit. 06 ▶ **컴파운드 클립을 타임라인으로 가져오고 분해하기**

편집을 하다 보면 여러 클립을 하나의 그룹으로 묶어야 하는 경우가 있다. 이럴 때 컴파운드(Compound) 클립 기능을 사용하면 된다. 이 기능으로 뭉친 클립들은 하나의 클립처럼 취급된다. 일반 클립과 같이 위치를 조절하거나 이펙트를 적용할 수 있다. 컴파운드 클립은 주로 내용은 다르지만 같은 스타일을 가진 자막 타이틀들을 반복할 때 사용한다.

미디어 풀에서 컴파운드 클립을 구분하려면 썸네일의 왼쪽 하단의 아이콘을 확인하면 된다. 여러 직사각형이 겹친 아이콘으로 표시된 것이 컴파운드 클립이다.

〈컴파운드 클립의 특징〉

- 컴파운드 클립은 하나의 클립처럼 이동하거나 트리밍을 하거나 이펙트를 적용할 수 있다.
- 컴파운드 클립을 구성할 파일들을 타임라인에서 열어 보고 편집할 수 있다.
- 컴파운드 클립은 다른 컴파운드 클립 안에 위치시킬수 있다.
- 컴파운드 클립도 일반 클립처럼 트랜지션을 적용할 수 있다.

컴파운드 클립을 타임라인으로 가져온 후 분해해보자.

01 미디어 풀에서 Compound_BRoll을 더블 클릭하자. 소스 뷰어에 영상이 나타날 것이다.

02 이전 유닛에서 연결했던(Place on Top) 클립 뒤에 플레이헤드를 위치시킨다. 그리고 소스 뷰어에서 이미지를 클릭해 타임라인 뷰어로 드래그한 후, 오버레이가 팝업되면 Place on Top 위에서 마우스 클릭을 놓자.

03 타임라인에 Compound_BRoll이 생성되었다. 미디어 풀에서처럼 타임라인에서도 컴파운드 클립을 나타내는 아이콘을 확인할 수 있다.

04 Compound_BRoll 위에서 마우스 오른쪽 클릭을 하고 컴파운드 클립 분해하기(Decompose in Place)를 누르자.

05 컴파운드 클립이 분해되고 하나로 뭉쳤던 여러 미디어 클립이 흩어져 타임라인에 생성되었다.

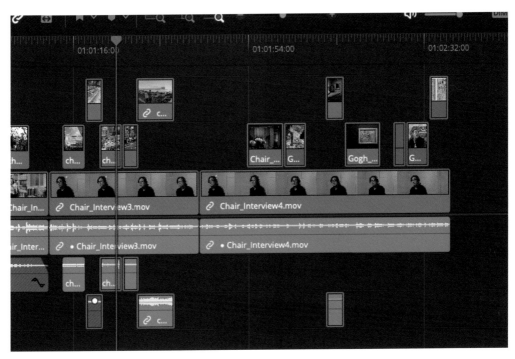

Tip 여러 미디어 클립을 컴파운드 클립으로 만드는 방법

미디어 클립 여러 개를 컴파운드 클립
으로 만들고 싶다면, 타임라인에서 원
하는 미디어 클립들을 선택하고 마우
스 오른쪽 클릭을 한 후 메뉴에서 New
Compound Clip을 누르면 된다.

타임라인에 미디어 클립이 많아지면 클립을 구분하기 어려워진다. 이때 클립에 색깔을 지정해 놓으면 한 눈에 클립을 구분할 수 있어 편리하다.

01 빈 리스트에서 Chair_B_roll 빈을 누르고 Ctrl + A를 눌러 안에 있는 모든 미디어 클립을 선택하자. 그리고 마우스 오른쪽 클릭을 한 후 메뉴에서 Clip Color > Orange를 누르자.

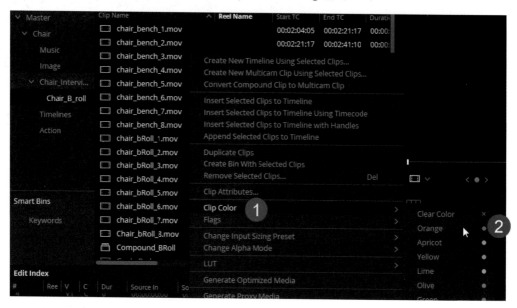

02 타임라인에서 해당 미디어 클립의 색깔이 오렌지 색으로 바뀌었다.

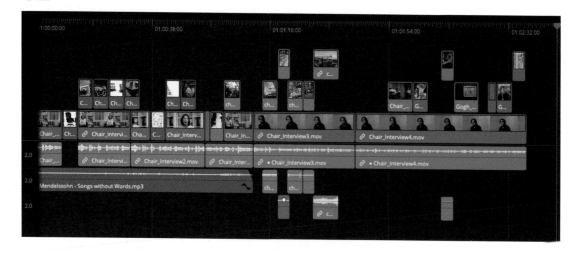

03 이번에는 다른 방법으로 미디어 클립에 색깔을 지정해보자. 먼저 화면 오른쪽 상단에 있는 인스펙터를 연다. 아직 선택된 클립이 없어 정보가 표시되지 않는다.

04 빈 리스트에서 Image 빈을 누르고 Ctrl + A 를 눌러 안에 있는 모든 미디어 클립을 선택하자.

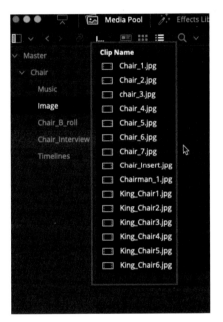

05 인스펙터의 File 탭으로 가서 Clip Color를 Lime으로 지정하자. 나중에 다른 색으로 바꾸거나 없애고 싶다면 여기서 설정하면 된다.

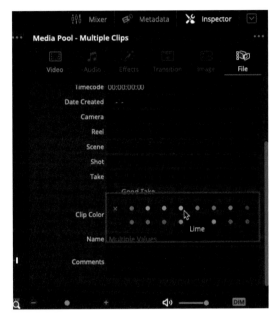

06 타임라인에서 해당 미디어 클립의 색깔이 라임 색으로 바뀌었다. 인터뷰 클립과 컷어웨이(Cutaway)* 되는 클립이 확실하게 구분되어 타임라인이 깔끔해졌다.

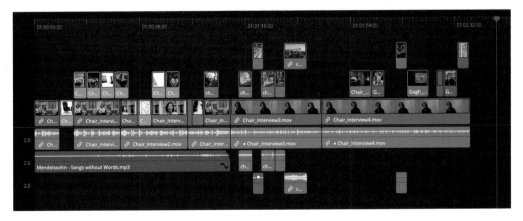

---

* 컷어웨이(Cutaway)는 필름 편집 시 사용되는 용어로, 메인 샷 외의 다른 카메라 샷으로 주의를 돌릴 때 사용되는 편집 기법을 말한다. 참고로 컷어웨이와 비슷한 용어로 B-Roll이라는 표현도 쓰인다.

영상을 편집하다 보면 여러 클립의 위치를 동시에 옮겨야 할 때가 있다. 이때 컴파운드 클립을 활용하면 클립의 위치를 쉽게 바꿀 수 있다.

01 타임라인에서 Chair_Interview3.mov 위아래에 있는 모든 미디어 클립을 마우스로 드래그해서 선택하자.

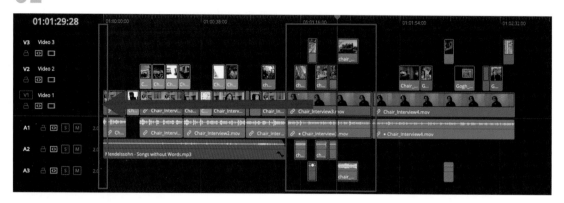

02 선택한 클립을 드래그해서 맨 앞으로 움직이면 기존 클립을 덮어 씌우게 될 것이다. 간단하지만 이 방법은 클립의 손상이 일어난다. 손상 없이 클립 위치만 뒤바꾸려면 다음의 방법을 사용해야 한다.

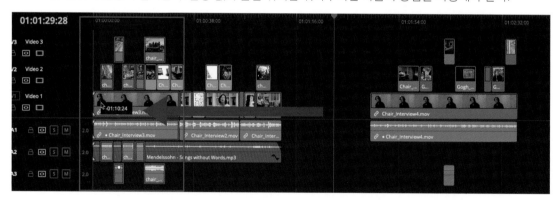

03 Ctrl + Z를 눌러 다시 원상태로 돌아온 후 다
시 클립들을 선택하여 컴파운드 클립으로 만
들자.

04 컴파운드 클립 생성 창이 나타나면 컴파운
드 클립의 이름을 Comp_1이라고 입력하고
Create를 누르자.

05 미디어 풀에 새로운 컴파운드 클립이 생긴
것을 볼 수 있다.

06 새로운 컴파운드 클립이 타임라인에도 생성되었다.

07 Ctrl + Shift 를 누른 상태에서 컴파운드 클립을 앞쪽으로 드래그하자. 기존 클립이 손상되지 않은 채 컴
파운드 클립과 위치가 뒤바뀔 것이다.

08 컴파운드 클립을 마우스 오른쪽 클
릭하고 Decompose in Place를 눌러
분해하자.

09 컴파운드 클립에 포함되었던 미디어 클립들이 타임라인에 다시 생성된다. 이처럼 여러 클립의 위치를
동시에 바꿀 때는 컴파운드 클립을 활용하면 훨씬 쉽고 빠르게 편집을 할 수 있다.

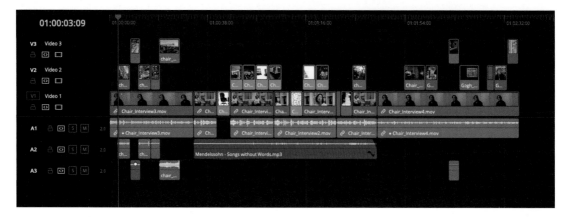

클립 연결 해제 및 재연결하기

SECTION ▸ 02
DaVinci Resolve

Unit. 01 ▸ Linked Selection 사용하기

Linked Selection([Ctrl] + [Shift] + [L])과 Link Clips([Ctrl] + [Alt] + [L])의 차이점

타임라인에 있는 클립의 비디오 트랙과 오디오 트랙의 연결을 해제하거나 재연결해주는 기능이 두 가지
있다. 타임라인의 전체 클립의 연결을 해제하는 기능(Linked Selection) 그리고 필요할 때만 클립 간 연결
을 해제해주는 작은 단위의 해제 기능(Link Clips)이다. 참고로 저자는 두 기능 중에 작은 클립 간의 연결
을 그때그때 해제할 수 있는 Link Clips([Ctrl] + [Alt] + [L]) 기능을 선호한다.

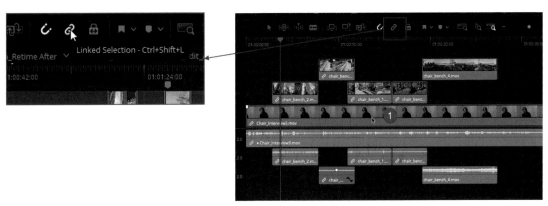

▲ 타임라인의 전체 클립 연결 해제

편집을 하다 보면 영상 클립이나 오디오 클립만 지워야 할 때가 있다. 그러나 일반적으로는 영상 클립
과 오디오 클립이 연결되어 있기 때문에 하나를 선택하면 두 개가 동시에 선택된다. 이럴 때는 Linked
Selection을 비활성화하면 비디오와 오디오를 분리해서 선택할 수 있다. 다만 주의할 점이 있다. Linked
Selection을 비활성화할 경우 모든 미디어 클립이 따로 움직이기 때문에 자칫하면 오디오와 비디오의 싱
크가 어긋날 수 있다(이러한 현상을 Out of Sync라고 한다). 이를 방지하기 위해서 가급적이면 Linked
Selection을 비활성화하는 대신 Link Clips 기능을 사용하자.

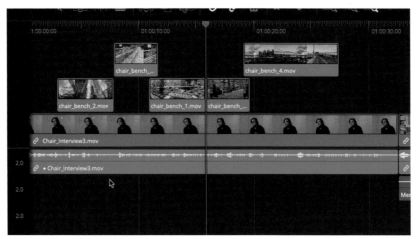

▲ 링크 해제 기능을 잘못 사용하면 Out of Sync 문제가 발생하기 쉽다

▲ 클립을 그때그때 연결하거나 해제할 수 있는 Link Clips 기능

Link Clips 기능을 이용해 인터뷰 영상과 링크된 오디오 클립을 지워보자.

01 B롤로 사용된 클립에 오디오가 포함되어서 인터뷰 영상의 목소리가 또렷이 들리지 않는다. B롤로 사용된 클립들의 오디오를 지워보자. chair_bench_2.mov의 오디오 클립을 선택한다. 그러면 이 클립에 링크된 비디오 트랙까지 함께 선택된다.

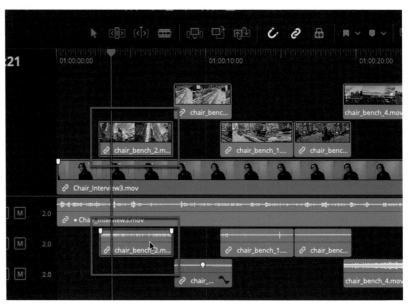

02 이 상태에서 Delete를 누르면 비디오 트랙까지 삭제된다. 따라서 다른 방법을 이용해 오디오 트랙만을 선택해야 한다. chair_bench2.mov를 선택한 채 메뉴에서 Clip > Link Clips를 체크 해제하자.

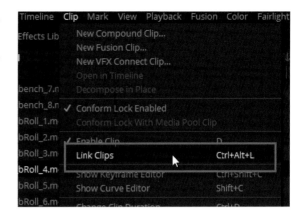

03 chair_bench2.mov의 오디오 트랙과 비디오 트랙의 링크가 해제되었다. 타임라인에서 클립 왼쪽 하단의 쇠사슬 아이콘이 사라진 것을 확인할 수 있다.

04 클립의 링크가 해제되었으므로 이제 오디오 트랙만을 골라 선택할 수 있다. 타임라인의 빈 공간을 클릭해 기존의 트랙 선택을 해제하고 다시 chair_bench2.mov의 오디오 트랙만 선택해보자.

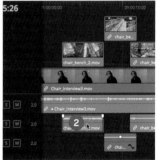

05 Delete를 눌러 오디오 트랙만을 삭제하자. 연결이 해제된 비디오 트랙은 그대로 남아 있는 것을 볼 수 있다.

이번에는 클립의 링크를 임시 해제하여 오디오 트랙만 여러 개 선택해보자.

01 Alt 를 누른 채 클립을 클릭하면 클립의 링크 여부와 상관없이 클릭한 트랙만 선택된다. 이 상태에서 마우스를 드래그해 B롤의 오디오 트랙을 모두 선택하자.

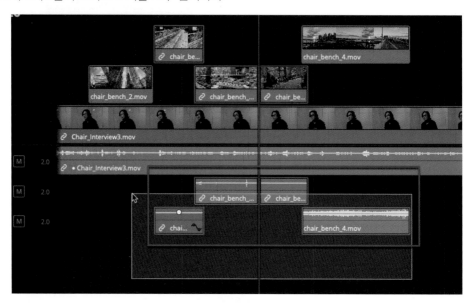

02 타임라인에서 오디오 트랙만 선택되었는지 확인하자.

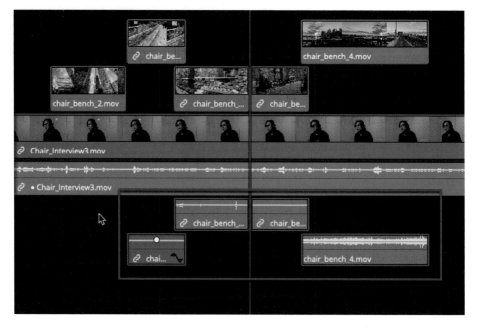

03 이제 [Delete]를 눌러 오디오 트랙만 삭제하자. 비디오 트랙은 남고 오디오 트랙만 지워진다.

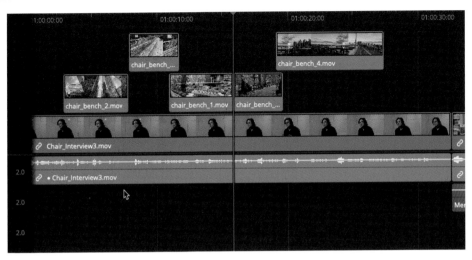

〈클립의 링크를 해제하는 세 가지 방법〉

지금까지 알아본 클립의 링크를 해제하는 방법을 정리하자면 다음과 같다.

방법1 Linked Selection을 비활성화한다. (타임라인의 모든 클립의 링크가 해제됨)

방법2 원하는 클립을 선택한 후 Clip 〉 Link Clips를 비활성화한다. (선택한 클립의 링크가 해제됨)

방법3 [Alt] 를 누른 상태에서 원하는 트랙을 선택한다. (원하는 비디오/오디오 트랙만 바로 선택 가능)

클립을 여러 개 선택한 후 메
뉴에서 Clip > Link Clips를 체크
하면 해당 클립들이 모두 연결
되어 함께 움직인다.

Unit. 03 ▶ 타임라인에서 클립 옮기고 정리하기

타임라인에서 클립을 옮기는 기본 방법을 먼저 알아본 후, 스내핑(Snapping) 기능을 이용해 여러 클립을
동시에 옮기는 방법도 배워보자.

01 보통 타임라인에서 클립 하나
를 옮길 때는 마우스 드래그를
이용한다. Video 2 트랙의 첫 번째 클
립을 마우스로 드래그해서 타임라인
의 맨 앞에 갖다 놓자.

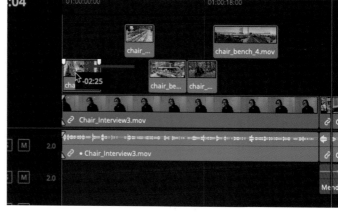

02 드래그한 상태에서 마우스 버튼을 놓으면 클립의 위치가 변경된다.

03 이번에는 여러 클립을 동시에 옮겨보자. Video 2 트랙과 Video 3 트랙에 있는 B롤 클립 두 개를 드래그해서 선택한다.

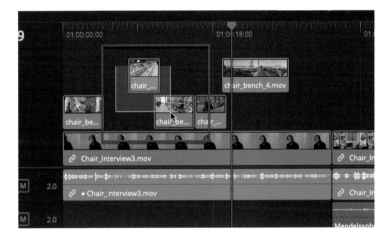

04 선택한 클립을 마우스 드래그해서 왼쪽으로 옮겨보자. 마우스를 드래그하면 왼쪽 클립의 끝부분에 편집점이 표시될 것이다. 그리고 선택한 클립이 자동으로 2:25 만큼 옮겨져서 첫 번째 B롤 클립이 끝나는 지점 바로 옆에 붙게 된다. 그 이유는 편집점을 자동으로 찾아주는 스내핑(Snapping) 기능이 활성화되어 있기 때문이다.

Tip 스내핑(Snapping)이란?

편집을 할 때 여러 샷을 자르고 붙이게 된다. 이때 편집이 필요한 부분을 편집자가 결정하여 편집점(Editing Point)을 찾는다(타임라인과 뷰어에서의 각 클립의 시작 프레임과 끝 프레임, 마크(Mark)된 지점, 클립과 클립 사이 등).

스내핑(Snapping)은 편집점을 잘 활용할 수 있게 돕는 기능이다. 예를 들어 한 클립에 끝 지점을 선택하고 싶을 때 스내핑 기능이 활성화되어 있으면 플레이헤드 주변으로 15 프레임 내에 있는 편집점을 자동으로 찾아준다. 타임라인 툴바를 보면 on/off로 선택하는 버튼들 중 Snapping 버튼을 찾을 수 있다.

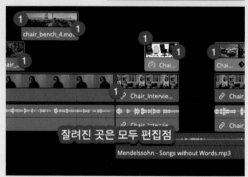

05 Ctrl + Z 를 눌러 클립을 원래 위치로 돌려 놓자.

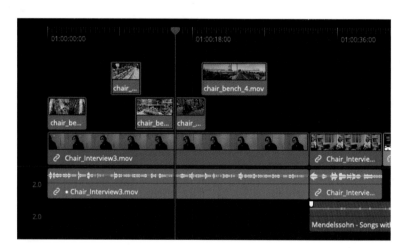

06 원하는 위치에 정확하게 클립을 이동시킬 수 있도록 스내핑(Snapping) 기능을 비활성화하자. (단축키: N)

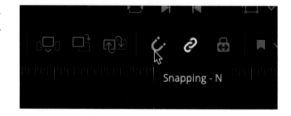

07 첫 번째 클립과 두 번째 클립이 약간 오버랩되게끔 위치를 조절할 것이다. 조금 전 옮겼던 B롤 클립 두 개를 다시 드래그해서 선택한다. 타임라인에서 4초 정도 앞으로 마우스 드래그해 두 번째 클립이 첫 번째 클립의 윗부분을 살짝 걸치도록 클립의 위치를 조정한다.

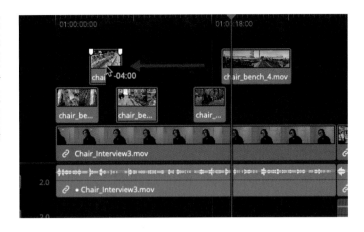

08 이제 다시 스내핑 기능을 활성화하자. 자석 같이 생긴 아이콘이 다시 활성화된다.

> **Tip** 단축키 N을 이용해 빠르게 스내핑 기능 끄고 켜기
>
> 스내핑 기능은 클립을 옮기는 도중에서도 단축키 N을 눌러 활성화하거나 비활성화할 수 있다. 보통 편집자들은 스내핑 기능을 활성화한 후 편집 과정에서 필요한 경우에만 단축키로 비활성화한다.

09 클립을 다른 트랙으로 옮기는 방법 또한 앞과 같다. Video 1 트랙의 인서트 클립을 Video 2 트랙으로 드래그하자. 스내핑 기능을 활성화했기 때문에 정확한 위치로 클립이 이동한다.

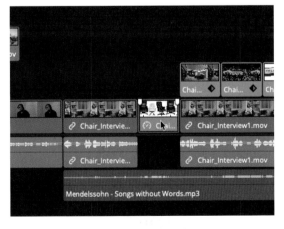

타임라인에서 클립 복사 및 옮기기

타임라인에 있는 클립은 복사해서 여러 번 사용할 수 있다. 이번 섹션에서는 타임라인에 있는 클립들을 복사하고 붙여넣는 방법을 알아보자.

Unit. 01 ▶ 타임라인에 있는 클립 복사하기

01 Video 2 트랙에 있는 Chair_Insert.jpg를 선택하고 Ctrl+C를 눌러 클립을 복사한다.

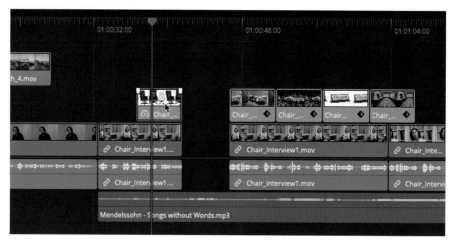

02 원하는 위치에 클립을 붙여넣기 위해 플레이헤드를 앞쪽으로 위치시킨다. (타임코드 01:00:28:00)

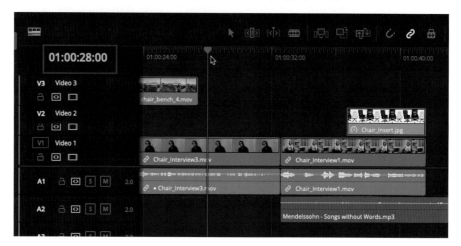

03 Ctrl + V 를 누르면 해당 클립이 플레이헤드가 위치한 곳에 복사된다. 클립을 복사할 때는 원래의 클립이 있던 트랙에 복사된다. 그렇기 때문에 여기서는 오리지널 클립이 있는 Video 2 트랙에 새로운 클립이 생성된다.

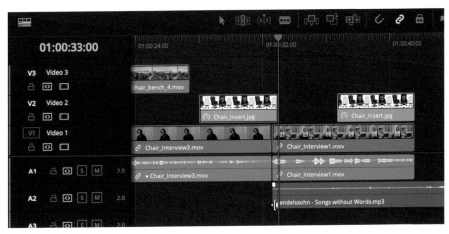

Unit. 02 ▶ 타임라인에서 클립 여러 개 복사하기

01 이번에는 클립을 여러 개 복사해보자. 마우스를 드래그해서 Video 1 트랙에 있는 Chair_Interview1.mov 와 Video 2 트랙에 있는 Chair_Insert.jpg를 선택한다.

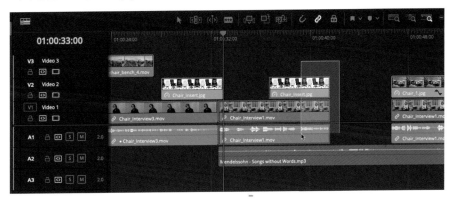

02 마우스를 이용하거나 키보드 단축키 End 를 눌러서 플레이헤드를 타임라인의 오른쪽 끝에 위치시킨다.

03 Ctrl + V를 누르면 선택한 클립들이 복사된다.

참고로 클립 자체를 복사하는 게 아니라 클립의 이펙트 등 속성만 복사하는 방법도 있다. 이 경우에는 Alt + V를 누르는데, 차후 이펙트 라이브러리를 배울 때 사용해볼 것이다.

 타임라인에서 클립 복사 시 플레이헤드 위치에 주의

타임라인에서 클립을 복사할 때는 플레이헤드의 위치를 항상 확인하자. 플레이헤드의 위치를 기준으로 새로운 클립이 복사되기 때문이다. 특히 주의해야 할 것은 아래 그림과 같은 상황이다. 이미 클립이 있는 곳에 플레이헤드를 위치시키고 클립을 복사하면 기존의 클립을 덮어 씌우므로 유의하도록 하자.

Unit. 03 ▶ Alt 를 이용해서 클립 자동 복사하기

01 Alt 를 이용하면 클립을 자동 복사할 수 있다. Alt 를 누른 상태에서 Video 2 트랙의 Chair_Insert.jpg를 위로 드래그해보자. 마우스를 따라 기존의 클립이 복사되는 것을 볼 수 있다.

02 이번에는 Alt 와 Shift 를 동시에 누른 채 앞에 있는 Chair_Interview1 클립을 드래그하여 복사해보자. 새로 복사되는 클립은 기존 클립의 직선 방향으로 위 또는 아래에 생성된다.

> **클립 자동 복사 단축키**
> • Windows: Alt + Shift + 드래그
> • macOS: Option + Shift + 드래그

Tip 클릭 복사와 동시에 새로운 트랙을 추가하고 싶을 땐 Alt + 드래그 이용

Alt + 드래그를 이용해 클립 자동 복사와 새로운 트랙 생성을 한 번에 할 수 있다. 복사할 클립을 선택한 후 Alt 를 누른 채 기존 트랙의 맨 위로 드래그하면 된다.

Auto Track Selector를 이용한 트랙 설정과 클립 옮기기

토글이란 ON/OFF 기능이 있는 버튼이나 스위치를 의미한다. 대표적으로 키보드에 있는 CapsLock을 예로 들수 있다. 타임라인에 있는 트랙 헤더(Track Header)에는 여러 토글 버튼이 있다. 이 기능들은 클립을 복사하거나 원하는 트랙만 보고 싶을 때 아주 유용하다. 타임라인의 인터페이스를 다시 돌아보며 트랙 헤더에 어떤 토글 버튼이 있는지 살펴보자.

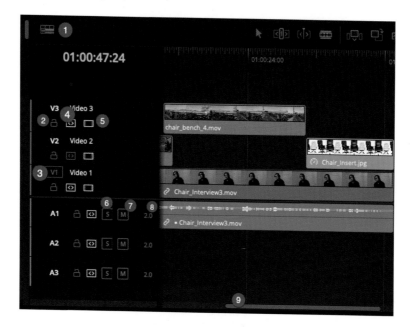

❶ **타임라인 뷰 옵션**: 타임라인의 트랙 높이를 조정하거나 보는 방식을 설정할 수 있다.

❷ Lock Track Button: 타임라인 왼쪽에 있는 자물쇠 모양의 잠금 기능(Toggle Track Lock)은 선택된 트랙을 잠그는 기능을 한다. 이렇게 잠긴(Lock) 트랙은 이동하거나 편집할 수 없게 된다. 이 기능은 더 이상 어떠한 변화도 주고 싶지 않은 트랙에 사용하면 좋다. 또한 트랙을 두 개 이상 사용하여 편집할 때 다른 트랙에 영향을 끼치지 않고 편집할 트랙에만 변화를 주고 싶은 경우에도 유용하다.

❸ Destination Control: 소스 뷰어에 있는 클립이 타임라인으로 덮어쓰기(Overwrite)되거나 인서트될 때 들어오는 트랙을 표시한다.

❹ Auto Select Button(Auto Track Selector): 타임라인에 있는 해당 트랙에서 사용자가 지정한 기능의 활성 여부를 설정하는 곳이다. 비활성화된 트랙에는 사용자가 지정하는 편집 기능이 적용되지 않는다. 예를 들면 클립을 복사할 때 활성화가 지정된 트랙으로 복사될 수 있도록 하고, 비활성화된 트랙에는 복사/붙여넣기/컷 등의 기능이 적용되지 않는다.

❺ Enable Track: 타임라인에 있는 클립을 재생할 때 그 트랙을 비활성화하는 기능이다. 트랙이 비활성화되었다는 것은 비디오 트랙은 보이지 않고 오디오 트랙은 들리지 않는다는 것을 의미하며, 이 상태에서도 편집은 가능하다. 편집이 끝난 후 파일을 출력할 때 트랙이 비활성화되어 있으면 출력이 되지 않는다.

❻ Solo Button: 오디오 트랙의 솔로 기능을 설정한다. 해당 오디오 트랙만 소리가 들리게 한다. 편집이 끝난 후 파일을 출력할 때 결과물에 영향을 준다.

❼ Mute Button: 오디오 트랙의 음소거를 설정한다. 해당 오디오 트랙에 있는 모든 클립의 소리가 들리지 않게 된다. 편집이 끝난 후 파일을 출력할 때 결과물에 영향을 준다.

❽ Audio Channel Type Indicator: 해당 오디오 트랙이 몇 가지 채널로 이루어져 있는지 표시한다. 모노는 1.0, 스테레오는 2.0으로 표시된다.

❾ 스크롤바: 좌우로 움직여서 화면에 나타나지 않은 타임라인의 클립 부분을 볼 때 사용한다.

타임라인의 트랙 헤더에 있는 Auto Track Selector는 해당 트랙에서 사용자가 지정한 기능을 적용할지
말지 설정하는 기능이다. Auto Track Selector를 사용해서 원하는 트랙 위치에 클립을 복사해보자.

01 먼저 Video 2 트랙에 있는 Chair_
Interview1.jpg를 선택하고 Ctrl + C
를 눌러 클립을 복사하자.

02 Video 3 트랙을 제외하고 Auto
Track Selector 버튼을 눌러 모두 비
활성화하자.

 Alt 를 누른 채 Auto Track Selector를 클릭하면 해당 트랙만 활성화됨

Alt 를 누른 상태에서 Auto Track Selector를 클릭하면 해당 트랙만 활성화하고 다른 트랙은 비활성화할 수 있다.

03 플레이헤드를 타임코드 01:00:54:00에 위치시키자.

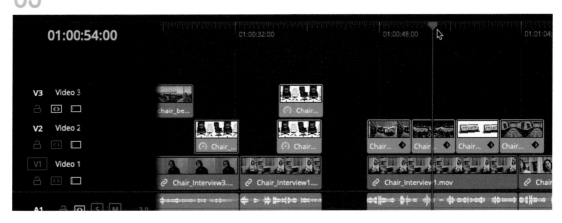

04 Ctrl +V를 누르자. 원래 클립이 있던 트랙이 아니라 Auto Track Selector가 활성화된 트랙인 Video 3에 클립이 복사된다.

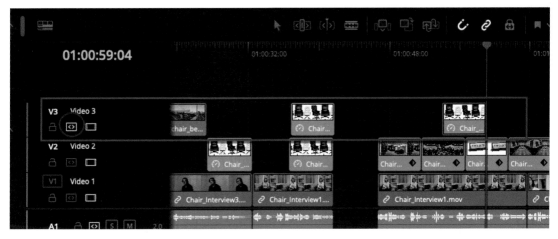

🔔 **모든 트랙의 Auto Track Selector를 활성화하면 기존 트랙에 편집 기능이 적용됨**

모든 트랙의 Auto Track Selector를 활성화하면 기존 트랙에 편집 기능이 적용된다. 아래의 예시는 Video 2 트랙의 클립이 그대로 Video 2 트랙에 복사된 모습이다.

기존 트랙의 Auto Track Selector가 비활성화되어 있다면 가장 아래의 트랙에 (오디오 트랙은 가장 위의 트랙에) 편집 기능이 적용된다. 아래의 예시는 Video 1과 Video 3이 활성화된 모습이다. Video 1 트랙이 더 아래에 있으므로 여기서는 Video 1 트랙에 클립이 복사된다.

Unit. 02 ▶ Auto Track Selector를 사용해 지정된 트랙으로 여러 클립 복사하기

01 이번에는 지정된 트랙으로 오디오와 비디오 클립을 여러 개 복사해볼 것이다. 먼저 Video 1 트랙에 있는 Chair_Interview1.mov와 Video 2 트랙의 Chair_Insert.jpg를 드래그해서 모두 선택하자.

02 Video 3 트랙과 Audio 2 트랙만 Auto Track Selector를 활성화하자. 기존 클립이 두 트랙으로 복사될 것이다.

03 단축키 [End]를 눌러 플레이헤드를 타임라인의 오른쪽 끝으로 위치시키자.

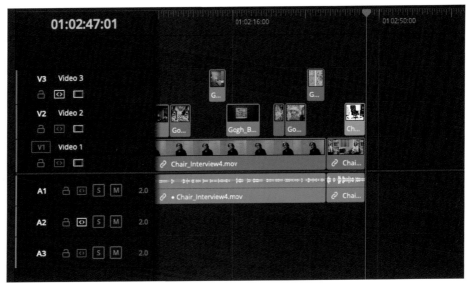

04 [Ctrl] + [V]를 눌러 클립을 복사하자. Video 4 트랙이 새로 생성되며 Video 3, Video 4, Audio 2에 각각의 클립이 복사된 것을 볼 수 있다. 여기서 Video 4 트랙이 추가된 이유는 아래에 위치한 클립을 기준으로 윗쪽에 있는 비디오 클립이 복사되었는데 이때 자동으로 그 클립이 들어갈 트랙이 추가되었기 때문이다.

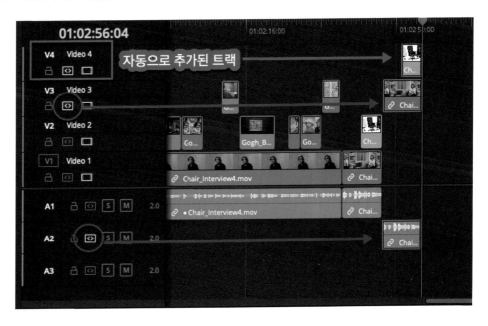

타임라인 뷰어에 보이는 이미지는 타임라인의 최상단에 위치한 이미지를 기준으로 한다. 편집을 하다 보면 상단에 있는 트랙 또는 클립을 비활성화하여 그 아래에 있는 트랙의 클립들을 확인해야 할 경우가 있다. 예를 들어 타임라인에 있는 하위 비디오 트랙을 보거나 듣기 위해서 상위 비디오 트랙을 비활성화해야 될 때가 있다. 이때 사용하는 트랙 또는 클립 비활성화에 대해서 알아보자.

▲ 상단에 위치한 클립을 비활성화하면 아래에 있는 클립이 타임라인 뷰어에 보인다

01 지금 타임라인의 편집 구조는 Video 2 트랙의 B롤 클립들이 Video 1 트랙에 있는 인터뷰 클립을 다 가린 상태이다. Video 2 트랙의 Disable Video Track 버튼을 눌러 트랙을 비활성화하자. 비활성화된 클립은 회색으로 표시된다.

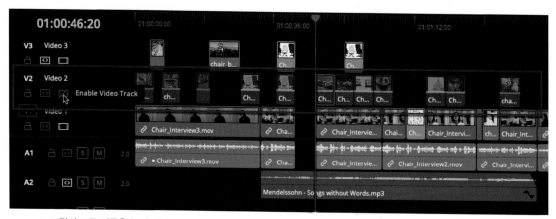

▲ 그림의 토글 버튼을 눌러 비디오 트랙을 활성화(Enable Vidio Track)하거나 비활성화(Disable Video Track)할 수 있다

02 타임라인을 재생하면 B롤 클립들에 가려서 안 보였던 인터뷰 영상이 타임라인 뷰어에 나온다. 오디오 트랙의 경우 Mute 버튼을 누르면 해당 트랙을 비활성화(음소거)할 수 있다.

03 Enable Video Track 버튼을 눌러 Video 2 트랙을 다시 활성화하자.

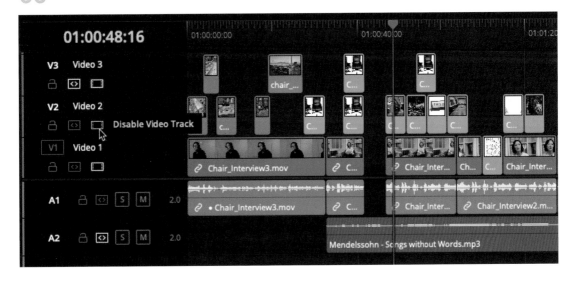

04 Video 2 트랙에 있는 Chair_5.jpg를 선택하자.

05 메뉴에서 Clip > Enable Clip (단축키: D)을 체크 해제하자. 그러면 선택된 클립이 비활성화되어 회색으로 표시되고, 타임라인 뷰어에 B롤 대신 아래에 있는 영상이 보여진다.

06 이번에는 클립 여러 개를 한 번에 비활성화 해보자. 방금 비활성화한 클립 오른쪽에 있는 클립 세 개를 모두 선택한다. 두 트랙에 있는 두 개의 레이어의 클립들이 제일 아래에 있는 비디오 클립을 가리고 있다.

07 마찬가지로 메뉴에서 Clip > Enable Clip (단축키: D)을 체크 해제하면 선택된 클립이 비활성화된다.

08 이제 비활성화된 클립 네 개를 다시 활성화해보자. 지금까지 비활성화한 클립을 모두 드래그하여 선택한다.

09 비활성화한 클립을 선택 한 후 단축키 D를 누르 거나 메뉴에서 Clip > Enable Clip 을 체크 해제해보자. 그러면 클립 이 활성화되면서 다시 위에서부 터 클립이 보이는 구조로 바뀐다. 즉 위의 활성화된 클립이 아래의 인터뷰 영상을 가리게 된다.

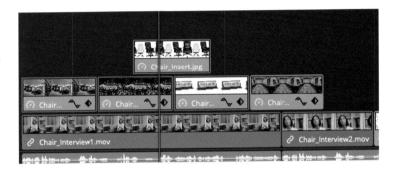

🔔 활성화된 클립과 비활성화된 클립의 차이

클립의 활성 여부는 뷰어에 보이거나 안 보이는 것 외에도 편집에 다양한 영향을 준다. 클립이 비활성화되면 타임라인 에 더 이상 보이지 않을 뿐더러 렌더링이 되지 않고, 소리가 나지 않으며, 내보내기를 할 수 없다. 사실 클립을 비활성화 (Disable)해도 클립은 여전히 그 자리에 위치해 있지만, 마치 그곳에 없는 것처럼 된다. 보통의 클립을 활성화된(Enabled) 클립, 보이지 않게 하거나 사용 가능하지 않게 한 클립을 비활성화(Disabled) 클립이라 부른다. 활성화된 클립은 타임라 인에서 밝고 선명하게 보이는 반면, 비활성화된 클립은 어둡고 희미하게 보인다.

▲ 비활성화(Disable)된 클립은 뷰어에서 보이지 않는다

▲ 활성화(Disable)된 클립은 뷰어에서 보인다

타임라인에서 어떤 클립을 기존 클립 위로 가져오면 기존 클립은 가져온 클립으로 덮어 씌워진다. 편집 과정에서 사용된 클립의 순서를 바꿔야 할 경우가 자주 있는데, 이럴 때 클립 위치 바꾸기 기능을 사용하면 기존 클립을 지우지 않고도 새로운 클립을 원하는 위치에 넣을 수 있다.

(※ 지금까지는 클립을 복사하거나 위치를 옮길 때 기존 클립을 덮어버릴 수 있음을 주의하는 정도로만 언급했었다. 앞으로는 클립을 복사하거나 위치를 옮길 때, Auto Track Selector의 활성 여부 그리고 기존 클립의 위치도 잘 고려해보자. 편의상 이 유닛에서는 모든 트랙의 Auto Track Selector를 활성화하지만, 트랙을 부분적으로 활성화한 상태로 연습해보는 것도 좋다. 쓰임에 익숙해지는 데 도움이 될 것이다.)

01 모든 트랙의 Auto Track Selector를 활성화하여 원래 상태로 돌아가게 하자.

02 Chair_6.jpg와 Chiar_7.jpg의 위치를 바꿔볼 것이다. Chair_7.jpg를 드래그해서 Chair_6.jpg쪽으로 옮겨보자.

03 Chair_7.jpg가 왼쪽으로 이동되었지만 Chair_6.jpg를 덮어쓴 모습이 되었다. 모든 트랙을 활성화하면 클립이 있는 기존 트랙에 편집 기능이 적용되기 때문이다.

04 Ctrl+Z를 눌러 클립을 원위치시키자.

05 이번에는 Ctrl + Shift 를 누른 상태에서 Chair_6. jpg를 드래그해서 오른쪽 클립쪽으로 옮겨보자. 그러면 두 클립의 위치가 맞바뀐다.

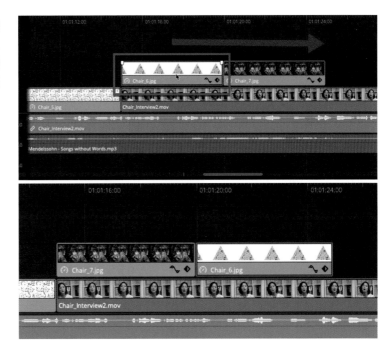

Unit. 05 ▶ 자동으로 클립 위치 뒤바꾸기

클립 하나 또는 여러 클립을 선택한 후 단축키 Ctrl+Shift+ 또는 Ctrl+ Shift + 을 누르면 선택된 클립이 바로 이전이나 이후의 클립 위치로 이동한다. 단축키를 이용해서 클립을 옮길 때는 클립에 위아래로 붙어 있는 다른 클립들의 위치를 확인한 후 옮기자. 붙어 있는 클립들이 같이 움직이지 않을 경우에는 타임라인의 편집 구조가 무너질 수 있으니 조심해야 한다.

단축키를 이용해서 Video 1 트랙에 있는 첫 번째와 두 번째 클립 위치를 맞바꿔볼 것이다. 참고로 이번 유닛은 단순히 위치를 바꿔볼 뿐이라 간단하지만, 가장 아래에 있는 클립을 옮길 때는 위에 붙어 있는 클립을 같이 잘 옮겨야 하므로 좀 더 복잡한 과정을 거치게 된다.

01 우선 필요없는 클립을 지운다. Video 2와 Video 3 트랙의 복사된 세 클립을 선택한 후 Delete를 눌러 지우자.

02 Video 1 트랙에 있는 Chair_ Interview1.mov를 선택하 자. 단축키를 이용해서 이 클립 의 앞에 있는 클립과 위치를 바 꿔보겠다. 위치가 바뀔 때 비디 오 트랙 1에 붙어 있는 모든 클립 (아래 그림에서 파란색 상자 안 에 있는 클립)은 같이 이동되어 위치를 바꾸게 된다.

▲ 옮길 클립의 위아래로 붙은 클립들이 있으면 함께 움직이게 된다

03 Chair_Interview1.mov를 선택한 상태에서 Ctrl + Shift+◁를 누르면 해당 클립 의 앞에 붙은 모든 클립의 위치 가 동시에 바뀐다.

클립의 선택된 구간 삭제하기

Unit. 01 ▶ Blade 툴을 이용해서 클립의 특정 구간 자르기

영상 작업을 하다 보면 말을 더듬거나 불필요한 대사 부분을 잘라내야 하는 경우가 있다. 이번 유닛에서는
Blade 툴을 이용해서 클립을 잘라보자.

01 먼저 오디오 트랙의 높이를 올려 웨이브폼이 잘 보이게 하자. 타임라인 뷰 옵션에서 트랙 높이 조절 슬
라이드를 이용하여 오디오 트랙의 높이를 조절할 수 있다.

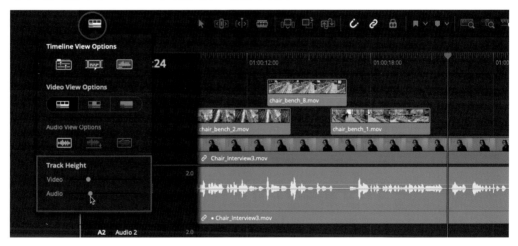

02 Ctrl + + 를 눌러 오디오 트랙의 웨이브폼을 확대하고 자세히 보자. 줌 인이 되면 웨이브폼이 좌우로 퍼
져서 구간이 더 잘 보인다.

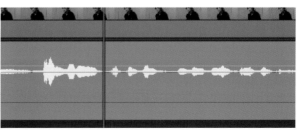

03 툴바에서 블레이드 편집 모드를 선택해보자. 클립을 자를 수 있게 모드가 전환된다.

04 Chair_Interview3.mov 클립 위에 마우스를 가져가서 클릭하면 그 지점을 기준으로 클립이 잘릴 것이다 (타임코드 01:00:17:28). "바쁜 일상…"이라고 말을 할 때 같은 말을 반복하는 실수가 있기 때문에 이 부분을 삭제하겠다.

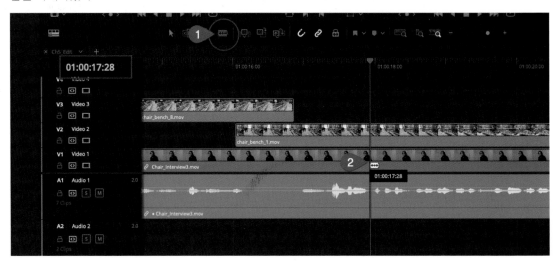

05 이번에는 Chair_Interview3.mov의 타임코드 01:00:18:15 지점을 자른다.

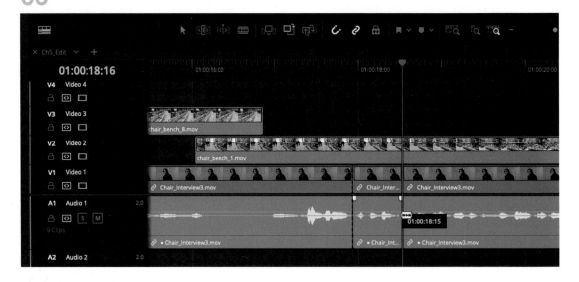

06 블레이드 편집 모드의 사용이 끝났으면 다시 선택 모드(단축키: A)로 돌아가자. 인터뷰에서 불필요한 내용이 잘린 것을 볼 수 있다.

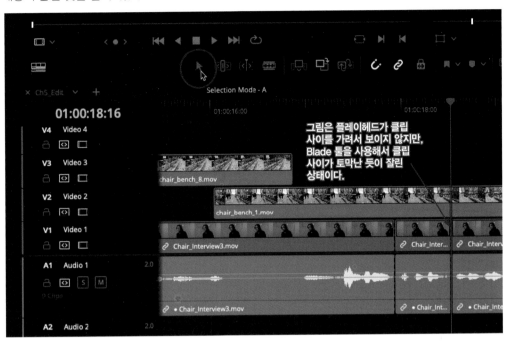

Unit. 02 ▶ 갭(gap)을 남기면서 클립 지우기(Delete)

클립을 지우는 방법으로는 다음 두 가지가 있다.

- Delete: 갭을 남기고 지우기
- Ripple Delete: 갭을 남기지 않고 지우기

Delete: Back Space로 지우면 갭을 남긴다.

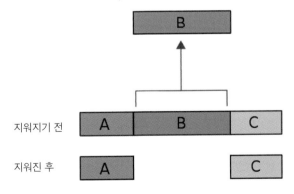

Ripple Delete: Delete 버튼으로 지우면 빈 갭이 없이 지워진다.

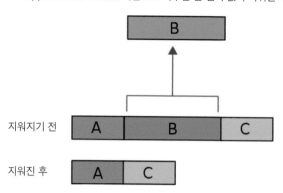

지워지기 전

지워진 후

앞에 보였듯이 두 방법의 차이는 클립이 있던 공간의 유무이다. 이번 유닛과 다음 유닛을 통해 방법을 각각 익힌 후 필요에 따라 적용해볼 수 있도록 하자.

01 이전 유닛에서 잘라낸 구간을 삭제해볼 것이다. 이전 유닛에서 잘라낸 부분(Chair_Interview3.mov)을 선택하자.

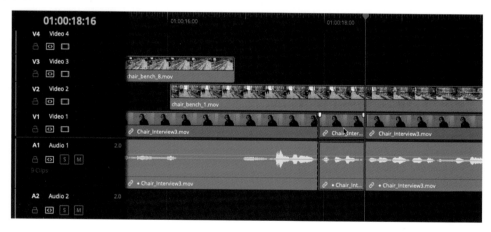

02 Delete를 누르면 해당 구간이 삭제되고 갭이 검은색으로 남아 있는 것이 보인다.

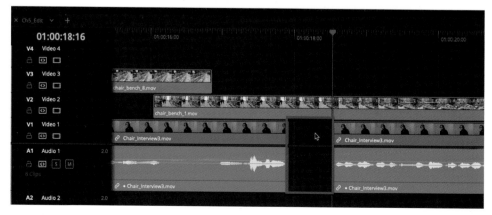

03 클립 사이의 갭을 눌러 선택하자. 갭이 선택되면 바탕색이 은색에서 회색으로 바뀐다.

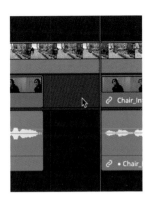

04 또다시 Delete 를 누르면 갭이 삭제된다. 갭은 하나의 빈 클립처럼 취급된다. 갭을 삭제할 때는 트랙에 있는 클립이 갭의 공간만큼 밀릴 수가 있다. 따라서 갭을 지울 때 클립이 밀리는지 꼭 확인하자.

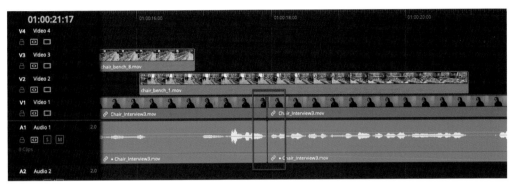

Unit. 03 ▶ **갭 없이 클립 지우기(** Shift **+** Delete **)**

앞에서 배운 Auto Track Selector와 블레이드 편집 모드를 연계해서 인터뷰 클립(Chair_Interview1.mov)만 컷한 후 갭 없이 지워보자.

01 먼저 Shift + Z 를 눌러 타임라인 전체를 확인한다. 타임코드 01:00:54:00 지점으로 플레이헤드를 위치시키자.

02 클립을 자르기 위해 블레이드 편집 모드(단축키: Ctrl + B)를 사용해보면, 인터뷰 클립뿐만 아니라 배경 음악과 B롤까지 잘린다. 그 이유는 Auto Track Selector가 모든 트랙에 활성화되어서 모든 트랙에 블레이드 편집툴이 적용되었기 때문이다.

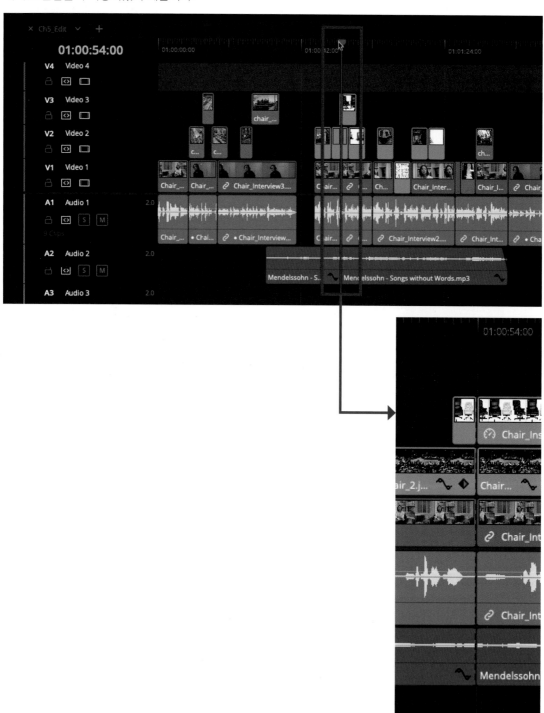

03 Ctrl +Z를 눌러 이전 상태로 돌아가자.

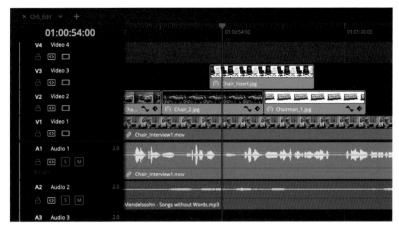

04 Video 1 트랙과 Audio 1 트랙을 제외한 모든 트랙의 Auto Track Selector를 끄자. Auto Track Selector가 꺼
진 트랙은 단축 기능과 복사 등의 기능이 적용되지 않는 트랙으로 바뀐다. 즉 여기서는 Video 1 트랙과
Audio 1 트랙에만 블레이드 편집 툴이 적용되는 것이다.

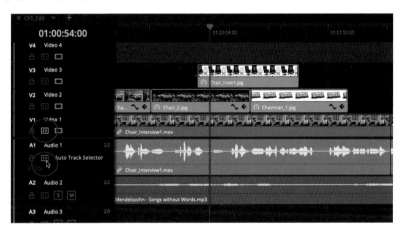

05 단축키 Ctrl + B를 눌러 클립을 자르자. 방금과는 달리 Video 1 트랙과 Audio 1 트랙만 잘릴 것이다.

06 구간의 끝부분을 자르기 위해 플레이헤드를 타임코드 01:00:56:23 지점으로 옮기자.

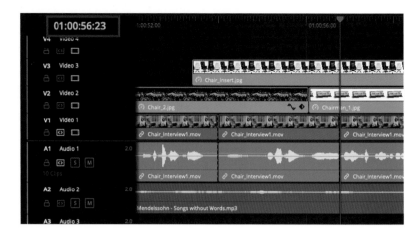

07 다시 한번 단축키 Ctrl + B를 눌러 클립을 자르자. 방금과 마찬가지로 Video 1 트랙과 Audio 1 트랙만 잘린 것을 볼 수 있다. Auto Track Selector가 활성화되지 않은 트랙에서는 자르기가 적용되지 않는다.

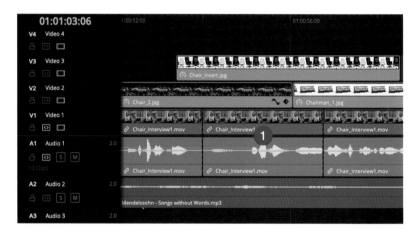

08 이제 불필요한 부분을 지워보자. 방금까지 우리가 잘라낸 부분을 선택한다.

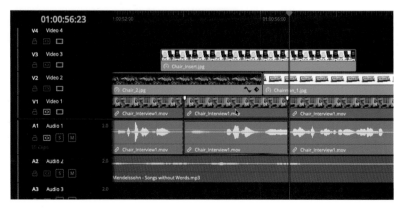

09 Shift + Delete 를 누르면 빈 공간 없이 클립이 지워지면서 뒤에 있는 클립들이 옆으로 붙게 된다.

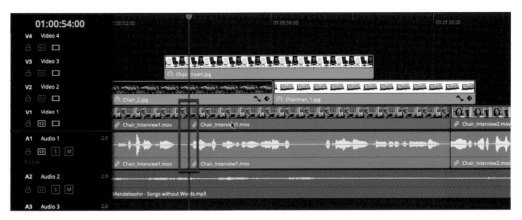

Unit. 04 ▶ **여러 클립을 한 번에 삭제하기**

---

01 이번에는 여러 클립을 한 번에 삭제해보자. 마우스를 드래그해서 타임라인 끝부분에 있는 클립들을 선택하자.

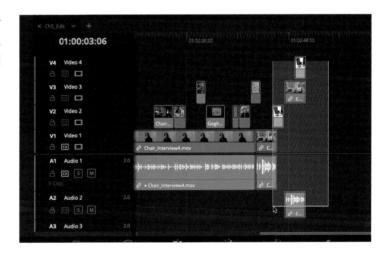

02 Delete 를 눌러 클립들을 삭제하자. 클립을 삭제하는 것은 Auto Track Selector의 활성 여부와 관계 없이 선택된 클립들만 지워진다.

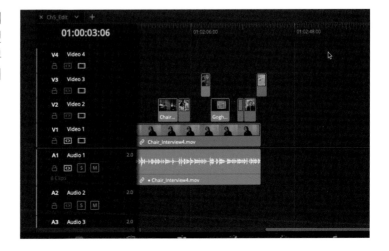

03 타임라인이 정리되었으니 타임라인을 재생해서 확인해보자. 이때 배경 음악이 방해되므로 잠시 트랙을 음소거한다. Audio 2 트랙의 M 버튼을 눌러 음소거해보자.

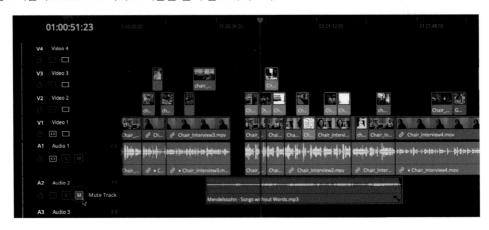

 Auto Track Selector와 락(Lock) 기능의 차이

트랙의 락을 활성화하면 해당 트랙이 잠기면서 트랙에 있는 클립들을 더 이상 편집을 할 수 없게된다. Auto Track Selector와 뮤트(Mute: 음소거) 등의 기능은 선택한 트랙의 클립이 기능을 하지 않게끔 하는 설정이고, 락은 그 트랙자체가 가지고 있는 비디오와 오디오를 보여주지만 더 이상 수정할 수 없는 트랙으로 바꾸는 설정이다.

CHAPTER 05 ▶ 요약하기

이번 챕터에서는 단순하지만 실제 편집에서 많이 사용되는 편집 기능을 설명하였다. 거의 모든 편집은 타임라인에서 이루어지기 때문에 미디어 풀에서 가져온 클립들이 타임라인의 여러 트랙으로 들어와서 각각의 기능을 한다. 예를 들면 배경 음악은 보통 가장 밑으로 내려가고 스토리를 구성하는 인터뷰 클립들은 비디오 트랙 1에서 사용된다. 타임라인에 있는 클립들을 옮기고, 자르고, 지우는 것은 편집의 시작이니 여러 단축키를 활용해서 정교하고 효율적인 편집 방법을 숙달하자. 트랙 헤더에 있는 여러 가지 토글 기능은 아직 초보자에게는 익숙치 않을 것이다. 하지만 이 토글 기능을 잘 사용해야 편집 과정에서 일어나는 다양한 문제점을 미리 방지할 수 있고, 자신이 원하는 타임라인 안의 구체적인 트랙에서 상급자가 사용하는 기능들을 정교하게 적용할 수 있다. 특히 Auto Track Selector 기능은 클립을 옮기거나 복사할 때, 그리고 단축키를 적용할 때 가장 먼저 확인해야 하는 토글 기능이다. 잘 익혀두도록 하자.

MEMO

고급 편집 툴
(Advanced Editing Tool)

DaVinci Resolve

본편집(Fine Cut) 단계에서는 여러 가지 트리밍 툴(Trimming Tool)을 이용해 한두 프레임 단위의 세밀한 편집을 해야 한다. 이때는 단순한 선택 툴의 사용보다는 좀 더 효과적이고 전문적인 편집 방식인 트리밍 툴(Trimming Tool)을 사용하는 것이 필수이다. 트리밍 툴은 2개 이상의 편집 포인트를 한 번에 수정할 수 있어 효율적이다. 처음에는 복잡하게 느껴지지만 사용 방법을 잘 익혀두면 복잡한 과정의 편집을 한두 번의 단계로 끝냄으로써 능률을 높일 수 있다.

이 챕터에서는 DaVinci Resolve가 제공하는 네 가지 기본 트리밍 툴을 알아보고, 여러 가지 편집 상황에 맞추어 각 툴을 사용해보면서 사용 방법을 익혀볼 것이다.

트리밍 Trimming

트리밍(Trimming)은 클립들을 간단하게 편집한 후 초기 상태의 프로젝트를 정밀하게 다듬는 작업을 말한다. 프로젝트를 타임라인에서 재생할 때, 클립의 편집된 부분만이 보이지만 편집자는 원본 미디어 파일의 모든 프레임을 미디어 풀 또는 뷰에서 확인할 수 있다.

예를 들어 두 클립이 붙어 있는 편집 포인트를 트리밍 툴로 적당히 움직여 하나의 클립이 늘어날 때 다른 쪽 클립의 길이를 자동적으로 줄어들게 할 수도 있다. 물론 지금 소개되는 트리밍 툴을 사용하지 않고도 본편집을 할 수 있지만, 한 번에 끝날 수 있는 작업을 단순 편집 툴을 여러 번 사용해 끝내는 것은 비효율적이다. 그렇기 때문에 전문 편집자로 가는 과정에서 트리밍 툴의 기능과 사용은 필수라고 할 수 있다.

▲ 트리밍 툴을 사용하면 두 개의 편집점이 동시에 움직인다

지금까지는 원하는 클립들을 대충 선택하고 이를 프로젝트의 타임라인에 모았다면 이제는 사용된 클립들의 사용된 클립들이 전체적인 구성에서 적합하게 사용되었는지, 다음 클립과는 얼마나 자연스럽게 연결되는지 확인해야 한다. 또한 클립의 길이를 늘일 때 클립의 앞뒤로 추가할 수 있는 프레임 수를 고려해야 한다. 이는 원본 미디어 파일의 내용을 얼마나 더 사용 가능한지에 따라 다르다. 타임라인에서 사용된 클립의 편집 포인트 외에 남은 프레임들을 핸들(Handle)이라고 부르는데, 다음 유닛에서 자세히 알아보자.

핸들은 사용된 클립의 시작점(In) 이전과 끝점(Out) 이후에 위치한 여유분의 비디오를 말한다. 예를 들어 미디어 풀에 있는 원래 10초짜리 비디오 클립에서 중간 부분 4초만 타임라인에 사용되었다면 이 부분을 기준으로 앞뒤에 여유분인 핸들이 존재한다.

아래 그림에서 클립 A와 클립 B 사이의 편집 포인트에서 끝부분과 시작 부분을 보면 약간 어둡게 보이는 영역이 있는데, 이 부분이 핸들이다. 핸들은 클립에 숨은 여유분의 비디오이기 때문에 타임라인에는 나타나지 않는다.

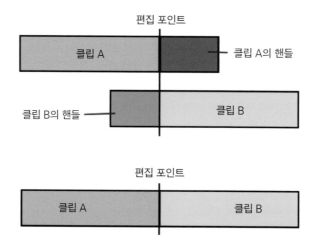

타임라인에 있는 클립의 끝부분을 클릭한 채 좌우로 드래그해서 핸들을 조절할 수 있다. 핸들을 조절해 클립 길이를 변화하면 그림과 같이 흰색 선이 표시되는데, 이는 클립의 원래 길이를 나타낸 것이다.

그리고 클립의 양끝이 특정한 색으로 표시된 것이 보일 것이다. 색에 따라 핸들의 추가 가능 여부를 알 수 있다.

- **클립의 끝이 초록색으로 표시된 경우**: 클립의 핸들이 더 있다는 뜻이다. 즉 클립 길이를 더 늘일 수 있다.
- **클립의 끝이 빨간색으로 표시된 경우**: 이 클립의 시작이나 끝이라는 표시이다. 즉 더 이상의 핸들이 없다
  는 뜻이다.

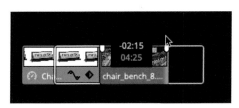 

Unit. 02 ▶ 트림 편집 모드(Trim Edit Mode)

DaVinci Resolve에서는 트림 편집 모드(Trim Edit Mode)를 활성화해 네 가지 트리밍 기능을 사용할 수 있다. 네 가지 트리밍 기능은 각각 리플(Ripple), 롤(Roll), 슬립(Slip), 슬라이드(Slide)이다. 각각 어떤 기능을 하는지 차근히 알아보자.

1. 리플(Ripple)

리플(Ripple)은 클립의 좌우 시작점이나 끝점을 움직여 클립의 길이를 줄이거나 늘이는 편집 기능이다. 이 기능을 이용해서 클립의 끝점을 왼쪽으로 당기면 당긴 만큼 클립 길이가 짧아지고, 시퀀스 전체 길이 또한 줄어진 클립의 길이만큼 줄어든다. 다만 리플을 이용해 편집하지 않은 클립은 리플의 영향을 받지 않는다.

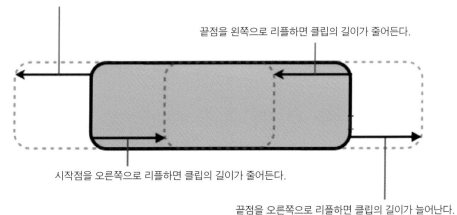

시작점을 왼쪽으로 리플하면 클립의 길이가 늘어난다.

끝점을 왼쪽으로 리플하면 클립의 길이가 줄어든다.

시작점을 오른쪽으로 리플하면 클립의 길이가 줄어든다.

끝점을 오른쪽으로 리플하면 클립의 길이가 늘어난다.

리플은 트림 편집 모드뿐만 아니라 선택 모드일 때도 사용할 수 있다. 두 모드에서의 리플은 어떤 차이가 있을까?

- **선택 모드일 때 리플 사용**: 클립의 한쪽 끝을 당기면 해당 클립의 길이가 바뀐다. 하지만 클립의 길이를 줄일 경우에는 빈 공간이 생겨난다.

▲ 선택 모드일 때 리플 사용

- **트림 편집 모드일 때 리플 사용**: 반면에 트림 편집 모드에서 클립의 길이를 조절하면 빈 공간 없이 클립의 길이가 조절되는 것을 볼 수 있다.

 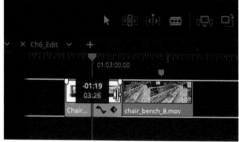

▲ 트림 편집 모드일 때 리플 사용

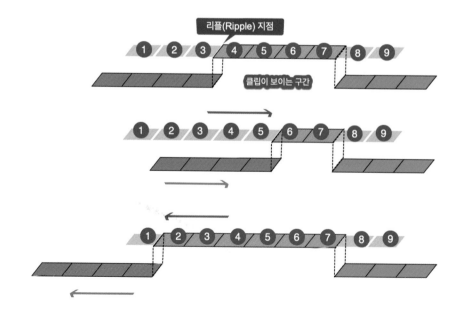

선택 모드와 트림 편집 모드에서 각각 사용 가능한 편집 기능

선택 모드에서 클립을 움직이면 마우스로 드래그한 만큼 다른 클립을 덮어쓰기한다. 반면 트림 편집 모드에서는 슬립 (Slip) 또는 슬라이드(Slide)가 적용된다. 선택 모드에서는 슬립과 슬라이드를 사용할 수 없다

2. 롤(Roll)

롤(Roll)은 두 클립 사이의 편집 포인트를 좌우로 움직여 편집된 상태의 시퀀스의 길이를 그대로 유지하면서, 롤을 적용한 지점의 앞뒤를 동일한 프레임 수로 동시에 트림해 두 클립의 길이를 동시에 조정하는 편집 기능이다.

예를 들어 다음 그림처럼 롤을 이용해 두 클립 사이를 왼쪽으로 움직이면 왼쪽 클립은 줄어들고 오른쪽의 클립은 앞에서부터 늘어나게 된다. 따라서 롤(Roll) 기능을 사용하는 동안 시퀀스 전체 길이에는 아무런 변화가 없게 된다.

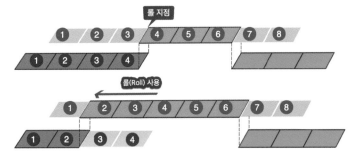

3. 슬립(Slip)

슬립(Slip)은 타임라인에서 가운데 클립을 위치의 변화 없이 그 내용만 바꿀 수 있는 기능이다. 이 기능을 사용하면 슬립된 클립의 시작점과 끝부분에 변화가 생기지만 그 클립의 위치와 시퀀스 전체의 길이에는 아무 변화도 생기지 않는다.

슬립 기능을 이용해 클립을 왼쪽으로 돌리면 클립의 시작점이 빨라지고, 오른쪽으로 돌리면 시작 프레임이 원래보다 뒤쪽으로 이동한다. 예를 들어 다음 그림처럼 슬립을 이용해 2번째 프레임에서 시작해 4번째의 프레임으로 끝나는 클립을 왼쪽으로 2 프레임 당기면, 4번째 프레임이 시작점이 된다.

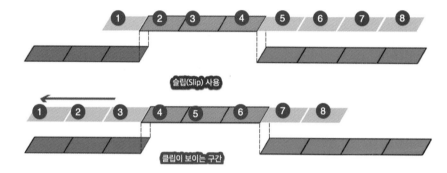

이처럼 슬립 기능을 이용하면 두 클립 가운데에서 슬립(Slip)된 클립의 위치에는 변화가 없고 클립의 시작과 끝 포인트가 바뀐다.

4. 슬라이드(Slide)

슬라이드(Slide)는 세 개의 클립 가운데 있는 클립을 오른쪽 또는 왼쪽으로 움직여 앞과 뒤의 클립에 변화를 주는 기능이다. 슬라이드가 적용된 클립의 앞과 뒷 클립만 변화하고 시퀀스 전체 길이에는 변화가 없다. 참고로 저자는 거의 사용하지 않는 기능이다.

예를 들어 다음 그림처럼 가운데 클립을 슬라이드하여 왼쪽으로 움직이면 양옆의 클립이 왼쪽으로 밀려가며 길이가 변화한다. 왼쪽에 있는 클립은 밀려난 만큼 짧아지고, 오른쪽에 있는 클립은 길어진다.

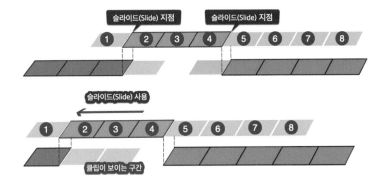

한편 슬라이드된 클립은 위치만 좀 더 왼쪽으로 이동하고, 첫 프레임과 마지막 프레임에는 아무런 변화가 없다. 단지 양쪽에 있는 클립이 하나는 길어지고 다른 하나는 짧아졌을 뿐이다.

슬립과 슬라이드의 차이점

트리밍에서 슬립(Slip)과 슬라이드(Slide)는 헷갈리기 쉬운 기능이다. 이해를 돕기 위해 단어의 의미를 한번 살펴보자.

슬립(Slip)은 '제자리에서 넘어지는 것'을 의미한다. 바나나 껍질을 밟아 넘어졌다고 생각해보자. 위치는 그대로지만 몸은 넘어진 상태가 된다. 즉 **슬립은 클립의 위치는 그대로지만 모습이 바뀌는 기능**이다.

슬라이드(Slide)는 '무언가를 타고 미끄러져 움직이는 것'을 의미한다. 썰매나 스케이트 같은 것을 생각해보자. 몸의 자세는 그대로지만 위치만 움직이게 된다. 즉 **슬라이드는 클립의 모습은 그대로지만 위치가 바뀌는 기능**이다.

리플 Ripple 사용하기

타임라인에서 클립 선택 후 리플 기능을 이용해 좌우로 움직여 클립의 길이를 줄이거나 늘일 수 있다. 리플 기능은 또한 샷의 끄트머리에 필요 없이 길어진 부분을 트림할 수 있고, 삭제된 미디어 클립 길이만큼의 갭을 자동으로 메워준다.

Unit. 01 ▶ 리플 기능으로 갭 없이 클립 길이 줄이기

리플 기능으로 갭 없이 Chair_Interview4.mov의 앞부분을 잘라내보자.

01 빈 리스트에서 Timelines 빈을 선택하고 Ch6_ Edit 타임라인을 열자.

02 타임라인에 플레이헤드를 1분 40초 쯤에 위치시키고 재생하다가 영상 속 인물이 "심리학적으로… 예를 들면…"이라고 말하는 부분(6초 10프레임)에서 멈춰보자.

툴바에서 선택 모드가 활성화되었는지, 마우스 포인터 모양이 리플 아이콘으로 변했는지 확인한 후 타임라인에서 Chair_Interview4.mov의 앞부분을 6초 10프레임 정도 오른쪽으로 당겨보자.

⊙! **리플 기능을 적용하기 전에 마우스 포인터의 모양 확인**

클립의 끝부분에 마우스 포인터를 갖다댈 때 리플 기능 아이콘으로 변하는지 확인하자.

03 클립의 길이가 줄었지만 클립 앞쪽에 갭이 생겨버렸다. 우리는 영상이 중간에 끊기는 것을 원하지 않으므로 트림 편집 모드를 사용해 다시 클립의 길이를 갭 없이 줄여보자.

04 [Ctrl]+[Z]를 눌러 원래 상태로 되돌린 후 툴바에서 트림 편집 모드를 선택하자.

05 리플 기능을 사용하기 전에 Auto Track Selector가 모든 트랙에 활성화되어 있는지 확인하자. 트리밍 기능은 Auto Track Selector가 활성화된 트랙에만 작동하니, 트리밍을 이용한 편집을 할 때는 이 점을 주의하도록 하자.

06 다시 Chair_Interview4.mov의 시작 지점에 마우스 포인터를 올린다. 다음과 같이 마우스 포인터가 리플 편집 아이콘으로 바뀌는 것을 볼 수 있다. 리플 편집 아이콘의 화살표가 왼쪽을 향해 있는지 오른쪽을 향해 있는지 살펴보자.

07 시작점을 오른쪽으로 6초 10프레임만큼 드래그하자. 리플이 될 때 클립 위에 정보창이 나오는데 마우스를 오른쪽으로 드래그하면 + 아이콘, 왼쪽으로 드래그하면 - 아이콘이 나타난다.

위의 과정을 실행하면 갭 없이 두 번째 클립의 시작점이 6초 10프레임만큼 줄어들고, Video 1 트랙뿐만 아니라 다른 트랙에 있는 클립들도 함께 움직이는 게 보일 것이다. 이는 모든 트랙에 Auto Track Selector를 활성화했기 때문이다. 리플 기능은 해당 클립이 위치한 트랙뿐만 아니라 다른 트랙에도 영향을 준다.

08 이번에는 클립의 뒷부분을 줄여보자. Video 2 트랙에 있는 Chair_bRoll_8.mov의 오른쪽 끝을 눌러 왼쪽으로 1초만큼 잡아당기자. 해당 부분을 기준으로 클립이 갭 없이 줄어드는 것을 볼 수 있다.

(!) 리플 기능 사용 시 선택 모드에서 클립의 길이를 줄이면 갭이 생김

트림 편집 모드와는 달리 선택 모드에서 클립의 길이를 줄이면 갭이 생기면서 해당 클립의 길이만 줄어든다. 리플 기능을 사용할 때는 툴바에 어떤 모드가 활성화되어 있는지 꼭 확인하자.

(!) 두 개의 타임코드 – 변동되는 클립 길이, 현재 클립 길이

편집 포인트를 움직일 때 나타나는 숫자(초와 프레임)는 그 클립의 길이를 나타낸다. 상단의 타임코드는 줄어들거나 늘어나는 클립의 길이를, 하단의 타임코드는 현재 클립의 길이를 나타내고 표시해준다.

Unit. 02 ▶ 단축키를 이용해 리플 편집하기

DaVinci Resolve의 다른 많은 기능들이 그렇듯 꼭 드래그를 이용해 리플 편집을 할 필요는 없다. 숫자를
입력하거나 키보드의 단축키를 이용해서도 편집이 가능하다.

01 리플 편집을 하고 싶은 클립의 한 끝을 선택한다. 초록색으로 하이라이트된 부분이 리플 편집을 하게
될 부분이다. 키보드에서 ⊡를 눌러 대시보드에 있는 타임코드를 리플 트림 모드로 바꾼다.

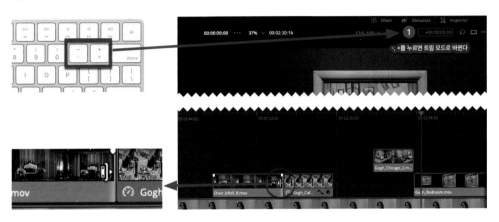

02 대시보드의 타임코드에 마이너스가 표시된 상태에서 100을 입력한
다. 그러면 리플 편집이 되어 클립 길이가 1초 줄어든다.

(※ 여기서 주의할 점은 리플 기능을 활성화하려면 - 또는 +를 꼭 입력해야 한다는 것이다. 앞에서 배운 것처
럼 트림 편집 모드에서는 갭 없이 길이가 조절되고 선택 모드에서는 갭이 발생하면서 리플이 적용된다. 그리
고 타임코드에서 -/+는 선택된 지점이 왼쪽/오른쪽으로 움직이는 것을 뜻한다.)

> **❗ 트리밍 모드 또는 플레이헤드를 움직이는 모드 설정 시 주의**
>
> + 또는 - 대신 =를 누르고 숫자를 입력하면 트리밍 모드가 아닌 플레이헤드를
> 움직이는 모드로 설정된다. 숫자 앞에 +/-의 유무를 확인하면 현재 모드가 트
> 리밍 모드인지 플레이헤드를 움직이는 모드인지 알 수 있다. 플레이헤드를 움
> 직이는 모드이면 입력한 숫자의 위치로 플레이헤드가 이동한다.

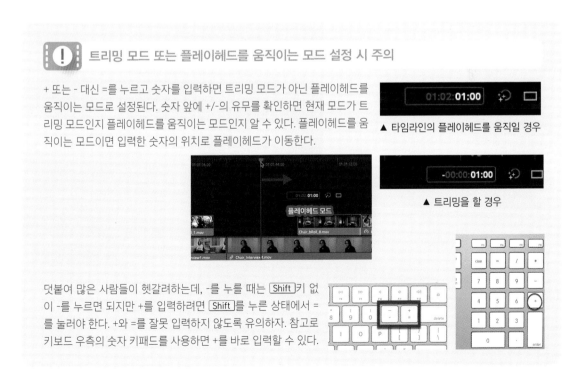

덧붙여 많은 사람들이 헷갈려하는데, -를 누를 때는 Shift 키 없
이 -를 누르면 되지만 +를 입력하려면 Shift 를 누른 상태에서 =
를 눌러야 한다. +와 =를 잘못 입력하지 않도록 유의하자. 참고로
키보드 우측의 숫자 키패드를 사용하면 +를 바로 입력할 수 있다.

롤 Roll 사용하기

롤 기능은 편집된 상태의 시퀀스의 길이를 그대로 유지하면서 두 클립 사이의 편집 포인트를 좌우로 움직여 붙어 있는 두 클립의 길이를 동시에 조절할 수 있다. 롤 기능은 편집이 어느 정도 완성된 타임라인에서 전체 구간의 길이에 변동을 주지 않고 부분적으로 어떤 클립 하나만 또는 그 주변만 고치고 싶을 때 유용하게 사용된다.

Unit. 01 ▶ 롤 기능으로 클립의 길이를 늘이고 줄이기

롤 기능으로 chair_bench7.mov와 chair_bench7.mov의 길이를 동시에 조절해보자.

01 타임라인 Video 2 트랙에 있는 chair_bench_7.mov와 chair_bench_4.mov를 재생해보면, chair_bench_7.mov의 사용된 길이가 너무 짧다. chair_bench_7.mov의 길이를 늘이면서 뒷쪽의 클립의 길이를 동시에 줄여보자.

02 타임라인에서 chair_bench_7.mov와 chair_bench_ 4.mov 클립의 사이를 클릭한다. 그러면 양쪽의 편집 포인트가 모두 선택된다.

03 롤 편집을 하기에 앞서 메뉴 > View > Enable Preview During Editing이 체크되어 있는지 확인하자. 이 기능이 체크되어 있어야 타임라인 뷰어에서 양쪽 클립의 화면을 동시에 확인할 수 있다.

04 선택된 편집점을 오른쪽으로 2초 정도 드래그하자. chair_bench_7.mov의 끝점이 2초만큼 늘어나고 chair_bench_4.mov의 시작점은 2초 정도 줄어든다.

🔔 **선택 모드에서도 롤 기능 사용 가능**

롤 기능은 트림 편집 모드가 아닌 선택 모드에서도 사용이 가능하다. 선택 모드에서도 마찬가지로 두 클립 사이의 편집점을 드래그하여 클립의 길이를 조절하면 된다.

롤 편집도 꼭 마우스로 드래그를 할 필요 없이 숫자를 입력하거나 키보드의 단축키를 이용해서도 편집이 가능하다.

05 이번에는 단축키를 이용해 롤 트림 편집을 해보자. Ctrl + Z를 눌러 원래 상태로 되돌린 후 두 클립 사이를 클릭한다.

06 키보드에서 ＋나 －를 눌러 대시보드에 있
는 타임코드를 롤 트림 모드로 바꾼다.

07 원하는 만큼 숫자를 입력한다. 2초 01프레임
은 2:01로 표시된다.

08 편집 포인트가 입력한 숫자만큼 롤 편집이 되어 편집 포인트는 새로운 위치로 이동하고, 두 클립의 총
길이는 변하지 않는다.

Tip 클립의 길이를 확인하고 일괄적으로 변경하기

하나 또는 여러 클립을 선택한 다음 Ctrl + D 를 누르면
클립 길이를 변경하는 창이 나타난다. 여기서는 선택
된 클립의 길이를 확인하고 변경할 수 있다. 만약 300
을 입력하고 OK를 누르면 해당 클립의 길이가 시작점
을 기준으로 3초로 바뀐다.

슬립 Slip 사용하기

SECTION 04

DaVinci Resolve

클립을 슬립한다는 의미는 사용된 클립의 구간 길이를 유지하면서 클립을 마치 필름 롤처럼 돌려서 사용된 클립의 첫부분과 끝부분을 바꾸는 것이다.

Unit. 01 ▶ 슬립 기능으로 클립 내용 바꾸기

슬립 기능으로 클립의 시작점을 변경해 영상을 안정적으로 시작할 수 있도록 만들어보자.

01 툴바에서 트림 편집 모드가 설정되었는지 확인한 후 Video 2 트랙의 chair_bench_1.mov를 재생해보자. 영상이 시작한 뒤에 사람이 프레임 안으로 들어오며 카메라가 불안하게 움직일 것이다. 이 클립을 왼쪽으로 슬립시켜서 클립의 시작 부분부터 미리 사람이 프레임 안에 들어와 있도록 하고, 카메라가 움직이는 샷에서 시작해서 움직이는 샷으로 끝나도록 해보자.

🔔 슬립 편집 시 Enable Preview During Editing의 체크 여부를 확인

롤 기능을 사용할 때와 마찬가지로, 슬립 편집을 할 때 메뉴 > View > Enable Preview During Editing이 체크되어 있는지 확인하자. 이 기능이 체크되어 있으면 클립이 슬립됨에 따라 새로운 시작점과 끝점을 실시간으로 보여준다.

02 왼쪽으로 클립을 4초만큼 슬립하자. 뷰어에 새로운 시작점과 끝점의 프레임이 보인다. 클립을 왼쪽으로 드래그하면 그 클립의 시작점이 원래의 시작점보다 더 뒤에서 시작한다. 반대로 오른쪽으로 드래그하면 시작하는 프레임이 원래의 시작 프레임보다 더 앞 지점에서 시작한다.

슬립 기능 사용 시 마우스 포인터의 위치에 주의

슬립을 할 때는 반드시 클립의 썸네일 부분을 선택해야 한다. 클립의 이름 부분을 선택하면 슬라이드 기능이 작동하므로 주의하자. 마우스 포인터의 모양을 통해 자신이 어떤 기능을 사용하고 있는지 알 수 있다.

▶ 슬립 기능 사용 시 마우스 포인터 아이콘

03 클립의 위치에 변함이 없고 클립의 시작점과 끝점은 같은 위치에 있지만, 클립 안의 내용이 4초 뒤로 밀려서 시작한다.

슬립 기능을 켜고 드래그할 때 나타나는 타임 코드 및 표시선 참조

드래그를 함에 따라 시간을 나타내는 숫자가 뜰 것이다. 이 숫자는 시작점과 끝점을 얼마큼 움직였는가를 말해준다. 선택된 클립의 시작점과 끝점 가장자리에 나타나는 초록색 표시선은 해당 지점에 핸들이 남아 있다는 것을 나타낸다. 시작점이나 끝점이 드래그 함에 따라 빨간색으로 변하면 해당 클립의 시작점이나 끝점에 사용 가능한 핸들(미디어)이 남아 있지 않다는 것을 의미하며 더 이상 클립을 밀거나 당길 수 없다.

04 슬립 툴의 사용은 중요하므로 슬립 편집을 한 번 더 연습해보도록 하자. 이번에는 chair_bRoll_1.mov를 재생해보자. 클립 초반에 영상의 초점이 잘 맞지 않는다는 것을 볼 수 있다. 이 클립을 슬립해서 시작점을 초점이 맞춰진 프레임으로 변경해보자.

05 클립의 썸네일 부분을 눌러 슬립을 해보자. 오른쪽 끝점이 빨간색으로 변할 때까지 클립을 슬립한다.

06 클립의 위치와 길이는 변함이 없지만, 클립의 내용만 바뀌었다. 슬립 편집을 하기 전 시작 프레임에서는 동상이 초점이 맞지 않았지만, 편집 후에는 초점이 잘 맞는다.

슬라이드 Slide 사용하기

슬라이드는 세 개의 클립 중 가운데 있는 클립을 좌우로 움직여 앞뒤 클립에 변화를 주는 편집 기능이다. 슬라이드 편집을 하면 클립의 콘텐츠나 길이, 즉 시퀀스의 길이는 변하지 않으나 타임라인 상에서의 클립의 위치만 이동한다.

Unit. 01 ▶ 슬라이드 기능으로 클립 위치 옮기기

chair_bench_2.mov, chair_bench_8.mov, chair_bench_1.mov 클립들을 재생해보면 인터뷰 내용과 B롤이 나오는 타이밍이 잘 맞지 않는다. 슬라이드 편집을 이용해 chair_bench_8.mov 클립을 오른쪽으로 이동시켜 동시에 chair_bench_1.mov 클립의 길이를 늘이고, chair_bench_1.mov 클립을 늘어나도록 해보자.

01 툴바에서 트림 편집 모드가 설정되었는지 확인하자.

02 클립의 이름 위에 마우스 포인터를 올리면 마우스 포인터가 슬라이드 아이콘으로 바뀐다. 슬립을 할 때와 마찬가지로 마우스 포인터의 모양으로 현재 슬라이드 기능이 사용되는지 확인하자.

03 클립을 오른쪽으로 1초 2프레임만큼 슬라이드하자. 드래그함에 따라 나타나는 숫자는 타임라인에서 클립의 움직임에 따라 변하는 시간의 길이를 나타낸다.

04 마우스 버튼에서 손을 떼면, 슬라이드하는 클립은 타임라인에서의 위치가 변화한다. 이제 클립을 재생 해보면 영상 속 인물이 "...의자가 굉장히..."라고 말할 때 chair_bench_8.mov가 나오는 것을 볼 수 있다.

클립을 슬라이드 할 때 맞물린 클립들은 슬라이드한 클립의 위치 변화에 따라 길어지거나 짧아진다. 예를 들어 슬라이드한 클립을 왼쪽으로 이동시키면 그 앞에 위치한 클립의 길이는 짧아지고, 뒤에 위치한 클립 의 길이는 길어진다. 다만 클립의 위치는 변해도 세 클립의 총 길이는 변하지 않으므로 프로젝트의 총 길 이도 변하지 않는다는 것을 알아두자.

사용하지 않는 트랙 지우기

편집 과정에서 생긴 여러 트랙은 메모리를 계속 차지한다. 따라서 사용하지 않는 트랙은 지우는 것이 좋다. 다음 과정을 따라하며 사용하지 않는 비디오 트랙이나 오디오 트랙을 지워보자.

01 우선 트림 편집 모드에서 선택 모드로 바꾸자.

02 Shift + Z 를 눌러 타임라인을 한눈에 보자. Video 4 트랙과 A3 트랙은 아무 클립도 없는 빈 트랙이라는 것을 알 수 있다.

03 타임라인의 트랙 헤더에 마우스를 가져다 놓고, 마우스 오른쪽 클릭 또는 Control 클릭(Mac 마우스 사용 시)을 해 Delete Track을 선택하자.

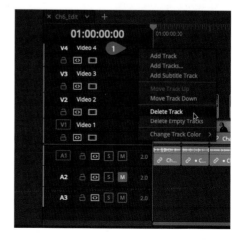

04 아래 그림처럼 사용하지 않는 트랙(V4)이 없어졌다.

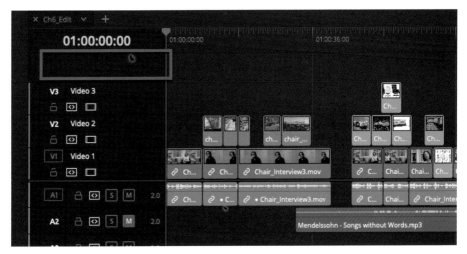

05 이번에는 빈 트랙만 골라 지우는 기능을 사용해보자. 타임라인의 트랙 헤더에 마우스를 가져다 놓고, 마우스 오른쪽 클릭 또는 Control 클릭을 해 Delete Empty Tracks를 선택한다.

06 타임라인에 존재하는 빈 트랙이 모두 제거된다. 여기서는 A3 트랙이 지워진 것을 볼 수 있다.

07 사용하지 않는 트랙을 다 지웠으면 메뉴 > Workspace > Reset UI Layout을 눌러 사용자 인터페이스를 초기화하자. 트랙의 높이, 썸네일의 크기 등이 모두 초기화된다.

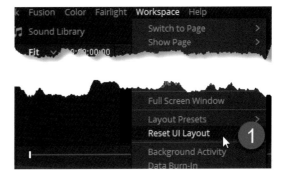

오디오 트랙과 비디오 트랙 싱크 Sync 맞추기

DaVinci Resolve에서 캡처된 비디오 클립은 비디오 트랙과 오디오 트랙이 하나로 묶이는 것을 기본 설정으로 한다. 이렇게 트랙이 묶이는 것을 링크(link)되어 있다고 표현한다. 다양한 트리밍 툴을 이용해 편집하다 보면 간혹 링크가 해제되고 오디오와 비디오가 서로 맞지 않는 아웃 오브 싱크(Out of Sync)의 상태가 발생할 수 있다.

트랙 간에 싱크가 맞지 않으면 클립 앞쪽에 빨간 박스(Delta Time)의 타임코드 경고 표시가 뜬다. 오디오 클립의 빨간 박스에 있는 -01:28 표시는 지금 오디오 트랙이 비디오 트랙을 기준으로 1초 28프레임이 앞으로 밀렸다는것을 의미하는 것이다.

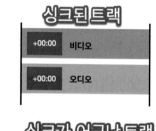

싱크된 트랙

| +00:00 | 비디오 |
| +00:00 | 오디오 |

싱크가 어긋난 트랙

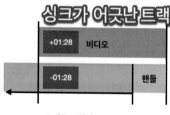

오디오 트랙이
왼쪽으로 1:28 밀렸다

DaVinci Resolve에서 아웃 오브 싱크(Out of Sync)된 비디오와 오디오 트랙을 고치는 방법은 아주 간단하다. 트랙의 빨간 박스(Delta Time) 위에 마우스 포인터를 올린 후 마우스 오른쪽 클릭 또는 Control 클릭을 하면 오른쪽 그림과 같이 단축 메뉴창이 나온다. 적절한 메뉴를 선택해 클립을 움직이게 하거나 슬립(Slip)하면 된다.

- Slip into place: 현재 선택한 트랙을 다른 트랙에 맞추기 위해 슬립(Slip)한다.
- Move to place: 현재 선택한 트랙을 다른 트랙에 맞추기 위해 움직인다.
- Slip others into place: 현재 선택한 트랙을 고정시킨 후 다른 트랙을 슬립(Slip)한다.
- Move others into place: 현재 선택한 트랙을 고정시킨후 다른 트랙을 움직인다.

(※ 비디오 트랙을 선택했다면 '다른 트랙'은 오디오 트랙이 되고, 오디오 트랙을 선택했다면 '다른 트랙'은 비디오 트랙이 된다.)

Unit. 01 ▶ 트랙을 슬립해서 싱크 고치기

다양한 트리밍 툴을 이용한 편집으로 아웃 오브 싱크(Out of Sync) 상황이 발생할 때, 싱크가 밀려난 비디오 트랙을 고칠 수 있다. 이번 유닛에서는 편집 시 일어날 수 있는 아웃 오브 싱크 상황을 만든 후 Slip into place 기능을 이용해 어긋난 싱크를 고쳐보자.

01 Video 1 트랙에 있는 Chair_Interview1.mov를 확인해보자. 오디오가 1초 28프레임만큼 어긋난 것을 확인할 수 있다.

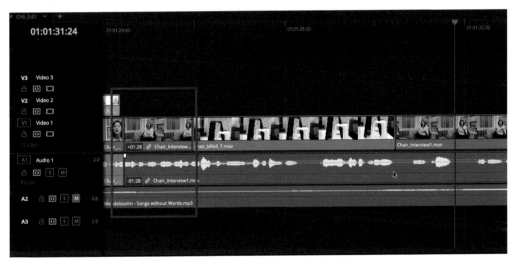

02 여기서는 비디오 트랙의 위치는 놔두고 오디오 트랙의 위치를 바꿔 싱크를 다시 맞춰보자. 오디오 트랙의 빨간 박스 위에서 마우스 오른쪽 클릭을 하고 Slip into place를 누른다. 이렇게 하면 비디오 트랙을 기준으로 오디오 트랙이 슬립될 것이다.

03 비디오와 오디오가 싱크되어 빨간 박스가 사라진 것을 볼 수 있다.

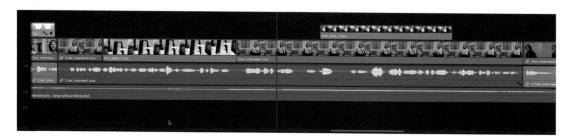

04 chair_bRoll_7.mov 오른쪽에 있는 비디오 클립을 선택해보면 오디오와 링크가 되어 있지 않아 따로 선택된다. 이 클립에 오디오를 링크해보자.

05 비디오와 오디오를 모두 선택한다. Shift 를 누르고 클립을 클릭하면 여러 개를 동시에 선택할 수 있다.

06 오른쪽 마우스 클릭을 하고 Link Clips를 누른다. (단축키: Ctrl + Alt + L)

07 클립들이 링크되면서 클립 이름의 왼쪽에 링크 아이콘이 생긴다.

이번에는 Move into place 기능을 이용해 어긋난 싱크를 고쳐보자.

01 타임라인에서 Video 1 트랙의 락(Lock)을 활성화한다. 이렇게 하면 Video 1 트랙에 있는 클립들을 볼 수는 있지만 수정할 수는 없게 된다.

02 이 상태에서 오디오 트랙을 오른쪽으로 2초 정도 옮기면 싱크가 어긋났다는 빨간 박스 표시가 나타날 것이다. 오디오 트랙을 비디오 트랙 기준으로 오른쪽으로 옮겼기 때문에 옮긴 만큼 앞에 + 사인이 나타난다(+는 오른쪽, -는 왼쪽으로 움직였다는 것을 의미한다).

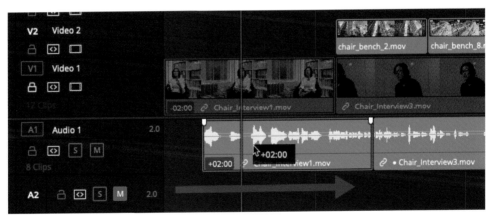

03 오디오 트랙의 빨간 박스 위에서 오른쪽 마우스 클릭을 하고 Move into place를 누르자.

04 오디오 트랙이 원위치로 이동하면서 비디오와의 싱크가 맞춰진 것을 볼 수 있다. 그런데 싱크가 어긋났을 때 옆에 있던 오디오 트랙이 덮어쓰기(Overwrite) 되는 바람에 갭이 생겼다.

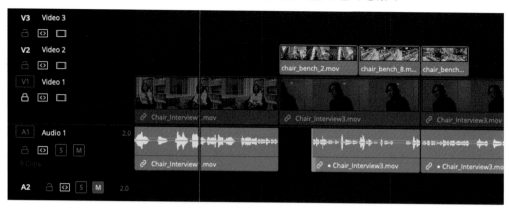

05 지워진 오디오 클립의 왼쪽 끝점을 드래그해서 클립이 길이를 늘려주자. 갭이 메꾸어졌다.

06 모든 작업이 끝났으면 Video 1 트랙의 락을 풀어주자.

커팅 온 액션 Cutting on Action 편집해보기

이번에 배워볼 것은 영화에서 사용되는 가장 기본적인 편집 방법인 커팅 온 액션(Cutting on Action)으로, 사람이나 사물의 동작의 중간에 편집 포인트를 잡은 후 비디오 클립을 붙이는 기법이다. 영상물을 볼 때 사람의 눈은 움직이는 물체에 집중되기 때문에 두 개의 장면을 붙일 때 첫 번째 장면에서 동작이 끝나기 전에 같은 동작의 다른 장면을 붙여야 자연스러운 편집이 된다.

Unit. 01 ○ 슬립으로 커팅 온 액션 편집하기

슬립 기능을 사용하면 커팅 온 액션으로 영상을 편집할 때 두 개의 동작 편집 포인트를 동시에 움직일 수 있어 매우 유용하다. 두 가지 예제를 통해 어떤 식으로 슬립 기능을 활용할 수 있는지 따라해보자.

01 먼저 빈 리스트에서 Timelines 빈을 선택한 후 Ch6_Action_Edit 타임라인을 눌러 연다.

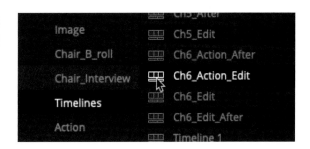

02 타임라인을 재생해 어떤 장면인지 확인해보자. 총 세 개의 장면 중 첫 번째 장면을 먼저 편집해볼 것이다.

03 등장인물이 문을 열고 들어가는데 ❶ 미디엄 샷과 ❷ 클로즈업 샷의 타이밍이 잘 맞지 않는다. 슬립
기능을 이용해 이를 해결해보자.

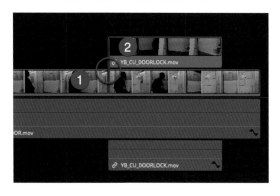 

04 툴바에서 트림 편집 모드를 선택한다.

05 Video 2 트랙에 있는 클로즈업 클립의 썸네
일 부분을 눌러 슬립 기능을 사용한다. 마우
스를 좌우로 드래그하면 타임라인 뷰어에 해당 클
립의 첫 프레임과 마지막 프레임, 그리고 해당 클립
이 시작하기 바로 직전 프레임과 끝난 직후 프레임
이 표시된다.

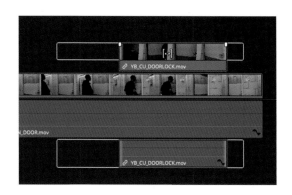

06 클로즈업 샷 클립을 왼쪽으로 1초 20프레임
정도 슬립하자. 다시 재생하면 미디엄 샷과
클로즈업 샷이 부드럽게 연결된다.

07 두 번째 장면도 앞과 같은 방법으로 편집해보자. 타임라인을 재생해보면 이번에는 등장인물이 자판기를 이용하는데 버튼을 누르는 타이밍이 잘 맞지 않는다.

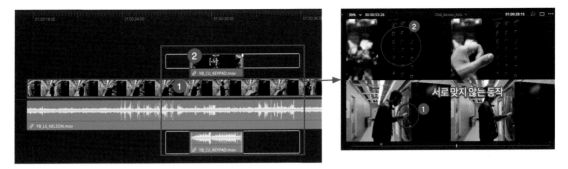

08 툴바에 트림 편집 모드가 선택되었는지 확인하고, 마찬가지로 클로즈업 샷 클립의 썸네일 부분을 클릭해서 슬립 기능을 사용한다.

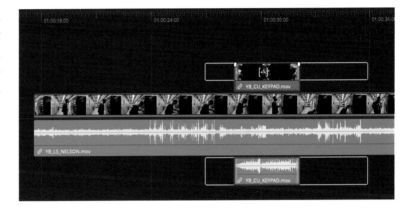

09 왼쪽으로 2초 20프레임 정도 슬립하고 다시 재생하면 영상이 부드럽게 연결된다.

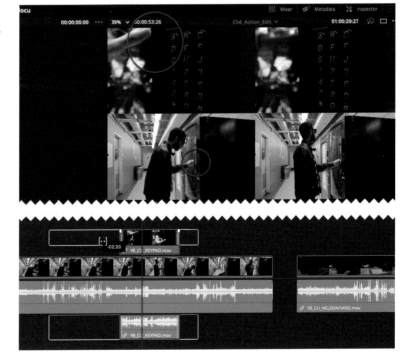

이번 유닛에서는 롤 기능을 활용한 커팅 온 액션으로 영상을 편집해볼 것이다.

01 타임라인을 재생하여 세 번째 장면을 확인
해보자. 두 개의 샷에서 인물이 책상에서 일
어나는 타이밍이 어긋나 있다.

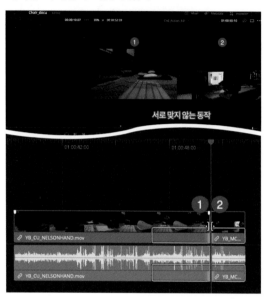

02 이번에는 롤을 사용해 싱크를 맞춰보자. 미
디엄 샷 클립과 클로즈업 샷 클립 사이의 편
집점을 왼쪽으로 1초 정도 마우스로 드래그한다. 타
임라인 뷰어의 상단을 보면 각 편집점의 프레임을
실시간으로 확인할 수 있다.

03 롤 기능을 사용함으로써 클립의 전체 길이는 변하지 않고 편집점만 왼쪽으로 이동했다.

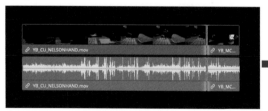

▲ 편집 전의 클립

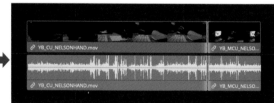

▲ 편집 후의 클립

04 다시 영상을 재생해보면 화면이 부드럽게 전
환된다.

SECTION 09
여러 타임라인을 동시에 열어서 작업하기

DaVinci Resolve

DaVinci Resolve에서는 타임라인 뷰 옵션(Timeline View Options)이라는 기능을 이용해, 여러 타임라인을 동시에 열거나 작업하고 비교할 수 있다. 이 기능은 한 타임라인에서 다른 타임라인으로 트랙이나 클립들을 복사하거나 비교할 때 유용하다.

- Stacked Timelines: 탭과 스택 기능을 활용해서 타임라인을 볼 수 있게 해주는 옵션
- Subtitle Tracks: 자막 트랙을 보여주는 옵션
- Audio Waveforms: 오디오 트랙의 웨이브폼을 보여주는 옵션

Unit. 01 ▶ 탭(Tab) 기능을 이용해서 타임라인 작업하기

DaVinci Resolve에서는 여러 타임라인을 동시에 탭으로 열어서 정리하거나 비교할 수 있다. 타임라인 뷰 옵션에서 Stacked Timelines가 활성화되어 있을 때, 미디어 풀에서 다른 타임라인을 열면 해당 타임라인은 새 탭으로 열린다.

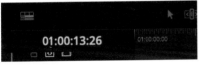

▲ 탭 기능이 비활성화된 타임라인

▲ 탭 기능이 활성화된 타임라인

01 툴바 가장 왼쪽에 있는 타임라인 뷰 옵션(Timeline View Options)를 누르자.

02 세 가지 타임라인 뷰 옵션 중 왼쪽에 있는 스택 타임라인(Stacked Timelines)을 눌러 활성화하자. 타임라인 상단에 탭이 생길 것이다.

> 여기까지 잘 따라온 독자라면 기존에 작업하던 Ch6_Edit 타임라인과 지난 섹션에서 작업했던 Ch6_Action_Edit이 타임라인 탭바에 열려 있을 것이다.

03 타임라인 탭의 오른쪽에 있는 아래쪽 화살표를 누르면 프로젝트에 있는 모든 타임라인들이 나타난다. Ch6_Action_After 타임라인을 선택해 열어보자.

04 기존의 열려 있던 Ch6_Action_Edit가 Ch6_Action_After로 바뀌었을 것이다.

 편집 작업에 불필요한 타임라인 탭은 닫기

편집 작업에 불필요한 타임라인 탭이 열려 있다면 탭의 왼쪽에 있는 X 버튼을 눌러 탭을 닫자.

Unit. 02 ▶ **스택(Stack) 기능을 이용해서 여러 타임라인을 동시에 열기**

01 이번에는 스택 기능을 활용해 여러 타임라인을 동시에 열어보자. 먼저 타임라인 탭바의 오른쪽 끝에 있는 타임라인 추가 버튼을 누르자. 기존의 타임라인 아래에 빈 타임라인이 생길 것이다.

02 새로 생긴 빈 타임라인 탭에서 아래쪽 화살표를 눌러 Ch6_Action_Edit 타임라인을 열자.

03 두 개의 타임라인이 동시에 열렸다. 자신이 작업한 것과 Ch6_Action_Edit 타임라인을 비교하면서 지난 섹션에서 놓친 것은 없는지 점검해보자.

Tip 여러 개의 타임라인을 동시에 열람 가능

타임라인 추가 버튼을 눌러 3개 이상의 타임라인을 동시에 열 수도 있다. 최대로 열 수 있는 타임라인의 개수는 모니터의 크기에 따라 달라진다.

04 아래쪽 타임라인(Ch6_Action_Edit)에서 마지막 클립 두 개를 선택하고 Ctrl + C를 눌러 복사하자.

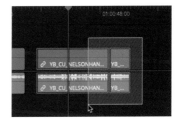

05 위쪽 타임라인을 눌러 타임라인 끝쪽에 플레이헤드를 고정한 후 Ctrl + V를 누르자. Ch6_Action_After에 클립이 복사된다.

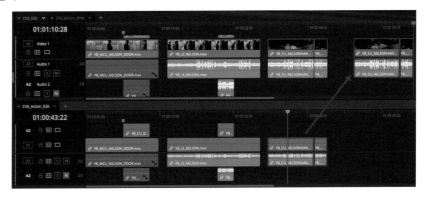

Tip 클립을 드래그 앤 드롭하여 다른 타임라인에 복사 가능

클립을 드래그 앤 드롭해도 다른 타임라인에 클립을 복사할 수 있다. 다만 이 방법을 이용할 땐 복사할 위치에 주의하자. 위치를 잘못 지정하면 기존의 클립을 덮어쓸 수도 있다.

타임라인 비교(Compare Timeline)는 비슷한 타임라인이 여러 개 있을 때 어떤 부분이 달라졌는지 한눈에 볼 수 있는 기능이다. 이 기능을 활용해 Ch6_Action_Edit와 Ch6_Action_After를 비교해보자.

01 먼저 Ch_6_Action_After 타임라인이 선택되어 있는지 확인하자.

02 미디어 풀에서 Ch6_Action_Edit 타임라인을 마우스 오른쪽 클릭하자. 그리고 메뉴에서 현재 타임라인과 비교(Compare With Current Timeline)를 누른다.

03 두 개의 타임라인을 비교할 수 있는 새로운 창이 열린다. 타임라인 비교 창 오른쪽 상단의 슬라이드를 적절히 조절하여 타임라인 전체를 한눈에 보자. 이전 유닛에서 복사한 새로운 트랙이 보인다. 이 기능을 활용하면 두 트랙의 차이점을 편리하게 확인할 수 있다.

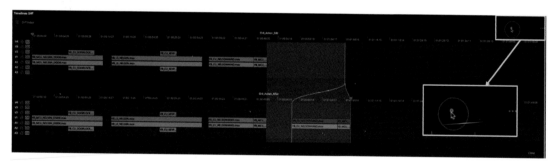

 Tip 비디오 트랙 비교하기

타임라인 비교 창의 오른쪽 상단을 보면 메뉴 버튼(⋯)이 있다. 메뉴에서 타임라인 비교 시 기준으로 할 비디오 트랙을 정해 트랙별로 비교할 수 있다.

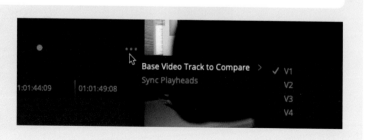

04 비교가 끝났으면 타임라인 비교 창 하단의 Close를 눌러 창을 닫자.

05 Ch6_Action_After 타임라인에서 새로 붙여넣었던 클립들을 선택해서 지우자.

06 타임라인 탭바 오른쪽에 있는 타임라인 스택 닫기 버튼을 누르자. 다시 하나의 타임라인으로 돌아오게 된다.

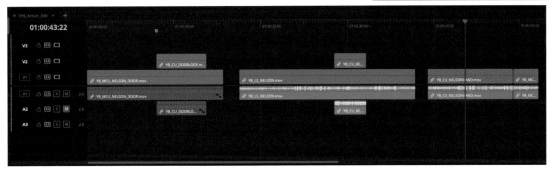

CHAPTER 06 ▶ **요약하기**

이번 챕터에서는 보다 세밀한 편집을 하기 위해 필요한 트리밍 툴을 배웠다. 가편집으로 모아놓은 클립 간 편집 포인트나 길이를 수정하는 리플, 롤, 슬립, 슬라이드 등의 기능을 정확하게 익혀놓으면, 짧은 시간 내에 원하는 편집 결과물을 얻을 수 있다. 그리고 타임라인에 보이는 클립의 숨은 부분인 핸들에 대해서도 알아보았다. 핸들은 다음 챕터에서 배울 트랜지션에 중요하게 적용되는 개념이기 때문에 꼭 이해하고 넘어가도록 하자.

타임라인은 편집자의 결정이 최종적으로 반영되는 장소이기 때문에 편집 과정에서 진행 중인 타임라인을 복사해서 백업처럼 사용할 수도 있고 다른 스타일로 편집을 해서 각각의 타임라인을 비교할 수도 있다. 여러 개의 타임라인을 동시에 열 수 있는 타임라인 탭과 스택은 편집의 진행 과정에서 꼭 사용해야 하는 중요한 기능이다. 마지막으로 오디오와 비디오 트랙의 싱크를 맞추는 것도 편집 마무리 단계에서 반드시 체크해야 하는 부분임을 유념하자.

CHAPTER 07

이펙트 라이브러리
(Effects Library)

DaVinci Resolve

편집자는 타임라인의 기본적인 편집이 끝나면 화면 전환 효과나 글자 등을 영상에 넣는 작업을 하게 된다. 이를 위해 DaVinci Resolve의 이펙트 라이브러리에서는 트랜지션과 타이틀 그리고 비주얼 이펙트 등과 같은 여러 가지 영상 효과를 제공한다. 또한 이펙트 라이브러리를 통해 Fusion 페이지와 Fairlight 페이지에서 만들어진 고급스러운 영상 및 음향 효과들을 사용자가 간편하게 만들어낼 수 있다.

트랜지션 기본 이해하기
Understanding Transitions

Unit. 01 ▶ **트랜지션(Transitions)**

트랜지션(Transitions)이란 장면 전환 효과를 의미한다. 두 클립 사이를 이어줌으로써 자연스러운 장면 전환을 유도하기 때문에, 트랜지션은 영상 편집에서 중요한 역할을 한다. 트랜지션을 이용하면 하나의 이미지나 사운드에서 또 다른 이미지나 사운드로 부드럽게 넘겨서 영상의 흐름을 매끄럽게 만들 수 있다.

영상 편집에는 다양한 트랜지션 효과가 있는데, 간단히 몇 가지 소개해보겠다. 가장 흔히 사용하는 것으로는 컷(Cut)이 있다. 컷은 비디오 클립이 끝남과 동시에 새로운 비디오 클립을 시작하게 하는 트랜지션이다. 또한 크로스 디졸브(Cross Disolve)라는 트랜지션도 흔히 사용되는데, 이는 두 비디오 클립을 자연스럽게 오버랩시킬 수 있다.

DaVinci Resolve는 트랜지션을 스타일에 따라 여러 종류로 분류하는데 대표적으로 장면과 장면을 오버랩시키는 디졸브(Dissolve) 효과, 장면이 바뀔 때 특정한 모양을 사용해 장면을 전환하는 아이리스(Iris) 효과, 장면을 밀어내는 듯 전환하는 와이프(Wipe) 효과 등이 있다.

우리가 주요하게 살펴볼 트랜지션 종류는 다음의 세 가지이다.

1. 컷(Cut)

컷(Cut)은 두 개의 다른 클립의 장면과 장면 사이를 영상 효과 없이 그냥 이어지게 붙인 효과를 의미한다. 관객이 눈치채지 못하게 부드럽게 이어지는 컷이 훌륭한 장면 전환이라고 간주된다.

2. 디졸브(Dissolve)

디졸브(Dissolve)는 시간이나 공간상의 변화를 의미한다. 이전 장면으로부터의 전환이나 현장에서 주의를 환기시키고 싶을 때 디졸브 기능을 쓴다.

3. 와이프(Wipe)

와이프(Wipe)는 현재 장면에서 완전히 다른 장면으로 전환해주는 기능을 한다. 스토리의 흐름을 완전히 강제적으로 끊고 싶을 때 사용한다. 스타워즈 시리즈에서 이 와이프 효과가 자주 사용된다.

예를 들어 영화에서 자주 사용하는 카메라 플래시 효과는 트랜지션 다음 장면이 과거 회상임을 관객들에게 자연스럽게 알게 해준다.

이렇게 편집자의 역할은 영상의 스타일에 따라 장면과 장면이 바뀔 때 어떤 트랜지션이 필요한지, 그리고 적용한 트랜지션이 영상과 적절한 조화를 이루는지를 판단하는 것이 중요하다.

Unit. 02 ▶ 핸들과 트랜지션의 관계

트랜지션은 두 개의 영상 클립이 서로 겹치면서 생기는 장면 전환을 의미한다. 따라서 편집 포인트를 기준으로 영상 클립의 전후에 트랜지션을 적용할 추가 공간 즉, 핸들(Handle)*이 필요하다.

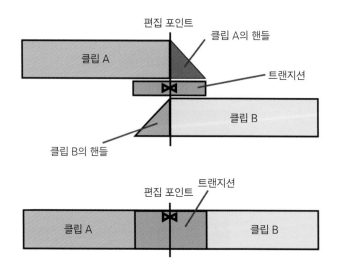

다음의 타임라인에 사용된 클립과 미디어 풀에 있는 원래 클립을 비교해보면 타임라인에 사용된 클립이 원본 클립 길이에서 얼마큼 사용되었는지 알 수 있다. 초록색 테두리는 클립의 끝에 핸들이 남아 있다는 뜻이고, 빨간색 테두리는 더 이상 남은 핸들이 없다는 뜻이다. 즉 오른쪽 클립 끝은 핸들이 남아 있기 때문에 트랜지션을 적용할 수 있고, 왼쪽의 시작 지점은 핸들이 없기 때문에 트랜지션을 적용하면 클립이 짧아지는 오버랩이 일어난다.

타임라인에 사용된 부분은
빨간색으로 표시된다

▲ 타임라인에 사용된 클립 ▲ 미디어 풀에 있는 원래 클립

Unit. 03 ▶ 풀 오버랩(Full Overlap)

미디어의 시작 부분이나 끝 부분에 핸들이 충분치 않은데 트랜지션을 적용하면, 타임라인에 사용된 클립을 일부분 줄여서 핸들을 강제로 만든 후 장면 전환을 하게 된다. 이처럼 핸들이 없는 두 클립 사이에 트랜지션을 강제로 적용하는 것을 풀 오버랩(Full Overlap)이라 한다. 예를 들어 편집 포인트를 기본 설정 길이인 1초 만큼 오버랩되게 한다면 프로젝트 전체 길이가 1초만큼 짧아진다.

풀 오버랩(Full Overlap)을 시도하면 다음과 같은 팝업창이 나오면서 트랜지션을 적용할 충분한 핸들이 없다는 것을 알려주고, 그래도 트랜지션을 진행할 것인지 물어본다.

- Cancel: 트랜지션 적용을 취소하고 아무 변화도 생기지 않는다.
- Trim Clips: 트랜지션 적용을 계속 진행하는데, 이때 타임라인에는 트랜지션 길이만큼 두 클립이 오버랩되면서 짧아진다.
- Skip Clips: 여러 클립 사이에 트랜지션을 동시 적용할 때 핸들이 없는 구간은 건너뛰고 핸들이 있는 구간에만 트랜지션을 적용한다. 저자는 거의 사용하지 않는다.

＊ 핸들(Handle)은 사용된 클립에서 시작 부분 이전 그리고 끝 부분 이후에 사용 가능한 클립 여분을 의미한다.

트랜지션 Transitions 의 특징과 이펙트 라이브러리 Effects Library

두 클립 사이에 위치하는 특성상, 트랜지션은 비디오의 외관과 오디오의 사운드에 영향을 준다. 트랜지션은 어색한 오디오나 비디오 편집 부분을 더 자연스럽게 만들어줄 수 있고, 시간의 흐름을 전달해주며 프로젝트 내에 특정한 비주얼 스타일을 만들어낸다.

트랜지션은 타임라인에 있는 두 클립의 사이(Cross-fade), 첫 번째 클립의 시작 부분(Fade-In) 또는 마지막 클립의 끝 부분(Fade-Out)에 적용할 수 있다.

링크 셀렉션(Linked Selection)으로 비디오 또는 오디오 트랙만 따로 분리한 경우가 아니라면 트랜지션은 비디오와 오디오 트랙에 함께 적용된다.

▲ 비디오와 오디오 트랙 모두에 트랜지션이 적용된 경우

▲ 비디오 트랙에만 트랜지션이 적용된 경우

트랜지션은 클립과 같은 속성을 가져서 편집 포인트를 트림(Trim)하고 길이를 조절할 수 있고, 선택해서 삭제하거나 복사할 수 있다. 그리고 인스펙터에도 조정할 수 있다.

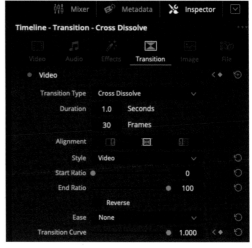

▲ 트랜지션은 인스펙터에서도 조정 가능

이펙트 라이브러리(Effects Library)

트랜지션 효과는 이펙트 라이브러리
에서 고를 수 있다. 이펙트 라이브러리
는 화면 왼쪽 상단에서 이펙트 라이브
러리 탭을 눌러 열고 닫을 수 있다.

이펙트 라이브러리에는 다양한 트랜지션 및 이펙트가 그룹별로 모여 있다. 이펙트 라이브러리에서는 트랜
지션 효과를 미리보기 할 수도 있고, 트랜지션이 카테고리별로 정리되어서 원하는 트랜지션을 쉽게 찾을
수 있다. 원하는 카테고리를 선택하고 그 카테고리 안에 있는 항목들을 스키밍(Skimming)하면, 트랜지션
이 타임라인 뷰어에 보인다(트랜지션 항목 위로 마우스 포인터를 움직일 때, 스크럽 기능 표시가 보일 때
까지 1, 2초 정도 기다려야 할 수도 있다).

자신이 원하는 특정한 트랜지션의 이름을 알면 창 상단에 있는 검색창에서 이를 검색해 볼 수 있다. 이후 다른 트랜지션을 찾아보기 위해서는 검색창에 검색어를 지워 초기화하는 것을 잊지 말자.

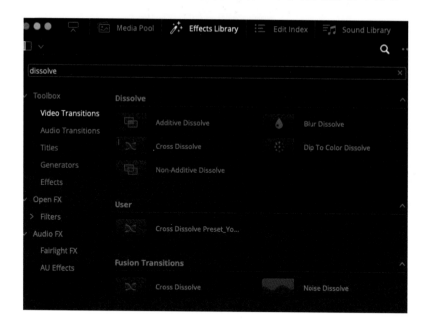

참고로 이 챕터에서는 이펙트 라이브러리의 Toolbox에 있는 Video Transitions와 Audio Transitions에 대해서만 다룰 것이다. Open FX와 Audio FX는 DaVinci Resolve에 포함된 플러그인 개념의 이펙트이며 좀 더 정교한 효과를 만들어 낼 수 있다. 이 이펙트들의 사용 방법은 Video Transitions 및 Audio Transitions와 거의 동일하기 때문에 이 챕터에서 는 따로 다루지 않을 것이다.

트랜지션 적용하기
Applying Transitions

트랜지션을 클립에 적용하는 방법은 다음과 같다.

방법1 이펙트 라이브러리에서 트랜지션을 클립의 편집 포인트 위로 드래그하기

방법2 클립의 편집 포인트를 선택한 후, 메뉴 〉Timeline 〉Add Transition을 클릭하거나 단축키 Ctrl + T
사용

[방법 2]를 사용하면 [방법 1]보다 간단하게 트랜지션을 적용할 수 있다. 다만 이 경우에는 기본 트랜지션
로 설정한 트랜지션만 적용된다는 것을 알아두자. 그리고 인스펙터를 이용하면 타임라인에 적용한 트랜지
션을 변경하거나 세부 설정을 수정할 수 있다.

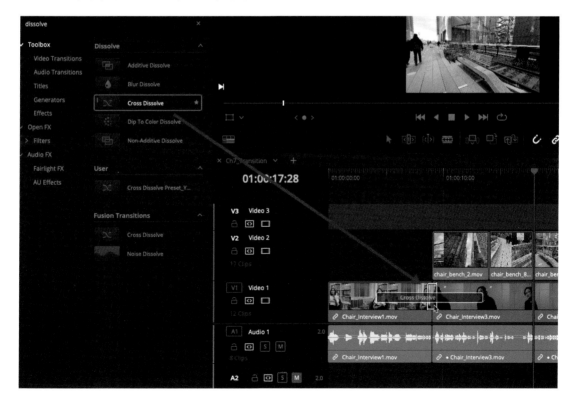

단축키를 사용해서 트랜지션을 적용하기 위해서는 두 클립의 사이를 클릭해서 편집 포인트를 선택해야 한다. 이때 선택된 구간에 따라서 다른 형태의 트랜지션이 적용된다. 이는 드래그해서 트랜지션을 적용하는 경우에도 어느 부분에 드래그하는지에 따라 다른 결과가 나타난다.

▲ 편집 포인트가 선택되지 않은 상태

▲ 앞 클립의 편집 포인트가 선택된 상태

◀ 뒷 클립의 편집 포인트가 선택된 상태

01 빈 리스트에서 Timelines 빈을 누르고 Ch7_ Transition을 더블 클릭해서 열자.

02 우선 미디어 풀을 닫고 이펙트 라이브러리 탭을 눌러 이펙트 라이브러리를 열자. Toolbox가 선택된 모습이 보일 것이다.

> 🎬 단축키 Shift + Z를 이용해 타임라인의 클립 보기를 최적화

타임라인의 클립들이 너무 크게 보이거나 작게 보일 경우, 단축키 Shift + Z를 사용해서 타임라인에 있는 클립 보기를 최적화 보기로 바꾸자.

03 Dissolve 카테고리에 있는 Blur Dissolve 트랜지션을 적용할 것이다. 이펙트 라이브러리에서 Blur Dissolve를 선택해 타임라인으로 드래그 앤 드롭하자. Video 2 트랙에 있는 chair_bench_2.mov와 chair_bench_8.mov 사이 중간 지점에 끌어다 놓자.

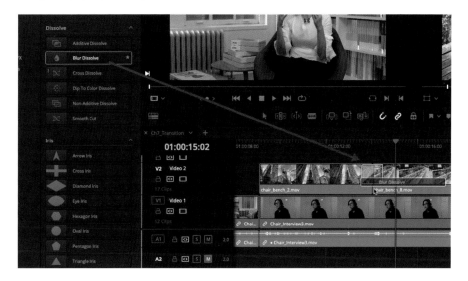

04 이번에는 Motion 카테고리에 있는 Push 트랜지션을 넣어보자. 이펙트 라이브러리에서 Push를 선택해 타임라인으로 드래그 앤 드롭하자. 그리고 Video 2 트랙에 있는 chair_bench_1.mov가 끝나는 지점에 끌어다 놓자(트랜지션이 클립 끝에 걸쳐서 적용되지 않도록 주의하자).

05 이제 트랜지션이 잘 적용되었는지 타임라인을 재생해 확인해보자.

> **Tip** Timeline Proxy Mode를 이용해 트랜지션 효과를 원활하게 적용하기
>
> 타임라인을 재생했을 때 트랜지션 효과가 실시간으로 원활하게 적용되지 않는다면, 메뉴 > Timeline Proxy Mode > Half Resolution 또는 Quarter Resolution을 체크하자.

Unit. 03 ▶ 클립의 핸들 확인 방법

이전 유닛에서 타임라인에 사용된 클립과 미디어 풀에 있는 원래 클립을 비교해보면 핸들이 어느 정도 남았는지 알 수 있다고 하였다. 그리고 핸들의 유무에 따라 트랜지션이 어떻게 적용되는지도 알아보았다. 이점을 생각하고 다음을 따라하며 트랜지션이 적용되는 위치에 주목해보자.

01 먼저 툴바에서 트림 편집 모드를 선택하자.
(단축키: T)

02 chair_bench_7.mov의 썸네일을 누르면 해당
클립의 양쪽으로 핸들이 얼마나 남아 있는
지 확인할 수 있다. 왼쪽은 흰색 테두리만큼 핸들이
남아 있어서 초록색 테두리로 표시되는 반면, 오른
쪽은 더 이상 핸들이 존재하지 않기 때문에 빨간색
테두리로 표시될 것이다.

03 핸들을 확인했으면 다시 선택 모드로 돌아
가자. (단축키: A)

04 지난 유닛에서 배웠던 대로 트랜지션을 드래그해서 chair_bench_7.mov와 chair_bench_4.mov 사이에
트랜지션을 적용해보자. 하지만 양쪽 클립 사이에는 핸들이 없기 때문에 중간이나 오른쪽에는 트랜지
션이 생기지 않고 왼쪽 클립에만 적용될 것이다.

Unit. 04 ▶ 단축키로 기본 트랜지션 적용하고 핸들 없는 구간에 트랜지션 강제 적용하기

DaVinci Resolve는 단축키 Ctrl + T를 이용하여 기본 트랜지션을 손쉽게 적용할 수 있다. 그리고 기본 트
랜지션은 고정된 설정이 아니기에, 자신이 원하는 트랜지션을 기본 트랜지션으로 바꿀 수 있다.

이펙트 라이브러리를 확인해보면 Cross Dissolve의 아이콘 왼쪽에 작게 빨간색으로 표시되어 있을 것이
다. 이것은 Cross Dissolve가 기본 트랜지션(Standard Transition)으로 설정되었다는 의미로, 단축키를

사용하면 Cross Dissolve가 적용된다. 기
본 트랜지션을 다른 트랜지션으로 지정하
고 싶다면 원하는 트랜지션을 오른쪽 클릭
하고 Set As Standard Transition을 누르
면 된다.

단축키를 눌러 핸들이 없는 공간에 기본 트랜지션을 적용해보자.

01 Video 2 트랙에 있는 chair_bench_7.mov의 시작점을 클릭해서 하이라이트하자.

02 메뉴 > Timeline > Add Transition을 누르거나 단축키 Ctrl + T를 눌러 기본 트랜지션을 적용하자. 현재 기본 트랜지션은 Cross Dissolve이므로 Cross Dissolve가 적용될 것이다.

03 타임라인을 재생해서 사용한 트랜지션이 잘 적용되었는지 확인하자.

04 이번에는 chair_bench_7.mov와 chair_bench_4. mov 사이의 편집점을 눌러 하이라이트한다. 왼쪽은 핸들이 없기 때문에 빨간색으로 표시되고 오른쪽은 핸들이 남아 있어 초록색으로 표시된다.

05 Ctrl + T를 눌러 트랜지션을 적용하자. 그런
데 앞서 확인한 것처럼 chair_bench_7.mov
의 끝점에는 핸들이 없기 때문에 아래와 같이 경고
창이 뜰 것이다. 여기서 Trim Clips를 눌러 강제로 트
랜지션을 적용해보자.

06 chair_bench_7.mov의 길이가 짧아지면서 강제로 트랜지션이 적용되었다.

07 그런데 강제로 트랜지션을 적용하니 뒤에 위치한 클립들도 모두 앞으로 당겨졌다.

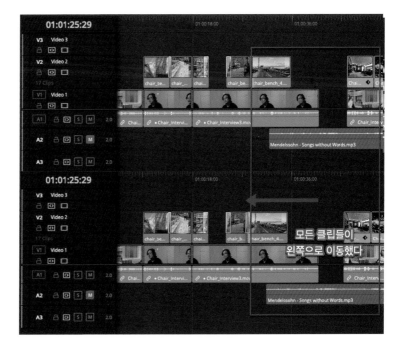

08 [Ctrl]+[Z]를 눌러 트랜지션을 취소하고 이번에는 chair_bench_7.mov의 끝점을 선택한다. 핸들이 없기 때문에 빨간색으로 표시된다.

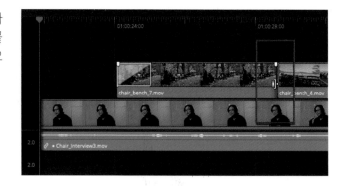

09 마우스 오른쪽 클릭을 하고 Add 30 frame Cross Dissolve를 누르자.

10 끝점을 기준으로 30 프레임(1초)만큼 트랜지션이 생성된 것을 확인할 수 있다.

Unit. 05 ▶ 비디오 트랙에만 트랜지션 적용하기

DaVinci Resolve에서는 기본적으로 비디오 트랙과 오디오 트랙을 분리하지 않고 합쳐서 하나의 클립으로 사용한다. 하지만 둘 중 한 가지 트랙에만 따로 트랜지션을 적용해야 할 경우가 종종 있다. 이럴 땐 오디오 트랙 또는 비디오 트랙을 따로 선택해서 트랜지션을 적용해야 한다.

▲ 비디오 트랙과 오디오 트랙 모두 트랜지션이 적용된 경우

▲ 비디오 트랙에만 트랜지션이 적용된 경우

01 타임라인에서 Chair_Interview1.mov와 Chair_
Interview3.mov 사이에 비디오 트랙에만 트
랜지션을 적용해보자. Alt를 누른 상태에서 두 클
립 사이를 선택하면 비디오 트랙 또는 오디오 트랙
만 선택된다.

> 참고로 지난 챕터에서 클립의 링크를 해제하는 방법
> 중에는 Alt를 누른 채 원하는 트랙을 선택하는 것이
> 있다고 하였다.

02 이전 유닛에서 배운 대로 트랜지션을 적
용하자. Ctrl+T를 누르면 기본 트랜지션
(Cross Dissolve)이 비디오 트랙에만 적용될 것이다.

> 여기서 생성한 트랜지션은 다음 섹션에서 활용할 것
> 이니 참고하길 바란다.

🔔 비디오 트랙 또는 오디오 트랙에만 트랜지션을 적용하는 또 다른 방법

비디오 트랙과 오디오 트랙 모두 선택되어 있더라
도 메뉴 > Timeline > Add Video Only Transition 또
는 Add Audio Only Transition을 누르면 비디오 트
랙 또는 오디오 트랙 둘 중 하나에만 트랜지션을 적
용할 수 있다.

트랜지션 응용하기
Modifying Transitions

Unit. 01 ▶ 트랜지션 교체하기

트랜지션이 마음에 들지 않거나 수정해야 할 경우, 이미 적용된 트랜지션을 간단하게 다른 트랜지션으로 교체할 수 있다.

01 방금 만든 Chair_Interview1.mov와 Chair_Interview3.mov 사이의 트랜지션을 다른 트랜지션으로 바꿔보자. 이펙트 라이브러리 상단의 검색 창에서 'center'라고 입력한다. Center Wipe 트랜지션이 보일 것이다.

🎬❗ 검색을 마친 후에는 검색창을 초기화하기

이펙트 라이브러리나 미디어 풀 등에서 검색을 한 후에는 입력한 키워드를 지워야 다른 이펙트나 클립들이 보인다. 검색을 마친 후에는 검색창 오른쪽의 X를 눌러 초기화하는 것을 잊지 말자.

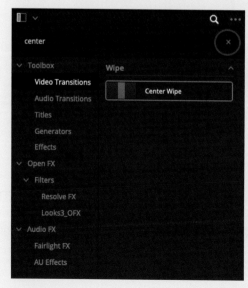

02 Center Wipe 트랜지션 항목을 드래그해서 타임라인에 적용된 트랜지션에 끌어다 놓자.

03 간단하게 트랜지션이 변경되었다. 타임라인을 재생해서 확인해보자.

Unit. 02 ▶ **트랜지션 수정하기**

인스펙터를 이용해 트랜지션의 세부 항목들을 수정해보자.

01 이전 유닛에서 변경한 트랜지션을 더블 클릭하면 인스펙터가 열리면서 트랜지션을 수정할 수 있게 된다.

02 인스펙터에서 Border 항목의 슬라이더를 오른쪽으로 당겨 150으로 설정하자. 숫자를 더블 클릭하면 직접 입력할 수도 있다. 장면 전환되는 클립의 프레임에 흰색 보드가 보일 것이다.

03 이번에는 경계선 색을 바꾸기 위해서 Color를 누르고 컬러 창에서 파란색을 선택하자. 하얀색 경계선이 파란색으로 바뀐다.

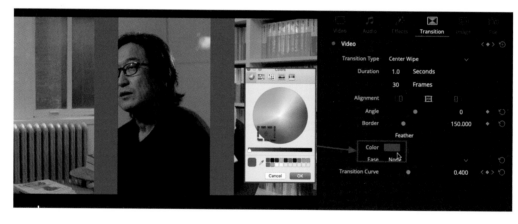

04 화면이 전환되는 경계선의 색이 너무 강해서 눈이 띈다. 경계선 지역을 부드럽게 해주기 위해 Feather를 체크해주자.

05 트랜지션 길이의 기본값은 1초, 즉 30프레임이지만 길이를 줄여서 더 빠른 전환 효과를 만들어보겠다.
인스펙터에서 길이(Duration)를 20 프레임으로 설정하자.

Tip Wipe 트랜지션 사용 시 전환 속도를 빠르게 하면 장면 전환 효과가 극대화

Wipe 트랜지션을 사용할 때 전환 속도를 빠르게 하면 장면 전환 효과를 극대화할 수 있다.

Tip 트랜지션 초기값 확인하기

인스펙터에서 Video 왼쪽의 버튼을 눌러 비활성화하면 수정 사
항들이 적용되지 않은 초기값의 트랜지션을 확인할 수 있다.

트랜지션의 길이는 인스펙터에서 수정할 수 있지만 타임라인에서도 바로 수정할 수 있다. 마우스 드래그 또는 단축키를 이용해 수정하는 방법을 알아보자.

01 이펙트 라이브러리에서 Blur Dissolve를 드래그해서 chair_bench_2.mov와 chair_bench_8.mov 사이에 끌어다 놓자. 두 클립 사이에 Blur Dissolve 트랜지션이 생성될 것이다.

02 방금 생성한 트랜지션의 왼쪽이나 오른쪽 끝에서 마우스를 드래그해 트랜지션 길이를 20프레임으로 줄여보자.

> **⚠ 트랜지션 길이 조절 시 마우스 포인터 아이콘을 잘 확인하기**
>
> 실수로 클립의 길이를 조절하지 않도록 마우스 포인터 아이콘을 잘 확인하면서 작업하자.
>
>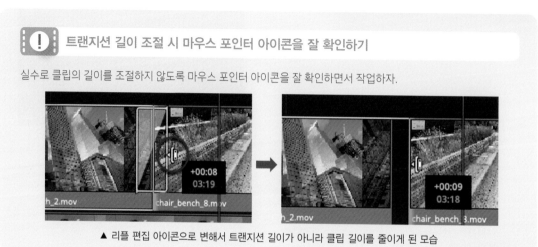
>
> ▲ 리플 편집 아이콘으로 변해서 트랜지션 길이가 아니라 클립 길이를 줄이게 된 모습

03 이번에는 이펙트 라이브러리에서 Motion 카테고리에 있는 Slide 트랜지션을 드래그해서 chair_bench_
8.mov와 chair_bench_1.mov 사이에 끌어다 놓자.

04 트랜지션 위에서 마우스 오른쪽 클릭을 한
후 Change Transition Duration을 누른다.
(단축키: Ctrl + D)

05 Format을 Frames로 선택하고 Duration에 10
을 입력한 후 Change를 누른다.

06 트랜지션의 길이가 10프레임으로 설정되어 짧아졌다.

트랜지션도 하나의 클립처럼 복사와 붙여넣기가 가능하다. 단축키를 이용해서 트랜지션을 복사하고 원하는 클립 사이로 붙여 넣어보자.

01 이전 유닛에서 만든 10프레임짜리 트랜지션을 선택하고 Ctrl+C를 눌러 트랜지션을 복사하자.

02 chair_bench_1.mov의 오른쪽 끝점을 선택하자. 해당 부분이 초록색으로 하이라이트될 것이다.

03 Ctrl+V를 눌러 트랜지션을 붙여넣기하자. 같은 트랜지션이 복사된다.

DaVinci Resolve에는 사용자가 설정한 트랜지션을 등록하는 기능이 있다. 프리셋을 설정하여 이펙트 라이브러리에 자주 사용하는 트랜지션을 등록하면 자신이 원할 때 편하게 찾아 쓸 수 있다. 이렇게 만든 트랜지션은 기본 트랜지션으로 설정할 수 있고 삭제할 수도 있다.

01 이전 유닛에서 만든 Slide 트랜지션을 마우스 오른쪽 클릭한 후 Create Transition Preset을 선택하자.

02 Transition Preset 이름 입력 창이 뜨면 Slide_ 10_Frames를 입력하고 OK를 누르자. 그러면 10 프레임짜리 Slide 트랜지션이 저장된다.

03 이펙트 라이브러리에서 User 카테고리를 보면 방금 등록한 Slide_10_Frames가 보일 것이다.

Tip 트랜지션 삭제하기

저장한 트랜지션을 지우고 싶으면 해당 트랜지션에 마우스 오른쪽 클릭을 한 후 Delete Transition Preset을 눌러 삭제하면 된다.

자주 사용하는 트랜지션을 선택해서 이펙트 라이브러리의 즐겨찾기(Favorites)에 등록하면 왼쪽 하단에서 빠르게 찾아 사용할 수 있다. 또한 User 카테고리에 등록한 트랜지션도 즐겨찾기에 등록해서 사용할수 있다.

01 방금 만든 트랜지션을 Favorite에 등록해보자. Slide_10_Frames의 오른쪽에 있는 별 모양 아이콘을 누른다.

02 즐겨찾기(Favorites)에 트랜지션이 추가된 것이 보인다.

03 같은 방법으로 자신이 자주 사용하는 트랜지션들을 즐겨찾기에 등록해보자.

> 사용자가 편집한 트랜지션은 즐겨찾기(Favorites)에서 노란 아이콘으로 표시되고, 기본 트랜지션(Standard Transition)으로 설정한 트랜지션은 아이콘 옆에 빨간색으로 표시된다.
> 참고로 트랜지션 항목 옆에 있는 별 모양 아이콘을 토글하여 즐겨찾기에 등록하거나 해제할 수 있다. 트랜지션을 잘못 등록한 경우에는 이 방법을 이용하자.

01 이번에는 타임라인에 적용한 트랜지션을 삭제해보자. 그림과 같이 삭제할 트랜지션을 선택하자. 선택된 트랜지션이 붉은 테두리 하이라이트될 것이다.

02 Delete를 누르면 선택한 트랜지션이 삭제된다.

부드러운 컷 Smooth Cut 만들기

DaVinci Resolve에 있는 다양한 트랜지션 중에서 저자가 가장 효과적으로 사용하는 트랜지션은 부드러운 컷(Smooth Cut) 트랜지션이다. 예를 들면 같은 크기의 인터뷰 영상을 중간에서 문장을 잘라내야 할 경우가 있다. 잘려진 두 클립을 바로 붙이면 영상 및 소리가 튀는 점프 컷(Jump Cut) 현상이 생기는데, 이때 부드러운 컷 트랜지션을 사용해 잘려진 부분을 자연스럽게 연결할 수 있다. 다음 과정을 참조하며 부드러운 컷을 만들어보자.

01 Video 1 트랙의 마지막을 보면 중간 부분을 잘라낸 Chair_Interview1.mov가 있다. 이 클립이 연결된 부분을 재생해보면 영상과 소리가 튀는 것을 확인할 수 있다.

02 이펙트 라이브러리에서 Smooth Cut을 마우스로 드래그해 잘린 클립 사이에 끌어다 놓자.

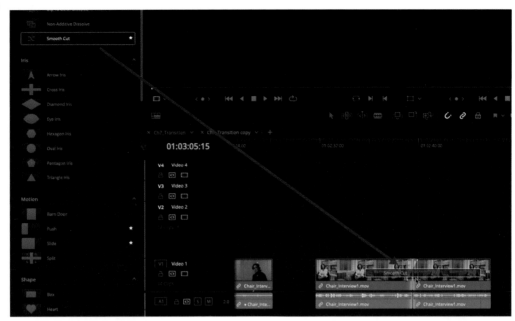

03 트랜지션의 끝 부분을 드래그해서 길이를 4프레임 정도로 줄여보자.

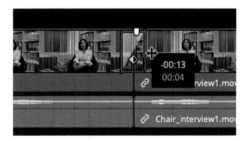

트랜지션이 너무 작아 조절하기 어렵다면 툴바에 있는 줌 인 버튼을 눌러 타임라인을 확대하자.

Tip 트랜지션 길이를 자연스럽게 조절하기

이 예제에서는 부드러운 컷(Smooth Cut) 트랜지션을 4프레임으로 줄였지만 부드러운 컷 트랜지션의 길이는 사용되는 클립에 따라서 달라진다. 편집을 하면서 가장 자연스러운 길이로 트랜지션을 조절해서 점프 컷이 보이지 않게 하자.

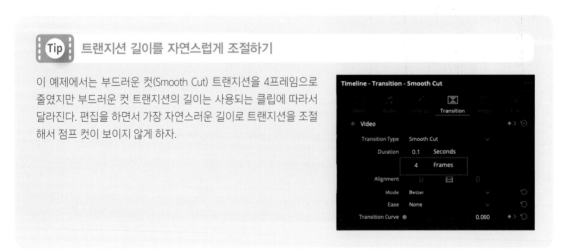

04 연결된 부분을 재생해보면 영상이 부드럽게 이어질 것이다.

필터 이펙트 사용하기

DaVinci Resolve에서는 프로그램 자체에 내장된 이펙트와 Resolve FX와 같은 플러그인 이펙트 등을 사용할 수 있다. 다양한 영상 효과와 오디오 효과를 편집하고 적용한 결과를 실시간으로 확인할 수 있으며 DaVinci Resolve에 내장된 이펙트들은 웬만한 전문 영상 효과 소프트웨어의 결과물과 견주어도 손색이 없다. 또한 사용 방법이 매우 간단하기 때문에 편집에 집중할 수 있다.

DaVinci Resolve의 필터 및 이펙트를 이용하면 다양한 영상 효과를 쉽게 적용할 수 있다. 비디오 이펙트의 용도를 쉽게 이해하기 위해 영화나 텔레비전에서 많이 사용하는 과거 회상씬을 생각해보자. 컬러 영상물에 필름 데미지(Film Damage) 필터를 입히면 현재 장면과 구분되어 예전의 일을 기억하는 과거 회상 장면 느낌을 줄 수 있다. 이로써 관객들은 내용을 직관적으로 이해할 수 있게 된다.

DaVinci Resolve는 프로그램 안에 Fairlight와 Fusion이라는 프로그램을 포함하고 있다. 따라서 Fairlight와 Fusion에서 만들어진 효과들이 플러그인으로 정리되어 있는데 이 그룹들을 FX 그룹이라고 한다.

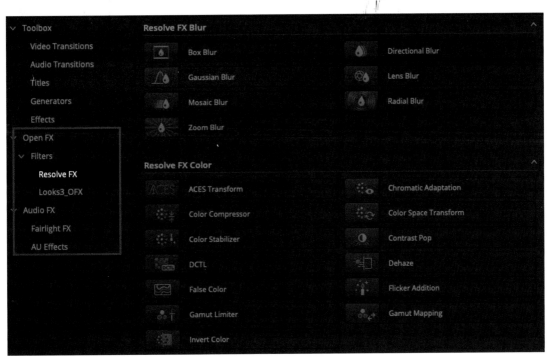

▲ DaVinci Resolve에서는 기본적으로 Resolve FX라는 필터셋을 제공한다. 화면에 보이는 Looks3_OFX는 저자가 따로 다운로드하여 설치한 필터셋이다

유료 버전인 DaVinci Resolve Studio에서는 라이브러리에 있는 모든 이펙트를 사용할 수 있지만 무료 버전 DaVinci Resolve에서는 사용할 수 있는 이펙트가 제한된다. 무료 버전에서 제한된 이펙트를 사용할 경우 워터마크가 남으므로 이 점에 유의하자.

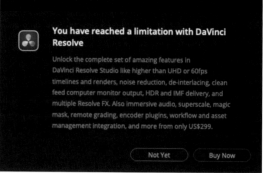

Unit. 01 ▶ 타임라인에서 이펙트 적용하기(Applying Effects)

이펙트를 적용하는 방식은 트랜지션을 적용하는 방식과 거의 같다. 이펙트 라이브러리에서 원하는 이펙트를 타임라인의 클립 위로 드래그하면 된다. 이펙트를 적용하기 전 마우스를 이펙트 항목 위로 가져가면 그 효과를 미리보기할 수 있어 아주 유용하다. 이번 유닛에서는 타임라인에 있는 클립에 필름 데미지 필터를 적용하여 영상에 오래된 필름의 느낌을 내보자.

01 이펙트 라이브러리에서 Resolve FX를 선택하고 Film Damage 이펙트를 찾아보자.

02 Film Damage 이펙트를 Video 2 트랙에 있는 chair_bench_2.mov 위로 끌어다 놓자.

03 타임라인을 재생해보면 화면에 필터가 적용된 것을 확인할 수 있다. 이펙트가 적용되면 클립의 이름 왼쪽에 작게 fx라는 아이콘이 나타날 것이다.

04 이펙트의 세부 사항을 수정하기 위해서 인스펙터를 열자. 인스펙터에서 이펙트(Effects) 탭을 누르면 이펙트의 자세한 속성을 볼 수 있다.

Tip 확장 버튼을 눌러 인스펙터의 내용을 크게 하기

인스펙터가 너무 작아 안의 내용이 잘 보이지 않으면 확장(Expand) 버튼을 눌러 크기를 키우자.

05 필터 효과를 좀 더 강하게 주기 위해 인스펙터에서 세부 속성을 조절해보자. Film Blur를 0.170 정도로 올리고 Temp. Shift도 0.350으로 설정하자. 영상의 색깔이 약간 누렇게 변하면서 옛날 필름의 느낌이 더 강해진다.

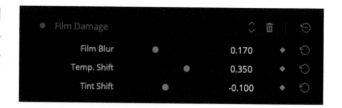

06 이번에는 다른 속성을 바꿔보자. 옛날 영화를 보면 중앙은 밝고 가장자리는 어두운 경우를 많이 볼 수 있는데, 이를 비네트(Vignette) 효과라고 한다. 비네트를 강조해서 옛날 영화의 느낌을 더 살려보자. 중심을 밝게 하기 위해서 Focal Factor을 0.3 정도로 올리고 Geometry Factor를 0.350으로 올려 중앙에 밝기가 더 집중되게끔 조절하자.

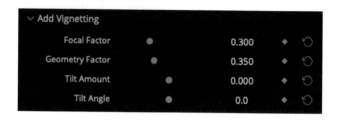

07 Dirt 속성은 화면에 먼지를 만들어 필름의 지저분한 화면을 연출한다. Dirt Density를 3으로 설정해서 이 효과를 강조하자.

08 Scratch 속성은 필름의 세로줄 스크래치를 만드는 속성이다. Scratch Width를 올려 스크래치를 좀 더 두껍게 만들고 Scratch Blur를 올려서 옛날 필름 느낌을 연출하자.

필터 비활성화는 적용된 이펙트를 지우는 것이 아니라 임시로 그 효과를 보여주지 않는 것이다. 이펙트 적용 전과 적용 후를 비교할 때 자주 사용된다.

01 이전 유닛에서 클립에 적용한 이펙트를 살펴보도록 하자. 인스펙터의 이펙트 탭을 보면 각 이펙트의 이름 옆에 빨간색 스위치가 있다. 이는 해당 이펙트가 활성화되었음을 알려준다.

02 이펙트 이름 옆의 스위치는 토글하여 활성화하거나 비활성화할 수 있다. 스위치를 눌러 보면 그림과 같이 클립이 이펙트를 적용하기 전 모습으로 돌아간다.

03 방금 클릭한 스위치를 다시 한번 눌러보자. 그러면 이펙트가 재활성화되는 것을 볼 수 있다. 이로써 이 스위치는 이펙트를 ON/OFF하는 기능을 함을 알 수 있다.

이제 클립에 적용된 이펙트를 복사해서 다른 클립에 같은 이펙트를 적용해보자.

01 chair_bench_2.mov를 선택하고 Ctrl+C를 눌러 복사하자.

02 이펙트를 붙여넣을 클립을 선택하자. chair_bench_8.mov를 눌러 하이라이트해준다.

03 클립과 이펙트를 모두 포함해 복사했기 때문에 이펙트만 붙여넣고 싶을 때는 Ctrl + V 가 아닌 Alt + V를 눌러야 한다. 메뉴 > Edit > Paste Attributes를 눌러도 된다.

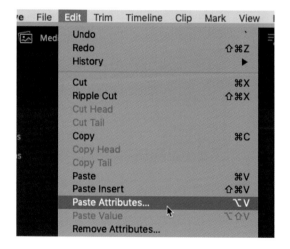

04 Paste Attributes 창이 나타나면 먼저 복사되는 속성이 어느 클립에서 어느 클립으로 복사되는지 확인하자. 여기서는 chair_bench_8.mov에서 chair_bench_2.mov로 복사하는 것이므로 From chair_bench_2.mov, To chair_bench_8.mov라고 나온다. 우리가 복사하고 싶은 것은 필터 이펙트이므로 Plugins를 체크하고 Apply를 눌러 적용한다.

05 chair_bench_8.mov에 chair_bench_2.mov와 같은 필터 이펙트가 적용된 것을 볼 수 있다.

Unit. 04 ▶ **적용된 필터의 렌더링 옵션**

컴퓨터 사양에 따라서는 이펙트를 적용한 후 타임라인 재생이 원활하지 않을 수 있다. 이 경우에는 렌더 캐시를 확인해야 한다. 렌더링을 하는 경우는 세 가지 옵션이 있다.

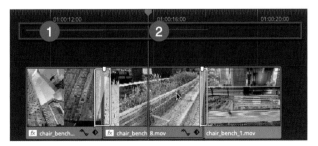

▲ 파란색: 렌더링이 완료된 부분 / 빨간색: 실시간 재생을 위해 렌더링을 해야 하는 부분

＊ 렌더 캐시에 대한 설명은 Chapter 03 – Section 07 도입부를 참조해보자.

01 우선 클립 위에 렌더링 진행 바가 없는지 확인 하자. 아무런 표시가 없다면 렌더링이 되지 않 았다는 뜻이다.

02 메뉴 > Playback > Render Cache > User에 체크가 되었는지 확인하자. 만약 None으로 체크되어 있다 면 렌더 캐시가 진행되지 않는다.

- **None**: 렌더링을 하지 않는다.
- **Smart**: 재생이 원활하지 않을 것 같은 구간을 컴퓨터 스스로 판단해서 해당 부분만 자동적으로 렌더링한다. 타임라인의 앞부분부터 순차적으로 렌더링하기 때문에 편집 과정에서 는 불편할 수도 있다.
- **User**: 사용자가 직접 클립을 지정해서 렌더링하거나 어떠한 구간을 전부 렌더링할 수 있다.

Tip Render Cache를 User 모드로 설정 시 프로젝트 세팅 확인 및 수정하는 방법

렌더 캐시를 User 모드로 설정한 경우, 프로젝 트 세팅에서 상세한 정보를 확인하거나 수정할 수 있다.

> 프로젝트 세팅(Project Settings) > Master Settings > Optimized Media and Render Cache

---

03 Render Cache를 User 모드로 바꾸면 클 립 위에 렌더링 진행 바가 보일 것이다.

04 이펙트가 적용된 클립을 렌더링하려면 타임라인의 클립을 마우스 오른쪽 클릭하고 메뉴에서 Render Cache Fusion Output > On을 체크해주면 된다. 이제 클립 상단의 진행 바가 빨간색에서 파란색으로 바뀌며 렌더링이 작업될 것이다. 컴퓨터 사양에 따라서는 이미 렌더링이 완료되어 있을 수도 있으므로 화면이 책과는 약간 다를 수도 있다.

05 첫 번째 클립의 렌더링이 완료되었다. 렌더링이 완료된 클립은 실시간으로 원활히 재생된다.

Unit. 05 ▶ Render in Place 기능 사용하기

Render in Place는 DaVinci Resolve 17에 새로 추가된 기능으로써, 이펙트가 적용된 클립 하나 또는 여러 개를 새로운 원본 클립으로 생성하여 링크를 시킨다. 이 기능을 사용하면 화질을 저하시키지 않고도 타임라인을 원활하게 재생할 수 있다.

프로젝트 세팅에서 최적화 클립과 렌더 캐시의 포맷을 선택하듯이, Render in Place 또한 생성할 클립의 포맷과 코덱, 타입 등을 설정할 수 있다.

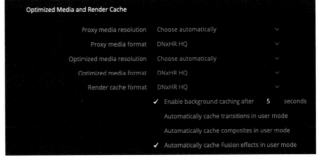

01 chair_bench_8.mov를 마우스 오른쪽 클릭한 후 메뉴에서 Render in Place를 누르자.

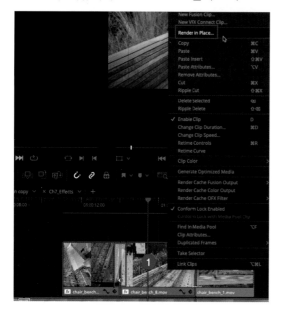

02 Render in Place 설정 창이 나오면 포맷과 코덱을 선택하고 Render를 누르자.

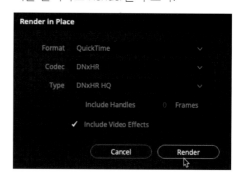

03 새로운 클립이 저장될 장소를 설정한 후 Open을 누르면 렌더링이 시작될 것이다.

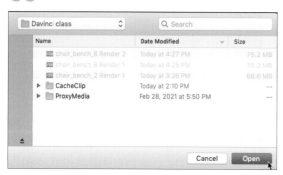

04 타임라인에서 클립을 확인해보면 필터 효과가 사라지고 원본 자체가 필터가 적용된 영상으로 교체된 것을 알 수 있다. 따라서 이 클립은 하나의 새로운 클립이 되며, 클립의 이름 또한 바뀐 것을 알 수 있다.

Unit. 06 ▶ Render in Place로 만든 클립 원래 클립으로 되돌리기

Render in Place로 만들어진 새로운 클립은 더 이상 적용된 필터나 그 외의 속성이 표시되지 않는다. 적용된 필터 이펙트를 수정해야 할 경우 새로운 클립을 원래의 클립으로 되돌려야 한다. 새로 생성된 클립을 Decompose to Original 기능을 사용해서 다시 원래의 클립으로 되돌리는 방법을 배워보자.

01 이전 유닛에서 Render in Place로 새로 생성한 클립 위에서, 마우스 오른쪽 클릭을 하고 Decompose to Original을 선택하자.

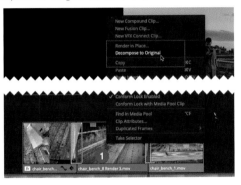

02 원래의 클립으로 돌아가며 다시 이펙트가 적용된 모습을 확인할 수 있다.

Unit. 07 ▶ 적용된 필터 지우기

클립에 적용된 필터를 지우는 방법을 알아보자. 필터는 하나의 레이어 개념이기 때문에 타임라인의 클립에서 언제든지 완전히 지울 수 있다.

01 chair_bench_8.mov에 적용된 필터를 지워보자. 클립을 선택한 후에 인스펙터에서 이펙트 탭을 눌러 적용된 필터를 확인한다.

02 적용된 필터의 이름 오른쪽에 휴지통 아이콘을 누르면 필터가 삭제된다.

03 클립에 적용된 필터를 없애 원래 모습으로 되돌렸다.

04 이번에는 다른 방법으로 필터를 제거해보자. chair_bench_2.mov 위에서 마우스 오른쪽 클릭을 한 후 Remove Attributes를 선택한다.

05 Remove Attributes 창이 나타나면 Plugins를 선택한 후 Apply를 누른다.

06 이번에도 적용된 필터가 사라져 클립이 원래의 모습을 돌아간 것을 볼 수 있다.

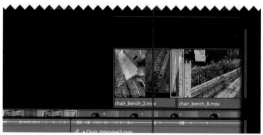

 Tip 한 클립에 적용된 여러 필터를 한 번에 지우기

Remove Attributes 기능을 사용하면 하나의 클립에 필터가 여러 개 적용되어도 한 번에 지울 수 있다.

타이틀 Titles

간단한 개인 프로젝트부터 고난이도의 방송용 프로젝트에 이르기까지 모든 프로젝트는 일정한 타이틀을 가지고 작품의 시작과 끝을 장식한다. 예를 들어 오프닝 크레딧은 이 미디어는 만든이와 출연자, 영상의 주제나 소재 등의 정보를 제공한다. 또한 영화 타이틀처럼 필름의 스타일을 보여줄 수도 있다.

이번 섹션에서는 여러 종류의 타이틀과 인터뷰 대상의 이름을 확인할 수 있는 인물 자막(Lower Thirds), 필름 메이커들의 이름들을 자세하게 제공해주는 엔딩 크레딧, 그리고 우리가 무엇을 보게 될 것인지를 알려주는 오프닝 타이틀에 대해 배워볼 것이다.

Unit. 01 ▶ 타이틀 클립의 특징

타이틀은 또 하나의 클립으로서 기능할 수 있다. 이펙트 라이브러리에서 타이틀을 드래그해서 어떤 클립의 앞으로 인서트하거나 마지막 클립의 뒤로 덧붙일 수 있다. 타이틀의 기본 길이는 대부분 5초로 설정하지만 어떤 타이틀 클립들은 이보다 더 길다. 이 길이는 클립의 가장자리를 안쪽이나 바깥쪽으로 드래그함으로써 줄이거나 늘일 수 있다.

이펙트 라이브러리에서 타이틀(Titles) 탭을 누르면 두 종류의 타이틀을 볼 수 있다. Titles에는 텍스트로만 구성된 기본 타이틀, Fusion Titles에는 애니메이션 효과가 적용된 타이틀이 포함되어 있다.

다음 그림은 타이틀 클립을 사용한 모습이다.

기본 설정으로 텍스트 이외에는 투명하게 보이고 배경 화면은 검정색이다. 타이틀 클립에 쓰인 백그라운드는 투명하게 보이게 되므로, 텍스트 타이틀 클립을 여러 개 겹쳐 쓸 수 있다.

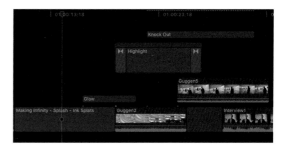

원하는 타이틀을 타임라인에 가져오는 방법에는 타임라인 뷰어의 오버레이를 사용해서 하는 방법과 이펙트 라이브러리에서 드래그하는 방법, 총 두 가지가 있다. 두 방법의 큰 차이점은 타이틀 클립을 타임라인으로 인서트할 수 있느냐 아니냐이다.

1. 타임라인 뷰어의 오버레이로 타이틀 클립을 인서트해서 추가하기

타임라인으로 타이틀 클립을 인서트해야 할 경우, 타임라인 플레이헤드를 인서트할 곳에 먼저 위치시키고, 이펙트 라이브러리에서 타이틀 클립을 드래그해 오버레이의 Insert 영역에 끌어다 놓아야 한다.

2. 타이틀 클립을 이펙트 라이브러리에서 타임라인으로 드래그하기

타이틀 클립을 이펙트 라이브러리에서 타임라인으로 바로 드래그하면 원하는 위치로 가져올 수 있다.

타이틀 추가하기
Adding Titles

타이틀 클립을 타임라인으로 인서트하면 데스티네이션 트랙에 위치하게 된다. 그러므로 타이틀을 넣을 때는 타임라인에서 데스티네이션 트랙(데스티네이션 버튼이 활성화된 트랙)이 어떤 것인지 먼저 확인하도록 하자.

Unit. 01 ▶ 오프닝 타이틀 인서트하기

이제 이펙트 라이브러리의 타이틀 카테고리를 살펴보고 프로젝트의 시작하는 부분에 오프닝 타이틀을 넣어보자.

01 오프닝 타이틀을 만들 것이므로 타임라인 플레이헤드를 타임라인 시작점에 위치시키자.

02 이펙트 라이브러리에서 타이틀 카테고리에 있는 Text 타이틀을 선택해 타임라인 뷰어로 드래그한다. 오버레이가 나타나면 Insert에서 마우스 클릭을 놓자.

03 타이틀 클립이 타임라인 가
장 앞에 인서트되었다.

04 타임라인 뷰어에서 타이틀 클립을 더블 클릭하면 텍스트를 수정할 수 있다. The Chairs라고 입력하자.

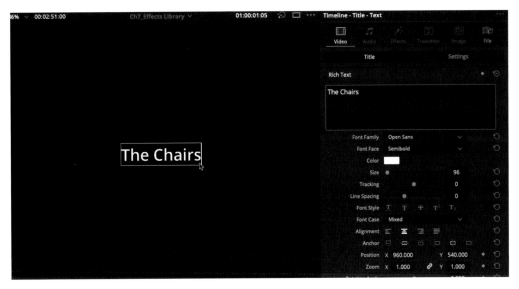

> **⚠ 한글 입력 상태에서는 단축키가 적용되지 않음**
>
> DaVinci Resolve는 한글 입력키를 누른 경우에는 단축키가 적용되지 않는다. 한글로 타이틀을 입력하기 위해 한글 입력
> 키를 눌렀다면 다시 영문 입력으로 바꾸는 것을 잊지 말자.

> **🔔 Fusion Titles에 있는 타이틀은 인스펙터에서 수정 가능**
>
> 이펙트 라이브러리에 있는 타이틀 중 Titles 카테고리에 있는 타이틀들은 타임라인 뷰어에서 바로 텍스트를 수정할 수
> 있다. 하지만 Fusion Titles에 있는 타이틀들은 인스펙터에서만 수정할 수 있다.

05 인스펙터에서 글자의 속성을 수정해 오프닝 타이틀을 완성해보자. Font는 Helvetica, Font Face는 Bold 로 설정하고 폰트 사이즈는 250으로 설정하자.

Unit. 02 ▶ **타임라인으로 드래그해서 타이틀 클립 추가하기**

이번에는 타이틀 클립을 드래그해서 타임라인에 추가하고 인스펙터에서 속성을 조절해 가독성을 높여보자.

01 이펙트 라이브러리에 있는 Text 타이틀을 타임라인의 Video 3 트랙에 드래그 앤 드롭하자.

02 플레이헤드를 방금 가져온 타이틀 클립 위에 위치시키고 타임라인 뷰어로 확인해보자. 타이틀 클립이 인터뷰 영상 클립보다 위에 있기 때문에 타이틀 뒤로 영상 배경이 보인다.

03 타이틀 클립을 더블 클릭하면 인스펙터가 열린다. 텍스트 입력란에 The Flow of Chairs and Life를 입력하자. 그리고 Font는 Helvetica, Font Face는 Bold, 폰트 사이즈는 100으로 설정한다.

04 이번에는 타이틀의 위치를 바꿔보자. Position X 값과 Y 값을 각각 704, 102로 조절해서 타이틀을 왼쪽 하단에 위치시켜 보자.

텍스트 내용을 수정하는 것과 마찬가지로, 이펙트 라이브러리의 Titles 카테고리에 있는 타이틀들은 타임라인 뷰어에서 마우스 드래그로 텍스트의 위치를 수정할 수 있다. 하지만 Fusion Titles에 있는 타이틀들은 인스펙터를 통해서만 텍스트로의 위치를 수정할 수 있다.

05 인스펙터에서 Drop Shadow 속성을 조절해 그림자를 만들어보자. 그러면 그림과 같이 타이틀에 그림자가 생긴다.

06 Stroke Size를 3으로 설정해주면 글자 테두리에 선이 생긴다. Stroke 구간에서 색을 바꾸면 글자 테두리 색이 바뀐다.

07 타이틀의 글자 색을 바꿔보자. 모든 글자를 바꾸는 것이 아니라 일부 글자의 색깔만 바꿔볼 것이다. 우리가 입력한 텍스트 중에서 Chairs만 드래그해서 선택한 후 Colors에서 색을 지정하고 OK를 누르면 Chairs만 색깔이 바뀐다.

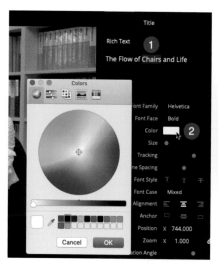

▲ 일부 텍스트의 색이 바뀐 모습

텍스트를 드래그하지 않고 바로 Colors에서 색을 선택하면 텍스트 전체 색상이 바뀐다.

Tip 스포이트를 이용한 색 저장

자주 쓰는 색을 저장하고 싶다면 팔레트에서 색을 선택한 후 아래에 프리셋에 등록할 수 있다. 왼쪽에 있는 색을 선택할 수 있는 스포이트(dropper)를 사용해서 필요한 색을 선택해 저장할 수도 있다.

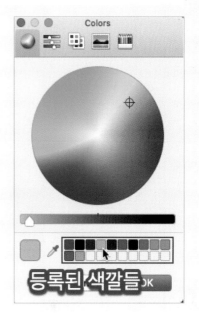

08 마지막으로 글자에 백그라운드 바를 적용해보자. 글자가 영상에 묻혀 잘 보이지 않을 경우 글자와 이미지 사이에 백그라운드 바를 설정해주면 가독성을 높일 수 있다.

09 인스펙터에서 Background 속성에 있는 값들을 다음과 같이 조정해주자. Width와 Height를 키우면 백그라운드 바가 생길 것이다. Corner Radius는 백그라운드 바의 모서리가 얼마나 둥근지를 나타낸다. 또한 Opacity 값을 통해 불투명도를 조정할 수 있다.

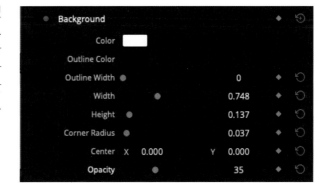

10 텍스트와 영상 사이에 백그라운드 바가 생성된 모습이다.

11 가독성 있는 타이틀을 완성하였다.
(※ 참고로 타이틀 속성 이름 왼쪽의 스위치를 끄거나 켜서 타이틀에 적용된 속성을 각각 확인할 수
있다.)

우리가 프로젝트에 가장 많이 사용하는 타이틀 중에 하나는 하단 자막(Lower Thirds)이다. 이는 스크린을 가로로 3등분했을 때, 가장 아래 3분의 1 부분에 정보가 보이게 하는 스타일이다. 보통 하단 자막에는 화면에 보이지 않는 내레이터가 누군지, 화면에 보이는 리포터가 누군지, 이 장면에 나오는 배우들이 누군지 알리는 정보를 제공한다.

DaVinci Resolve에서는 Lower Thirds를 이용해 애니메이션이 포함된 다양한 스타일의 하단 자막을 추가할 수 있다. Lower Thirds 카테고리를 살펴본 후 인터뷰 클립에 가장 어울리는 Low Thirds 타이틀을 적용해보자.

 정밀한 작업을 할 때는 타임라인에서 스키밍을 비활성화하기

하단 자막 추가와 같은 정밀한 작업을 할 때는 타임라인에서 스키밍을 비활성화하는 것이 도움이 된다.

01 우선 기존 타이틀 클립의 길이를 줄여서 하단 자막을 추가할 공간을 확보해보자. 지난 유닛에서 만든 타이틀을 선택하고 Ctrl + D를 눌러 클립 길이 변경 창을 연다. Duration을 300으로 입력하고 Change를 누르면 타이틀의 길이가 3초로 변경된다.

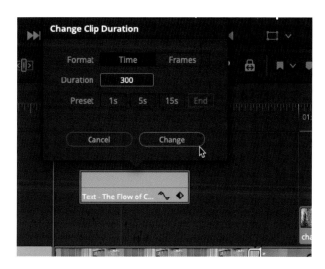

02 타이틀 클립을 앞으로 드래그해서 인터뷰 클립의 시작점에 맞추자. 타이틀 클립도 다른 클립처럼 타임라인 안에서 자유롭게 위치를 바꾸고 길이를 조절할 수 있다.

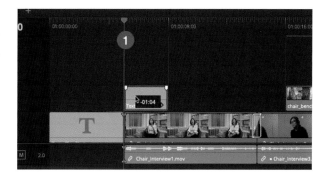

03 이제 하단 자막을 추가하자. 이펙트 라이브러리의 Fusion Titles 카테고리에서 Draw On 2 Lines Lower Thirds를 찾아 타임라인으로 드래그 앤 드롭한다.

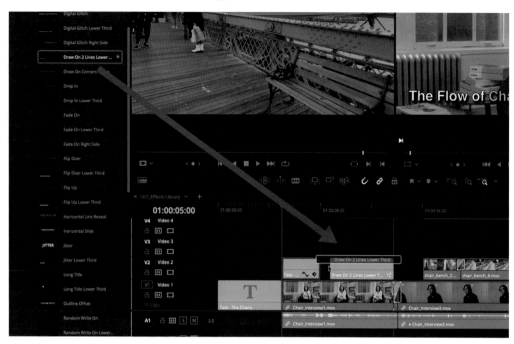

04 플레이헤드를 새로 들어온 Lower Third 클립 위로 가져가면 타임라인 뷰어에 타이틀 클립이 보인다.

05 타이틀에 등장인물의 이름과 설명을 추가하자. Fusion Titles는 오직 인스펙터에서만 수정할 수 있으므로 우선 타이틀을 더블 클릭해서 인스펙터를 연다.

06 Main Text에는 Irene Kim이라는 이름을 입력하고 Secondary Text에는 Regional Head. Art Basel이라고 입력하자.

Fusion Titles는 Fusion 페이지에서 만들어진 하나의 템플릿이다. 따라서 적용된 애니메이션 효과와 색, 재생 속도 등을 조절하기 위해서는 해당 Fusion Titles를 Fusion 페이지에서 열어 수정해야 한다.

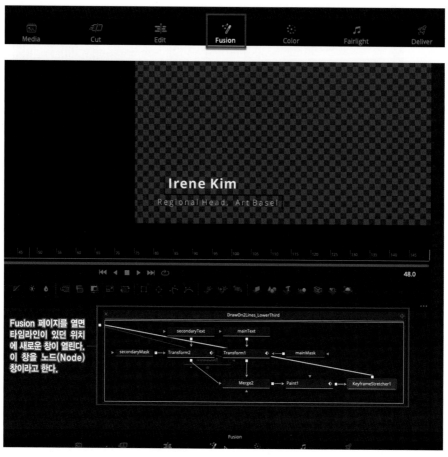

▲ Fusion 페이지에서 타이틀을 편집하는 모습

Fusion 페이지는 Edit 페이지와 연동된다. 따라서 간단한 모션 그래픽 작업은 Fusion 페이지에서 손쉽게 제작한 후 Edit 페이지로 넘어가서 확인할 수 있다. 여기서는 Fusion 페이지의 간단한 사용법을 소개하고, 추후 구체적으로 설명하도록 하겠다.

이번 유닛은 Fusion Titles의 편집을 맛보는 정도로 준비해보았다. 이전 유닛에서 만든 Draw On 2 Lines Lower Thirds 타이틀을 Fusion 페이지에서 연 후 선의 두께와 색을 바꿔볼 것이다. 처음으로 Fusion 페이지에서 진행되는 작업이지만 너무 어렵게 생각하지 말고 과정을 차근차근 따라해보며 Fusion Titles를 수정해보자.

01 이전 유닛에서 만든 하단 자막 타이틀을 마우스 오른쪽 클릭을 하고 Open in Fusion Page를 누르자.

02 Fusion 페이지가 열리면서 해당 타이틀을 수정할 수 있게 된다.

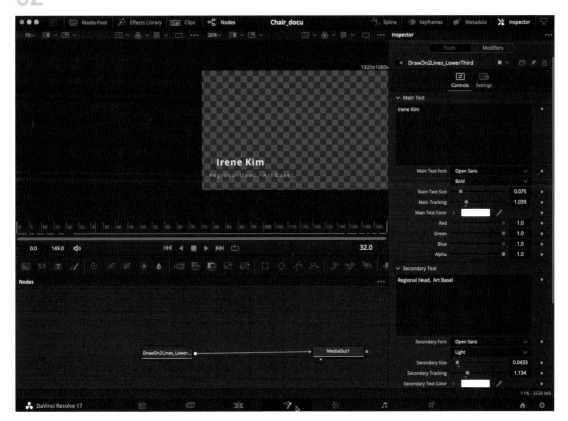

03 타이틀의 텍스트 사이에 있는 선의 굵기와 색깔을 바꿔볼 것이다. 먼저 노드 창에서 DrawOn2Lines_LowerThird를 더블 클릭하자.

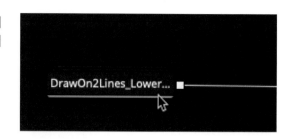

04 노드가 열리면서 그 안의 구성 요소들이 보인다. 우리는 여기서 Paint1만 수정할 것이다.

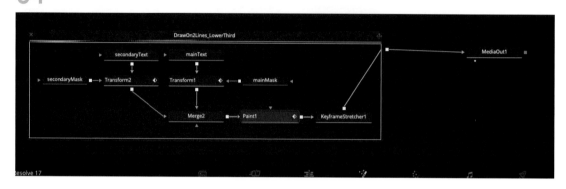

05 여러 요소 중에서 Paint1을 누르고 인스펙터에서 Modifiers 탭을 선택하자. 선을 자세하게 조정할 수 있는 옵션들이 보일 것이다.

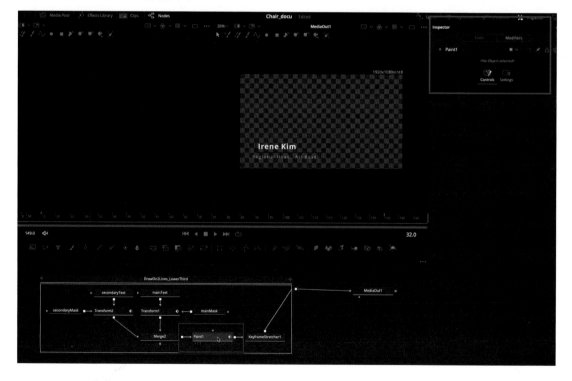

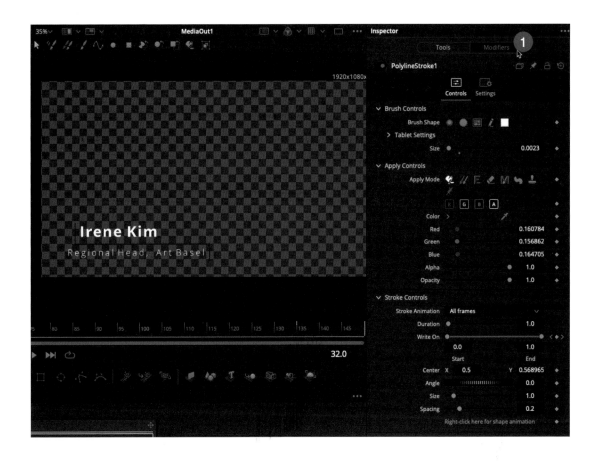

06 Modifiers 탭의 옵션 중에서 Brush Controls에 있는 Size를 0.015 정도로 조절하자. 그러면 텍스트를 나누는 선이 두꺼워진다.

07 Apply Controls에 있는 Color를 누른 후 자신이 원하는 색을 고르고 OK를 눌러 선의 색을 변경하자.

08 수정이 끝났으면 Edit 페이지 아이콘을 클릭해서 Edit 페이지로 돌아가자.

09 타임라인 뷰어에서 타이틀이 수정된 것을 확인할 수 있다.

영상을 방송 시그널로 전송할 때, 전체 이미지의 테두리 10% 정도는 오버스캔(Overscan)* 시 잘릴 수도 있다. 특히 텍스트를 비디오와 함께 사용할 경우에는 텍스트가 추가된 이미지의 전체 모습이 위아래로 움직일 수 있기 때문에 글자가 잘릴 위험이 있다. 그래서 방송규격협회에서는 테두리에서 10%까지의 영역을 불안전지대라고 표시하고 그 공간에 중요한 액션이나 텍스트가 들어가지 않도록 하여 문제점을 방지했다.

요즘의 디지털 방송 시스템에서도 이런 문제는 여전히 있다. 그래서 방송용 프로그램을 편집하는 경우에는 다음의 가이드라인을 적용한다.

프레임 안에 있는 두 개의 가이드라인

- **액션 세이프(Action Safe)**: 모든 가장자리로부터 5퍼센트 안쪽에 있다.
- **타이틀 세이프(Title Safe)**: 모든 가장자리로부터 10퍼센트 안쪽에 있다.

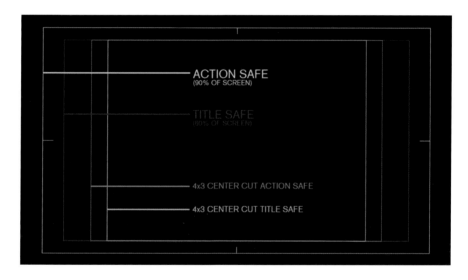

중요한 액션, 연기자들, 세트, 그리고 동선은 화면 가장자리의 5퍼센트 안쪽에 위치하는 액션 세이프 테두리 안에서 이루어져야 한다. 또한 중요한 그래픽, 로고, 전화 번호, 이름, 타이틀 등의 모든 텍스트는 가장자리의 10퍼센트 안쪽에 위치한 타이틀 세이프 테두리 안에서 위치하여야 한다.

방송 분야에서는 이 세이프(Safe) 지역을 지키는 것은 필수이다. 따라서 방송용 프로그램을 타이틀 작업을 할 때에는 이 타이틀 세이프(Title Safe)를 꼭 켜놓고 작업해야 한다.

반면에 컴퓨터 모니터로 보는 웹용 영상은 가장자리를 포함해 전체 화면을 보여주기 때문에 이런 문제점을 무시해도 된다.

＊ 오버스캔은 방송에서 시그널을 송출할 때 프레임이 잘리는 것을 방지하기 위해 안전지대를 미리 구축하는 영상 제작 기법이다. 방송 영상을 송출할 때 송출 환경에 따라 화면이 상하좌우로 움직일 수 있다. 이때 테두리에 10% 정도의 영역을 안전하게 가지고 있으면 프레임이 불안정하게 움직이더라도 테두리가 잘리는 현상을 막을 수 있다.

앞서 알아본 두 가지 가이드라인을 타이틀 클립에 적용해보자.

01 타이틀 세이프를 활성화하기 위
해 메뉴 > View > Safe Area > On
을 체크한다. 기본적으로 Extents, Action,
Title, Center가 체크되어 있을 것이다.

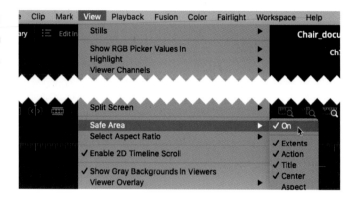

02 옵션을 체크하고 나면 프레임의 경계선 안에 두 가지 박스가 나타날 것이다. 바깥쪽 박스는 액션 세이
프(Action Safe)이고, 안쪽 박스는 타이틀 세이프(Title Safe)이다.

03 그래픽이나 타이틀 작업을 할 때는 작업물이 타이틀 세이프 안에 위치하는지 꼭 확인하면서 작업하
자. 그리고 타이틀 작업이 끝나면 다시 메뉴 > View > Safe Area > On을 체크 해제해서 타이틀 세이
프 기능을 끄자.

제너레이터 Generators 사용하기

제너레이터(Generators)는 DaVinci Resolve에서 백그라운드로 사용할 수 있는 스틸 이미지나 무빙 이미지 등이 포함된 카테고리이다. 또한 모니터 캘리브레이션(Calibration) * 을 할 때 필요한 여러 종류의 컬러 바도 제너레이터 카테고리에 포함되어 있다.

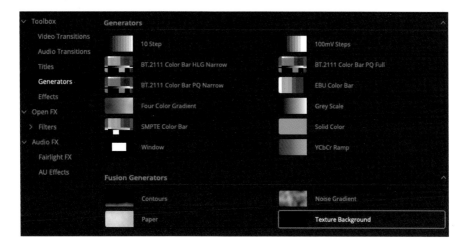

제너레이터를 이용해 오프닝 타이틀에 백그라운드 이미지를 넣어보자.

01 제너레이터로 백그라운드 이미지를 넣기 위해 오프닝 타이틀을 위쪽 트랙으로 옮기자. 이때 [Shift]를 누르고 드래그하면 좌우 움직임 없이 수직으로 클립을 옮길 수 있다.

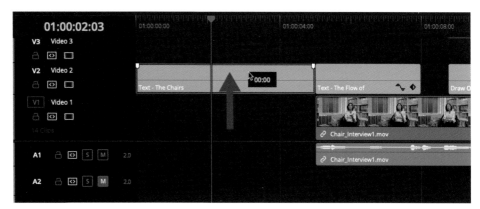

---

* 어떤 표준이나 기준에 맞춰 모니터의 색감을 조절하는 작업을 모니터 캘리브레이션이라 한다.

02 이펙트 라이브러리의 Generators 카테고리에서 Solid Color를 선택해 타임라인의 Video 1 트랙으로 드래그하자.

03 Solid Color 레이어가 기존의 오프닝 타이틀 밑으로 위치한 것이 보일 것이다. 타임라인 플레이헤드를 제너레이터 클립 위에 위치시켜 타임라인 뷰어로 볼 수 있게 하자. 아직은 제너레이터 클립의 배경이 검은색이므로 겉보기에는 이전과 차이는 없어보일 것이다.

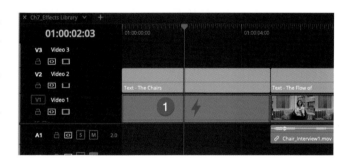

04 제너레이터 클립을 더블 클릭하면 인스펙터가 열린다. 여기서 Generator 탭이 선택되어 있는지 확인하고 Color를 눌러 자신이 원하는 색깔을 지정해 백그라운드를 바꾸자.

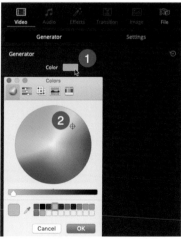

제너레이터를 이용하면 단순히 배경색만 입힐 뿐
만 아니라, 그림과 같은 백그라운드 이미지도 만들
어낼 수 있다. 다양한 제너레이터를 사용해 상황에
맞게 연출해보자. 다양한 백그라운드 이미지를 넣
을 사용할 수 있다. 상황에 맞는 제너레이터를 사
용하자.

▲ 움직이는 백그라운드

▲ 그라데이션이 적용된 화려한 백그라운드

▲ 희뿌연 느낌을 주는 백그라운드

CHAPTER 07 ▶ 요약하기

이번 챕터에서는 이펙트 라이브러리에서 쓸 수 있는 트랜지션, 필터 이펙트, 타이틀 등을 배워보았다.

전체적인 편집 과정에서 가장 이해하기 쉽고 빠른 결과를 보여주는 트랜지션(Transitions)은 두 클립 사이를 부드럽게 이어주고 스토리텔링에 없어서는 안 되는 중요한 요소이다. 특히 오디오 또는 비디오 트랙 하나에만 트랜지션을 적용하는 과정은 직접 따라해보고 꼭 기억해두기 바란다.

영상에 비주얼 효과를 적용한 후 결과를 바로 확인할 수 있는 필터 이펙트는 적은 시간을 들이고도 큰 효과를 볼 수 있는 편집 기술이다. 필름 데미지(Film Damage)를 이용해 과거 회상 장면을 간단히 만들 수도 있고, 블러(Blur) 이펙트 등을 사용해 불필요한 부분에는 시선을 분산시키고 시청자나 관객이 화면의 한 지점에 집중할 수 있게 도와준다.

타이틀 작업은 보통 편집 단계에서 후반부에 속한다. DaVinci Resolve에는 다양한 오프닝 크레딧 그리고 모션에서 만들어진 템플릿 등을 제공하는데 한두 번의 사용으로도 간단하게 전문가 수준의 타이틀 이펙트를 만들 수 있다.

이외에도 이펙트 라이브러리에 있는 다양한 백그라운드를 확인하고 타이틀 세이프를 알아보았다. 참고로 다양한 회사들이 DaVinci Resolve X Plug-in을 출시하였는데, 여러분이 타이틀 작업에 익숙하다면 전문가용 Plug-in을 설치하여 사용해보길 권장한다.

CHAPTER 08

애니메이션과 리타임
(Animation and Retime)

DaVinci Resolve

이번 챕터에서는 비디오의 형태와 모양을 바꿀 수 있는 모든 툴과 키프레임을 이용해서 움직이는 애니메이션 효과에 대해서 배워볼 것이다. 기본 비디오 효과는 분류상 클립들의 외형적인 면과 관련이 있는데, 이와 달리 클립의 재생 속도를 바꿔주는 리타임(Retime) 이펙트는 비디오의 외형에 영향을 주는 것이 아니라 시퀀스와 프레임의 재생 속도를 바꿔준다.

이번 챕터에서는 비디오 클립에 줄 수 있는 외형적 효과인 기본 모션 효과와 속도 변경, 그리고 컴포지트 모드를 따라하며 배워보도록 하겠다.

인스펙터의 Video 탭을 보면 여러 가지 비디오 효과를 볼 수 있다. 각 섹션의 옵션을 조절하며 클립의 외형뿐만 아니라 재생 속도 등에도 변화를 줄 수 있다.

▲ 인스펙터에 있는 여러 가지 비디오 효과

❶ 자유 변환(Transform): 클립의 크기와 각도, 위치 등을 조절하는 옵션이다. 상하 또는 좌우로 반전할 수도 있다.

❷ 화면 잘라내기(Cropping): 클립을 원하는 만큼 잘라내는 옵션이다.

❸ 다이내믹 줌(Dynamic Zoom): 클립을 확대하거나 축소하는 애니메이션을 설정하는 옵션이다.

> * ❶, ❷, ❸은 타임라인 뷰어에서도 수정할 수 있다.

❹ 컴포지트(Composite): 두 개 이상의 이미지를 한 프레임으로 합성해 새로운 이미지를 만드는 옵션이다.

❺ 속도 변경(Speed Change): 클립의 속도를 빠르게 또는 느리게 조절할 수 있는 옵션이다.

❻ 흔들림 보정(Stabilization): 영상 촬영 시 카메라가 흔들렸을 경우 이를 보정하는 옵션이다.

❼ 렌즈 보정(Lens Correction): 화면 중간과 테두리의 이미지 왜곡 현상을 수정해주는 옵션이다.

❽ 리타임&스케일링(Retime and Scaling): 타임라인에서 사용되는 클립의 프레임 사이즈, 재생 프레임 레이트, 그리고 렌더링 옵션을 설정한다.

타임라인 뷰어와 인스펙터에 있는 세 가지 기본 모션 효과

편집 모드에서 클립의 외형을 바꾸는 가장 쉬운 방법은 타임라인 뷰어의 왼쪽 하단 모서리에 위치한 모션 효과 버튼을 이용하는 것이다(그림의 ❶ 참조). 버튼을 누르면 총 여섯 가지 아이콘이 나오는데, 한 번에 한 가지만 선택할 수 있다. 이 챕터에서는 변형하기(Transform), 화면 잘라내기(Crop), 다이내믹 줌(Dynamic Zoom) 옵션을 이용해서 클립의 크기를 변형해볼 것이다.

〈타임라인 뷰어에 있는 여섯 가지 모션 효과〉

- Transform: 클립을 변형하고 위치를 옮길 수 있다.
- Crop: 클립을 원하는 만큼 잘라낸다.
- Dynamic Zoom: 클립을 확대하거나 축소하는 애니메이션을 만든다.
- Open FX Overlay: 적용된 Open FX 필터를 컨트롤할 수 있게 해준다.
- Fusion Overlay: Fusion 페이지에서 적용된 효과를 컨트롤할 수 있게 해준다.
- Annotations: 사용자가 화면 위에 메모를 할 수 있게 해준다.

소개한 모션 효과 버튼을 이용하면 인스펙터를 열 필요 없이 타임라인 뷰어에서 바로 비디오 클립에 필요한 모션 효과들을 적용할 수 있다. 이 효과들은 인스펙터의 컨트롤 구간(그림의 ❷, ❸, ❹ 참조)에서 사용할 수도 있지만, 뷰어의 모션 효과 버튼을 이용하는 편이 조절하기 쉽고 직관적으로 변화를 볼 수 있다(앞으로는 편의상 '뷰어 하단의 모션 효과 버튼'을 '뷰어의 컨트롤 버튼'이라 하겠다).

아래는 트랜스폼(Transform) / 화면 잘라내기(Crop) / 다이내믹 줌(Dynamic Zoom) 컨트롤 버튼을 각각 선택했을 때 타임라인 뷰어에 보이는 인터페이스이다.

▲ Transform 옵션 선택 시 뷰어에 나타나는 조절점

▲ Crop 옵션 선택 시 뷰어에 나타나는 조절점

▲ Dynamic Zoom 옵션 선택 시 뷰어에 나타나는 조절점

트랜스폼 Transform

뷰어의 왼쪽 하단에서 트랜스폼(Transform) 버튼을 누르면, 타임라인 뷰어에서 바로 클립의 크기나 위치를 조절할 수 있다. 또한 인스펙터에서 수치를 세부적으로 조절할 수도 있다.

Unit. 01 ▶ 인스펙터에서 트랜스폼 편집하기

트랜스폼 효과는 이미지의 사이즈(클립 프레임)를 바꿀 수 있고, 뷰어에 비례한 이미지의 위치(프로젝트 프레임) 즉, 센터도 바꿀 수 있다.

〈트랜스폼의 세부 설정 항목〉

- **줌(Zoom)**: 선택된 클립의 크기를 조절한다. 가운데 쇠사슬 모양 아이콘이 활성화되어 있으면 가로와 세로의 비율이 고정된다.
- **위치(Position)**: 어떠한 클립의 수평적, 수직적 위치를 결정한다. 이는 클립 이미지의 중앙을 뷰어의 중앙과 비례해 움직여준다. X 박스에 음수를 넣으면 왼쪽, 양수를 넣으면 오른쪽으로 움직인다. 그리고 Y 박스에 음수를 넣으면 아래쪽, 양수를 넣으면 위쪽으로 움직인다.
- **회전 각도(Rotation Angle)**: 선택된 요소를 회전시킨다.
- **고정점(Anchor Point)**: 프레임의 중앙에 위치한 고정점은 선택된 요소의 크기나 회전과 관련한 기준점을 컨트롤할 수 있다. 뷰어에는 고정점의 위치를 조절하는 버튼이 없기 때문에, 인스펙터에서 값을 조절해야 한다.
- **축 회전(Pitch and Yaw)**: 센터를 기준으로 위아래 혹은 양옆을 3D 개념으로 회전시킨다.
- **뒤집기(Flip)**: 클립을 상하 또는 좌우로 뒤집는다.

인스펙터에서 거의 모든 모션 효과를 변경할 수 있지만, 뷰어 왼쪽 하단의 트랜스폼 버튼을 이용하면 뷰어에서 실시간으로 변화를 보면서 조절할 수 있어서 사용하기 훨씬 쉽다.

뷰어의 컨트롤 버튼 중 먼저 트랜스폼 컨트롤부터 살펴보도록 하자. 트랜스폼 컨트롤을 이용하면 이미지의 사이즈와 스케일을 조절하거나 뷰어에서의 이미지의 위치를 변경할 수 있다.

01 미디어 풀의 빈 리스트에서 Timelines 빈을 선택하고 Ch8_Animation_Retime을 연다.

02 Video 2 트랙의 오른쪽 끝쯤에 있는 chair_bRoll_6.mov를 선택하고 타임라인 플레이헤드가 해당 클립 위에 놓여있는지 확인하자.

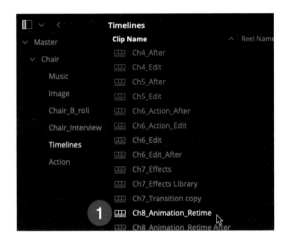

03 뷰어에서 트랜스폼(Transform) 버튼을 클릭하자. 트랜스폼 버튼이 선택되면 아이콘이 밝게 표시되고 뷰어가 트랜스폼 모드로 바뀐다. 이제 이미지 위에 표시된 핸들(하얀 점)을 드래그해서 이미지의 사이즈를 변경할 수 있다.

클립이 뷰어에 꽉 차지 않게 설정

뷰어 보기 옵션*을 최적화된 보기보다 조금 작게 설정해서 클립이 뷰어에 꽉 차지 않게 하자. 그러면 클립 테두리에 있는 핸들을 조절하기 더욱 편해진다. 아래는 예시 화면으로, 32%의 크기로 최적화했던 화면을 25%의 크기로 줄인 것이다.

04 마우스 포인터를 뷰어의 이미지 영역에서 왼쪽 하단 모서리로 가져다 대고, 핸들을 이미지 중앙으로 드래그해 이미지 사이즈를 반으로 줄여보자(이 버튼으로 이미지 사이즈를 조절하면, 이미지는 비율이 맞게 조절된다.

---

* 뷰어 보기 옵션은 실제 클립 사이즈를 조절하는 것이 아니라, 단순히 화면에 보이는 클립을 크거나 작게 보이도록 조절하는 것이다.

05 이미지의 사이즈가 줄어들었다. 인스펙터를 열고 트랜스폼(Transform) 섹션을 보자. 이미지의 사이즈가 변경됨에 따라 인스펙터의 정보들이 업데이트된다. 줌 구간을 0.4로 지정해보자.

Tip **X, Y 비율 고정 버튼의 사용**

X, Y 비율 고정 버튼을 활성화하면 클립의 가로와 세로를 같은 비율로 조절할 수 있고, 비활성화하면 따로 조절할 수 있다.

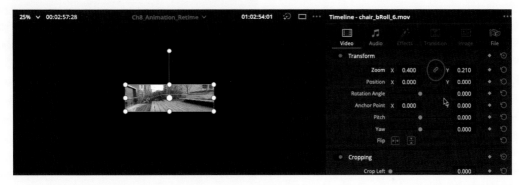

06 클립 영역의 아무 곳이나 마우스로 클릭하고 드래그하면 클립의 위치를 움직일 수 있다. 클립의 위치를 오른쪽 상단으로 옮겨보자. 위치의 변화는 인스펙터의 트랜스폼 섹션에서 확인할 수 있다.

07 메뉴 > View > Safe Area > On을 체크하면 화면 위에 가이드라인이 보이게 된다.

08 변경한 사항들을 초기화해보자. 인스펙터를 열고 Transform 오른쪽에 있는 리셋(Reset) 버튼을 누르면 트랜스폼에 포함된 모든 속성이 초기화된다. 줌이나 포지션 등 각각의 속성을 초기화하고 싶다면, 해당 속성의 오른쪽에 있는 리셋 버튼을 눌러 주면 된다.

인스펙터를 열었는데 트랜스폼 섹션이 닫혀 있다면 Transform 글자를
클릭해보자. 트랜스폼 섹션이 열릴 것이다.

09 작업을 마쳤으면 뷰어 하단의 트랜스폼 아이콘을 다시 클릭해 트랜
스폼 모드를 끝내자.

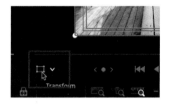

10 트랜스폼 모드에서 편집 모드로 돌아
오면 클립 테두리에 있던 선과 핸들
(하얀점)이 사라진다. 다시 클립을 변형시키고
싶다면 트랜스폼 모드 버튼을 클릭하면 된다.

 영상비를 유지하면서 이미지 사이즈 재조정 및 회전하는 방법

영상비를 유지하면서 이미지 사이즈를 재조정하려면, 트랜스폼 모드를 활성화한 후 뷰어에서 모서리 부분을 제외한
핸들을 Shift + 드래그하자. 또한 영상비를 유지하면서 이미지를 회전시키려면, 중앙에서 연장되어 나와 있는 핸들
을 드래그하자. 회전각을 좀 더 크게 조정하고 싶다면 핸들을 이미지 외곽으로 쭉 드래그해서 늘였다가 회전해보자.

화면 잘라내기 Crop

Unit. 01 ► **타임라인 뷰어에서 화면 잘라내기(Crop)**

화면 잘라내기(Crop) 모드를 사용하면 클립 가장자리를 드래그하여 이미지를 부분적으로 깎아내거나 잘라 낼 수 있다.

01 Video 2 트랙에 있는 chair_bench_3.mov을 선택하자. 타임라인 플레이헤드가 클립 위에 위치하는지 확인한다.

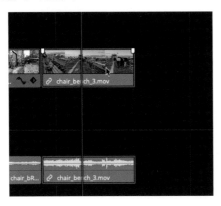

02 타임라인 뷰어의 컨트롤 버튼 중 Crop을 선택하자.

03 화면 잘라내기(Crop) 모드가 활성화되면 타임라인 뷰어에 핸들과 스크린의 영역을 표시하는 테두리가 보인다.

04 핸들을 드래그해서 프레임 이미지의 상하좌우를 잘라내보자(그림의 값을 참조).

05 인스펙터의 Cropping 섹션에서 Softness의 값을 올리면 잘라낸 부분의 경계선이 흐려진다.

06 잘라내기가 끝났으면 타임라인 뷰어에서 Crop 버튼을 한 번 더 눌러 화면 잘라내기 모드를 끝내자.

다이내믹 줌 Dynamic Zoom

다이내믹 줌(Dynamic Zoom) 효과는 잘라내기 기능과 애니메이션 효과를 합친 것이라 생각하면 된다. 편집자가 시작점과 끝점을 선택하면, 선택된 영역만큼 줌 인/줌 아웃을 한다.

다음을 따라서 인터뷰 영상 클립에 다이내믹 줌을 적용해 인물을 확대해보자.

01 Video 1 트랙에 있는 Chair_Interview1.mov 를 선택하고 타임라인 플레이헤드를 그 위에 위치시키자.

02 메뉴 > View > Safe Area > On을 체크 해제하여 타이틀 세이프를 비활성화하자.

03 타임라인 뷰어에서 다이내믹 줌 아이콘을 선택하면 타임라인 뷰어에 두 개의 테두리가 보인다. 초록색의 테두리는 시작 프레임(Start)의 테두리, 빨간색의 테두리는 마지막 프레임(End)의 테두리이다. 현재 구성은 작은 프레임으로 시작해 큰 프레임으로 바뀌는 줌 아웃임을 알 수 있다.

04 초록색 테두리의 핸들을 클릭해보자. 핸들을 드래그하
면 클립의 시작하는 프레임의 영역을 지정할 수 있다.

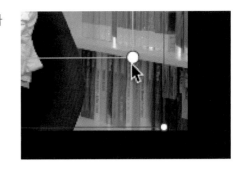

05 핸들을 드래그해서 초록색 테
두리의 크기를 약간 줄여보자.

06 다이내믹 줌 영역 내부를 드래
그하면 해당 영역의 위치를 옮
길 수 있다. 아래 그림처럼 초록색 테두
리를 오른쪽 상단으로 약간 옮겨보자.
화면에 점선이 나타나며 카메라 줌의
방향이 어떻게 보일지 알려준다.

07 이번엔 빨간색 테두리(마지막
프레임)의 핸들을 잡고 드래그
해서 크기를 약간 줄이자.

08 좀 더 안정된 인터뷰 프레임을 위해 빨간색 테두리 영역을 왼쪽으로 드래그해서 옮기자.

09 인스펙터를 열고 Dynamic Zoom 섹션에 있는 Swap 버튼을 눌러보자. 이 버튼을 클릭하면 시작 프레임과 끝 프레임이 서로 바뀌며 카메라 줌 아웃이 줌 인으로 바뀐다. 설정된 다이내믹 줌을 보기 위해서는 인스펙트 구간의 Dynamic Zoom 구간이 활성화되어 있어야 한다.

10 다이내믹 줌 가속도(Dynamic Zoom Ease) 설정을 Ease In and Out으로 선택하자.

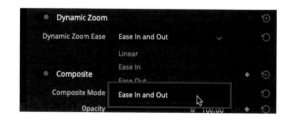

Tip 다이내믹 줌 가속도의 다양한 옵션

인스펙터에서 다이내믹 줌 가속도(Dynamic Zoom Ease)의 여러 옵션을 고를 수 있다.

- Linear: 시작부터 끝까지 동일한 속도로 줌 인/아웃이 진행된다.
- Ease In: 줌 인/아웃 속도를 점점 빠르게 하여 클립을 부드럽게 시작한다.
- Ease Out: 줌 인/아웃 속도를 점점 느리게 하여 클립을 부드럽게 끝난다.
- Ease In and Out: 줌 인/아웃 속도를 조절해 처음에는 부드럽게 시작하고 끝에서는 다시 느려진다.

11 이제 타임라인에서 다이내믹 줌이 잘 적용되었는지 확인해보자. 다이내믹 줌 모드는 정지 상태에서 원본 클립의 크기와 상태를 보여준다. 그렇기 때문에 다이내믹 줌을 적용한 부분부터 클립을 재생하면 정지 화면과 재생 화면에서의 프레임 사이즈가 다르므로 순간 점프하는 느낌을 받을 수도 있다. 따라서 다이내믹 줌이 잘 적용되었는지 확인하려면 클립이 시작되기 전부터 재생하는 것이 좋다. 다이내믹 줌 모드를 끝내면 이런 현상이 발생하지 않는다.

12 다이내믹 줌 효과가 잘 적용되었는지 확인했다면 타임라인 뷰어에서 Dynamic Zoom 버튼을 다시 눌러 다이내믹 줌 모드를 끝내자.

13 그림은 다이내믹 줌 효과 편집이 완성된 모습이다. 시작 프레임과 끝 프레임의 화면 크기 차이에 따라 줌 인/아웃의 속도가 조절된다.

키프레임 Keyframe

키프레임은 클립을 재생할 때 어떤 변화가 생기는 지점을 의미한다. 키프레임을 설정해 클립에 의도적인 변화를 줌으로써 영상 재생 속도 등에 영향을 준다. 예를 들어 100% 크기의 클립이 50% 크기로 작아지는 시작 지점에 키프레임을 표시할 수 있다. 이외에도 키프레임은 사운드, 트랜지션, 애니메이션 효과, 필터 효과, 사운드 조절* 등에서 광범위하게 사용된다.

키프레임은 구성 요소(파라미터)가 시간이 지남에 따라 변하길 원할 때 사용한다. 클립이 스크린을 가로질러 움직이는 듯한 모션을 주거나, 클립의 크기 또는 모양을 바꾸고 클립을 잘라내거나, 클립이 스크린에 재생되는 동안 클립을 빙글빙글 돌게 만들 수도 있다. 키프레임은 항상 두 개 이상 있어야, **한 키프레임 기준으로 그 다음 키프레임까지 변화를 줄 수 있다**.

키프레임을 설정하는 방법은 다음과 같이 두 가지가 있다.

방법1 인스펙터에서 설정하기

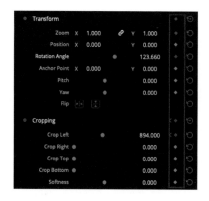

---

*　참고로 다음 챕터(Chapter 10)에서 키프레임으로 이용한 오디오 조절 방법을 배워볼 것이다.

방법2 **키프레임 에디터 및 커브 에디터에서 설정하기**

키프레임/커브 에디터는 키프레임이 추가되는 위치를 타임라인에서 보여준다. 타임라인에 있는 클립에는 키프레임이 따로 표시되지 않기 때문에 에디터를 통해 키프레임의 위치와 효과의 강약 정도를 확인하고 조절한다.

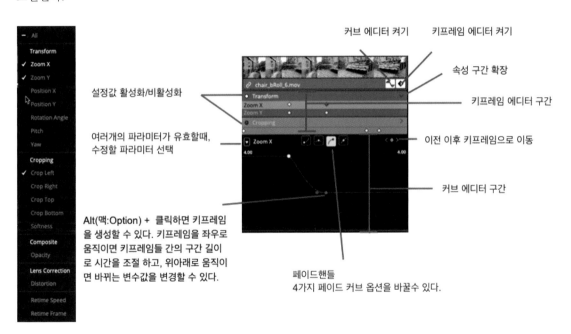

키프레임/커브 에디터와는 달리 인스펙터에서 키프레임을 설정하는 것은 매우 제한적이고 사용할 수 있는 기능이 많지 않다. 예를 들어 여러 가지 이펙트의 파라미터에 키프레임을 적용했다고 해보자. 이 경우엔 이펙트에 적용된 서로 다른 키프레임이 어떻게 연결되어 있는지 확인하는 기능이 필요할 것이다. 하지만 인스펙터로는 복잡한 구조를 알고 키프레임들을 적절히 조정하거나 세밀하게 수정하기가 매우 어렵다. 그런 이유로 저자는 타임라인에 있는 키프레임 에디터와 커브 에디터에서 주로 키프레임 작업을 한다.

키프레임 에디터는 단축키 Ctrl + Shift + C를 누르거나 메뉴의 Clip > Show Keyframe Editor를 클릭해서 여닫을 수 있다. 그리고 커브 에디터는 단축키 Shift + C를 누르거나 메뉴의 Clip > Curve Keyframe Editor를 클릭해 여닫을 수 있다.

Unit. 01 ▶ 인스펙터와 키프레임 에디터로 키프레임 설정하기

키프레임을 이용해서 클립의 크기가 변화하는 애니메이션을 만들어보자. 키프레임 데이터 및 커브 에디터에서 키프레임을 추가하면, 인스펙터에서도 키프레임 값을 확인할 수 있다.

01 chair_bRoll_6.mov를 선택한 후 타임라인 플레이헤드를 해당 클립 위에 위치시키자.

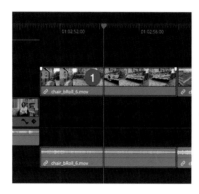

02 인스펙터를 열고 Zoom 속성을 위한 키프레임을 추가하자. 오른쪽에 있는 마름모 아이콘을 누르면 빨간색으로 변하면서 현재 플레이헤드가 위치한 곳에 키프레임이 추가된다.

03 키프레임을 한 번이라도 생성했다면 클립이름 옆에 커브 에디터와 키프레임 에디터 아이콘이 생긴다. 키프레임은 두 개 이상이 있어야 변화를 표시할 수 있기 때문에 아직은 클립 자체에 아무런 변화가 없다.

04 타임라인 플레이헤드를 약간 오른쪽으로 옮기자.

05 인스펙터의 Transform 섹션에서 Zoom X와 Y를 0.5로 줄여 클립의 크기를 줄이자. 속성값이 변경되면 키프레임 버튼(마름모 아이콘)이 빨간색으로 바뀌면서 현재 위치에 키프레임이 생성된다.

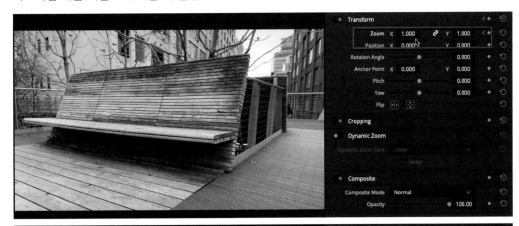

🔔 마우스로 드래그하거나 키보드로 원하는 값을 직접 입력해 크기 조절하기

숫자 위에 마우스를 갖다 대면 크기를 조절하는 슬라이드 아이콘으로 커서
가 바뀐다. 이때 마우스를 드래그하면 숫자의 값이 마우스를 드래그한 만
큼 변하게 된다. 만약 정확한 값을 입력하고 싶다면 숫자를 더블 클릭한 후
키보드로 자신이 원하는 값을 입력할 수도 있다.

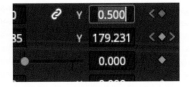

06 클립 이름 오른쪽에 있는 두 개의 아이
콘 중 마름모 모양의 아이콘을 누르거
나 단축키 Ctrl + Shift + C를 눌러 키프레임
에디터를 열자. 우리가 방금 만든 키프레임 두
개가 보일 것이다. 두 키프레임 사이를 재생하
면 클립의 사이즈가 변화하는 애니메이션 것을
확인할 수 있다.

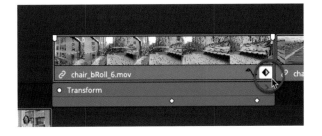

07 Shift를 눌러 키프레임을 선택하면 여러 개의 키프레임을 동시에 선택할 수 있다. 두 키프레임을 모두 선택한 후 마우스로 드래그해서 클립의 시작점으로 옮기자.

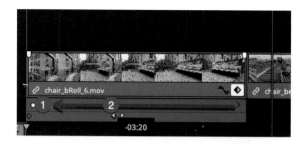

08 클립을 재생해보면 키프레임의 위치가 변경되었기 때문에 애니메이션이 처음부터 시작할 것이다.

09 클립 위에 타임라인 플레이헤드를 놓은 상태에서 위쪽 방향키(↑)를 누르면 플레이헤드가 클립의 시작점으로 이동한다. 여기서 다시 인스펙터를 열고 Position 속성에 키프레임을 추가하자.

10 타임라인 플레이헤드를 클립의 중간쯤으로 옮기고 클립의 위치를 바꾸자. 인스펙터에서 Position X와 Y의 값을 크게 하면 클립이 오른쪽 상단으로 이동할 것이다. 이번에는 Position 속성의 키프레임 버튼이 빨간색으로 바뀌며 현재 위치에 키프레임이 자동으로 생성된다.

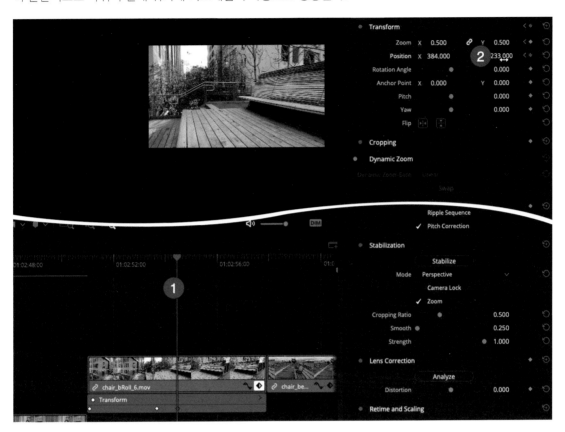

11 타임라인에 있는 키프레임 에디터에서 Transform 오른쪽에 있는 작은 삼각형 아이콘을 누르자. Transform 섹션에 포함되고 키프레임이 적용된 모든 속성이 보일 것이다(여기서는 Zoom과 Position 속성이 보인다).

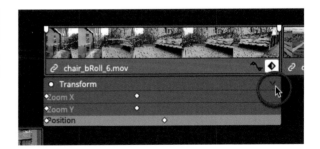

이번에는 커브 에디터를 사용해서 화면이 잘리는 애니메이션을 만들어보자.

01 먼저 chair_bench_3.mov를 선택한 후, 인스펙터의 Cropping 섹션에서 오른쪽에 있는 리셋 버튼을 누르자. 설정이 초기화되어 클립이 원래의 모습으로 돌아갈 것이다.

02 타임라인 플레이헤드를 클립의 중간쯤에 위치시키고 타임라인 뷰어의 왼쪽 하단에서 Crop을 선택하자.

03 인스펙터의 Cropping 섹션에서 키프레임 버튼을 눌러 현재 위치에 시작 키프레임을 지정해주자.

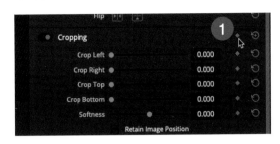

04 타임라인 플레이헤드를 클립의 끝점으로 이동시키고 타임라인 뷰어에서 오른쪽 핸들을 왼쪽으로 드래그해 클립을 잘라내자. 키보드 아래쪽 방향키(↓)를 누르면 타임라인 플레이헤드가 바로 클립의 오른쪽 끝으로 이동한다.

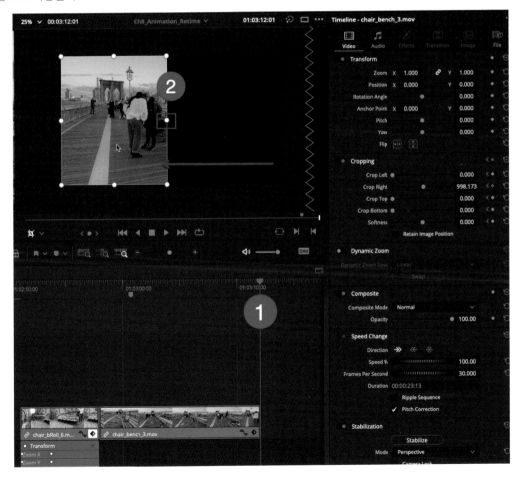

05 클립 이름 오른쪽에 있는 아이콘을 모두 눌러 키프레임 에디터와 커브 에디터를 열자. 우리가 방금 생성한 키프레임 두 개가 보일 것이다.

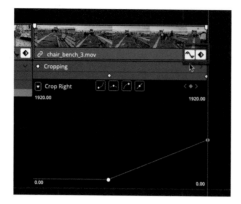

06 커브 에디터에서 키프레임을 선택하고 마우스를 왼쪽으로 드래그해서 그림과 같이 옮기자.

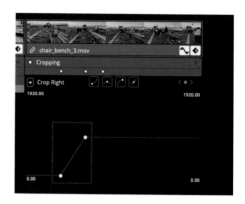

07 Alt를 누른 상태로 커브 에디터의 선 위를 클릭하면 새 키프레임이 생성된다. 그림과 같이 키프레임을 두 개 더 만들어보자.

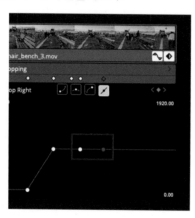

08 마지막으로 만든 키프레임을 드래그해서 아래로 내리자.

09 키프레임을 두 개 더 만들고 이번에는 마지막 키프레임을 최대한 위로 올려보자.

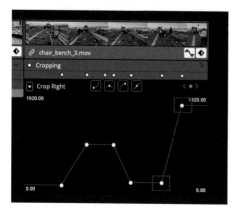

10 키프레임을 하나 더 만들자.

11 커브 에디터에 있는 이전/이후 키프레임 버튼을 이용해서 현재 위치로부터 가장 가까운 이전/이후 키프레임으로 움직일 수 있다. 마지막 키프레임으로 이동하자.

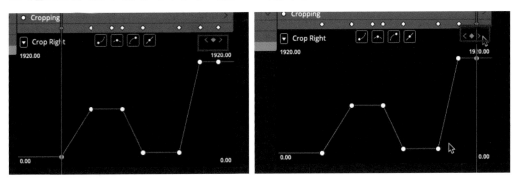

12 타임라인 뷰어에서 오른쪽 핸들을 드래그해 클립을 원래 크기로 만들자. 이때 핸들이 움직임과 동시에 커브 에디터의 키프레임이 움직이는 것을 볼 수 있을 것이다.

13 이번에는 애니메이션의 시작을 부드럽게 만들어보자. 두 번째 키프레임을 선택하고 커브 에디터 상단의 커브 버튼 중 첫 번째 버튼(Ease In)을 누른다. 두 번째 키프레임과 세 번째 키프레임 사이의 곡선이 부드럽게 변하는 것을 볼 수 있다.

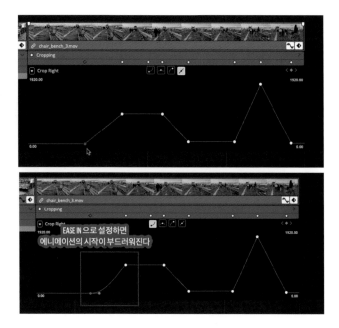

14 클립을 재생해 애니메이션이 잘 만들어졌는지 확인해보자.

Unit. 03 ▶ 키프레임 지우기

키프레임을 실수로 잘못 만들거나 불필요해진 경우 키프레임을 지울 수 있다. 키프레임은 커브 에디터에서 키프레임을 선택해 Delete를 눌러 지우거나, 키프레임에 플레이헤드를 위치시키고 키프레임 버튼을 눌러 지울 수 있다. 다음을 따라하며 두 방법을 모두 연습해보자.

01 커브 에디터에서 뒤에서 세 번째 키프레임을 선택하자.

02 키보드 Delete 버튼을 누르면 키프레임이 삭제된다.

03 이번에는 키프레임 버튼을 사용해서 키프레임을 지워보자. 이전/이후 키프레임 화살표 버튼을 누르면 현재 플레이헤드를 기준으로 이전/이후의 키프레임의 위치로 이동한다. 이를 이용해 뒤에서 두 번째 키프레임에 플레이헤드를 위치시키자.

04 마름모 모양의 키프레임 버튼을 누르면 플레이헤드가 위치한 곳에 있던 키프레임이 삭제될 것이다.

 커브 에디터와 인스펙터에서 키프레임 생성/제거하기

키프레임을 생성/제거하는 방법을 정리해보자.

커브 에디터에서 키프레임 생성/제거하기

커브 에디터에서는 키프레임이 없는 곳에 플레이헤드를 위치시키고 키프레임 버튼을 누르면 키프레임이 생성되고, 반대로 키프레임이 있는 곳에 플레이헤드를 위치시키고 키프레임 버튼을 누르면 키프레임이 제거된다. 그리고 키프레임 사이를 이동할 때는 이전/이후 키프레임으로 이동 버튼을 누르면 된다.

인스펙터에서 키프레임 생성/제거하기

커브 에디터와 마찬가지로, 인스펙터에서도 키프레임 관련 버튼을 눌러 생성/제거하거나 키프레임 사이를 이동할 수 있다. 플레이헤드가 있는 위치에 키프레임이 생성되면 인스펙터에 키프레임 버튼이 빨간색으로 표시된다.

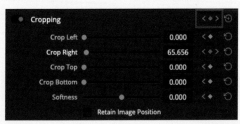

Unit. 04 ▶ 속성 복사하기/지우기(Paste/Remove Attributes) 기능 사용하기

속성 복사하기(Paste Attributes) 기능은 어떤 클립에 적용된 속성을 복사해 다른 클립에 해당 속성을 적용하는 기능이다. 하나의 클립에서 복사된 여러 가지 효과를 하나 또는 여러 클립에 동시에 적용할 수 있어 아주 편리한 기능이다. 한 번의 과정으로 여러 클립에 같은 크기, 효과, 키프레임을 동시에 적용할 수 있기 때문에 편집 시 사용 빈도가 높고 중요한 기능이다. 그리고 속성 지우기(Remove Attributes) 기능을 이용하면 클립에 적용된 속성들을 간단히 지울 수 있다.

01 타임라인에 있는 chair_bench_3.mov를 선택하자. 이 클립에는 아직 애니메이션을 위한 키프레임이 남아 있을 것이다.

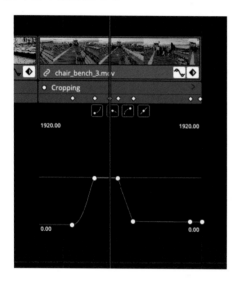

02 메뉴 > Edit > Copy를 누르거나 Ctrl + C를 눌러 복사하자. 클립 자체와 클립의 속성이 모두 복사된다.

03 타임라인에서 chair_bench_4.mov를 선택하고 타임라인 플레이헤드를 이 클립 위에 위치시키자. 이 클립에 방금 복사한 키프레임을 붙여 넣을 것이다.

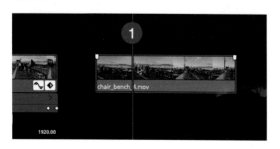

04 메뉴에서 Edit > Paste Attributes를 선택한다. (단축키: Alt + V)

05 Paste Attributes 창이 열리면 소스 클립(From)과 타깃 클립(To)이 각각 chair_bench_3.mov와 chair_bench_4.mov인지 확인하자. 혹시 속성이 체크되어 있다면 Video Attributes 섹션의 ⊟ 버튼을 눌러 모두 체크 해제한다(아직 Apply는 누르지 않도록 하자).

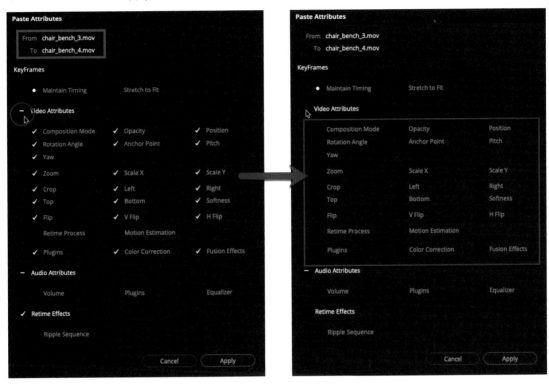

06 Crop만 체크하고 나머지는 모두 체크 해제하자. 여기서 Crop만 체크하는 이유는 우리가 지난 유닛에서 키프레임을 만들 때 Crop 속성만을 이용해 만들었기 때문이다. 만약 다른 속성값을 바꿔 키프레임 애니메이션을 만들었다면 해당 속성을 체크해주면 된다. Apply를 누르면 복사가 완료된다.

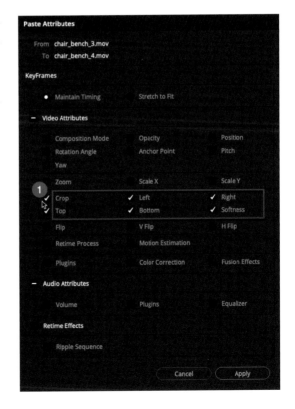

07 chair_bench_3.mov에 있던 키프레임들이 chair_bench_4.mov에 복사되어 적용되었다. 키프레임/커브 에디터를 열어서 이전 클립과 적용된 키프레임을 비교해보자. 복사되어 적용된 효과는 인스펙터에서도 확인할 수 있다.

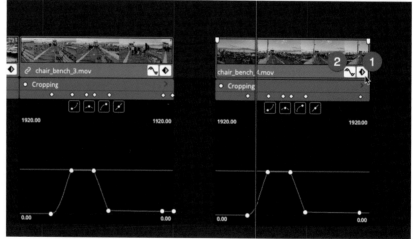

08 이번엔 클립에 적용된 키프레임을 지워보자. chair_bench_4.mov를 마우스 오른쪽 클릭하고 Remove Attributes를 선택하자.

09 Remove Attributes 창이 열리면 Video Attributes를 체크하자. Crop 속성을 포함한 모든 속성이 삭제될 것이다. 이 상태에서 Apply를 누르면 삭제가 완료된다.

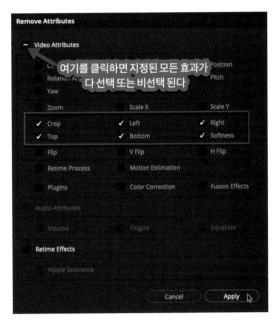

여기를 클릭하면 지정된 모든 효과가 다 선택 또는 비선택 된다

10 적용했던 키프레임이 지워졌다.

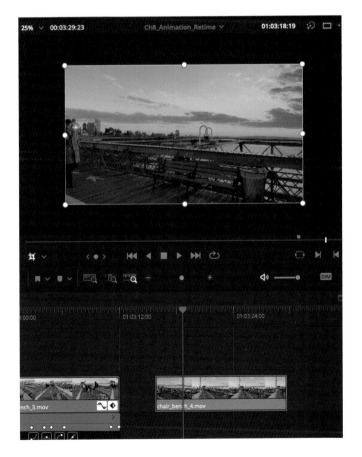

비디오 페이더 핸들로
페이드 인/아웃 만들기

DaVinci Resolve에는 타임라인에서 드래그 한 번으로 간편하게 페이드 인/아웃을 만들 수 있는 비디오 페이더 핸들이라는 기능이 있다. 이 기능을 사용해서 클립의 처음과 끝에 각각 페이드 인과 페이드 아웃을 만들어보자.

01 타임라인에서 클립의 왼쪽 또는 오른쪽 상단 모서리에 마우스를 가져가면 비디오 페이더 핸들이 나타난다.

02 클립의 앞쪽에 있는 핸들을 오른쪽으로 드래그하면 드래그한 만큼 페이드 인 효과가 만들어진다.

03 이번에는 페이드 아웃 효과를 만들어보자. 클립 뒤쪽에 있는 핸들을 왼쪽으로 드래그하면 드래그한 만큼 페이드 아웃 효과가 만들어진다.

04 같은 방식으로 오디오 클립에도 페이드 인 효과를 만들 수 있다. 같은 클립의 오디오 트랙에서 왼쪽 상단의 핸들을 드래그하여 페이드 인 효과를 만들자.

스케일링 Scaling

편집에 사용되는 클립 소스는 다양한 화면비와 해상도의 비디오 또는 이미지가 될 수 있다.

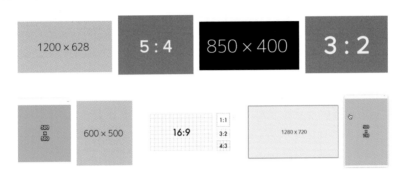

DaVinci Resolve는 **클립 소스를 타임라인에 가져왔을 때 자동으로 이미지를 화면에 맞추는 스케일링 기능을** 제공한다. 이 기능은 프로젝트 세팅에서 모든 클립에 일괄적으로 적용할 수 있고 인스펙터에서 클립별로 설정할 수도 있다.

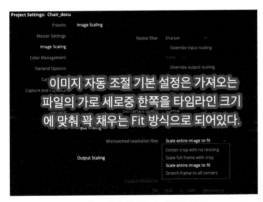

▲ 프로젝트 세팅에서의 스케일링 옵션

▲ 인스펙터에서의 스케일링 옵션

스케일링에는 Crop, Fit, Fill, Stretch의 네 가지 옵션이 있으며 기본 설정은 Fit이다. 스케일링 옵션은 프로젝트 세팅이나 인스펙터에서 설정할 수 있는데, 두 곳에서 표시되는 이름이 각각 다르다.

아래에 네 가지 스케일링 옵션의 역할을 정리해보겠다(괄호 안에 있는 이름은 프로젝트 세팅에서의 옵션 이름이다).

- **Crop(Center crop with no resizing)**: 이미지가 프레임에 맞든 맞지 않든 이미지를 100%의 크기로 보여준다. 이 옵션은 이미지를 다이내믹 줌 이펙트를 사용하거나 프로젝트의 프레임 크기보다 작은 이미지를 임포트해서 쓸 때 유용한 기능이다.

아래의 예시는 Crop 옵션이 적용된 클립을 타임라인 뷰어에서 볼 때의 모습이다. 원본 이미지의 해상도는 710×710이지만 타임라인의 해상도가 1920×1080이기 때문에 공간이 남아 뒷클립이 보인다.

- Fit(Scale full frame with crop): 기본 설정 옵션으로서 원래의 클립 화면 비율을 유지하면서 클립의 전체 이미지가 프로젝트 화면에 모두 보일 수 있도록 맞춰진다. 화면 비율이 4:3인 고화질 사진을 16:9의 화면 비율인 1080p 프로젝트에 가져오면 맞춰진 이미지 양옆에 필러박스(pillarbox)가 생긴다. 만약 16:9보다 가로가 더 긴 비율의 이미지를 가져오면 이미지 위아래로 레터박스(letterbox)가 생긴다.

- Fill(Scale entire image to fit): 화면의 위아래, 그리고 양옆을 모두 채울 수 있도록 크기를 맞춰주는 옵션이다. 아래의 예를 보면 알 수 있듯이 화면의 위아래가 일부분 잘려서 보인다. 프레임의 모든 면을 채워야 하기 때문에 이미지가 확대된 후 버려지는 부분이 생길 수 있다.

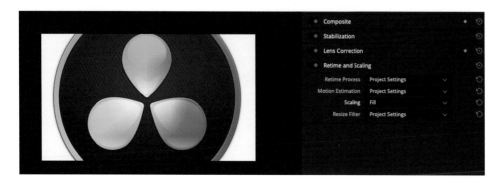

- Stretch(Stretch frame to all corners): 이미지를 타임라인 해상도 비율에 맞춰 강제로 늘린다. 잘리거나 남는 부분은 없지만 이미지의 비율이 타임라인의 비율로 변하기 때문에 늘어나 보일 수도 있다.

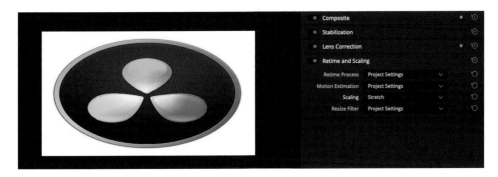

Unit. 01 ▶ 클립의 프레임 레이트와 해상도 확인하기

편집 과정에서 여러 가지 영상 소스와 이미지 파일을 사용하다 보면 원본 클립의 사이즈를 확인해야 될 때가 있다. 예를 들면 픽셀레이션 방지를 위해 이미지 해상도를 확인하는 경우가 있다.* 인스펙터를 통해 영상 편집에서 사용되는 클립들의 프레임 레이트와 해상도를 확인해보자.

01 ❶ chair_bench_4.mov를 선택한 후 ❷ 인스펙터를 열고 File 탭을 선택한다.

---

* 저해상도 파일을 억지로 타임라인에 맞추면 이미지가 뭉개지는 픽셀레이션(Pixelation) 현상이 발생한다. (참고로 Chapter 01에서 화소 개념을 정리할 때 픽셀레이션을 언급했었다.)

02 클립의 이름과 프레임 레이트, 해상도 등이 보인다. 오디오가 포함된 영상 클립의 경우에는 오디오에 대한 정보도 확인할 수 있다.

03 File 탭에서는 영상 클립뿐만 아니라 타임라인의 정보도 확인할 수 있다. 미디어 풀에서 Ch8_Animation_Retime을 선택해보자.

04 인스펙터에서 타임라인에 대한 정보가 보인다. 우리가 편집 중인 타임라인의 프레임 레이트 및 해상도가 작업에 사용된 클립의 프레임 레이트 및 해상도와 동일하다는 것을 알 수 있다.

Unit. 02 ▶ **이미지를 타임라인 해상도에 맞춰 Fit 옵션 스케일링하기**

01 Video 2 트랙에 있는 Chair_1.jpg 위에 타임라인 플레이헤드를 올려놓고 타임라인 뷰어를 통해 이미지를 확인하자. 이미지의 화면 비율이 타임라인의 화면 비율과 맞지 않기 때문에 양옆으로 뒷부분이 보인다.

트랜스폼 기능을 이용해 직접 이미지의 크기를 수정할 수도 있지만 스케일링 기능을 이용해 자동으로 이미지의 크기가 맞춰지도록 해보자.

02 타임라인에서 Chair_1.jpg 클립을 선택하고 인스펙터를 열자. Video 탭을 선택한 후 Retime and Scaling 섹션을 보면 Scaling 옵션이 Project Settings로 설정되어 있을 것이다.

섹션 도입부에서 언급했듯이, 스케일링 옵션의 기본 설정은 Fit이다. 따라서 현재 이미지의 스케일링 옵션은 Fit으로 설정되어 있다고 생각하면 된다.

03 Scaling 옵션을 Fill로 바꾸자.

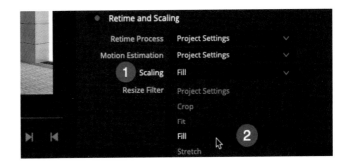

04 타임라인 뷰어를 다시 확인해보면 모자란 부분 없이 화면에 꽉 차게 이미지가 맞춰진 것을 볼 수 있다.

SECTION 08

흔들림 보정 Stabilization

DaVinci Resolve

DaVinci Resolve는 비디오 이미지를 분석하고 눈에 띄는 흔들림을 줄여주는 옵션을 제공한다. 안정화 (Stabilization)라는 옵션을 이용하는데, 흔들리는 프레임 안의 화소가 어떻게 움직이는지를 분석하고 화소가 특정 방향으로 너무 많이 움직인다면 반대 방향으로 움직여서 보정한다. 예를 들어 어떤 이미지가 촬영 중 아래로 움직였다면, 그만큼 DaVinci Resolve가 이미지를 확대해서 위로 움직여준다.

타임라인에 있는 클립을 선택한 후 인스펙터의 Stabilization 섹션에서 Stabilize 버튼을 누르면 이미지 안정화 분석이 자동으로 시작된다.

이미지 안정화 분석이 시작되면 이미지는 즉각적으로 움직인 거리에 비례해서 줌 인이 된다. 클립을 재생해보면, 화면이 이전보다 훨씬 덜 움직이는 것을 알아챌 수 있을 것이다.

Stabilization 섹션에는 더욱 자연스럽게 이미지를 안정화하기 위한 옵션이 세 가지 있다.

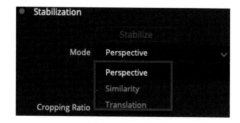

- **Prospective**: Stabilization의 가장 기본적인 옵션으로 XYZ 축을 모두 분석해서 흔들림을 보정한다.
- **Similarity**: Perspective 옵션을 사용했을 때 발생할 수 있는 뭉개짐(Motion Artifact)을 방지해서 흔들림을 보정한다.
- **Translation**: X축과 Y축만을 분석해서 흔들림을 보정한다.

그리고 안정화 옵션 선택란 아래에는 두 가지 체크박스가 있다.

- **Camera Lock**: 삼각대 등에 설치되어 앵글이 고정된 상태로 촬영된 경우를 위한 옵션이다. 체크할 경우 옵션 하단의 슬라이더(아래 세 가지 슬라이더 참조)가 비활성화된다.
- **Zoom**: 영상을 확대해서 흔들림을 보정한다. 늘 활성화해두기를 권장한다.

안정화 옵션을 선택한 후에는 다음의 슬라이더를 조절해 흔들림 보정을 할 수 있다.

- **Cropping Ratio**: 영상을 보정할 때 지정된 한계치에 기준을 두고 그림을 확대/축소하여 보정을 결정하는 수치이다. 값이 작을수록 보정이 많이 적용된다.
- **Smooth**: 흔들리는 줌을 보완해주는 정도를 설정한다. 값이 크면 프레임이 뭉개지는 느낌이 날 수 있기 때문에 0.5 이하의 값을 사용하는 것을 권장한다.
- **Strength**: 수학적으로 분석된 흔들림 값을 바로 사용하지 않고 추가적인 데이터를 병행해서 사용하는 정도를 설정한다. 기본값으로 1이 설정되어 있으며 이는 100%를 의미한다.

안정화 설정은 클립마다 다르므로 직접 값을 다르게 적용해보고 가장 좋은 결과를 얻을 수 있는 수치를 적용하자.

Unit. 02 ▶ Stabilization으로 흔들린 영상 보정하기

---

01 Video 2 트랙에 있는 chair_bRoll_1.mov를 선택하고 인스펙터를 연다. 영상을 재생해보면 시작점에서 화면이 많이 흔들릴 것이다.

02 인스펙터의 Stabilization 섹션에서 Stabilize 버튼을 눌러 흔들림을 보정하자.

03 그런데 영상을 재생해 보면 흔들림은 줄어들었지만 여전히 양옆으로 출렁이는 느낌이 남아 있다. 흔들림을 좀 더 보정하기 위해 Camera Lock을 체크하자. Camera Lock 옵션은 고정된 앵글로 촬영된 클립을 보정하는 데 효과적이다.

04 영상을 다시 재생해보자. 영상이 흔들림 없이 깔끔하게 보정될 것이다.

05 이번에는 카메라가 움직여 초점이 흔들리는 영상 클립을 보정해보자. Video 2 트랙 오른쪽 끝부분에 있는 chair_bench_3.mov를 선택한다.

06 인스펙터를 열고 Stabilization 섹션에서 Mode를 Similarity로 선택하고[*] 그림과 같이 옵션과 슬라이더를 설정하자.

Cropping Ratio를 줄이면 줌 인 보정 효과가 더 나타난다. 왼쪽으로 슬라이더를 움직여 값을 줄이면 화면이 줌 인되어 더 안정화되지만 잘리는 부분이 많아진다. 여기서는 0.4 정도로 맞춰주자.

Smooth 값이 높아지면 높은 프레임 레이트 영상처럼 매끄럽고 부드러운 느낌을 준다. 너무 값을 올리면 움직임이 높은 프레임 레이트의 게임용 영상처럼 바뀌어버린다. 여기에서는 0.5 정도로 맞춰주자.

Strength의 경우는 이 클립에 앞으로 걸어 들어가는 움직임이 있기 때문에 가장 높은 값인 1을 사용하여 안정화를 극대화하자.

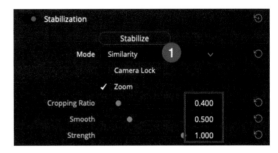

07 설정이 끝났으면 Stabilize 버튼을 누르고 분석이 완료될 때까지 잠시 기다리자.

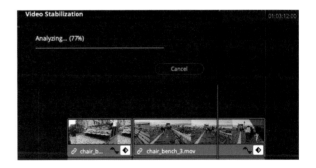

08 영상을 다시 재생해보면 영상이 훨씬 부드러워진 것을 볼 수 있다.

---

[*] 이 클립은 카메라가 앞으로 걸어가기 때문에 Z축의 영향으로 흔들림 보정 시 뭉개짐이 발생할 수 있다. 따라서 Perspective보다는 Similarity가 효과적이다.

속도 변경 Speed Change

클립의 재생 속도를 조절하는 기능은 프로젝트의 페이스를 조절해 많은 정보를 다양한 방법으로 스토리에 담아낼 수 있어 유용하다. 클립의 속도를 조절해줌으로써 짧은 장면 전환을 연상시켜 트랜지션처럼 사용할 수도 있고, 클립을 천천히 재생하거나 정지 화면 또는 역방향으로 돌아가게 할 수도 있다. DaVinci Resolve에서는 Change Clip Speed, 인스펙터, 그리고 리타임 컨트롤/커브(Retime Controls/Curve) 총 세 가지 방법으로 재생 속도를 조절할 수 있다.

Change Clip Speed와 인스펙터를 이용하는 방법은 클립의 재생 속도를 구간을 나누지 않고 바꿀 때 사용하며 클립의 시작부터 끝까지 하나의 재생 속도로 고정된다. 또한 프리즈 프레임(Freeze Frame) 기능을 사용해서 클립의 프리즈 프레임 기능 적용 지점부터 끝까지 정지된 화면을 만들 수 있다.

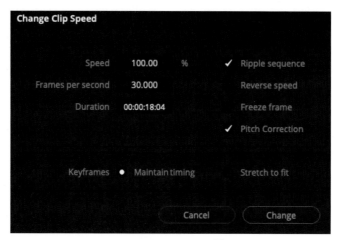

▲ Change Clip Speed 창

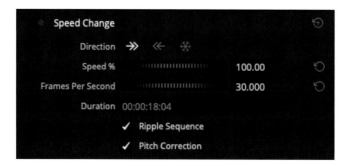

▲ 인스펙터의 Speed Change 섹션

반면 리타임 컨트롤과 리타임 커브를 사용하면 클립에 구간을 나누어 재생 속도를 지정할 수 있다. 키프레임을 추가하여 재생 속도를 점점 빠르게 하거나 느리게 하는 것이 가능하다.

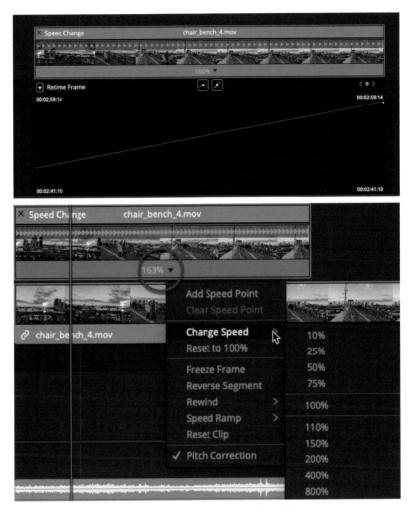

▲ 타임라인에서 볼 수 있는 리타임 컨트롤/커브

클립의 재생 속도를 바꿨을 경우 이를 처리하기 위한 Retime Process 세팅을 정할 수 있다. 이는 스케일링과 마찬가지로 프로젝트 세팅에서 모든 클립에 일괄적으로 적용할 수도 있고 인스펙터를 통해 클립마다 세팅을 바꿀 수도 있다. 리타임 프로세스의 옵션은 총 세 가지가 있다. 영상 속도를 느리게 설정할수록 좋은 렌더링 옵션이 추천된다.

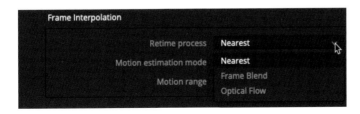

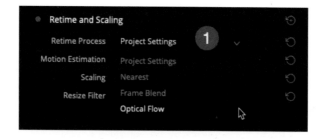

- **Nearest**: 기본 설정값이다. 원래 영상 속도의 30%를 초과하는 속도를 내기 위해 사용한다.
- **Frame Blending**: 프레임 레이트를 계산할 때 하나의 프레임이 아닌 두 개의 프레임을 섞어서 하나의 프레임으로 계산한 후 렌더링을 한다. 원래 영상 속도의 15%-30% 사이의 속도를 내기 위해 사용한다.
- **Optical Flow**: 하나의 프레임이 아닌 사용된 모든 프레임의 화소를 계산한 후 전체 화소 움직임의 결과를 사용하는 옵션이다. 가장 부드럽게 프레임을 섞어주는 옵션이지만 렌더링 시간이 오래 걸린다. 렌더링 시간과 상관없이 선명하고 부드러운 프레임 매치를 원할 때 사용하면 좋다. 원래 영상 속도의 15%보다 느린 속도를 내는 데 사용한다.

Optical Flow는 좋은 퀄리티를 보장하지만 렌더링하는 데 많은 시간이 소요된다. 그래서 DaVinci Resolve에서는 이를 보완하기 위해 Motion Estimation 기능을 넣었다. 이 기능을 사용하여 렌더링을 하면 효율성이 높아져 시간 대비 더 나은 결과물을 보여준다. 이 기능은 Optical Flow를 사용할 때만 적용된다.

Unit. 01 ▶ Change Clip Speed로 클립 속도 바꾸기

타임라인에서 클립의 재생 속도를 바꾸는 효과는 클립의 길이와 프로젝트 전체에 변화를 줄 수 있기 때문에 항상 주의해서 사용해야 한다. 이번 유닛에서는 Change Clip Speed를 이용해 클립의 속도를 변경하는 방법을 배워볼 것이다. 우선 Change Clip Speed에 어떤 옵션들이 있는지 확인한 후 실습해보자.

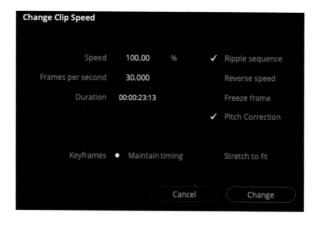

- **Speed**: 전체 클립 구간의 속도를 정한다.
- **Frames per second**: 1초에 타깃 클립의 프레임이 몇 개 들어갈지 정한다.

- Duration: 속도에 따른 타깃 클립의 길이를 정한다.
- Ripple sequence: 이 옵션을 체크하면 재생 속도에 맞춰 클립의 길이가 달라질 때 뒤에 있는 클립들을 밀어내거나 당긴다.* 이 옵션이 꺼져 있으면 갭이 생기거나 뒤에 있는 클립에 의해 해당 클립이 잘리므로 타임라인 전체에 영향을 준다.
- Reverse speed: 클립을 거꾸로 재생(역재생)한다.
- Freeze frame: 플레이헤드와 가장 가까이 위치한 프레임을 기준으로 해당 클립 전체를 정지 영상으로 만든다.
- Pitch Correction: 클립 재생 속도에 상관없이 오디오의 음높이를 그대로 유지시키는 옵션이다. 체크 해제되어 있다면 재생 속도에 따라 오디오의 음높이가 올라가거나 내려간다.

01 Video 3 트랙 오른쪽 끝부분을 보면 chair_bench_4.mov 두 개가 위아래로 나란히 있는 게 보일 것이다. Video 3 트랙에 있는 클립의 재생 속도를 변경하고 아래의 원본 클립과 어떻게 달라지는지 비교해보자.

02 Video 3 트랙에 있는 초록색 chair_bench_4.mov 클립을 마우스 오른쪽 클릭하고 Change Clip Speed를 누르자.

03 Change Clip Speed 창이 열리면 Speed를 50%로 설정해 재생 속도를 두 배로 느리게 만들자. Change 버튼을 누르면 설정이 적용된다.

---

* Chapter 06에서 배운 트림 편집 모드에서의 리플 기능을 생각하면 이해하기 쉽다.

재생 속도를 바꾸기 전에 Pitch Correction 체크 여부 확인

재생 속도를 바꾸기 전에 Pitch Correction를 체크하였는지 확인하자. Pitch Correction를 체크하지 않으면 재생 속도에 따라 목소리의 높낮이가 변한다.

04 타임라인을 보면 원래 클립에 비해 길이가 늘어난 것을 볼 수 있다. 또한 클립의 이름 왼쪽에 속도계 모양 아이콘이 생겼다.

Change Clip Speed 이용 시 Ripple sequence 체크 여부 확인

Change Clip Speed를 이용해 클립의 속도를 바꿀 때 Ripple sequence가 체크되어 있다면 뒤에 있는 클립들에 영향을 준다. 스피드를 조절할 클립이 다른 클립 사이에 위치해 있다면 Ripple sequence를 끄고 속도를 바꾸자. 그래야 다른 클립들이 밀리는 문제를 방지할 수 있다.

이번엔 리타임 컨트롤(Retime Controls)를 이용해서 클립을 뒤로 재생해보자.

01 이전 유닛에서 수정한 클립을 마우스 오른쪽 클릭하고 Retime Controls를 누르자. (단축키: Ctrl + R)

02 클립의 모양이 약간 바뀌면서 리타임 컨트롤이 나타났다. 클립의 아래 부분에 재생 속도가 50%로 표시되는 것이 보인다. 클립의 끝점 위쪽에 마우스 포인터를 갖다 대면 양쪽 화살표 아이콘으로 바뀔 것이다. 이 상태에서 드래그하면 클립의 길이에 맞춰 재생 속도가 맞춰진다. 왼쪽으로 마우스를 드래그해 재생 속도를 빠르게 해보자.

⚠ 리타임 컨트롤을 이용해 재생 속도 변경 시 주의할 점

마우스 포인터가 클립의 끝점에 정확히 위치하지 않으면 그림과 같이 리플 아이콘이 나올 수 있다. 이 상태로 클립을 드래그하면 클립 길이가 줄어들 수 있으니 주의하자.

(※ 실수로 클립 길이를 줄였다면 Ctrl+Z를 눌러 되돌리자.)

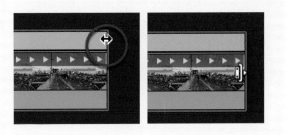

03 마우스를 왼쪽으로 드래그하면 클립의 길이가 짧아지면서 재생 속도가 빨라진다. 재생 속도 또한 200%로 빨라진 것을 볼 수 있다.

 Tip 재생 속도를 늦추면 노란색 삼각형, 빠르게 하면 파란색 삼각형

재생 속도가 원본보다 느리면 클립 썸네일 위쪽에 보이는 삼각형이 노란색으로 표시되고, 재생 속도가 원본보다 빠르면 파란색으로 표시된다.

Unit. 03 ▶ 거꾸로 재생하기(Reverse)

편집을 하다 보면 영상을 거꾸로 재생하는 연출이 필요할 때가 있다. 이번 유닛에서는 DaVinci Resolve에서 클립을 역재생시키는 방법, 그리고 클립을 다시 원래 속도로 만드는 방법을 알아보자.

01 이전 유닛에서 편집한 클립을 마우스 오른쪽 클릭한 후 Reverse Segment를 누르자.

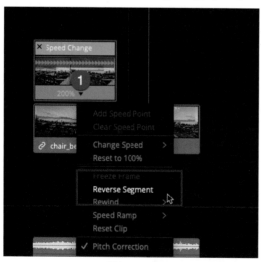

02 썸네일 위쪽에 있는 삼각형이 왼쪽으로 방향을 바꾸면서 아래에 Reverse -200%라고 표시된다. 클립이 거꾸로 재생될 때는 재생 속도가 음수의 값을 가진다.

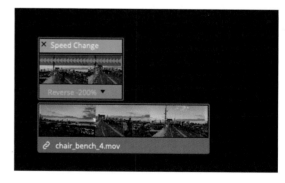

Tip 인스펙터의 Speed Change 섹션을 이용한 클립 역재생

인스펙터의 Speed Change 섹션을 통해서도 클립을 거꾸로
재생할 수 있다.

03 타임라인을 재생하여 클립이 어떻게 재생되는지 확인하자. 확인이 끝나면 인스펙터에서 Speed
Change 섹션을 초기화하자. 이때 Ripple Sequence가 체크되어 있는지 확인한다.

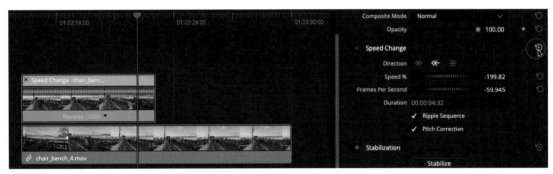

04 클립이 원래 상태로 돌아왔다.

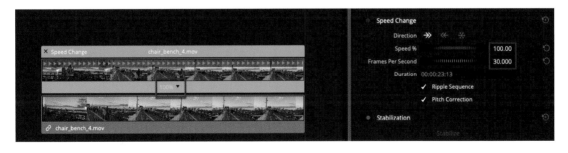

Change Clip Speed와 인스펙터를 사용하면 클립 전체의 재생 속도를 바꿀 수 있지만 구간별로 속도를
지정할 수는 없다. 이럴 때는 리타임 컨트롤이나 리타임 커브를 사용하면 구간별로 속도를 다르게 지정할
수 있다. 이번 유닛에서는 구간별로 다양한 속도를 지정하는 방법(Speed Ramp)을 알아보자.

01 이전 유닛에서 편집했던 클립 하단의 작
은 화살표(▼)를 누르고 Speed Ramp > Up
from 0%를 선택하자. 만약 화살표가 보이지 않는다
면 Ctrl+R을 눌러 리타임 컨트롤을 활성화하자.

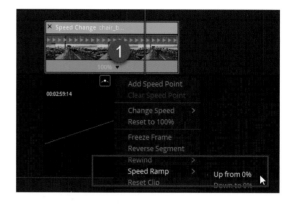

02 클립에 네 개의 키프레임이 생기며 다섯 구간의 재생 속도가 다르게 적용된 것이 보일 것이다. 스피드
램프(Speed Ramp)는 클립을 구간별로 나눠 재생 속도를 점점 빠르게 하거나 느리게 하는 기능이다.

03 각 구간의 길이를 조절해 재생 속도를 변
경하고 싶다면 키프레임 상단의 핸들을
드래그하면 된다.

한 프레임을 정지 화면으로 만드는 프리즈 프레임(Freeze Frame) 기능은 모션 그래픽과 다큐멘터리에서 많이 사용되는 매우 중요한 기능이다.

 DaVinci Resolve의 세 가지 프리즈 프레임 기능

DaVinci Resolve의 프리즈 프레임 기능은 총 세 가지가 있다.

첫 번째는 지정된 클립 안의 특정한 구간을 프리즈 프레임 구간으로 만드는 기능이다. 클립 안에 프리즈 프레임 구간을 만들면 생성된 프리즈 프레임 구간만큼(2초) 뒷 부분이 오른쪽으로 밀리게 된다. 즉 클립의 전체 길이가 늘어난다. 두 번째는 클립 전체를 프리즈 프레임 클립으로 만드는 기능이다. 그리고 마지막은 클립의 일부분을 프리즈 프레임으로 만드는 기능이다. 두 번째와 세 번째 기능은 클립을 프리즈 프레임으로 만들어도 클립의 길이가 변하지 않는다.

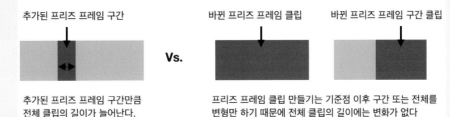

리타임 컨트롤을 통해 클립을 재생하는 중간에 생성되
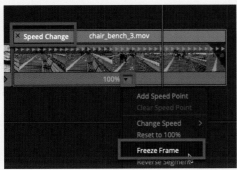
▲ 리타임 컨트롤을 통해 클립을 재생하는 중간에 생성되는 프리즈 프레임 '구간'

▲ Change Clip Speed 팝업 창을 통해 플레이헤드를 기준으로 뒷부분이 정지 영상이 되는 프리즈 프레임 '클립'

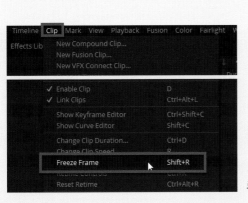

◀ 메뉴 〉 Clip 〉 Freeze Frame을 눌러 클립 전체를 정지 영상으로 만드는 프리즈 프레임 '클립'

01 이전 유닛에서 스피드 램프를 적용한 클립에 프리즈 프레임을 적용해보자. 클립에서 한 커플이 화면에 나올 때쯤에 타임라인 플레이헤드를 위치시킨다.

02 클립의 재생 속도가 표시된 부분 옆에 있는 화살표(▼)를 누르고 Freeze Frame을 누르자.

03 플레이헤드를 기준으로 2초짜리 정지 영상이 클립 중간에 생긴다. 재생 속도가 0%일 때는 썸네일 상단의 아이콘이 빨간색으로 표시된 것을 볼 수 있다.

04 키프레임 상단의 위쪽에 보이는 핸들을 드래그해서 정지 화면의 길이를 더 늘이자.

Unit. 06 ▶ **리타임 커브(Retime Curve)**

리타임 커브는 클립의 속도 변화를 그래프로 시각화해주는 기능이다. 리타임 커브로 재생 속도를 조절하는 방법을 알아보자.

01 이전 유닛에서 작업한 클립을 마우스 오른쪽 클릭하고 Retime Curve를 누르자.

02 클립 아래로 그래프가 나타나며 키프레임별로 클립의 속도가 변화하는 것을 한눈에 볼 수 있다.

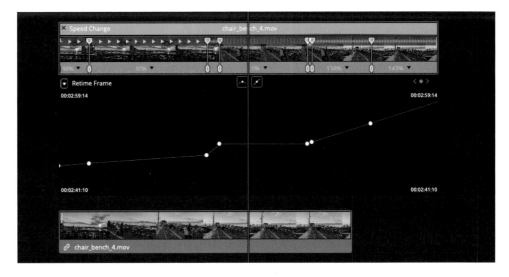

03 타임라인 플레이헤드를 위치시키고 가운데 키프레임 버튼을 누르자. 그러면 플레이헤드가 위치한 곳에 새로운 키프레임이 생성된다. 클립의 끝부분에 키프레임을 두 개 더 만들어보자.

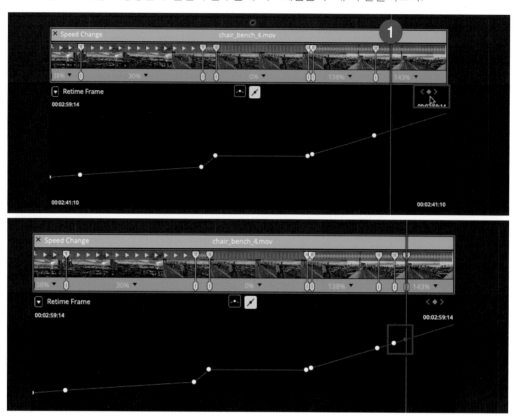

04 키프레임을 마우스로 드래그해서 그림과 같이 위치시키자. 그래프의 선이 아래쪽으로 내려가면 영상이 거꾸로 재생된다. 또한 선이 급격하게 변할수록 재생 속도가 빨라진다.

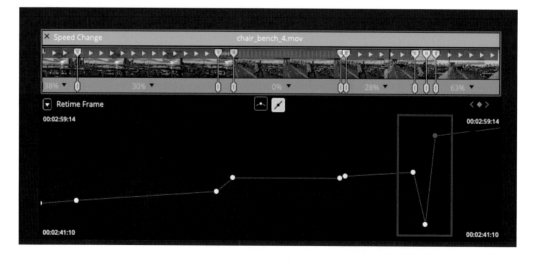

05 이번엔 키프레임을 지워보자. 마지막 키프레임을 선택한 후 Delete 키를 누르면 키프레임이 삭제된다. 키프레임이 삭제되면 앞뒤 키프레임을 기준으로 구간이 자동으로 정리된다.

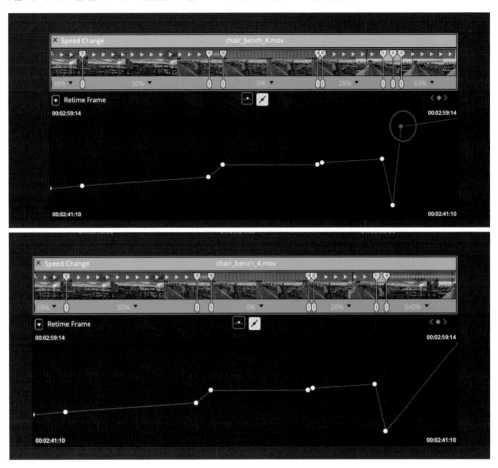

06 작업이 다 끝났으면 리타임 컨트롤과 리타임 커브를 닫자. 클립의 왼쪽 상단에 있는 X를 누르면 리타임 컨트롤이 비활성화된다. (단축키: Ctrl + R)

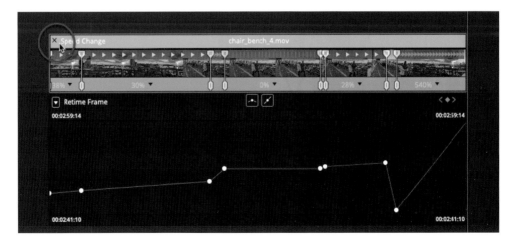

07 이제 클립의 오른쪽 아래에 있는 그래프 아이콘을 누르면 리타임 커브가 비활성화된다.

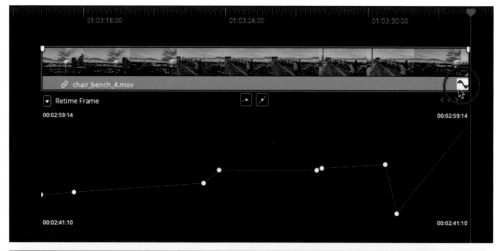

Unit. 07 ▶ 프리즈 프레임(Freeze Frame) 클립 만들기

이번 유닛에서는 프리즈 프레임을 만드는 다른 방법을 알아보도록 하자. 다음에 소개하는 두 방법은 클립의 재생 속도를 바꾸는 것이 아니라 정지된 프레임을 가진 클립을 새로 생성하는 방식으로 프리즈 프레임을 만든다.

방법1 Change Clip Speed나 인스펙터의 Speed Change 섹션을 사용

타임라인 플레이헤드의 위치를 기준으로 클립을 분리하고 그 뒷부분을 플레이헤드가 위치한 프레임의 정지 영상으로 만든다.

메뉴 〉 Clip 〉 Freeze Frame을 누르거나 단축키 Shift + R 을 사용

클립을 나누지 않고 전체 클립의 길이만큼 정지 영상이 만들어진다.

플레이 헤드가 있었던 지점의 프레임으로 타겟
클립이 하나의 정지 화면 클립으로 바뀐다

앞에서 본 두 가지 방법을 이용해 정지 영상을 만들어보자.

01 chair_brench_4.mov 위의 한 지점에 플레이헤드를 가져가자. 지금 타임라인 뷰어에 보이는 이 프레임이 정지 화면으로 만들어질 것이다. 인스펙터를 연 후 Speed Change 섹션에서 눈송이 모양 아이콘을 누른다.

02 타임라인 플레이헤드를 기준으로 클립이 잘림과 동시에, 뒷부분의 클립이 정지 화면 클립으로 바뀐다.

03 새로 만들어진 정지 영상은 새로운 클립이기 때문에 자유롭게 움직일 수 있다. 해당 클립을 위쪽 트랙으로 드래그해서 옮겨보자.

04 이번엔 클립 전체 길이만큼의 정지 영상을 만들어보자. 타임라인 플레이헤드를 앞에서 작업하고 남은 앞부분 클립 위에 위치시키고 메뉴 > Clip > Freeze Frame을 클릭하거나 단축키 Shift + R을 누르자.

05 타임라인 플레이헤드가 위치한 곳의 프레임 화면을 기준으로 클립 전체 길이만큼의 정지 영상이 만들어졌다.

Tip 프리즈 프레임을 풀고 클립을 원상복귀하는 방법

프리즈 프레임을 풀고 원래의 클립으로 되돌리고 싶다면 리타임 에디터를 활성화한 후 클립 아래쪽 화살표를 누르고 Reset Clip을 누르면 된다.

클립을 원상복귀하는 또 다른 방법은 인스펙터를 이용하는 것이다. Speed Change 섹션에서 리셋 버튼을 누르면 재생속도와 관련된 키프레임이 초기화되고 원래 속도의 클립으로 되돌아간다.

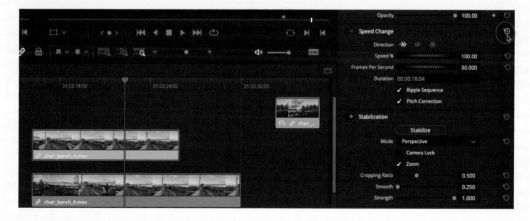

컴포지트 Composite : 레이어 합성하기

Unit. 01 ▶ 컴포지트(Composite)

컴포지트란 2개 이상의 이미지를 한 프레임으로 합성해 새로운 영상 효과를 만드는 것이다. DaVinci Resolve에서는 인스펙터의 Composite 옵션에서 비디오 이미지를 2개 이상 합성(Blending)해 각 비디오 레이어의 화소가 가진 밝고 어두움 또는 색의 조합을 이용함으로써 독특한 효과를 만들 수 있다.

한 가지 기억해야 할 것은 Composite는 항상 2개 이상의 비디오 레이어가 필요하다는 점이다. 컴포지트 모드를 주려고 하는 비디오 레이어 밑에 합성될 다른 비디오 레이어가 없다면 아무런 변화도 일어나지 않는다.

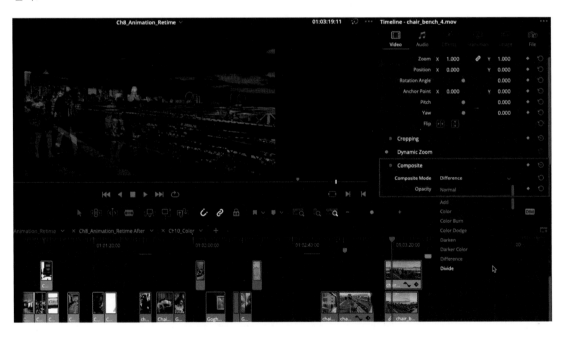

컴포지트의 사전적 의미는 비디오 프레임들을 서로 겹쳐 씌우거나 합치는 것이다. 컴포지트 기능을 사용하면 각 프레임에 있는 화소의 특징인 밝기, 색 등의 고유한 정보를 다른 트랙에 있는 프레임의 픽셀과 연동해 더 밝게 또는 합쳐진 색의 결과로 새로운 이미지를 만들어 표현할 수 있다. 컴포지트에 있는 여러 가지 설정 모드는 설정 가능한 항목별로 분류되어서 어떻게 이 작업이 완성되는지, 결과물의 비디오가 어떻게 보일지에 영향을 미친다.

위아래로 연결된 클립의 경우, 맨 위의 클립이 아래에 위치한 클립을 가리므로 아래 클립이 보이지 않게 된다. 하지만 위에 있는 클립의 불투명도(Opacity)를 조절한다면 아래에 있는 클립을 보이게 할 수 있다.

합성하기와 관련한 두 가지 기본 옵션은 다음과 같다. 각 옵션의 기능을 알아보자.

- **컴포지트 모드(Composite Mode)**: 컴포지트 모드는 비디오 시그널의 불투명도에 관해 매우 다양한 옵션을 제공한다.
- **불투명도(Opacity)**: 100% Opacity는 완전히 가린다(불투명한 물체)는 뜻이고 50%는 두 비디오의 신호들이 똑같이 믹스된다는 뜻이다. 0%는 완전히 투명하게 보이기 때문에 아래에 위치한 비디오가 비쳐보이고 위에 위치한 비디오는 전혀 보이지 않는다.

Unit. 02 ▶ 불투명도(Opacity)

클립을 선택하고 인스펙터에서 이 불투명도를 조절할 수 있는 슬라이더를 왼쪽으로 움직여 두 클립들을 섞어서 보이도록 해보자. 슬라이더 왼쪽에 위치한 숫자 입력란에 원하는 만큼의 숫자를 입력해 넣어도 되고, 숫자의 상하에 위치한 화살표를 클릭해 이를 크거나 작게 조절할 수도 있다. 불투명도가 50%일 때 두 개의 클립은 섞여 보이며, 위쪽 클립은 반투명하게 된다. 불투명도가 0%일 때는 위쪽 클립이 완전히 투명하게 되어 전혀 보이지 않게 된다.

연결된 두 클립의 불투명도를 조절해 함께 섞여 보이도록 만들어보자.

01 Video 3 트랙의 오른쪽 끝부분에 있는 chair_bench_2. mov를 선택한다.

02 현재 선택된 클립의 프레임은 100% 불투명도(Opacity)로 설정되어 있다. 따라서 아래쪽 클립은 위쪽 클립에 가려져 타임라인 뷰어에 보이지 않는다.

03 인스펙터의 Composite 섹션에서 불투명도(Opacity) 슬라이더를 50% 정도로 설정해보자. 위에 위치한 chair_bench_2.mov 클립이 50%만큼 투명해져 아래에 연결된 chair_bench_8.mov 클립과 함께 섞여 보인다.

Unit. 03 ▶ 컴포지트 모드(Composite Mode)

컴포지트 모드는 겹쳐 쌓아올린 두 이미지(클립 또는 스틸샷)의 텍스처를 합쳐주는 기능을 한다. 컴포지트 모드는 이미지들을 픽셀들의 그레이스케일 밸류(Grayscale Values)*에 맞춰서 이미지들을 합쳐준다.

두 레이어를 섞는 컴포지트 모드는 텍스트와 함께 상당히 자주 사용하는 기능인데 예측치 못한 화소들의 결합으로 창조적인 효과들을 만들어주기도 하고 알파(Alpha) 채널**이나 밝기를 이용해서 배경 화면에

---

* 그레이스케일 밸류는 명도를 표현할 때 사용하는 척도로써 기준에 따라 0부터 100 또는 0부터 1024 사이로 나타낸다. 가장 어두운 부분인 검은색은 0, 가장 밝은 부분인 흰색은 100으로 표현될 때, 중간 부분은 회색으로 표현되는 것을 상상하면 된다.

** 알파 채널은 선택 영역을 만들어 이미지에 지정된 부분을 수정할 때 사용하는 기능이다. 눈에는 보이지 않는 보조 채널로써 이미지 합성이나 반투명 효과 등에 사용된다.

텍스트를 섞어줄 때 특히 많이 사용된다.

〈주요 컴포지트 모드〉

- **Add**: 이 카테고리의 옵션은 밝은 픽셀의 값(lighter pixel values)에 기반해 이미지들을 합쳐주는 기능을 한다(다만 Add 모드는 되도록 사용하지 않도록 한다. 왜냐하면 이는 너무 밝은 white levels를 만들어내기 때문이다. 이보다는 Screen 모드를 사용하는 편이 좋을 것이다).
- **Darken**: 합쳐지는 레이어의 색보다 밝은 픽셀은 어둡게 하고, 어두운 픽셀은 아무런 변화를 주지 않는다.
- **Difference**: 이 모드에서는 색상 값(color values)에 기반해 이미지들을 합쳐주는 기능을 한다
- **Hard Light**: 강한 색은 더 진하게 해주는 Multiply 모드와 밝은 것을 더 밝게 해주는 Screen 모드를 반씩 섞어 놓은 모드이다.
- **Lighten**: Darken 모드의 반대 성질을 가진다.
- **Linear Light**: 혼합되는 픽셀의 색상에 따라 밝기를 줄이거나 색을 진하게 하는 모드이다. 혼합된 픽셀의 밝기는 회색을 기준으로 조정된다. 즉, 밝기가 50%보다 낮으면 해당 픽셀은 더 어두워진다.
- **Multiply**: 모든 색을 어둡게 하는 합성을 사용한다. 합쳐지는 레이어의 흰색을 가진 픽셀은 변화가 없고, 합쳐지는 레이어의 검은 픽셀은 검정색으로 합성된다. 중간색은 단계적으로 어둡게 하므로 Darken 모드에 비해 더 어둡다.
- **Overlay**: 이 모드는 중간 톤의 그레이스케일 밸류(Grayscale Values)에 기반해 이미지들을 합쳐주는 기능을 한다.
- **Screen**: Multiply Mode와는 정반대의 모드로, Blend 레이어(위쪽 레이어)의 검정색은 변화가 없으며 흰 픽셀은 흰색으로 합성된다. 그 중간색은 단계적으로 밝게 해준다.
- **Soft Light**: 합성된 색이 중간 밝기인 회색보다 밝으면 이미지는 Lighten 모드를 사용한 것처럼 밝아지고, 합성된 색이 중간 밝기인 회색보다 어두워지면 Darken 모드를 사용한 것처럼 어두워진다.
- **Subtract**: 이 모드는 어두운 픽셀 값(darker pixel values)에 기반해 이미지들을 합쳐주는 기능을 한다.
- **Alpha**: 이 모드는 투명도, 알파(alpha) 채널 또는 밝기 정보(luma)에 기반해 이미지 픽셀을 합쳐주는 기능을 한다
- **Lum**: 밝기 정보를 가지고 밝기 정보를 하나의 알파 채널로 사용한다.

컴포지트 모드에는 여러 가지 모드가 있고, 각각의 모드에는 다양한 옵션이 있다. 하지만 모든 옵션이 모든 클립에서 효과적으로 작동하는 것은 아니다. 어떤 클립에서 어떤 옵션은 드라마틱한 효과를 내고, 어떤 옵션들은 미묘하게 작은 효과만을 줄 뿐이다. 따라서 가능한 여러 옵션을 클립에 적용해보고 어떤 것이 가장 적합할지 확인해보는 것이 좋다. 보통은 Overlay, Screen, Multiply가 가장 효과적이므로 이 순서대로 먼저 시도해본 후, 다른 효과들도 시도해보는 것이 좋을 것이다.

컴포지트 모드의 예시를 몇 가지 살펴보자.

01 이전 유닛에서 사용했던 chair_bench_2.mov를 다시 선택하자.

02 불투명도를 조절하는 칸의 위에 보이는 컴포지트 모드(Composite Mode)의 옵션 창에서 Linear Light를 선택해보자. 그러면 연결된 두 개의 클립이 Linear Light 타입으로 섞여 보인다.

03 Opacity 값을 100으로 조절해보자. 이 값은 해당 컴포지트 모드가 섞이는 양을 뜻한다.

04 이미 적용된 모드에서도 다른 모드로 얼마든지 바꿀 수 있다. 이번에는 Vivid Light 모드로 바꿔보자. 결과 이미지가 달라진 것을 볼 수 있다.

05 다시 컴포지트 모드를 Normal로 선택하자.

06 이펙트 라이브러리에서 Titles 카테고리를 선택하고 Text를 타임라인으로 드래그해서 추가하자. chair_
bench_2.mov 위에 위치시킨다.

07 타이틀 클립을 선택하고 인스펙터를 연다. 텍스트 입력 창에서 NYC라고 입력하자. 폰트는 Impact, 사
이즈는 1060 정도로 설정하자.

08 chair_bench_2.mov를 드래그해서 빙금 추가한 타이틀 클립 위로 옮기자. 아직 컴포지드 모드를 적용하지 않았기 때문에 영상 클립에 가려 텍스트가 보이지 않을 것이다.

09 chair_bench_2.mov를 선택하고 인스펙터에서 컴포지트 모드를 Multiply로 선택하자.

10 아래에 위치한 다른 레이어도 합성되어 보이므로 chair_bench_8.mov를 오른쪽으로 옮겨 보이지 않게 만들자. NYC 글자 영역에만 chair_bench_2.mov의 이미지가 보이는 것을 확인할 수 있다.

> 컴포지트 모드를 사용하면 여러 비디오 클립이 모드에 따라 다른 방식으로 합성되어서 하나의 비디오 클립으로 표현할수 없는 다양한 효과가 결과물로 나타난다.

CHAPTER 08 ▶ 요약하기

이번 챕터에서는 트랜스폼, 화면 잘라내기, 다이내믹 줌 등 세 가지 기본 모션을 이용한 애니메이션과 사용자가 키 프레임을 이용해서 직접 클립의 각 프레임에 원하는 속성을 설정하는 것을 배워 보았다. 또한 비디오 페이더 핸들 기능으로 페이드 인/아웃을 설정하는 것을 배우고 스케일링 옵션을 통해 타임라인 해상도에 맞지 않는 클립들을 화면에 맞추는 방법에 대해서도 배웠다.

카메라가 흔들렸을 경우 유용하게 사용할 수 있는 흔들림 보정 기능과 클립의 재생 속도를 변경하는 기능을 배웠다. 그리고 리타이밍 커브를 사용하여 클립의 속도를 단순하게 바꾸던 기능에서 벗어나 구간별로 속도가 점점 빨라지게 하는 기능, 활용도가 높은 프리즈 프레임 구간과 프리즈 프레임 클립에 대해서도 알아보았다.

컴포지트 모드(Composite Mode)를 사용해 2개 이상의 비디오 이미지를 합성(Blending) 하는 효과에 대해서도 설명을 하였다. 특히 이미지 합성의 그 결과 예측은 사용자가 직접 많은 연습을 해보아야만 알 수 있기 때문에 이 책에서 소개한 방식으로 자신이 가지고 있는 영상 클립에 직접 적용해 보기를 바란다.

MEMO

오디오 편집
(Audio Editing)

DaVinci Resolve

비디오 편집에서 같이 이루어지는 오디오(Audio) 편집의 중요성은 누구나 알고 있다. 하지만 보통 영상 편집 프로그램들은 영상 편집 과정에서 오디오 볼륨 레벨을 고치는 기본적인 오디오 편집 기능 이외에는 다른 많은 오디오 조절 기능이 잘 사용되지 않는다. 반면에 DaVinci Resolve는 Fairlight와 같은 전문 오디오 편집 페이지뿐만 아니라, Edit 페이지에서도 편리하고 직관적인 오디오 편집 기능을 제공한다. 이 챕터에서는 필수적으로 사용되어야 하는 오디오 편집 기능과 DaVinci Resolve가 제공하는 편리한 오디오 툴(Audio Tool)을 자세히 알아보겠다.

보통 오디오 편집은 전체 편집 과정 중에서 본편집이 끝난 후 시작된다. 하지만 예외적으로 이러한 순서를 무시하고 우선 해야 하는 오디오 관련 편집이 있다. 바로 촬영과 녹화가 분리된 이중 시스템 녹음(Double System Recording)에서 비디오와 오디오를 싱크(Sync)한 후 하나의 클립으로 뭉치는 것이다. 이번 챕터에서는 비디오와 오디오 클립을 싱크하는 방법을 자세히 알아보겠다. 또한 클립의 오디오를 조정하는 방법을 여러 가지 배워볼 것이다(이 챕터에서는 오디오 전문 편집 페이지인 Fairlight 페이지가 아니라 Edit 페이지에서 오디오 편집을 할 것이다).

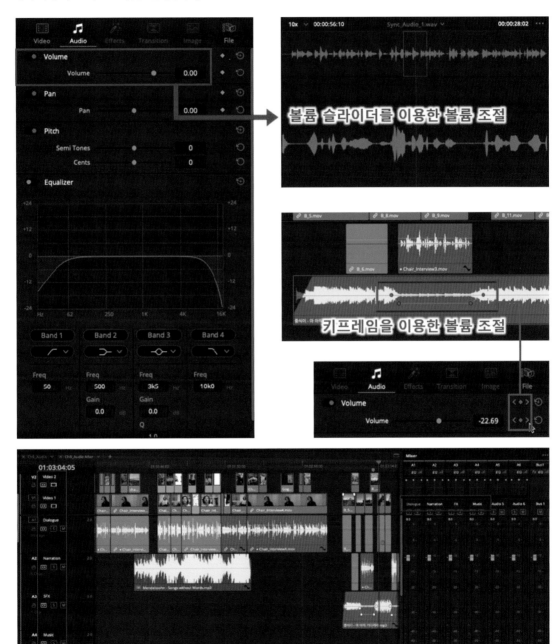

오디오 기본 이해하기
Understanding Audio Basics

DaVinci Resolve

Unit. 01 ▶ 디지털 오디오와 dBFS 이해하기

DaVinci Resolve는 디지털 오디오에서 사용되는 dBFS라는 단위를 사용하여 오디오 수치를 나타낸다. dBFS는 decibel Full Scale의 약자로, 디지털 오디오에서 사용되는 단위이다(여기서 Full Scale은 클리핑(Clipping)*이 일어나기 직전까지 사용할 수 있는 최대 신호의 크기를 의미한다). 아날로그 신호를 디지털로 변환할 때 표현할 수 있는 최대값(가장 높은 소리)을 0 dBFS로 표현하는데, 만약 사용되는 오디오 미터의 사운드 레벨이 0 dB 이상으로 올라가면 클리핑이 발생하여 오디오 신호가 손실된다. 다시 말해 디지털 오디오 신호 체계에서는 0 dBFS가 표현 한계치이고, 0 dBFS를 넘은 오디오 신호는 디지털 노이즈로 바뀐다.

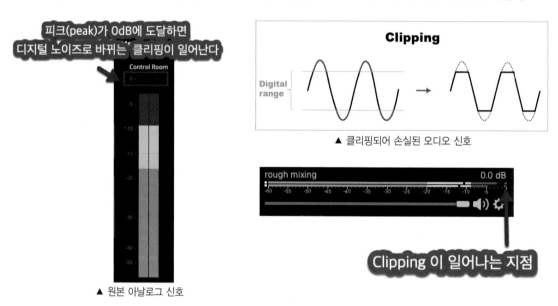

피크(peak)가 0dB에 도달하면 디지털 노이즈로 바뀌는 클리핑이 일어난다

▲ 원본 아날로그 신호

Clipping

Digital range

▲ 클리핑되어 손실된 오디오 신호

Clipping 이 일어나는 지점

정리하자면 디지털 오디오의 표현 한계치(0 dBFS)를 넘으면 클리핑이 일어나고, 오디오 신호가 손실되어 잡음이 발생한다. 그렇기 때문에 어떠한 경우라도 사운드 레벨이 0 dB으로 올라가서는 안 된다는 것을 기본 수칙으로 기억해야 한다.

---

* 클리핑(Clipping)은 아날로그 신호를 디지털 신호로 변환할 때 변환 가능한 범위를 벗어나 신호가 손실되는 현상을 의미한다.

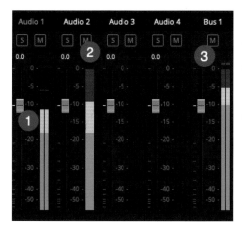

〈오디오 미터에서 확인 가능한 사운드 레벨〉

❶ 적절한 수준의 사운드 레벨

❷ 사운드 레벨이 0 dB에 닿지는 않았지만 조절이 필요한 상태

❸ 사운드 레벨이 너무 높아 피크 홀드 인디케이터에 불이 들어온 상태로, 이때 클리핑 현상이 발생하여 오디오 신호가 손실됨

미터기의 위에 있는 빨간불은 오디오의 소리가 너무 크다는 것을 알려주는 신호이다. 오디오 레벨이 0 dB에 닿으면 오디오 미터 위에 있는 피크 홀드 인디케이터(Peak Hold Indicator)가 빨갛게 표시된다. 이 표시등은 편집자가 클리핑 발생 여부를 인지했음을 확인하기 위해, 편집자가 시퀀스를 다시 재생하기 전까지 계속 켜진 상태로 있다. 오디오 미터(Audio Meter)를 늘 확인해서 최종적으로 파일을 내보낼 때(Export)는 오디오 레벨이 절대 0 dB에 닿지 않게 주의하자.

〈용도별 사운드 음량의 권장 구간〉

- **사람 목소리**: -12 dBFS
- **사운드 이펙트**: -10 ~ -30 dBFS
- **배경 음악**: -20 ~ -30 dBFS

 TV 방송, 유튜브, 넷플릭스의 방송 규격은 제각각 다름

많은 사람들이 시청하는 TV 방송 오디오 신호의 규격은 매우 엄격하다. 왜냐하면 잘못된 오디오나 비디오 신호를 송출했을 경우 한 명의 실수로 수많은 시청자들이 TV의 볼륨을 조절하거나 밝기를 조절해야 하기 때문이다. 그래서 TV 방송 신호 규격은 송출하는 신호와 신호를 수신하는 다수의 TV와의 약속이라고 할 수 있다.

반면에 1대1 규격이라고 할 수 있는 유튜브 등 SNS에서는 각자가 개인 수신기를 동시에 조절할 필요가 없으므로 규격이 그렇게 엄격하지 않다. 그런 이유로 많은 아마추어 영상 제작자들이 음향을 규격에 맞추지 않고 최대치로 올려서 온라인에 올린다. 방송 규격에 맞춘 오디오 레벨은 가끔 아마추어 영상의 큰 오디오 레벨 때문에 아주 약하게 들릴 수도 있다. 그래서 저자는 SNS에 올리는 영상을 만들 때 방송 규격보다 약간 더 높은 레벨을 유지하게끔 한다.

참고로 OTT 서비스인 넷플릭스는 자체적으로 방송 규격을 만들어서 제작자들에게 이를 준수하도록 요구한다. 만약 넷플릭스에 영상을 공급하고 싶다면 넷플릭스에서 지정한 카메라만을 사용해야 하고 비디오 및 오디오 신호 역시 넷플릭스 규격에 맞추어야 한다.

샘플링(Sampling)은 소리를 캡처하고 측정해 아날로그인 오디오 신호를 디지털 포맷으로 변환하는 것을 의미하며, 주파수(Frequency)란 일정 시간 동안 주기적인 현상이 몇 번 일어났는지를 의미한다.

샘플 레이트(Sample Rate)는 1초 동안 소리를 몇 번으로 나누어 그 과정을 샘플링했는지 나타내는 수치이다. 샘플 레이트가 100 Hz라고 한다면 1초에 100번의 주기로 아날로그인 오디오 시그널을 샘플링했다는 의미이다. 샘플 레이트의 수치가 높아질수록 음질은 좋지만 저장되는 파일의 용량이 커지는 단점이 있다. 인간의 청각 능력은 초당 가장 낮게는 20 사이클부터 가장 높게는 20,000 사이클로 정의된다.

▼ 일반 샘플 레이트와 주파수 범위

	샘플 레이트 (Sample Rate)	주파수 (Frequency Response)
사람이 들을 수 있는 소리	–	20–20,000 Hz
AM 라디오	11.025 kHz	20–5,512 Hz
저화질 멀티미디어 동영상	22.050 kHz	20–11,025 Hz
FM 라디오	32 kHz	20–16,000 Hz
CD 오디오	44.1 kHz	20–22,050 Hz
DVD 또는 방송 비디오 포맷	48 kHz	20–24,000 Hz
오디오 마스터 녹음 포맷	96 kHz 이상	20–48,000 Hz

* 20,000 Hz 이상의 주파수를 가진 소리는 사람의 귀로 인지하기 어렵다.

비트 뎁스(Bit Depth)란 볼륨 변화의 표현 폭을 나타내는 수치로, 오디오 파일의 음량 표현 범위를 나타내는 값이다. 비트 뎁스로 사용되는 음량의 범위는 다이내믹 레인지(Dynamic Range)로 표현된다.

다이내믹 레인지(Dynamic Range)는 사용되는 볼륨 변화의 표현 폭 중 최고음과 최저음의 차이를 일컫는다. 다이내믹 레인지가 크다는 것은 볼륨 레벨 간에 차이가 많이 난다는 것을 의미한다. 예를 들어 오디오 파일에서 가장 큰 소리를 100이라 하고 가장 낮은 소리를 1이라고 하면 이 사이에 다이내믹 레인지는 99 단계가 있다는 것이다.

비트 뎁스가 클수록 소리의 다이내믹 레인지가 더욱 명확해지고 볼륨 표현 범위의 해상도 역시 넓어지게 된다. 반대로 비트 뎁스가 작을수록 소리의 강약의 차이가 더 좁아지게 된다. 다만 비트 뎁스가 올라갈수록 그 파일의 사이즈 역시 커진다.

- **16–bit depth**: 최대 96.33 dB의 다이내믹 레인지를 가질 수 있다. 일반적인 비디오 레코딩이나 오디오 CD 또는 DVD 영상에 사용되는 비트 뎁스이다.

- **24-bit depth**: 최대 144.49 dB의 다이내믹 레인지를 가질 수 있다. 오디오를 마스터링 및 믹싱하는 작업을 할 때 사용하며 블루레이 영상에서 지원한다.

비트 뎁스가 클수록 음량을 풍부하게 표현할 수 있고 헤드룸 영역이 넓어진다.

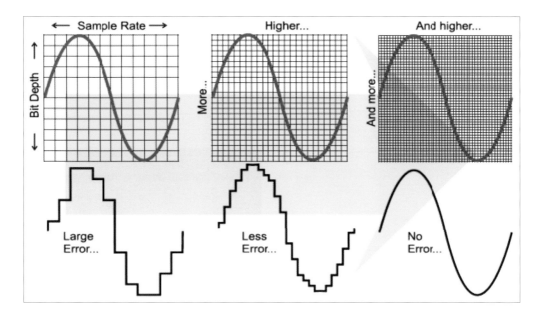

낮은 비트 뎁스를 사용하는 오디오 파일은 표현력이 떨어져 구간별로 차이가 많이 나기 때문에 오디오의 구간별 미세한 차이를 잘 표현할 수 없다. 반면에 높은 비트 뎁스를 사용하는 오디오 파일은 구간별 차이가 줄어들기 때문에 더 부드러운 소리를 표현해낼 수 있다. 예를 들면 예전 전화기 소리는 8 bit 정도의 소리이기 때문에 아주 저음질이고, 스튜디오에서 녹음되는 고음질의 사운드는 16 bit 이상이기 때문에 아주 선명하게 들린다.

〈일반적인 CD와 비디오 포맷의 오디오 형식〉

- CD 오디오 포맷(AIFF, WAV): 16 bit - 44.1 kHz
- 비디오에 사용되는 오디오 포맷(MP3, AIFF, WAV, MOV): 16 bit - 48 kHz

오디오 클립을 타임라인으로 가져오기

지난 챕터와는 달리 이번 챕터에서는 새로운 프로젝트로 실습해볼 것이다. 오디오 클립을 타임라인으로 가져와보자.

01 프로젝트 매니저를 열고 Chair_docu_Audio 를 선택하자.

02 빈 리스트에서 Timelines 빈을 선택하고 Ch9_Audio를 더블 클릭해서 타임라인을 열자. Chapter 02에 서 다루었던 클립들이 타임라인의 오른쪽에 보일 것이다. 타임라인을 재생해보면 배경 음악이 없어 서 영상이 미완성된 느낌이 든다.

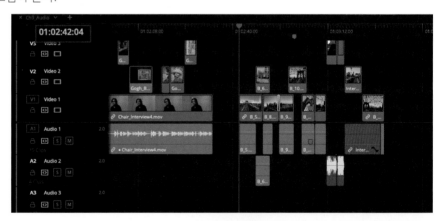

03 Audio 빈에서 '중식이 - 마 아직 기다리라.mp3' 클립 을 더블 클릭하자. 소스 뷰어에 오디오 클립이 열릴 것이다.

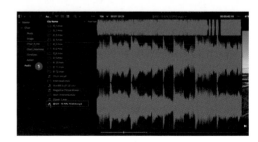

소스 뷰어에서 오디오 클립을 열면 위아래로 두 가지 웨이브폼이 보일 것이다. 위의 웨이브폼은 해당 오디오 클립의 전체 웨이브폼을 보여주고, 아래의 커다란 웨이브폼은 상단 웨이브폼에서 흰색 박스 부분만을 확대해서 보여준다. 소스 뷰어 왼쪽 상단에 있는 배율 조절 버튼을 이용해 아래 웨이브폼을 얼마나 확대해서 볼지 정할 수 있다.

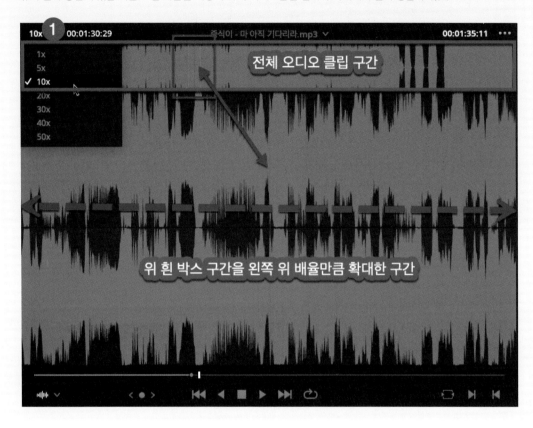

04 아래 재생바의 3분의 1 정도 지점에서 단축키 ⃞O⃞를 눌러 아웃 포인트를 지정하자.

05 오디오 클립을 Audio 3 트랙으로 가져오기 위해 타임라인 플레이헤드를 아래의 타임코드(01:02:42)에 위치시키자. 그리고 Audio 3 트랙을 데스티네이션으로 설정한다.

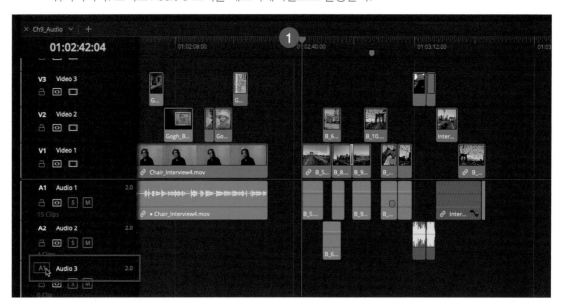

06 소스 뷰어를 드래그해서 타임라인 뷰어로 가져가면 오버레이가 나온다. 여기서 Overwrite 영역 위에서 마우스 클릭을 놓자.

07 Audio 3 트랙에 오디오 클립이 생겼다. 이제 다른 클립의 길이에 맞게 오디오 클립의 길이를 드래그해서 줄여주자.

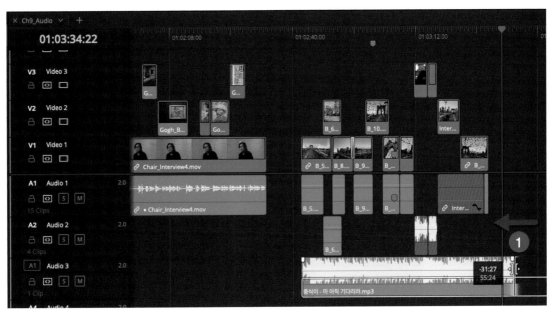

Tip **오디오 클립을 타임라인으로 가져오는 또 다른 방법**

오디오 클립을 타임라인으로 가져오는 또 다른 방법으로는 소스 뷰어를 그대로 드래그하는 것이다. 미디어 풀에서 클립을 바로 드래그할 수도 있지만 오디오 클립의 경우 길이가 길 수 있으니 구간을 설정하고 소스 뷰어에서 가져오는 것이 좋다. 또 단축키를 사용해서 가져오는 방법도 있다. 비디오 클립과 마찬가지로 F9(인서트)나 F10(덮어쓰기)를 누르면 타임라인 플레이헤드가 위치한 곳으로 클립을 가져온다. 이때 자신이 원하는 트랙에 클립을 가져오기 위해 데스티네이션을 잘 확인하여야 한다.

오디오 볼륨 레벨 보기
Audio Meters

DaVinci Resolve에서 오디오 볼륨 레벨을 확인할 수 있는 곳은 두 군데가 있다. 믹서(Mixer)를 열어 확인할 수도 있고, 화면 오른쪽 중간에 있는 작은 레벨 미터로 대략적인 오디오 레벨을 확인할 수도 있다.

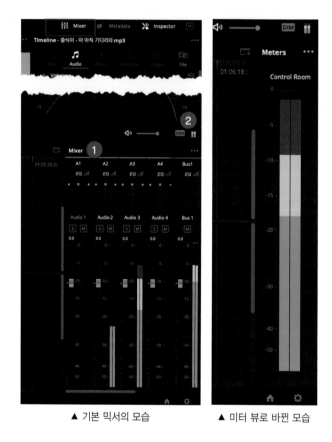

▲ 기본 믹서의 모습   ▲ 미터 뷰로 바뀐 모습

영상이 재생될 때 오디오 레벨을 확인할 수 있는 방법을 배워보자.

01 화면 오른쪽 상단에 있는 Mixer 버튼을 눌러 믹서를 열자.

02 타임라인을 재생하면 녹색 오디오 레벨 미터들은 영상이 재생되는 동안 끊임없이 움직인다. 그리고 오디오 미터 위에 있는 얇은 선이 있는데, 이것이 피크 홀드 인디케이터(Peak Hold Indicator)이다. 이 인디케이터는 재생 시 일 초 단위로 오디오 레벨을 측정하며 0 dB가 넘으면 빨간불이 켜진다.

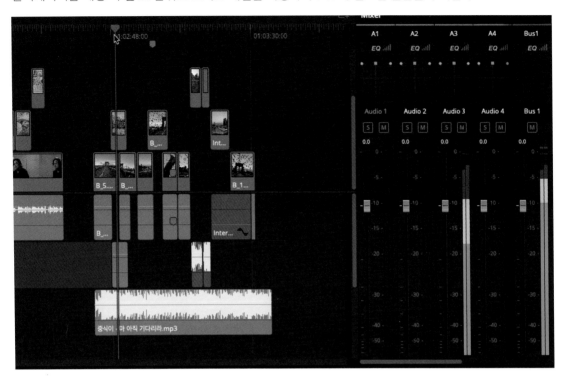

 **볼륨 슬라이더를 이용한 영상 소리 조절**

영상을 재생할 때 소리가 너무 클 경우 타임라인 오른쪽 상단에 위치한 볼륨 슬라이더를 이용해 볼륨을 조절할 수 있다. 이 볼륨 조절은 영상 편집에 영향을 미치지 않고 우리가 스피커나 이어폰을 통해 듣는 소리에만 영향을 준다. 볼륨 조절 슬라이더 옆에 있는 DIM 버튼을 누르면 소리가 전체적으로 작아진다.

03 Audio 3 트랙 헤더의 아래쪽 경계선을 밑으로 드래그하면 트랙의 높이를 키울 수 있다. 이 기능은 오디오의 웨이브폼을 자세히 보고 싶을 때 유용하다.

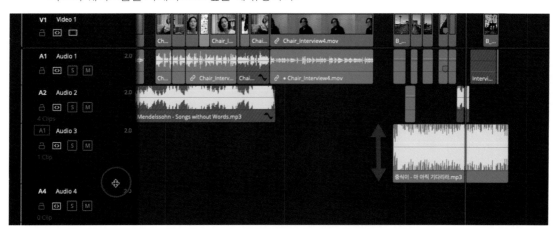

 타임라인에서 비디오/오디오 트랙 높이 조절 및 줌 인/아웃하기

타임라인에서 [Shift]를 누른 채로 마우스 휠을 움직이면 모든 비디오 또는 오디오 트랙의 높이를 조절할 수 있다. 그리고 [Alt]를 누른 상태에서 마우스 휠을 움직이면 타임라인의 줌 인/아웃을 조절할 수 있다.

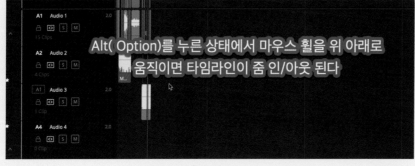

04 타임라인 왼쪽 상단에 있는 타임라인 뷰 옵션을 눌러 Track Height의 슬라이더를 조절하면 모든 비디오 또는 오디오 트랙의 높이를 일괄적으로 조절할 수 있다. 각각 다른 트랙의 높이를 하나로 통일시키고 싶을 때 사용하면 좋다. 여기서 사이즈를 조절하면 모든 비디오 또는 오디오 트랙의 높이가 한꺼번에 같은 크기로 조절된다.

오디오를 편집할 때는 웨이브폼을 봐야 하는 경우가 많기 때문에 트랙의 높이를 조절하는 방법을 익혀두는 것이 좋다.

SECTION 04

오디오 볼륨 레벨 조절하기

DaVinci Resolve

Unit. 01 ▶ 클립의 볼륨 조절바를 이용해서 볼륨 레벨 조절하기

마우스 포인터를 수평으로 된 볼륨 컨트롤 라인에 가져다 대면, 화살표가 조절 포인터 아이콘으로 바뀌고 데시벨(dB) 정보가 뜨는 것을 볼 수 있다. 볼륨을 원하는 데시벨만큼 드래그해 조절하자.

01 작업에 앞서 오디오 편집에 집중하기 위해 타임라인 뷰어의 오른쪽 상단에 있는 Single Viewer Mode 버튼을 눌러 뷰어를 하나로 만들자.

02 오디오 클립에 있는 하얀색의 오디오 레벨선을 이용해서 Chair_Interview4. mov 클립의 오디오 레벨을 조절해보자.

03 웨이브폼 위로 흰 선을 마우스로 드래그해 5 dB 정 도까지 볼륨 조절바를 올려보자. 볼륨 조절이 끝났 으면 클립을 재생해서 소리를 확인해보자.

오디오 클립을 재생해서 확인할 때는 항상 오디오 미터기에서 오디오 레벨을 확인하는 일은 꼭 필요하다. 미터기가 클립의 아웃풋 dB 레벨을 보여주기 때문이다.

04 마우스를 사용하지 않고 선택된 구 간의 볼륨을 메뉴나 단축키로 조절 할 수 있다. 이번에는 단축키를 사용해 클 립의 볼륨을 올려보자. (단축키: Ctrl + Alt + +=)

05 Chair_Interview1. mov의 볼륨을 조 절해보면 전체 볼륨이 커 진다. 그런데 배경 음악의 소리가 너무 커서 사람 목 소리가 잘 들리지 않는다.

06 Mendelssohn - Songs without Words.mp3를 선택하고 단축 키 D를 눌러 임시로 비활성화하자.

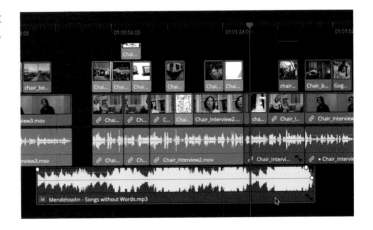

07 Chair_Interview1.mov를 선택한 것을 확인한 후 Ctrl + Alt + ─ 를 누르면 오디오 클립의 볼륨이 1dB씩 감소한다. 단축키를 두 번 눌러 -0.66 dB까지 소리를 낮춰보자.

 프로젝트의 전체적인 오디오 레벨 조절하기

프로젝트 안에 있는 클립들의 상대적인 볼륨은 유지하면서, 프로젝트의 전체적인 오디오 레벨을 키우거나 줄여야 할 경우도 있을 것이다. 이럴 때는 Ctrl + A 를 사용해 모든 클립을 선택하고, Ctrl + Alt + ± 과 Ctrl + Alt + ─ 를 사용해 클립의 볼륨을 1 dB씩 키우거나 줄일 수 있다.

오디오 볼륨은 인스펙터의 Audio 탭에서도 조절할 수도 있다.

01 타임라인에서 Chair_Interview2.mov를 선택하자.

02 인스펙터의 Audio 탭을 누르고 Volume 섹션에서 볼륨을 -1.00까지 내려보자. 볼륨 슬라이더를 사용해도 되지만 약간 불편할 수 있다. 숫자 입력란에 마우스 포인터를 올리고 왼쪽이나 오른쪽으로 드래그하면 0.2 단위로 볼륨을 조절할 수 있다.

Volume 컨트롤을 이용한 볼륨 조절

인스펙터의 Audio 탭 상단에는 Volume 컨트롤이 있다. 볼륨 슬라이더(Volume)의 오른쪽에는 볼륨을 나타내는 숫자란이 있다. 여기에 직접 원하는 볼륨을 입력하거나 마우스로 드래그해서 볼륨을 조절할 수 있다.

인스펙터의 Audio 탭에서 오디오 볼륨을 초기화해보자.

01 인스펙터의 Audio 탭에서 Chair_Interview2.mov와 Chair_Interview1.mov의 볼륨을 확인해보면 같은 인
터뷰 영상임에도 볼륨의 크기가 다르다. 웨이브폼을 보면서 대략적으로 볼륨을 조절하다 보면 이처럼
같은 클립에 다른 볼륨이 설정되는 경우가 있다.

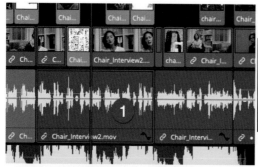

02 타임라인에서 Chair_Interview2.mov와 Chair_Interview1.mov를 선택하자. Ctrl을 누른 상태에서 클립을
누르면 여러 클립을 동시에 선택할 수 있다.

03 두 개 이상의 클립이 동시에 선택되었을 경우, 인스펙터 상단에 Multiple Clips라고 표시된다. 볼륨값을 보면 현재 두 개의 클립의 볼륨값이 다르므로 --라고 나온다. Volume 섹션 오른쪽에 둥근 화살표 모양의 Reset 아이콘을 누르자.

04 선택한 클립의 오디오 볼륨값이 리셋되어 0으로 바뀌었다. DaVinci Resolve에서는 클립 자체의 소리가 크거나 작음에 관계 없이 오디오 레벨의 초기값은 0으로 표시된다.

05 이 상태에서 볼륨 슬라이더의 오른쪽에 있는 입력란에 숫자를 입력하면 입력한 숫자만큼 볼륨이 적용된다. 볼륨을 -1.00으로 설정하면, 같은 클립임에도 사운드 볼륨이 달랐던 두 오디오가 같은 크기로 매치된다.

오디오 페이드 인/아웃 만들기
Audio Fade In/Out

SECTION ○
05
DaVinci Resolve

오디오 클립에는 소리를 서서히 키워주는 페이드 인(Fade In)과 소리를 서서히 사라지게 하는 페이드 아웃(Fade Out)을 적용할 수 있다. 비디오 페이드 인/아웃 효과를 만드는 것과 마찬가지로 DaVinci Resolve에서는 오디오 페이드 핸들을 이용해서 간편하게 페이드 인/아웃 효과를 만들 수 있다.

01 Audio 3 트랙에 있는 오디오 클립에 마우스를 올려 놓으면 그림과 같이 클립의 양끝에 페이드 핸들이 나타난다.

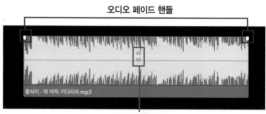

02 클립 앞쪽의 페이드 핸들을 오른쪽으로 드래그해서 페이드 인을 해보자. 오른쪽으로 약 2초만큼 드래그한다. 이때 작은 박스 안에 페이드 인 길이가 나타난다.

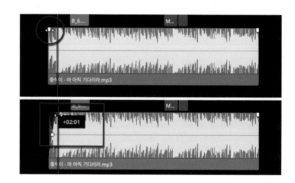

03 이번에는 클립 뒤쪽의 페이드 핸들을 왼쪽으로 드래그해서 페이드 아웃을 해보자. 마찬가지로 약 3초만큼 드래그한다.

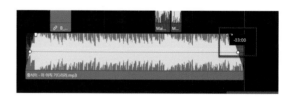

04 페이드가 적용된 선의 가운데에 있는 동그란 흰 점을 드래그하면 페이드 인/아웃의 커브를 설정할 수 있다. 음악 소리가 부드럽게 줄어들도록 만들어보자.

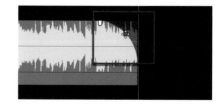

키프레임을 사용해 구간별 볼륨 조절하기

Chapter 08에서 키프레임을 이용해 비디오 클립의 재생 속도를 조절했듯이, 오디오 클립 또한 키프레임을 이용해 볼륨을 조절할 수 있다.

정리하자면, 오디오 클립 볼륨을 조절하는 방법은 크게 두 가지로 나뉜다.

방법1 **볼륨 라인을 이용해 타임라인에서 설정하기 (Alt + 클릭: 키프레임 추가하기)**

방법2 **인스펙터(Inspector)에서 설정하기**

이번 섹션에서는 키프레임을 설정해 오디오 불륨을 조절해볼 것이다. 우리가 배울 방법은 다음 두 가지이다.

- **상대적 볼륨 조절**: 키프레임 설정 후 단축키를 이용해 전체 볼륨을 조절
- **절대적 볼륨 조절**: 설정된 키프레임을 직접 조절해 부분적으로 볼륨을 조절

다음 유닛을 따라하며 다양한 방법으로 오디오 클립의 볼륨을 조절해보자.

Unit. 01 ▶ 타임라인에서 키프레임 설정 후 볼륨 조절하기

타임라인에서 키프레임을 설정한 후 오디오 클립의 볼륨을 조절해보자.

01 Audio 3에 있는 '중식이 - 마 아직 기다리라.mp3'는 배경 음악이다. 그런데 너무 볼륨이 커서 비디오 클립의 사람 목소리(Chair_Interview3.mov)가 잘 들리지 않는다.

02 이 클립의 오디오 볼륨 라인을 드래 그해 -8 dB 정도로 낮추자. 음악만 듣기에는 적절하지만 사람의 목소리는 여전 히 잘 들리지 않는다. 키프레임을 활용해 사 람 목소리가 나오는 구간만 배경 음악의 볼 륨을 낮춰보자.

03 Chair_Interview3.mov의 오디오 웨이브 폼을 보고 시작점에 키프레임 두 개를 만들자. Alt 를 누른 상태에서 오디오 볼륨 라 인 위의 원하는 지점을 클릭하면 키프레임 이 생성된다. 오디오 웨이브폼이 잘 보이지 않으면 Ctrl + ➕를 눌러 화면을 확대하자.

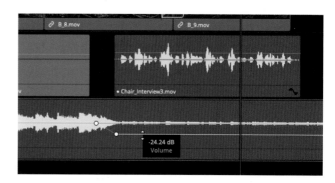

04 뒤쪽의 오디오 볼륨 라인을 아래로 드 래그해서 -24 dB까지 볼륨을 낮추자. 그 다음 목소리가 있는 구간을 재생해보면 목 소리가 배경 음악에 묻히지 않고 잘 들릴 것 이다.

05 이제 Chair_Interview3.mov가 끝나 는 지점에 키프레임을 두 개 만들자.

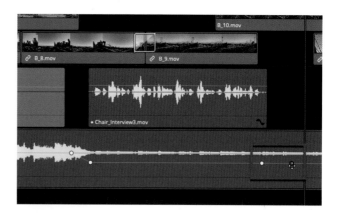

06 목소리가 끝난 이후의 오디오 볼륨 라인을 드래그해서 원래 크기인 -8 dB로 올려주자.

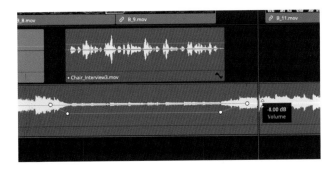

07 배경 음악의 전체적인 오디오 웨이브폼을 확인해보면 목소리가 들리는 구간에만 볼륨이 줄어든 것을 볼 수 있다.

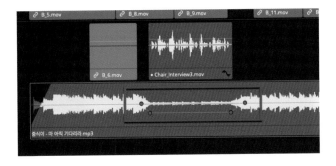

Tip 인스펙터에서 키프레임을 생성/조정/삭제 가능

인스펙터에서도 키프레임을 생성/조정/삭제할 수 있다. 타임라인에서 키프레임을 바로 설정하는 것이 더 편리하긴 하나, 인스펙터를 사용하면 DaVinci Resolve에 존재하는 모든 키프레임을 함께 조절하거나 초기화할 수 있다.

Unit. 02 ▶ 커브 에디터로 키프레임 설정 후 볼륨 조절하기

오디오 클립에 키프레임이 적용되면 커브 에디터를 사용할 수 있다. 비디오 클립과 마찬가지로, 오디오 클립도 커브 에디터를 이용해 키프레임을 세세하게 조절할 수 있다. 오디오 커브 에디터는 오디오 클립 오른쪽 하단의 커브 아이콘을 눌러 커브 에디터를 열고 닫을 수 있다.

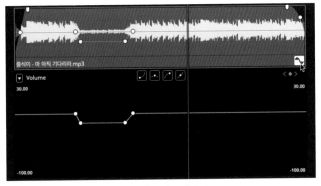

▲ 오디오 커브 에디터

커브 에디터를 이용해 키프레임이 적용된 오디오 클립의 전체 볼륨을 일괄적으로 조절해보자.

01 이전 유닛에서 작업했던 배경 음악 오디오 클립의 아이콘을 눌러 커브 에디터를 연다. 앞서 작업했던 키프레임이 보인다.

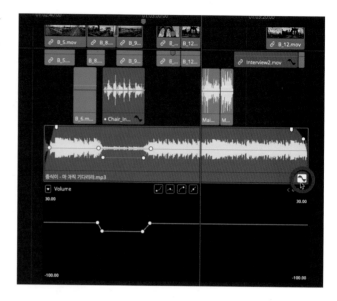

02 Main_Interview.mov의 시작점과 끝 점에 키프레임을 두 개씩, 총 네 개를 만들자. 키프레임을 만들고 싶은 위치에 플레이헤드를 위치시키고 커브 에디터에서 키프레임 생성/삭제 버튼을 눌러 키프레임을 생성한다.

03 인터뷰 클립에 해당하는 부분의 구간을 아래로 드래그해서 볼륨을 낮춰주자. 이번에도 -24 dB 정도로 볼륨을 맞춰주자.

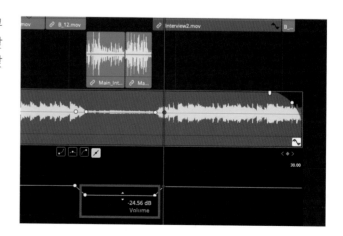

04 키프레임을 이용해서 두 구간의 백그라운드 음악의 볼륨을 낮춘 것을 확인할 수 있다.

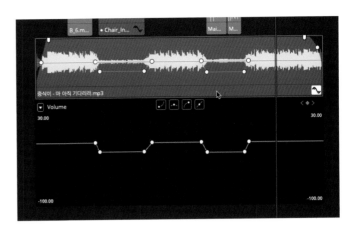

키프레임 설정 초기화 및 되돌리기

오디오 클립에 적용된 모든 키프레임을 지우고 볼륨을 초기화하고 싶다면 인스펙터 > Audio 탭 > Volume 섹션에 있는 리셋 버튼을 누르면 된다.

그리고 키프레임 설정 초기화를 취소하고 싶다면, Ctrl + Z 를 눌러 다시 원래의 키프레임을 가진 클립으로 되돌리자.

05 키프레임 구성을 유지하면서 배경 음악의 전체 볼륨을 조절해보자. 클립을 선택하고 단축키 Ctrl + Alt + - 를 누르면 키프레임 구성이 유지된 상태에서 오디오 웨이브폼이 얇아진다.

단축키 Ctrl + Alt + + 와 Ctrl + Alt + - 는 오디오를 편집할 때 매우 중요한 기능이므로 반드시 숙지하자.

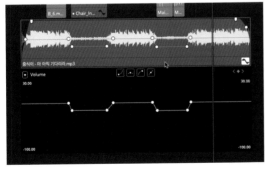
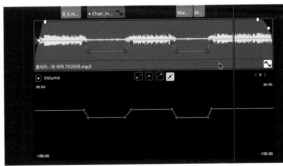

단축키를 이용해 클립 전체 구간의 볼륨을 조절하는 이유

단축키를 이용해 클립 전체 구간의 볼륨을 조절하는 이유는 키프레임이나 구간을 드래그 해서 낮추면 해당 구간만 볼륨이 작아지고, 전체 볼륨이 작아지지는 않기 때문이다.

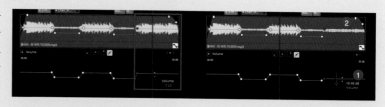

또한 키프레임을 선택하고 인스펙터에서 볼륨을 조절해도 타임라인 플레이헤드가 위치한 곳에 키프레임이 새로 생길 뿐 전체 볼륨이 조절되지는 않는다.

06 마우스를 드래그해서 중간에 있는 키프레임 두 개를 선택하고 단축키 Ctrl + Alt + ↑ 를 눌러보자. 그러면 선택된 키프레임의 볼륨만 높아진다. 이처럼 어떤 키프레임이 선택되어 있느냐에 따라서 볼륨이 조절되는 구간이 달라지므로 자신이 어떤 키프레임을 선택하고 있는지 잘 확인하며 편집을 진행하자.

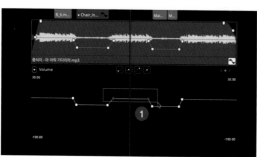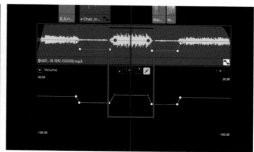

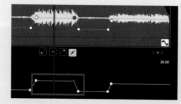 **하나 또는 여러 키프레임을 삭제하기**

키프레임을 지우고 싶다면 원하는 키프레임을 선택하고 Delete 버튼을 누르면 된다. Ctrl 이나 Shift 를 누른 상태에서 키프레임을 여러 개 선택해 한번에 삭제할 수도 있다. 키프레임을 삭제하면 그 전후에 있던 키프레임끼리 연결되어서 형태가 바뀐다.

<키프레임 정리>
- 키프레임의 타이밍을 바꾸려면 키프레임을 볼륨 라인에 따라 옆으로 드래그하면 된다.
- 키프레임이 위치한 곳의 볼륨을 바꾸려면 키프레임을 위나 아래로 드래그하면 된다.
- 키프레임을 삭제하려면 키프레임을 선택한 후 Delete 를 누르면 된다(선택된 키프레임은 빨간색으로 표시된다). 키프레임 선택 없이 Delete 를 누르면 키프레임이 아니라 클립이 삭제되므로 주의한다.
- 키프레임 기능은 볼륨뿐만 아니라 이펙트, Pan 등에도 적용할 수 있다.

오디오 트랙 헤더 설정하기
Audio Track Header

타임라인 트랙 헤더의 여러 가지 버튼을 통해 오디오 트랙의 설정을 변경할 수 있다. 이번 챕터에서는 이를 통해 트랙의 이름을 바꾸고, 오디오 클립을 솔로(Solo) 및 뮤트(Mute)하는 방법을 알아보자.

▲ 오디오 트랙 헤더의 여러 버튼

❶ **오디오 데스티네이션 버튼**: 소스 클립과 데스티네이션의 연결을 보여주는 탭

❷ **트랙 이름**: 트랙별로 사용자가 이름을 정해서 바꿀 수 있다.

❸ **트랙 락(Lock)**: 트랙을 잠가서 어떤 변화도 적용되지 않게 한다.

❹ **오토 트랙 셀렉터(Auto Track Selector)**: 트랙의 속성을 활성화하여 복사 등의 기능을 적용/비적용한다.

❺ **솔로(Solo)**: 솔로가 선택된 트랙은 다른 트랙에 있는 사운드를 임시로 들리지 않게 한다. 트랙을 여러 개 선택해 솔로로 설정할 수도 있다.

❻ **뮤트(Mute)**: 해당 트랙의 소리를 비활성화하여 들리지 않게 한다.

❼ **트랙 타입 표시**: 사용된 트랙의 타입(스테레오/모노/그 외 다른 포맷)을 확인하고 바꿀 수 있다.

각 트랙 이름과 색을 이용해서 사용하는 오디오 트랙들을 정리할 수 있다. 보통 Audio 1 트랙은 비디오 클립과 연결된 대화(Dialogue)를 지정하는 트랙으로, 가장 중요한 스토리에 관계된 오디오 클립이 지정된다. Audio 2 트랙은 사운드 이펙트를 지정하고 Audio 3 트랙은 백그라운드 음악을 지정하는 데 사용한다.

01 Audio 1 트랙의 이름을 클릭하면 텍스트를 수정할 수 있도록 해당 구간이 하이라이트 된다.

02 Dialogue라고 입력하고 엔터를 누르면 트랙의 이름이 변경된다.

03 같은 방법으로 Audio 2 트랙의 이름을 Narration으로 바꾸고 Audio 3 트랙의 이름은 SFX *, 마지막으로 Audio 4 트랙의 이름은 Music으로 바꾸자. 믹서가 활성화되어 있다면, 여기서 각 트랙의 이름이 바뀌는 것을 확인할 수 있다.

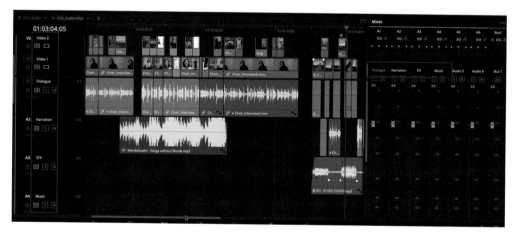

04 불필요한 Audio 5 트랙과 Audio 6 트랙을 지우자. 지우고자 하는 트랙 헤더 위에서 마우스 오른쪽 클릭을 한 후 Delete Track을 누르면 해당 트랙이 삭제된다.

---

* SFX는 Sound Effects의 약자이다(약어는 X로 끝냈지만 이는 S와 발음이 유사한 의미에서 지어진 것이다).

05 이제 트랙 이름에 맞게 오디오 클립들을 정리해보자. 타임라인에서 클립을 마우스로 드래그하면 다른 트랙으로 클립을 옮길 수 있다. 음악 클립은 Music 트랙, 인터뷰 음성이 담긴 클립들은 Dialogue로 옮기자. 아직 나레이션과 사운드 이펙트는 없기 때문에 해당 트랙은 비워둔 상태로 둔다.

Tip | Shift |를 누른 채 클립을 드래그하면 위아래로만 옮길 수 있음

Shift 를 누른 상태에서 클립을 드래그하면 좌우 움직임 없이 위아래로만 옮길 수 있다.

06 오디오 트랙을 쉽게 구별할 수 있도록 트랙의 색깔을 바꿔보자. Music 트랙 헤더 위에서 마우스 오른쪽 클릭을 하고 Change Track Color > Orange를 선택한다.

07 Music 트랙에 있는 클립들이 주황색으로 바뀐 것을 볼 수 있다.

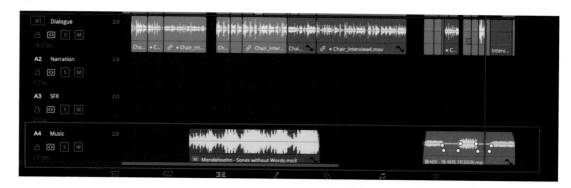

08 앞과 같은 방법으로 Dialogue 트랙의 색깔도 바꿔보자. Dialogue 트랙 헤더 위에서 마우스 오른쪽 클릭을 하고 Change Track Color > Lime를 선택한다.

09 Dialogue 트랙에 있는 클립들도 색이 바뀌었다.

클립 위에서 마우스 오른쪽 클릭을 하면 클립별로 색을 지정할 수 있다. 이 방법을 이용해 이미 색을 설정한 클립을 다른 색으로 설정하는 것도 가능하다.

Unit. 02 ▶ 솔로(Solo) 사용하기

영상 편집을 하다 보면 인터뷰 영상 같은 특정한 트랙의 소리만 들으며 작업해야 할 때가 있다. 솔로 기능을 사용해 하나 또는 여러 트랙의 소리만 들리게 하는 법을 배워보자.

01 솔로 기능을 사용해 음악 없이 인터뷰 클립의 오디오만 들을 수 있다. 첫 번째 트랙인 Dialogue 트랙을 솔로로 설정해서 다른 트랙의 소리가 들리지 않게 해보자.

02 Dialogue 트랙 헤더에 위치한 솔로(Solo) 버튼을 클릭하자.

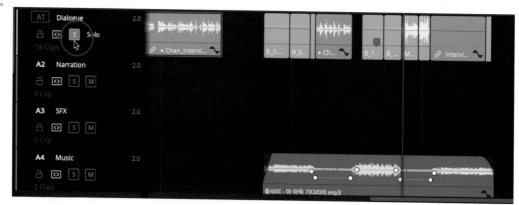

03 타임라인을 재생해 소리를 확인해보자. 배경 음악 없이 Dialogue 트랙에 있는 클립의 소리만 들리는
것을 확인할 수 있다. 솔로 기능은 클립의 비디오에는 영향을 주지 않고 오디오에만 적용된다.

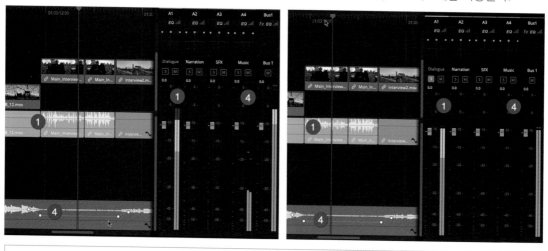

왼쪽 그림은 Dialogue 트랙에 솔로를 적용하기 전 믹서의 모습이고 오른쪽 그림은 솔로를 적용한 후의 모습이다.
Music 트랙의 소리가 들리지 않아 오디오 미터가 올라가지 않는 것을 볼 수 있다.

04 모든 오디오를 들으려면 트랙 헤더의 솔로 버튼을 다시 눌
러 비활성화하면 된다.

솔로 버튼은 임시로 다른 트랙을 들리지 않게 하는 것이지, 속성을
복사와 붙여넣기하는 등의 편집 기능은 적용할 수 있다. 그리고 솔로
라고 해서 말 그대로 한 트랙에만 사용하는 것이 아니고 여러 트랙
에 적용해서 사용할 수 있다. 예를 들어 많은 트랙 중에서 1번 트랙
과 4번 트랙에만 솔로를 적용시키면 1번과 4번 트랙에 있는 오디오
클립만 들리게 된다.

뮤트 기능은 해당 트랙에 있는 오디오 클립들을 임시로 음소거 하는 기능이다. 솔로 기능과 마찬가지로 하나 여러 트랙에 적용할 수 있다. 편집 작업 중 사용하지 않는 여러 트랙을 뮤트시킨 후 필요할 때만 뮤트를 해제해 사운드 믹싱을 확인할 때 사용한다.

01 Music 트랙을 보면 첫 번째 클립은 뮤트되어서 비활성화된 상태이고 두 번째 클립은 정상적으로 소리가 들린다. 클립별로 뮤트(음소거)시킬 수도 있지만, 여기서는 트랙 헤더의 설정을 통해서 트랙 전체의 오디오 클립을 뮤트해보자.

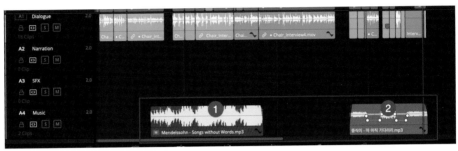

02 Music 트랙의 트랙 헤더에서 뮤트 버튼을 누르자. 그러면 이 트랙에 있는 모든 클립이 뮤트되어 소리가 들리지 않는다.

03 트랙의 소리가 들리지 않는 것을 확인했으면 뮤트 버튼을 다시 눌러 뮤트를 해제하자. 비활성화된 앞의 클립은 여전히 소리가 들리지 않지만 뒤의 클립은 다시 소리가 들린다.

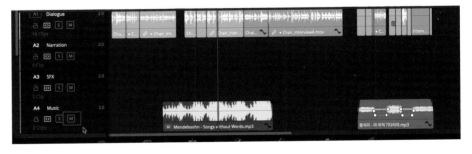

🔔 **솔로와 뮤트 기능은 오디오 클립에만 적용 가능**

솔로와 뮤트 기능은 오디오 클립에만 적용할 수 있다.

비디오 클립과 오디오 클립 싱크하기
Syncing Dual System Clip

참고로 Chapter 05에서 이중 시스템 녹음(Double System Recording)에 대해 잠깐 언급하고 자동 싱크 기능을 이용해보 았다. 이번 섹션에서는 자동 싱크 기능뿐만 아니라 수동 싱크 조절, 자동 클립 정렬을 이용한 싱크 등을 다뤄볼 것이다.

카메라 하나로 영상을 촬영하면 보통 비디오와 사운드가 하나의 무비 파일에 합쳐진다. 하지만 촬영 환경에 따라서는 잡음이 생기거나 사운드가 양쪽으로 고르게 잡히지 않을 수도 있다. 그래서 더 좋은 사운드 퀄리티를 위해 비디오를 녹화하는 카메라와는 별개로 외부 오디오 레코드를 사용해 따로 녹음을 하기도 한다. 그리고 이렇게 각각 다른 장비로 녹음(녹화)된 비디오 클립과 오디오 클립은 편집 과정에서 하나로 묶어 싱크를 맞춘다. 최근에는 유튜브 등의 개인 방송에서도 사운드 퀄리티가 상향 평준화되면서 카메라와 별개로 외부 마이크와 사운드 레코더를 사용하는 것을 많이 볼 수 있다.

▲ 방송이나 유튜브 등에서 사운드 녹음 시 자주 쓰이는 핀(라벨리어) 마이크

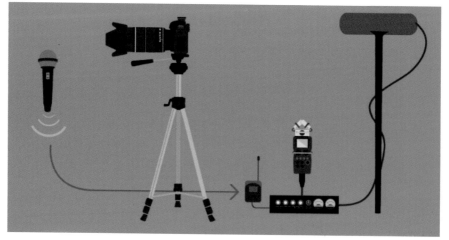

▲ 비디오와 오디오를 분리한 외장 사운드 레코드를 이용한 녹음

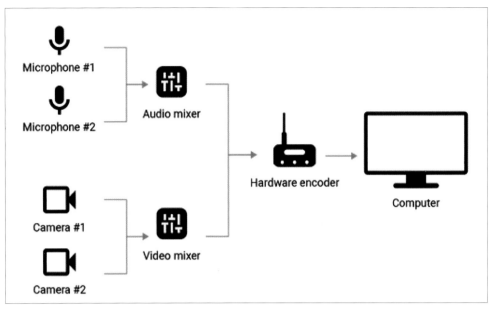

▲ 전문 방송에서는 믹서와 하드웨어 인코더를 이용해 하드웨어적으로 오디오와 비디오를 싱크한다

DaVinci Resolve는 매치하는 타임코드 또는 오디오 웨이브폼을 활용하여 자동으로 오디오와 비디오의 싱크를 맞춰준다. 만약 아무런 매치하는 요소가 없다면 비디오와 오디오를 수동으로 직접 움직여 싱크를 맞출 수 있다.

Unit. 01 ▶ 미디어 풀에서 비디오 클립과 오디오 클립 싱크하기

미디어 풀에서 비디오 클립과 외부 오디오 클립을 싱크한 후, 싱크한 오디오 클립을 타임라인에서 확인해 보자.

01 빈 리스트에서 Audio 빈을 선택하고 Sync_video_1.mov를 클릭해 소스 뷰어에서 재생해보자. 카메라에 직접 녹음된 사운드이기 때문에 잡음이 많고 음질이 좋지 못한 것을 확인할 수 있다. 반면 외부 오디오 기기로 녹음된 Sync_Audio_1.wav를 재생해보면 잡음이 없고 소리가 훨씬 깨끗한 것을 알 수 있다.

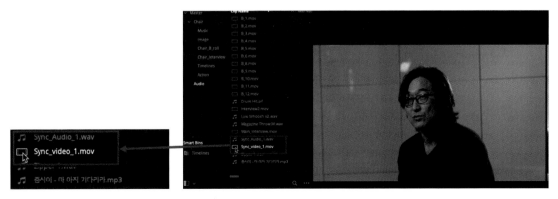

02 미디어 풀에서 Sync_video_1.mov와 Sync_Audio_1.mov를 동시에 선택한 후 마우스 오른쪽 클릭을 하고 Auto Sync Audio > Based on Waveform을 선택하자.

03 잠시 기다리면 작업이 완료되어 오디오와 비디오가 자동으로 싱크된다. 이제 다시 Sync_video_1.mov를 재생해보자. 클립의 사운드가 외부에서 녹음된 오디오로 교체되어 음질이 훨씬 좋아질 것이다.

Tip 비디오 클립에 싱크된 오디오 클립 확인하기

미디어 풀에서 Synced Audio 열(Column)을 확인하면
어떤 비디오 클립에 어떤 오디오 클립이 싱크되어 있
는지 확인할 수 있다.

또한 비디오 클립 위에서 마우스 오른쪽 클릭을 한
후 Reveal Synced Audio in Media Pool을 누르면 해당
비디오 클립에 싱크된 오디오 클립을 미디어 풀에서
보여준다.

04 방금 싱크를 맞춘 클립을 타임라인으로 드래그해서 가져오자.

05 타임라인에 있는 클립을 자세히 보면 하단에 클립의 이름이 보인다. 여기서 싱크된 오디오 클립의 이름을 보이게 하자.

06 메뉴 View > Show File Names를 선택하자.

07 비디오 클립의 이름과 오디오 클립의 이름이 각각 다르게 표시되는 것을 볼 수 있다.

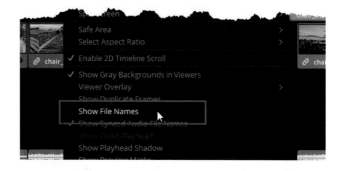

이전 유닛에서 싱크한 클립의 속성을 확인해보면 기존의 클립에 있던 채널 이외에 외부 오디오 채널이 같이 붙어 있다. Clip Attributes에서 원하는 오디오 채널을 선택해서 사용할 수 있다.

▲ 원본 클립의 오디오 속성

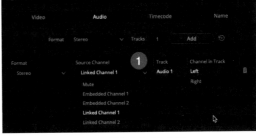

▲ 싱크된 클립의 오디오 속성

Clip Attributes를 이용해 싱크하기 전 오디오 채널을 선택해보자.

01 미디어 풀에서 이전 유닛에서 싱크한 비디오 클립을 마우스 오른쪽 클릭을 하고 Clip Attributes를 누르자.

> 외부 오디오 소스와 싱크된 비디오 클립은 특별한 표시가 되어 있지 않아 미디어 풀에서는 그 내용을 확인할 수 없다. Clip attributes를 열어야만 해당 클립에 링크된 다른 소스를 확인할 수 있다.

02 Audio 탭을 누르고 Source Channel 항목을 선택해보자.

03 Source Channel을 확인해보면 Embedded Channel과 Linked Channel 항목을 확인할 수 있다. Embedded Channel은 오리지널 비디오 클립에 있었던 오디오 채널, Linked Channel은 싱크를 통해 새로 연결된 외부 오디오 클립을 의미한다. 채널이 각각 두 개씩 있는 이유는 스테레오 타입으로 녹음되었기 때문이다.

04 원래의 오디오 채널로 되돌려야 한다면 여기서 Embedded Channel을 선택하면 된다. Left와 Right에 각각 Embedded Channel 1과 Embedded Channel 2를 지정하자.

05 다시 클립을 타임라인으로 드래그해서 가져와보자. 타임라인을 재생해보면 싱크하기 전 오디오 클립으로 돌아간 것을 확인할 수 있다. 또한 오디오 클립의 이름도 바뀐 것을 볼 수 있다.

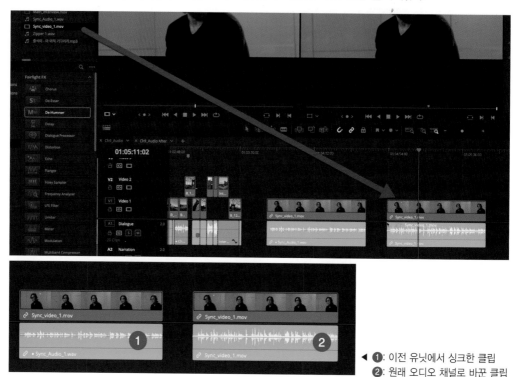

◀ **1**: 이전 유닛에서 싱크한 클립
2: 원래 오디오 채널로 바꾼 클립

06 클립을 마우스 오른쪽 클릭해서 Clip Attributes를 누르자.

07 오디오 탭에서 Source Channel을 Linked Channel로 바꾸자. 다시 싱크된 오디오로 다시 연결된다.

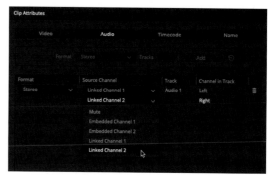

Tip · 오디오 클립의 이름이 바뀌지 않을 경우

만약 오디오 클립의 이름이 바뀌지
않는다면 View > Show File Names를
체크 해제했다가 다시 체크하자.

Unit. 03 ▶ 타임라인에서 비디오 클립과 오디오 클립 싱크하기

각각 따로 녹음/녹화된 클립을 타임라인에서도 뭉쳐서 싱크를 맞출 수 있다. 비디오 클립과 오디오 클립을
타임라인으로 가져온 후 자동 클립 정렬(Auto Align Clips) 기능을 사용해서 싱크해보자.

01 미디어 풀에서 Sync_2_video.mov를 마우스로 드래그해 타임라인으로 가져오자.

02 이번에는 Sync_2_Audio.mov를 마우스로 드래그해서 타임라인으로 가져와서 Sync_2_video.mov 아래
에 아무 지점이나 위치시키자.

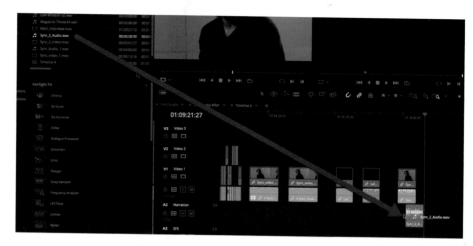

03 마우스로 드래그해서 두 클립을 모두 선택한 후 마우스 오른쪽 클릭을 하고 메뉴에서 Auto Align Clips
> Based On Waveform을 누르자.

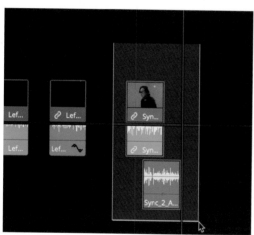 

04 오디오 웨이브폼에 맞춰 비디오와 오디오가 싱크되었다.

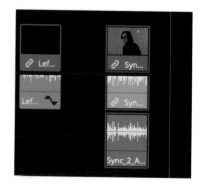

05 만약 싱크가 정확하게 이루어지지 않는다면 오디오 트랙을 수동 조절해서 직접 싱크를 맞출 수도 있다. 이때는 스내핑 기능*을 비활성화한 상태에서 작업할 것을 권장한다.

06 싱크가 완료되었다면 Alt 를 누른 상태에서 위쪽 오디오 트랙을 선택한 후 단축키 D 를 눌러 비활성화하자. 이렇게 하면 기존의 오디오는 들리지 않고 깨끗한 음질의 오디오만 들리게 된다.

Unit. 04 ▶ **Cut 페이지에서 비디오 클립과 오디오 클립을 싱크하기**

Chapter 02에서 다루지 않았지만 Cut 페이지에서도 손쉽게 비디오 및 오디오 클립을 싱크할 수 있다.

01 하단의 Cut 페이지 버튼을 눌러 Cut 페이지로 돌아가자.

02 미디어 풀에서 싱크를 맞추고자 하는 클립(Sync_2_video.mov와 Sync_2_Audio.wav)을 선택한 후 왼쪽 상단에 있는 Sync Clips 버튼을 누르자.

---

* 스내핑(Snapping)은 자동으로 편집점을 찾아주는 기능이다. 자세한 설명은 Chapter 05의 Section 02 – Unit 04를 참조해보자.

03 Sync Clips 창이 열리면 Sync by 옵션을 Audio로 선택하자.

04 Sync 버튼을 누르면 오디오 웨이브폼에 맞춰 비디오 클립과 오디오 클립이 싱크된다. 오디오 웨이브폼의 모양이 서로 비슷한지 확인하자. Save Sync를 누르면 싱크가 완료된다.

05 싱크가 완료된 비디오 클립과
오디오 클립은 미디어 풀에서
싱크 아이콘으로 표시된다.

06 Edit 페이지 버튼을 눌러 다시 Edit 페이지로 돌아가자.

07 미디어 풀에 새로운 미디어 싱크(Media Sync) 클립이 생성된 것을 볼 수 있다.

08 새로 생성된 미디어 싱크 클립을 마우스로 드래그해서 타임라인으로 가져오자.

09 그런데 클립을 재생해보면 오디오가 바뀌지 않아 여전히 음질이 좋지 않지 않다. 클립의 이름을 잘 살펴보면 이름의 끝 부분에 Camera 1이라고 표시되는 것을 볼 수 있다.

10 Cut 페이지에서 만든 미디어 싱크 클립은 하나의 멀티캠 클립이다. 멀티캠 클립은 비디오 또는 오디오 클립을 하나의 카메라로 인식한다. 여기서는 원본 비디오 클립이 Camera 1이고 외부 마이크로 녹음한 오디오 클립이 Camera 2가 된다. 오디오 트랙 위에서 마우스 오른쪽 클릭을 누르고 Switch Multicam Clip Angle > Camera 2로 바꿔주자. 비디오 트랙을 Camera 2로 바꾸지 않도록 주의하자.

11 오디오 트랙의 이름이 Camera 2로 바뀐 것을 볼 수 있다. 클립을 재생하면 깨끗한 음질의 사운드를 확인할 수 있다.

모노 사운드를 스테레오 사운드로 바꾸기

스테레오 사운드는 왼쪽과 오른쪽을 구분해서 방향성을 표현한다. 다만 외부 마이크로 녹음을 하다 보면 한쪽만 녹음되거나 좌우가 균일하지 않게 녹음되는 경우가 있다. 그러면 스피커에서 한쪽만 소리가 나거나 양쪽 사운드가 고르지 못하게 나와서 한쪽 사운드를 버려야 할 수도 있다. 이럴 때는 Clip Attributes에서 듀얼 모노 모드(Dual Mono Mode)를 만들어서 마치 균일한 스테레오 사운드인 것처럼 양쪽에서 같은 오디오 소스가 들리도록 설정하면 문제를 해결할 수 있다.

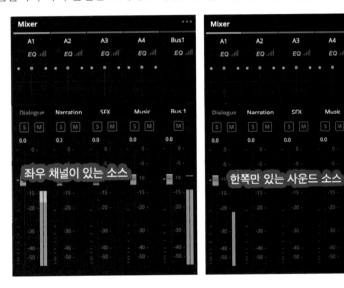

01 미디어 풀에서 Left_Mono.mov를 드래그해서 타임라인으로 가져오자.

02 클립을 재생해보면 소리가 왼쪽밖에 들리지 않는다.

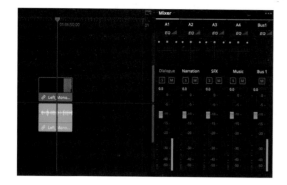

03 미디어 풀에서 Left_Mono.mov를 마우스 오른쪽 클릭한 후 Clip Attributes를 누르자.

04 오디오 탭에서 좌우 Source Channel을 모두 Embedded Channel 1으로 맞춰주자. 이렇게 하면 왼쪽 사운드가 오른쪽에도 들리게 된다.

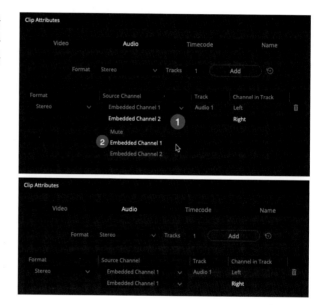

05 다시 미디어 풀에서 Left_Mono.mov를 드래그해서 타임라인으로 가져오자.

06 새로 가져온 클립을 재생해보면 이제는 양쪽 채널에서 같은 오디오가 나올 것이다.

🔔 **타임라인에 있는 클립의 속성은 타임라인에서 바꿈**

타임라인으로 한 번 가져온 클립은 미디어 풀에 있는 클립의 속성과 관계가 없어진다. 타임라인에 있는 클립은 타임라인에서 속성을 바꿔주어야 한다.

SECTION ▶ 10

DaVinci Resolve ▶

오디오 평준화하기
Audio Normalization

오디오 평준화 기능을 이용해 두 클립의 볼륨을 비슷하게 맞춰보자.

01 Chair_Interview1.mov와 Chair_Audio3.wav를 하나씩 재생해보자. 인터뷰 대상의 목소리 크기가 각각 다름을 알 수 있다.

02 Chair_Interview1.mov와 Chair_Audio3.wav를 드래그해서 선택한 후 마우스 오른쪽 클릭을 하고 메뉴에서 Normalize Audio Levels를 누르자.

03 Normalize Audio Level 창이 열리면 Normalization Mode를 ITU-R BS.1770-4로 선택하자. 이것은 유튜브에 업로드하기에 적절한 오디오를 위한 옵션이다. 한국 방송 오디오 규격을 위한 옵션이 필요하다면 ATSC A/85를 선택하면 된다.

04 Target Level을 -1.0 dBTP[*], Target Loudness를 -14.0 LUFS[**]로 설정하자. Target Level은 오디오의 가장 큰 볼륨값인 피크 레벨을 지정해주는 옵션이고, Target Loudness는 클립 전체의 평균 사운드 크기를 지정하는 옵션이다. 2021년 현재 유튜브에 최적화된 값은 -1 dBTP와 -14 LUFS이다.

여러 클립을 동시에 평준화하면 Set Level 옵션이 나오게 된다. 같은 장소 및 환경에서 녹음한 오디오 소스들을 작업한다면 Relative, 소스가 다른 장소 및 환경에서 녹음되었다면 Independent에 체크해주면 된다. 여기서는 Independent에 체크한 후 Normalize 버튼을 누르면 작업이 진행된다.

05 평준화가 완료되면 오디오 웨이브폼이 약간 바뀐 것을 볼 수 있다. 평준화 작업을 마친 후에는 반드시 직접 귀로 들어서 사운드를 체크하는 것을 잊지 말자.

---

[*] dBTP는 decibel True Peak의 약자로써 어떤 오디오 파일에서 소리가 가장 큰 부분의 볼륨값이 얼마나 되는지 나타낼 때 사용한다. 즉 −1.0 dBTP라는 것은 오디오에서 소리가 가장 큰 부분이 −1.0 db이라는 뜻이다.

[**] LUFS와 LKFS는 실질적으로 같은 의미를 가지고 있으며 별 차이 없이 혼용해서 사용되는 단위이다. 참고로 DaVinci Resolve에서는 LKFS를 사용하고 있지만, LUFS가 좀 더 최근에 만들어진 용어라서 본문에는 LUFS를 사용하였다.

CHAPTER 09 ▶ 요약하기

이번 챕터에서는 오디오 미터(Audio Meters)를 통해 클립의 오디오 레벨을 읽고, 이를 기준으로 오디오 레벨을 조정하는 여러 가지 방법을 배웠다. 그리고 클립 솔로(Solo), 뮤트(Mute)하기 등 오디오를 다룰 때 필수적으로 사용해야 하는 여러 기능을 익히고 여기에 키프레임을 설정해서 볼륨을 정밀하게 조절했다. 또한 비디오 클립과 오디오 클립을 자동 또는 수동으로 싱크하는 방법을 배웠고 오디오 평준화(Audio Normalization)를 이용해 오디오의 전체 볼륨을 조절하는 방법을 알아보았다.

CHAPTER 10

Fairlight 페이지 사용하기

DaVinci Resolve

Fairlight는 DaVinci Resolve에 내장된 전문 오디오 프로그램이다. Fairlight의 큰 장점은 모든 오디오 트랙을 타임라인에서 속성을 보면서 트랙 또는 클립별로 쉽게 조절할 수 있다는 것이다. 전문가용 오디오 프로그램이기 때문에 기능이 많지만 이 챕터에서는 비디오 편집에서 자주 사용하는 대표 기능을 배워보겠다.

보통 보이스오버 또는 간단한 내래이션과 같은 녹음 작업은 영상 편집을 마친 후에 보완한다. 하지만 DaVinci Resolve를 이용하면 비디오 트랙을 보면서 녹음할 수 있어 작업이 수월하다. 이 챕터에서는 촬영 중 발생한 오디오 노이즈를 지우는 방법, 전기적인 문제로 발생한 오디오 허밍(Humming) 등의 문제를 해결하는 방법을 알아볼 것이다. 또한 Fairlight가 지원하는 여러 가지 오디오 필터를 사용해 목소리 변조, 전화기에서 들리는 목소리 등으로 사용 중인 오디오를 변형해볼 것이다.

일반적으로 오디오 믹싱은 컬러 코렉션이 끝난 후에 이루어지지만, 이 챕터는 이전 챕터에서 배운 간단한 오디오 편집의 연장선으로 고급 오디오 편집 기능을 배우는 데 초점을 맞춰보겠다.

Fairlight 페이지 인터페이스

Fairlight 페이지는 기본적으로 다섯 가지 창으로 구성된다. 필요에 따라서는 이외에도 더 많은 창을 열 수 있다. 이미 앞에서 배운 비슷한 기능의 툴은 설명을 하지 않고, Fairlight 페이지에서만 사용하는 구간과 툴만 자세히 설명하겠다.

❶ **모니터링 패널(Monitoring Panel)**: 트랙별로 오디오 음량을 시각적으로 확인할 수 있고 라우드니스를 측정할 수 있는 패널

❷ **뷰어(Viewer)**: 플레이헤드 위치에 따라 영상을 보여주는 영역

❸ **툴바(Toolbar)**: Fairlight 페이지에서 편집할 때 필요한 툴을 제공하는 영역

❹ **타임라인(Timeline)**: 오디오 트랙을 위주로 편집할 수 있는 타임라인

❺ **믹서(Mixer)**: 모든 오디오와 Bus 채널의 인풋, 이펙트, EQ, 팬, 솔로, 뮤트, 페이더 등을 설정할 수 있는 콘솔 창

인터페이스 툴바에서 ADR(Automated Dialog Replacement) 패널 버튼을 누르면 내레이션이나 더빙을 할 때 사용하는 ADR 창을 열 수 있다.

ADR(Automated Dialog Replacement)이란?

현장 촬영에서 제대로 녹음하지 못한 사운드를 스튜디오 환경에서 촬영 씬에 맞춰서 다시 녹음하는 과정을 말한다. 여러분이 흔히 아는 '더빙'을 떠올린다면 ADR 과정을 이해하기 쉬울 것이다.

믹서(Mixer)는 오디오 트랙에 다양한 효과를 적용할 수 있는 창이다. 여기서 세로로 길게 보이는 영역을 채널 스트립이라 부른다. 채널 스트립은 오디오 트랙의 개수만큼 존재하며 다음과 같은 오디오 기능을 적용할 수 있다.

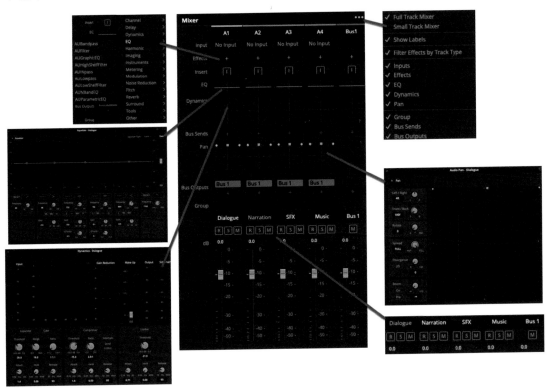

▲ 믹서의 기능 (지시선으로 나열한 그림은 해당 기능을 클릭할 때 볼 수 있는 상세 설정 화면)

믹서의 기능을 크게 나눠 설명하면 다음과 같다.

- **트랙 컬러**: 트랙에 적용된 색깔을 확인할 수 있다.
- **인풋(Input)**: 녹음에 사용할 인풋 마이크를 지정한다. 내레이션이나 더빙 작업을 할 때 사용한다.
- **이펙트(Effects)**: 채널에 적용할 오디오 이펙트 플러그인을 설정한다. 여러 이펙트를 적용할 수 있으며 이펙트는 위에서 아래 방향으로 차례로 적용된다.
- **인서트(Insert)**: Blackmagic 오디오 하드웨어를 연결한 후 아웃보드 이펙터를 실시간으로 사용할 때 쓰는 기능이다.
- **이퀄라이저(EQ)**: 음역대별로 음량을 설정해 사운드를 다듬는 기능이다.
- **다이내믹스(Dynamics)**: 컴프레서, 리미터, 게이트 등을 설정하는 기능이다.
- **팬(Pan)**: 전후좌우로 공간감을 주는 사운드의 비율을 조절한다.
- **버스 아웃풋(Bus Outputs)**: 어떤 버스 채널로 신호를 보낼지 설정한다.
- **그룹(Group)**: 채널을 그룹별로 모아 관리하는 기능이다.
  - R (recording), S (solo), M (mute) **버튼**: 녹음, 솔로, 뮤트 기능을 설정하는 버튼이다.

믹서의 오른쪽 상단에 메뉴 버튼(●●●)을 누르면 기능에 각각 체크 표시된 것을 볼 수 있다. 원하는 기능을 클릭하여 믹서에 표시하거나 숨길 수 있다.

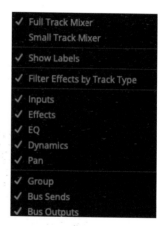

믹서를 열어 채널 스트립을 확인하고 재생 중인 오디오 트랙의 볼륨을 확인하는 방법을 알아보자.

01 Timelines 빈에 있는 Ch10_Fairlight를 더블 클릭해서 열자.

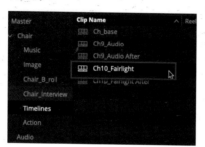

02 DaVinci Resolve 화면 하단에서 음표 모양 버튼을 눌러 Fairlight 페이지를 열자.

03 믹서를 먼저 자세히 보자. 믹서 상단에 세로로 길게 트랙 영역이 있다. 각 트랙 이름은 타임라인의 트랙헤드에 표시된 트랙 이름과 같다. 이 기다란 트랙 영역은 앞에서 말한 채널 스트립이다. 여기서 각종 오디오 효과를 적용할 수 있다. 각각의 채널 스트립은 타임라인 왼쪽에서 트랙을 따로 선택하지 않아도 속성을 바로 바꿀 수 있다. 현재 오디오 트랙이 네 개 있으므로 채널 스트립 또한 A1부터 A4까지 네 개가 있다. Bus 채널(그림의 Bus1)은 실제 클립은 존재하지 않지만 오디오 이펙트만 적용할 수 있는 일종의 가상 오디오 채널 스트립이다.

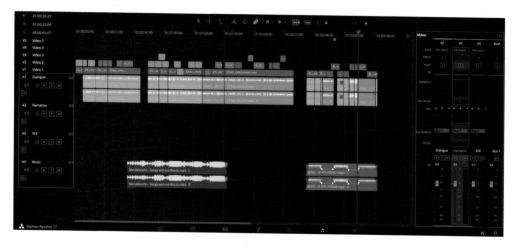

04 우선 믹서의 왼쪽 가장자리를 마우스로 드래그해서 모든 오디오 트랙이 보이게 하자.

05 세 번째 인터뷰 클립(Chair_Interview3.mov)을 재생해보자. 모니터링 채널, 믹서, 타임라인 등에서 볼륨 미터가 움직이는 것을 확인할 수 있다. 지금은 오디오 트랙이 많지 않아서 믹서만 봐도 모든 트랙의 볼륨을 확인할 수 있지만, 트랙이 많아질 경우 상단 모니터링 패널을 활용해 한눈에 오디오를 확인할 수 있다.

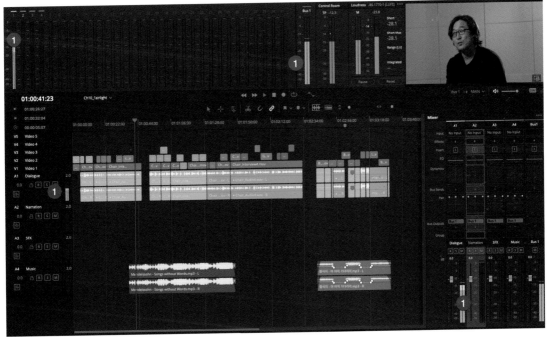

▲ 그림의 ❶은 모두 A1 트랙의 볼륨을 확인할 수 있는 곳

06 믹서의 오른쪽 상단 메뉴 버튼을 눌러 Dynamics와 Pan 항목
을 체크 해제하자. 채널 스트립이 좀 더 깔끔하게 정리된 모
습을 볼 수 있다.

Unit. 02 ▶ **클립 또는 구간을 반복해서 재생하기**

오디오의 편집은 특정 구간이나 클립을 계속 들으며 분석해야 하고, 필요한 효과를 적용해서 변화되는 과정
을 실시간으로 확인해야 한다. 이럴 때는 Fairlight 페이지에서 선택 모드(Selection Mode)가 아닌 Range
Selection Mode나 Edit Selection Mode를 사용해 인/아웃 포인트를 설정한 후 단축키 Alt + / 를 눌러 반
복 재생할 수 있다. 그리고 비디오 클립을 재생할 때는 보통 Space Bar 를 자주 사용하지만 사운드 편집을 할
때는 반복 재생 단축키 Ctrl + / 를 자주 사용한다.

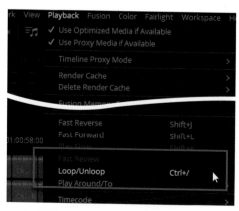

❶ Selection Mode (단축키: A): 기본 선택 모드

❷ Range Selection Mode (단축키: R): 필요한 구간이나 클립을 선택해 인/아웃 포인트를 자동 지정하는 모드

❸ Edit Selection Mode: Range Selection과 비슷하지만 구간을 재생하면서 바로 편집할 수 있는 모드

Range Selection Mode를 이용해 클립에 인/아웃 포인트를 설정하고 그 구간만 반복 재생해보자.

01 먼저 툴바에 있는 수직 확대 슬라이더를 움직여서 트랙의 높이를 키우자.

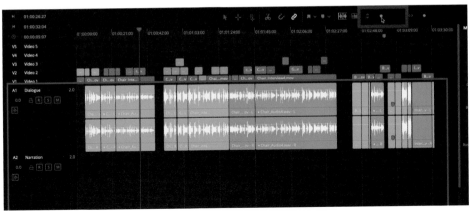

02 툴바에서 Range Selection Mode를 선택하자.

03 구간을 설정하기 위해 첫 번째 클립을 클릭하자. 클립의 시작점과 끝점에 인/아웃 포인트가 생길 것이다. 이 상태에서 단축키 Alt + I 를 눌러보자.

Alt + I 를 누르면 인/아웃 포인트를 설정한 구간만 반복 재생된다.

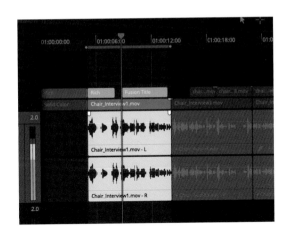

04 Alt + X 를 눌러 인/아웃 포인트를 해제하자. 타임라인의 빈 공간을 클릭해도 인/아웃 포인트가 해제된다.

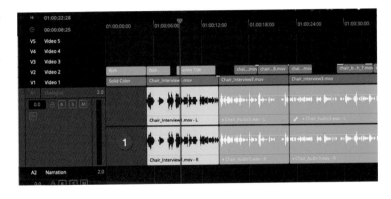

05 마우스를 드래그해서 첫 번째 클립과 두 번째 클립을 걸치도록 구간을 설정해보자. 선택된 구간의 인/아웃 포인트가 자동으로 지정된다. 다시 단축키 Alt + / 를 눌러 해당 구간을 반복 재생해보자.

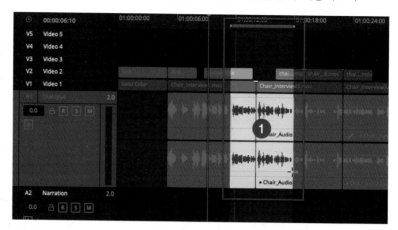

06 뷰어의 오른쪽 하단에 화면 분리하기(Floating Window)를 누르면 창이 분리되어 나타나고 창의 크기 위치를 조절할 수 있다.

07 창을 드래그해서 선택된 타임라인 구간의 바로 위로 옮기자. 영상과 사운드를 다 확인했다면 뷰어 오른쪽 상단에 Dock Window 버튼을 눌러 원래 위치로 돌려 놓자.

08 Alt + X 를 누르거나 타임라인의 빈 구간을 눌러 인/아웃 포인트를 선택 해제하자.
(Alt + X: 인/아웃 포인트 해제)

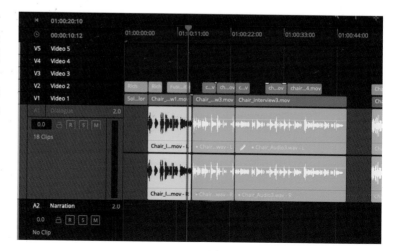

오디오 편집은 보통 비디오 편집이 끝난 후 진행하는데 오디오, 비디오 트랙의 높이가 높아 타임라인 공간
이 빽빽해진다. 이때 비디오 트랙을 숨기면 여유 공간을 확보할 수 있어 작업하기 원활하다. 오디오 트랙
이 재생되는 과정에서 뷰어를 보면서 영상을 확인할 수 있도록 필요 없는 비디오 트랙을 숨겨보자.

01 툴바에서 선택 모드(Selection Mode)를 클릭한다.

02 타임라인 플레이헤드를 세 번째 클립 위에 위치하고 타임라인 뷰 옵션을 열자.

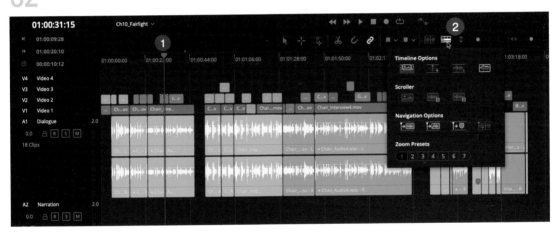

03 Video Tracks 버튼을 눌러 비활성화하면 비디오 트랙이 타임라인에서 보이지 않게 된다.

04 이어서 Zoom Presets에서 4를 선택하자. Zoom Presets 설정은 숫자가 커질수록 화면이 확대된다.

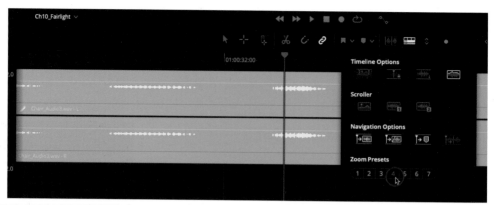

 Tip 단축키를 이용해 타임라인 확대 또는 축소

Zoom Presets 설정 외에도 단축키 `Ctrl` + `+`, 또는 `Ctrl` + `-`를 눌러 타임라인을 확대하거나 축소할 수 있다

Unit. 04 ▶ 고정된 플레이헤드 사용하기

오디오를 편집할 때는 보통 타임라인을 확대해서 작업한다. 그런데 타임라인이 너무 확대하면 재생 중 플레이헤드가 옆 구간으로 넘어가서 다시 돌아오므로 편집 시 시선이 분산된다. 이런 불편함은 플레이헤드를 고정하는 방법으로 해소할 수 있다. 다음을 따라하여 타임라인에 플레이헤드를 고정하고 그 아래로 클립이 지나가게 해보자.

01 타임라인 뷰 옵션을 클릭해서 Fixed Playhead를 선택하고 `Space Bar`를 눌러서 타임라인을 재생해보자. 그러면 스페이스 바를 이용해 타임라인을 재생하면 플레이헤드는 고정된 채 트랙 전체가 움직일 것이다.

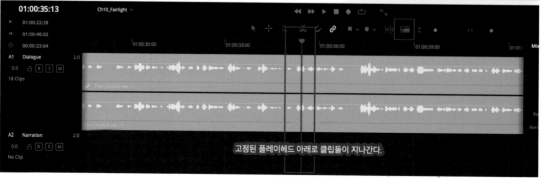

고정된 플레이헤드 아래로 클립들이 지나간다.

02 이번에는 타임라인 뷰 옵션에서 Full Waveforms를 선택하자. 오디오 클립의 웨이브폼이 커질 것이다.

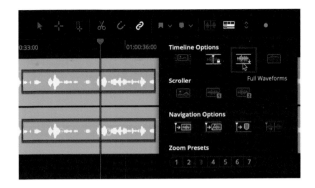

03 타임라인 뷰 옵션에서 Scroller 옵션을 확인해보자. ❶ Audio 1을 누르면 ❷ 하단에 Audio Scroller 트랙이 나타난다. ❸ 그리고 이 트랙의 Display 옵션에는 지정된 트랙의 웨이브폼이 보인다. 스크롤러 기능은 타임라인에 항상 나타나기 때문에 한 오디오 트랙을 다른 오디오 트랙과 비교할 때 유용하다.

04 이제 원래의 상태로 다시 돌아가자. 타임라인 뷰 옵션에서 ❶ Fixed Playhead와 ❷ Scroller를 체크 해제한다.

보이스오버 녹음하기

보이스오버는 비디오 프로덕션의 매우 중요한 부분이다. 보이스오버(Voice-Over)는 스크린상 장면을 설명하는 내레이터(Narrator)의 오디오만 녹음하는 것이다. 내레이터는 대부분 편집실에서가 아니라 레코딩 스튜디오에서 녹음을 하거나 별도의 카메라에 담아낸다. 그러나 종종 우리는 스튜디오에 갈 시간이 없는 상황에서 퀵 스크래치 트랙(Quick Scratch Track)*을 만들어야 할 때가 있다. 오디오를 지금 당장 녹음하여 임시로 프로젝트를 완성해서 내보내야 한다면 DaVinci Resolve에서 제공하는 보이스오버 레코드 기능을 사용하여 쉽게 녹음 작업을 할 수 있다.

녹음을 시작하기 앞서, DaVinci Resolve에서는 녹음된 오디오 파일이 어디에 저장되는지 알아보자. 프로젝트 세팅의 Capture and Playback 탭을 누르면 다양한 비디오 및 오디오 녹화 설정을 볼 수 있다. Capture 섹션의 Save clips to 항목에서 오디오 파일 저장 경로를 확인하거나 변경할 수 있다.

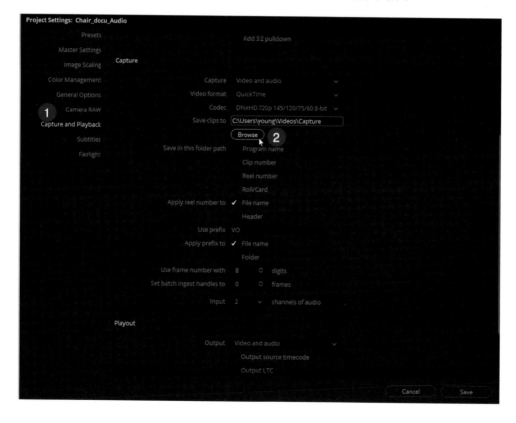

---

* 스크래치 트랙(Scaratch Track)은 참조용 오디오 트랙으로, 오디오 녹음을 가이드하는 목적으로 쓰인다. 보통 임시로 프로젝트를 만들어 보내야 하는 상황이거나 편집 초기에 스크래치 트랙을 만든다.

일반적으로 보이스오버 작업을 할 때에는 기존 오디오 클립에 레코딩이 덮어 쓰이는 것을 방지하고자 새로운 트랙을 생성해서 작업한다. 하지만 여기서는 미리 만들어둔 Narration 트랙이 있으니 이 트랙으로 녹음을 해보겠다.

01 녹음 장비를 PC에 연결한다. 노트북을 사용한다면 내장 마이크나 USB 마이크를 사용할 수도 있다.

02 믹서에서 A2 채널 스트립 인풋 섹션의 No Input을 클릭하고 Input을 선택하자.

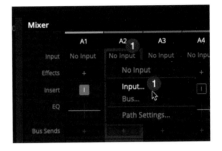

03 Patch Input/Output 창이 열리면 왼쪽에 있는 Source 섹션에서 오디오 인풋 소스를 선택할 수 있다. 이 소스는 Windows 또는 macOS의 시스템 설정을 통해 사용자가 지정한 입력 장치를 가져온 것이다. 설정 방법은 다음 번호를 참조해보자.

04 Windows 또는 macOS의 시스템 설정에서 사운드 Input을 설정한다. 사용하는 PC와 연결된 마이크를 선택하자(참고로 이 책에서는 USB 마이크를 기본으로 사용하겠다). 설정을 마쳤으면 다시 DaVinci Resolve 화면으로 돌아가자(사운드 인풋 설정 경로를 알고 싶다면 다음 페이지 Tip을 참조해보자).

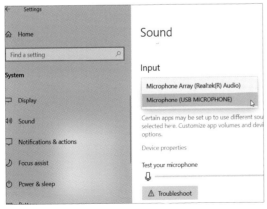

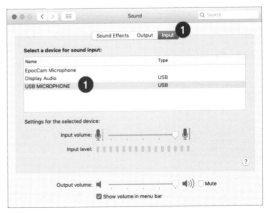

▲ 이미지의 노란 부분은 macOS의 특성상 팝업 화면 뒤에 생기는 그림자로, 인쇄 시 다소 번진 듯한 느낌이 날 수 있다.

05 DaVinci Resolve로 돌아온 후 Patch Input/Output 창 오른쪽의 Destination 섹션에서 Narration-L과 Narration-R을 각각 선택하고 장치를 모두 선택했다면 Patch 버튼을 누르면 Narration-L과 Narration-R 아래에 시스템 설정에서 지정한 마이크가 나타난다.

06 창을 닫고 믹서를 보면 A2 채널 스트립의 Input 섹션에 마이크가 설정된 것을 볼 수 있다.

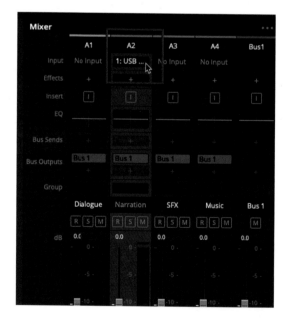

마이크를 이용해 오디오를 모니터링해보자.

01 채널 스트립이나 트랙 헤더에서 레코딩 버튼 (R)을 누르면 마이크를 통해 사운드가 들릴 것이다. 이제 이 트랙은 레코딩 스탠바이가 된 것이다. 다른 트랙의 소리가 들리지 않도록 솔로 버튼(S)도 눌러주자. 더빙 작업과 같이 타이밍이 중요한 녹음을 할 때는 솔로 버튼을 꺼두어야 한다.

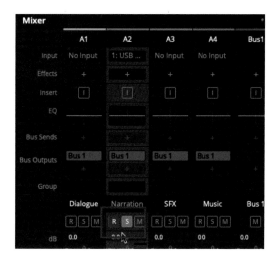

02 녹음 중 피드백이 생기는 것을 방지하기 위해 아웃풋 볼륨을 음소거하자.

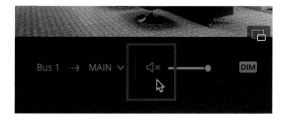

03 다시 A2 채널 스트립의 Input 섹션을 누르고 이번에는 Path Settings를 선택하자.

04 Path Settings 창이 열리면 Record Level 섹션에서 마이크 인풋의 세기를 조절할 수 있다. Rec 버튼을 누르면 자신의 목소리가 모니터링된다. 마이크에 대고 말하면서 적절한 인풋 세기를 조절하자. 녹음할 때 목소리의 평균 볼륨은 -12 dB가 되도록 하고 피크 레벨은 -6 dB에 오도록 하자.

Tip Record Level 섹션에서 Thru 버튼의 기능

Thru 버튼은 레코딩은 하지 않고 사운드 모니터링만 하고 싶을 때 사용한다.

Unit. 03 ▶ 녹음하기

이제 본격적으로 녹음을 해보자.

01 다리가 시작되는 장면인 2분 42초 정도에 플레이헤드를 위치하자. 그리고 툴바 위에 있는 동그란 녹음 버튼을 누르면 녹음이 시작된다.

> ⓘ **오디오 클립이나 레코딩이 있는 곳에 녹음하면 기존 클립이 지워짐**
>
> 데스티네이션 설정을 변경하지 않고 이미 오디오 클립이나 레코딩이 있는 곳에 녹음을 하면 기존 클립이 덮어쓰인다.

02 녹음이 진행되는 동안 지정한 트랙에 빨간 클립으로 녹음 파일이 만들어진다.

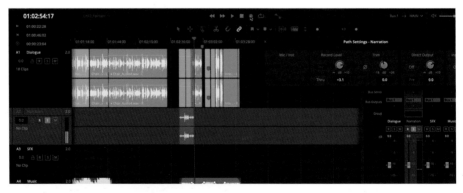

03 정지 버튼을 누르면 녹음이 정지된다.

04 클립을 재생해서 녹음이 잘 되었는지 확인하자.

최종 오디오 레벨 조절하기
Loudness Normalization

유튜브 영상을 시청하다 보면 어떤 영상은 소리가 큰데 어떤 영상은 소리가 너무 작아서 볼륨을 계속 조절해야 하는 경험을 한 적이 있을 것이다. 보통 영상 편집자는 사운드를 오디오 볼륨 레벨과 피크 레벨만을 이용해서 측정하고 기준점으로 정하는 경우가 많다. 이 두 가지 기준점은 대략적인 오디오 볼륨을 측정할 때 중요한 지표이지만, 사운드가 가지는 전체적인 밀도 또는 사람이 인지하는 소리를 측정해주지는 않는다. 이럴 때는 라우드니스를 측정하여 적절한 볼륨 레벨을 맞출 수 있다.

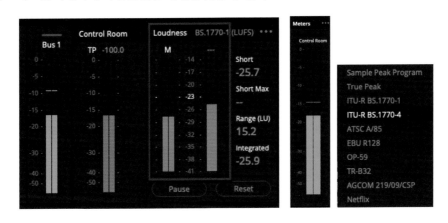

라우드니스(Loudness)란?

라우드니스(Loudness)란 사람이 인지하는 소리 크기를 나타내는 것으로, ITU(국제전기통신연합)에서 규격화한 LKFS(또는 LUFS)란 단위를 주로 사용한다. 라우드니스는 dB를 사용하는 볼륨과는 측정 방식이 다른데, 주파수 및 시간을 분석하여 인간의 귀에 인식되는 소리의 크기를 측정한다. 모든 영상 및 방송의 최종 오디오 레벨은 측정된 라우드니스를 기준으로 조절하여 맞춘다. 그래서 DaVinci Resolve는 오디오의 라우드니스를 측정하고 특정 규격에 맞춰 원하는 라우드니스로 영상의 소리를 조절해주는 기능을 갖고 있다.

Streaming Service	Playback Level
Apple Music (Soundcheck On)	~ -16 LUFs
Amazon Music	~ -14 LUFs
YouTube	~ -14 LUFs
Spotify	~ -14 LUFs
Tidal	~ -14 LUFs
Deezer	~ -15 LUFs
Netflix	~ -27 LUFs
Cinema/Movies	Varies from -28 to -23 LUFs Depending on Dolby System
TV (UK)	~ -23 LUFs (+/- 1)
TV (USA)	~ -24 to -25 LUFs

▲ 스트리밍 서비스별 기준 라우드니스

한국 방송 기준의 라우드니스는 -24 LUFS이고 유튜브는 -14 LUFS이다.

음악이나 영상을 스트리밍하는 웹사이트는 대부분 기준 라우드니스가 있다. 대표적으로 **유튜브는 –14 LUFS로 기준을 정해놓았으며, 이보다 소리가 크면 강제로 업로드된 영상의 소리의 레벨을 낮춘다. 하지만 영상의 소리가 기준보다 작을 땐 기준에 맞게 소리를 키워주지는 않는다.** 따라서 유튜브에 영상을 올릴 때 소리가 너무 크면 유튜브에서 소리를 줄이므로 다이내믹 레인지가 줄어들고, 소리가 너무 작으면 다른 영상에 비해 소리가 작게 들릴 수 있으므로 적절한 크기로 라우드니스를 설정하는 것이 중요하다. 이 섹션에서는 유튜브용 영상을 제작할 때 필요한 오디오 라우드니스 설정을 배워보겠다.

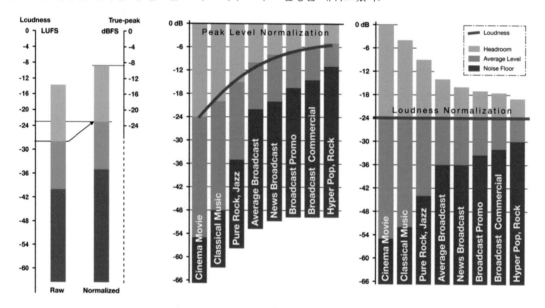

Unit. 01 ▶ **오디오 클립의 라우드니스 확인하기**

오디오 클립을 유튜브 기준 라우드니스로 맞추기 전에, 현재 라우드니스를 확인해볼 것이다. 다음의 순서를 따라하며 오디오 클립의 라우드니스를 확인해보자.

01 오디오 클립에 오른쪽 마우스 클릭을 하고 Analyze Audio Levels를 선택한다.

02 Analyze Audio Levels 창이 열리면 YouTube 용 라우드니스 기준(ITU-R BS.1770-4)을 선택하고 Analyze 버튼을 누른다.

03 Loudness에 표시된 값이 현재 오디오 클립이 갖는 라우드니스이며 이 값을 -14 LUFS 로 만드는 것이 다음 유닛의 목표이다.

오디오 레벨 분석 결과, TruePeak는 -8.6 dBFS, 라우드니스는 -25.8 LUFS이므로 이 클립은 우리가 원하는 값(-14 LUFS)보다 더 낮은 값의 라우드니스를 가진다.

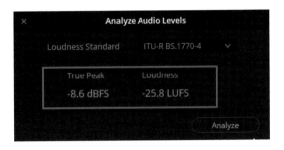

Unit. 02 ▶ 오디오 클립의 라우드니스 조절하기

오디오 클립의 오디오 레벨을 높이면 라우드니스도 같은 양만큼 올라가게 된다. 하지만 볼륨은 라우드니스가 아니기 때문에 정확한 라우드니스 조절을 위해서는 오디오 레벨 이외에 정확한 수치를 사용할 수 있는 오디오 레벨 분석 툴을 사용해야 한다.

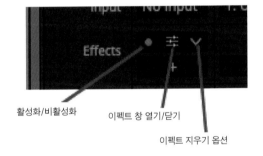

활성화/비활성화 이펙트 창 열기/닫기

이펙트 지우기 옵션

오디오 클립의 라우드니스를 유튜브 기준 라우드니스(-14 LUFS)에 맞게 조절해보자.

01 소리를 키우기에 앞서, A1 채널 스트립에 리미터를 걸자. 채널 스트립의 Effects 섹션에서 + 버튼을 누르고 Dynamics > Limiter를 선택하자.

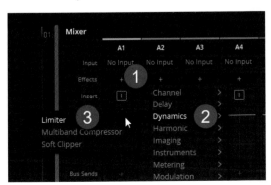

리미터는 오디오 편집자가 임의의 오디오 레벨을 지정하여 원하는 지점에서 더이상 오디오 레벨이 올라가지 않게 해주는 플러그인이다. 오디오 시그널이 너무 크면 클리핑이 일어나게 되는데, 리미터는 이 클리핑을 방지하기 위해 사용한다.

여러 채널의 설정을 묶어둔 가상의 채널인 Bus 채널
스트립에 리미터를 설정하면 모든 채널에 리미터가
동시에 적용된다.

02 트랙 헤더에 이펙트가 적용되었다는 아이콘(fx)이 나타나고 리미터 설정 창이 열릴 것이다.

03 리미터 창에서 Threshold 값을 -1로 지정하고 클립을 재생해보자.

04 이제 소리를 키워서 라우드니스를 -14 LUFS로 맞춰보자. 소리를 키우거나 줄여야 하는 양은 다음 공식을 따른다. 라우드니스(LUFS)와 dB는 서로 다른 단위이지만 증감량은 같다. 다시 말해 1 dB이 증가하면 라우드니스 역시 1 LUFS만큼 증가한다.

조절해야 하는 볼륨의 양 = −14 − (오디오 클립의 라우드니스)

따라서 이 경우에는 오디오의 라우드니스가 -25.8 LUFS 이므로 11.8 dB만큼 소리를 올려야 한다.

05 오디오 클립의 웨이브폼 중간쯤에 보이는 흰색 선을 위로 드래그해서 볼륨을 높이자. 괄호 안의 숫자가 최대한 +11.8 dB에 가깝도록 조절한다. 드래그하기 어렵다면 타임라인 왼쪽에 트랙 높이 조절 구간을 움직여 트랙의 높이를 키우자.

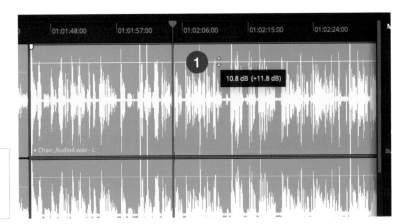

> 인스펙터 > Audio 탭 > Volume 섹션에서 직접 볼륨값을 입력해 조절할 수도 있다.

06 볼륨 조절이 끝났다면 다시 오디오 클립을 마우스 오른쪽 클릭하고 Analyze Audio Levels를 눌러 라우드니스 기준을 확인하자.

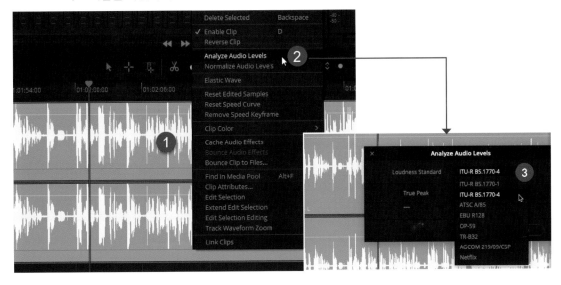

07 라우드니스가 -14 LUFS에 가깝게 설정되었다
면 유튜브 업로드를 위한 볼륨 설정이 완료된
것이다.

라우드니스 조절을 했다고 하더라도 직접 귀로 들어서
최종적으로 사운드를 체크하는 것을 잊지 말자.

08 리미터 창을 열어서 오디오 레벨이 피크에 닿는지 확인해
보자. A1 채널 스트립의 Effects 섹션에서 Controls 아이콘
을 누른다.

09 리미터 창이 열리면 클립을 재생해
보자. 오디오가 재생되면서 리미터
창의 그래프가 움직일 것이다.

10 오디오 볼륨을 올렸기 때
문에 웨이브폼에서는 피
크가 생긴 것이 보이지만 최종 아
웃풋에서는 피크가 발생하지 않
는다. 리미터 필터에서 최대 볼륨
(Threshold)을 -1 dB로 설정했기 때
문이다. 리미터 창을 확인해보면
파란색 선을 넘을 때 리미터가 작
동하여 피크를 방지하는 것을 알
수 있다.

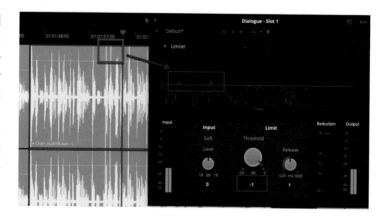

11 바뀐 라우드니스 값을 확인하기 위해서 미터 패널을 확인해보자. 먼저 ❶ 메뉴 버튼을 클릭하고 ❷ Absolute Scale과 BS.1770-4 (유튜브용 라우드니스 기준)에 체크한다.

12 클립을 재생하면 라우드니스가 측정될 것이다. 여기서 눈여겨볼 것은 미터 패널에 표시된 Integrated 값이다. 볼륨을 조절할 때는 믹서의 볼륨 미터뿐만 아니라 라우드니스도 체크해가며 자신이 원하는 수준의 최종 오디오 아웃풋 값을 맞추는 것이 중요하다. 앞 과정을 잘 따라왔다면 전체 Loudness 값이 -14 LUFS에 근접한 -15.2로 바뀌었을 것이다.

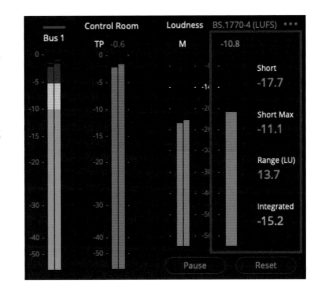

🔔 원하는 라우드니스 기준을 손쉽게 설정하는 방법

유튜브 업로드 기준이 아니라 방송 또는 넷플릭스 기준에 맞추어 라우드니스를 조절하고 싶다면 DaVinci Resolve가 제공하는 포맷 중에서 선택해 손쉽게 설정할 수 있다.

오디오 클립을 마우스 오른쪽 클릭한 후 메뉴에서 Normalize Audio Levels를 누른다. 옵션에서 원하는 포맷을 선택하고 Normalize를 누르면 해당 기준에 따라 자동으로 오디오 라우드니스가 맞춰진다. 한국이나 미국 방송용이라면 ATSC A/85를, 유럽 방송용이라면 EBU R128을 선택하고 넷플릭스용은 Netflix를 선택하면 된다.

Loudness War이라는 말이 있다. 많은 영상 제작자들이 자신의 영상 오디오 레벨을 기준치 이상으로 올려서 다른 영상보다 자신의 영상이 더 잘 들리게 하려고 오디오 레벨 경쟁을 하고 있다. 넷플릭스나 방송국은 전문가의 방송 포맷이므로 오디오 레벨 기준치를 철저하게 따라야 하며 기준치를 벗어날 경우엔 방송 부적격 판정을 받는다.

한편, 유튜브는 자체 오디오 레벨 기준치가 있음에도 오디오 레벨 문제가 자주 발생한다. 그 이유는 라우드니스 기준을 모르는 사용자들이 많기 때문인 것으로 보인다. 그래서 유튜브는 자체 오디오 레벨 조절 알고리즘을 이용해서 오디오 레벨을 강제로 조절하고 있다.

이전 유닛에도 언급했듯이, 유튜브는 업로드된 영상의 라우드니스가 기준치보다 클 경우 자체적으로 줄이지만 기준치보다 작을 경우에는 그 값을 올려주지 않는다. 그래서 아래에 유튜브에 업로드된 영상의 라우드니스가 줄어드는지 확인할 수 있는 방법을 소개한다.

01 유튜브에 업로드된 영상을 재생하고 화면에서 마우스 오른쪽 클릭을 한 후 전문 통계 (Stats for nerds)를 클릭한다.

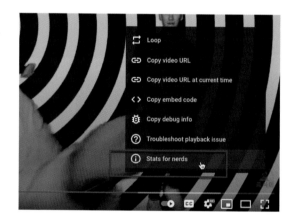

02 왼쪽 상단에 영상 관련 정보가 여럿 나오는데 여기서 Volume / Normalized 구간을 살펴보자. '100% / 37% (content loudness 8.6 dB)'에서 100%는 원래 영상의 오디오 볼륨을, 37%는 유튜브가 라우드니스를 제한한 다음의 오디오 볼륨을 의미한다. 괄호 안의 8.6 dB은 이 영상이 유튜브 라우드니스 기준치보다 8.6 dB 크기 때문에 그만큼 소리가 줄어들었다는 것을 뜻한다.

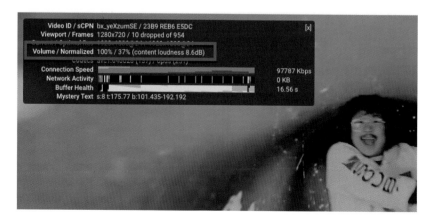

03 반면에 라우드니스가 기준치보다 낮은 영상도 있다. 공중파에서 방영되는 영상은 -24 LUFS가 기본이기 때문에 -14 LUFS가 기준인 유튜브에 비해 약 -10 dB 정도 소리가 작다. 하지만 아래 그림에서 볼 수 있듯이 기준치보다 볼륨이 작다고 하더라도 100%에서 더 소리를 키워주지는 않는다.

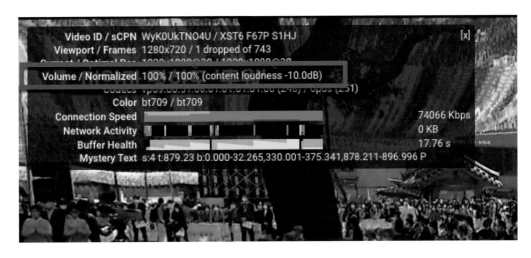

유튜브는 기준치보다 음량이 클 경우 소리를 작게 만들지만 반대 경우에는 소리를 키워주지는 않는다. 그래서 음량이 너무 크면 유튜브에서 강제로 소리를 줄이므로 다이내믹 레인지가 줄어들어 소리가 밋밋해지고, 음량이 너무 작으면 시청자가 다른 영상이나 광고에 비해 소리가 작다고 느낀다. 따라서 기준치에 최대한 가깝게 하되 너무 크지 않게 하는 것이 중요하다.

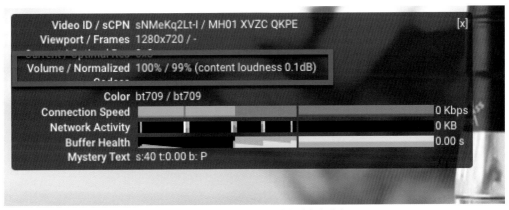

▲ 라우드니스가 적절히 조절된 영상의 예시

Volume / Normalized 구간이 이상적인 경우는 100% / 100% (content loudness 0.0dB)이다. 완벽하게 기준치에 부합하는 라우드니스를 맞추긴 어렵지만 최대한 기준에 근접한 수치로 오디오 작업을 하는 것이 좋다.

다음 유닛에서는 오디오 클립의 볼륨을 이용하지 않고 유튜브에 최적화된 라우드니스를 맞춰볼 것이다. 이전 유닛에서 배운 기능을 활용하여 -14 LUFS로 볼륨을 맞추어 영상을 제작하도록 하자.

오디오 트랙 페이더를 사용해서 라우드니스 조절하기

Unit. 01 ▶ **오토메이션을 사용해서 실시간으로 라우드니스 값 확인하기**

라우드니스를 조절하는 방법 중에는 오디오 클립의 볼륨을 직접 조절할 수도 있지만 실시간으로 라우드니스를 그래프로 확인하며 조절할 수도 있다. 오토메이션 기능을 활용해 실시간으로 라우드니스를 확인하며 조절해보자.

01 먼저 오토메이션 기능을 사용할 수 있도록 타임라인에 여유 공간을 만들자. 슬라이더를 왼쪽으로 움직이면 트랙의 높이가 작아져서 트랙 아래쪽에 빈 공간이 생긴다.

02 트랙 헤더에서 Dialogue 트랙의 하단 경계선을 위로 드래그해, 오디오 웨이브폼을 볼 수 있는 공간을 만들자.

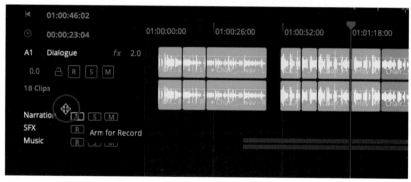

03 Dialogue 트랙 헤더에서 마우스 오른쪽 클릭을 하고 Add Tracks를 선택한다. 그리고 아래와 같이 설정한 후 Add Tracks 버튼을 눌러 새로운 트랙을 생성하자.

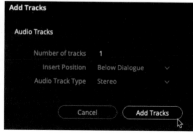

04 새 트랙의 이름은 Dialogue2로 설정한다.

05 Shift 를 누른 채 Chair_Interview1.mov를 마우스 드래그해 Dialogue2 트랙으로 옮기자. 새로운 트랙으로 오디오 클립을 옮기는 이유는 트랙별로 소리를 조절하기 위해서이다. 트랙별로 볼륨을 조절하면 해당 트랙에 있는 모든 클립에 적용되므로 장면이 다른 클립이 있을 경우 조절하기 어려울 수 있다. 하지만 같은 장면의 클립을 한 트랙에 모아놓고 작업하면 볼륨을 한번에 조절할 수 있다.

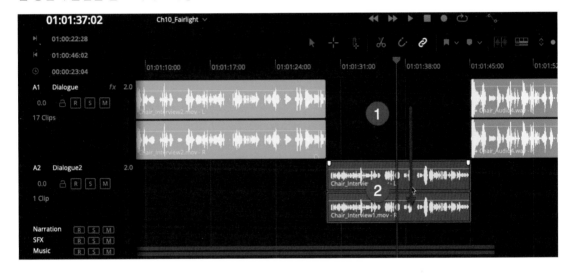

06 오토메이션 기능을 활성화하기 위해 툴바 위쪽에 Automation 버튼을 누르자.

07 Bus 채널을 타임라인에서 확인하기 위해서 Index 창을 열어 설정해야 한다. DaVinci Resolve 상단에서 Index 버튼을 눌러 인덱스를 열자.

08 인덱스 창에서 Tracks 탭을 선택하고 Bus 1 트랙 왼쪽에 눈 모양 아이콘을 눌러 타임라인에서 Bus 1 트랙을 활성화하자.

09 설정이 끝났다면 다시 Index 버튼을 눌러 인덱스 창을 닫자.

10 ❶ 트랙 헤더에서 Bus 1의 하단 가장자리를 드래그해 트랙의 높이를 키워주자. 그리고 ❷ Loudness History를 활성화하자. 그러면 클립이 재생되는 동안 라우드니스 평균값을 차트 방식으로 보여준다. 이 차트를 보면서 실시간으로 라우드니스를 확인하며 조절해보도록 하겠다.

11 Chair_Interview1.mov 클립의 맨 앞에 플레이헤드를 위치하자.

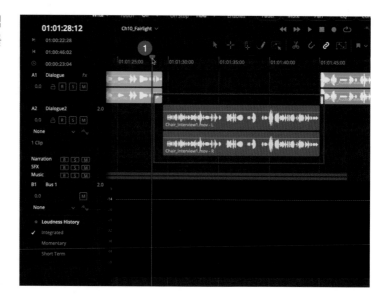

12 타임라인을 재생하면 라우드니스가 클립 밑에 그래프로 나타난다.

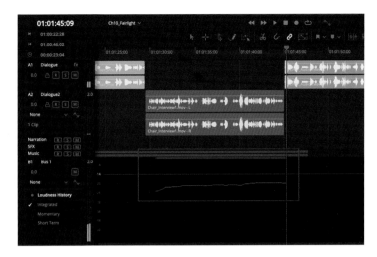

13 그래프를 살펴보면 우리가 설정한 타깃 라우드니스에 비해 오디오 클립의 라우드니스가 낮은 것을 알 수 있다.

14 믹서에서 Dialogue2의 페이더를 조절해 볼륨을 +6 dB 정도 올리자.

15 다시 플레이헤드를 재생해보면 클립의 라우드니스가 설정값과 비슷해졌을 것이다. 다만 차트 마지막 부분에 -14 dB을 살짝 넘은 것이 보인다. 라우드니스를 좀 더 정확하게 측정해서 -14 dB에 맞춰보자.

실제 라우드니스가 설정값 보다 더 높다

> **Tip** 라우드니스를 재기 전에는 항상 Reset을 눌러 기록을 초기화
>
> 라우드니스를 잴 때는 재기 전에 항상 Reset 버튼을 누른 후 Start 버튼을 눌러 기록을 초기화해주는 것을 잊지 말자.

16 믹서에서 Dialogue2의 페이더를 다시 조정해 +5.4 dB 로 맞춰주자.

17 툴바에서 Range Selection
모드를 선택하고 편집할
오디오 클립을 더블 클릭해서 선
택하자. 클립의 시작점과 끝점에
인/아웃 포인트가 자동 설정될 것
이다.

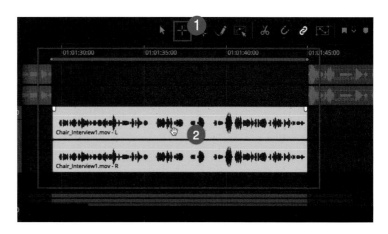

18 라우드니스를 측정하기 전에 Reset 버튼을 누른 후 다시
Start 버튼을 누르자.

19 메뉴 > Playback > Loop/Unloop
버튼을 눌러 인/아웃 포인트가
지정된 부분을 재생한다.
(단축키: Ctrl + /)

20 다시 라우드니스를 측정하면 유튜브 라우드니스 기준인 -14 dB에 근접하게 -14.1 dB로 나오는 것을 볼 수 있다. 이 상태로 유튜브에 영상을 업로드하면 유튜브가 소리를 줄이는 평준화 작업(Normalization)을 하지 않는다.

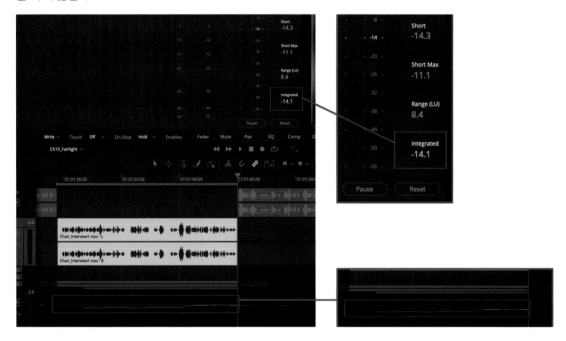

21 설정이 끝났다면 선택 모드(Selection Mode)로 돌아가자.

다른 툴을 사용한 후에는 선택 모드(Selection Mode)로 돌아가야 클립의 이동이나 다른 실수를 방지할 수 있다.

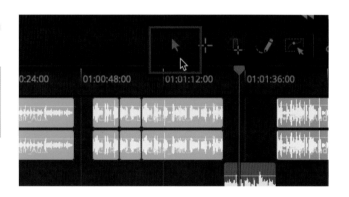

SECTION **05**

DaVinci Resolve

오디오 이펙트 사용하기

DaVinci Resolve의 Fairlight 페이지는 클립이나 트랙에 바로 적용할 수 있는 다양한 전문가용 오디오 필터를 제공한다. 우리가 가장 많이 사용하는 잡음 제거 기능인 Noise Reduction 필터, 시사 프로그램에서 자주 사용하는 사람의 목소리를 인위적인 기계음으로 바꾸는 필터 등이 있다. 전문 사운드 디자이너가 하는 작업인 효과음이나 사운드의 방향성, 배경 음악과 내레이션의 사운드 주파수가 겹치지 않게 하는 작업 등이 비디오 편집에서 많이 사용되는 오디오 작업이다.

Unit. 01 ▶ 배경 소음 없애기(Noise Reduction)

타임라인 오른쪽 끝부분에 있는 Bad_Interview.mov는 카메라 내장 마이크로 녹음된 사운드를 가지고 있다. 촬영장비와 인터뷰한 사람과의 거리가 있기 때문에 녹음된 오디오 클립에 잡음이 많다. 물론 실제 촬영에서는 이중 시스템 녹음을 이용하기 때문에 외장 녹음기로 마이크를 연결해서 녹음을 한다. 이번 유닛은 연습하는 차원에서, 잡음이 많이 섞인 오디오 클립을 이용해본다. Noise Reduction 필터를 적용해서 잡음을 직접 지워보자.

예제의 사운드를 고치기 위해서는 반복해서 그 사운드를 들어야 한다. 따라서 인/아웃 포인트를 사용해서 적용할 클립을 반복해서 듣는 것이 필요하다. Range Selection 모드로 전환한 후 클립을 선택하면 그 클립 시작과 끝점에 자동으로 인/아웃 포인트가 적용된다.

01 툴바에서 Range Selection 모드를 선택하자.

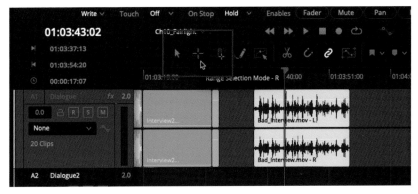

02 타임라인 플레이헤드를 Bad_Interview.mov 위에 놓고 클립을 누르면 클립의 시작과 끝점에 각각 인 포인트와 아웃 포인트가 설정된다.

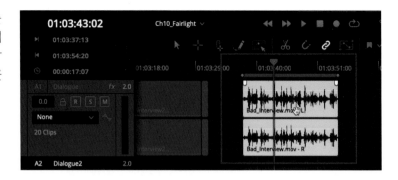

03 노이즈 제거 필터는 믹서에서 찾을 수 있다. A1 채널 스트립의 Effect 섹션에서 + 버튼을 누르고 Noise Reduction > Noise Reduction을 선택하자.

Tip 믹서에 Effect 섹션이 보이지 않을 땐 메뉴에서 해당 섹션의 체크 여부 확인

믹서에 Effect 섹션이 보이지 않을 땐 믹서의 오른쪽 상단 메뉴 버튼에서 Effects를 체크해 활성화하면 된다.

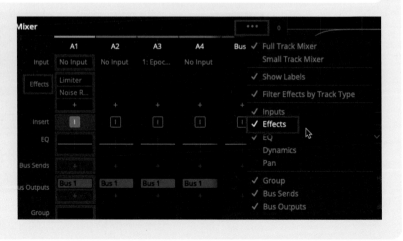

04 앞의 과정을 마쳤다면 그림과 같이 Noise Reduction을 설정하는 화면이 나올 것이다. 우리가 말하는 노이즈란 인터뷰 과정에서 발생하는 백그라운드 소리를 말한다. 백그라운드 소리는 녹음기 자체의 소음일 수도 있고, 현장에 있는 가전제품 또는 건물의 구조에서 발생하는 원치 않는 소리일 수도 있다.

<Noise Reduction 설정 창의 옵션>
- **Learn**: 클립을 재생하는 동안 노이즈를 분석하므로 노이즈 필터를 적용한 후 가장 먼저 설정해야 하는 옵션이다. 이 옵션은 Learn 버튼 옆에 Manual을 선택할 경우에만 적용된다.
- **Threshold**: 메인 시그널과 백그라운드 소리(노이즈)의 관계에 따라 적용할 노이즈 리덕션의 양을 설정한다.
- **Attack**: 노이즈에 얼마나 빠르게 반응할지를 결정한다. 길거리처럼 여러 가지 노이즈가 있는 장소에선 값을 낮추는 것이 좋고, 스튜디오에서 촬영하며 발생하는 노이즈가 하나 있을 때는 값을 높이는 게 좋다.
- **Sensitivity**: 노이즈가 들릴 때 얼마나 민감하게 반응할지를 결정한다. 오디오 클립을 재생하며 높은 값에서부터 내리면서 원하는 노이즈를 찾을 때 사용한다.
- **Ratio**: 노이즈를 제거하는 시간과 노이즈 프로파일의 관계를 정한다. 설정값이 높을수록 오리지널 사운드의 음감을 덜 보존한다. 즉 노이즈는 줄어들지만 원래 사운드와 많이 달라지는 결과를 만들 수도 있다.
- **Smoothing**: 노이즈를 제거한 후 발생할 수 있는 울림 소리(Harmonic Ringing)를 줄인다.
- **Dry/Wet**: 전체적인 노이즈 리덕션 값을 설정한다. 기본 설정은 80인데 Dry는 0이고 Wet은 100이라고 생각하면 된다. 클립을 재생한 후 기본값에서 Dry쪽으로 내리면서 실시간으로 노이즈 리덕션 값을 확인할 수 있다.
- **Level**: 보통 노이즈 리덕션을 적용하면 전체적으로 오디오 레벨이 낮아질 수 있다. 이때 Level을 이용해 낮아진 오디오 레벨을 높인다.

05 툴바에서 Loop 버튼을 눌러 반복 재생을 활성화하자.

06 단축키 [Alt] + [L]을 누르면 설정한 구간이 반복 재생된다. 이제 오디오를 들으면서 노이즈를 제거해 보자.

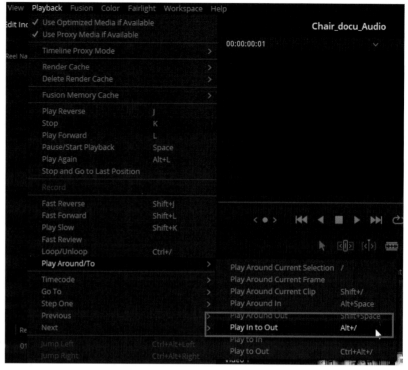

07 Noise Reduction이 활성화되었지만 기본값이 적용된 상태이다. 소음을 더 효과적으로 제거하기 위해 서는 오디오 분석을 해야 한다. 오디오 클립이 반복 재생되는 동안에 Noise Reduction 창에서 Learn을 클릭해 오디오를 분석하자.

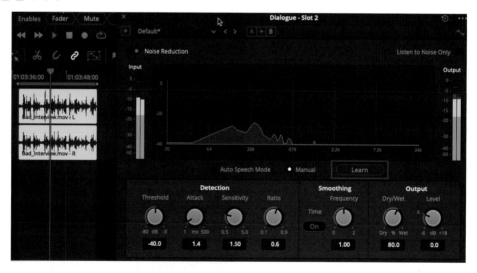

08 클립이 한 번 재생되고 나면 다시 Learn을 눌러 분석을 종료한다. 분석이 끝나면 노이즈 설정값이 보라색으로 나타날 것이다.

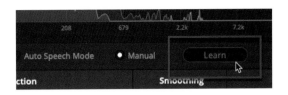

09 Noise Reduction 창 왼쪽 상단에 On/Off 버튼을 눌러 원본 오디오와 노이즈 리덕션을 거친 오디오를 비교해서 들어보자. (단축키: Alt + L)

10 클립을 다시 재생하고 설정 창 상단에 있는 B 모드를 누르자. A 모드에서 반복해 들은 노이즈 리덕션이 우리 귀에 익숙해져서 문제점을 알기 어려울 수 있으니 모드를 바꾼 것이다. B 모드에서 다른 값으로 노이즈 리덕션을 적용해 더 나은 값을 비교하는 것이 가능하다.

11 노이즈 리덕션이 활성화 됐는지 확인하고 B 모드에서 Learn 버튼을 눌러 새로 오디오를 분석하자.

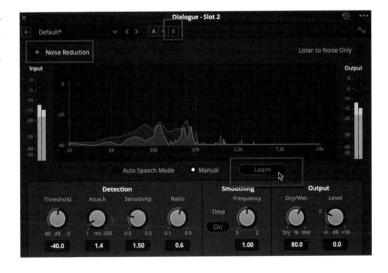

12 클립을 반복 재생하면서 Threshold부터 Level까지 여러 옵션을 조절해보자. 실시간 으로 노이즈 레벨이 달라지는 것 을 확인할 수 있을 것이다.

13 이번에는 상황에 맞게 정해진 프리셋 값을 사 용해보자. 다시 A 모드로 돌아간 다음, 설정 창 왼쪽 상단에 프리셋 값을 Default에서 De-Rumble and Hiss로 선택한다.

14 프리셋을 선택하면 기존에 분석된 값이 사라지고 새로운 파형이 보라색으로 나타난다.

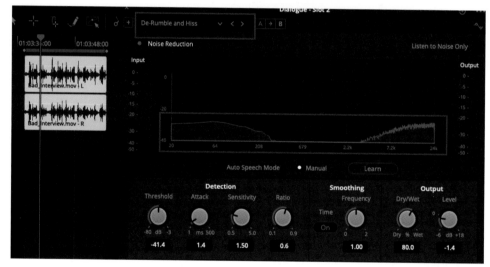

15 Learn 버튼을 눌러 분석된 노이즈 값을 지워보자. 그리 고 ❶ B 모드로 가서 ❷ Reset Noise Profile을 선택하면 기존 오디오 노 이즈 값이 사라질 것이다. 노이즈 리 덕션 값이 초기화되었기 때문에 이 상태에서 오디오 클립을 재생하면 오리지널 사운드가 그대로 들린다.

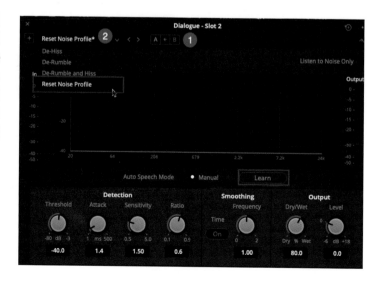

16 클립의 시작과 끝이 인/아웃 포인트로 지정된 것을 확인한다. 그 후 Alt + L을 눌러 클립을 반복 재생하고 Learn을 누르면 다시 오디오가 분석되어 노이즈 리덕션이 적용된다.

 채널 스트립 Effects 섹션의 세 가지 옵션

채널 스트립에는 적용된 이펙트를 설정하는 세 가지 옵션이 있다. Effects 섹션에서 원하는 이펙트에 마우스 포인터를 올리면 세 개의 아이콘이 나타난다.

- Disable: 임시로 이펙트를 활성화/비활성화
- Controls: 해당 이펙트의 설정창 열기
- Delete Plugin: 해당 이펙트 삭제

Unit. 02 ▶ 치찰음 없애기(De-Esser)

오디오 이펙트는 Unit 01에서 배운 것과 사용법이 같으므로 이 유닛부터는 여러 가지 오디오 이펙트를 소개하도록 하겠다.

De-Esser 필터는 치찰음*을 줄이도록 설계된 필터다.

＊ 치찰음이란 구강 구조상 생기는 마찰음으로 주로 '쉬', '치'와 같은 소리가 난다. 초성으로 ㅅ,ㅆ,ㅊ이 들어간 발음을 할 때 주로 발생한다.

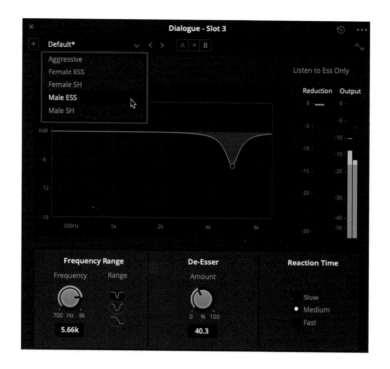

- **Frequency**: 과도하게 들려서 문제가 되는 'S' 사운드 구간을 정한다. 보통 5~8 kHz 범위에서 문제의 '쉬' 사운드가 지정된다.
- **Range**: 세 가지 주파수대(Narrow Band, Wide Band, All High Frequency) 중에서 소스의 사운드를 지정한 후 그 구간에 있는 주파수를 찾아낸다.
- **Amount**: 필터가 적용되는 양을 지정한다.
- **Reaction Time**: 필터가 적용되는 속도의 스타일을 지정한다.

Unit. 03 ▶ 전기적 잡음 제거하기(De-Hummer)

전기적 간섭을 막는 보호 커버가 없는 케이블을 사용하거나 접지가 올바르게 되지 않았을 경우, 오디오 장비에 전기적 간섭이 생길 수 있다. 이때 발생하는 소음을 제거하는 필터가 De-Hummer이다.

Humming noise는 보통 50 또는 60 사이클(Hz)인 전기장에서 발생한다. 기본 주파수[*]의 두 배에서 시작되는 소리와 그 이후 발생하는 후속 부분에 고조파(Harmonic)[**]로 구성된 노이즈로 분류된다.

---

[*] 기본 주파수는 소리에서 발생하는 고유한 주파수로 가장 작은 양의 파형을 가진다. 참고로 50Hz 또는 60Hz 전기 주전원을 공통주파수라 하는데, 보통 Humming Noise의 원인이 된다. 이럴 땐 바로 다음에 알아볼 De-Hummer 필터를 이용해 해당 노이즈를 제거할 수 있다.
[**] 쉽게 말하자면 고조파(Harmonics)는 기본 주파수의 정수배(2배, 3배, …)에 달하는 주파수의 파형을 의미한다.

〈De-Hummer 필터 설정 옵션〉

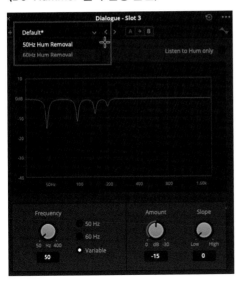

- Frequency: 대상 소스의 기본 주파수를 설정한다. 공통 주파수를 선택하거나 그 이상의 주파수를 선택할 수 있다.
- Amount: 적용할 De-Hum 양을 조정한다.
- Slope: 기본 주파수와 부분 고조파의 비율을 조절하여 다양한 종류의 음을 선택하게 해준다.

Unit. 04 ▶ 음성 변조하기(Distortion)

전화기 너머로 들리는 목소리는 실제 목소리와 다르게 들린다. Distortion 필터를 이용하면 사람의 목소리를 전화기에서 들리는 것처럼 만들 수 있다. 오디오 시그널을 변형해 아날로그 사운드를 기계적으로 바꿀 때 많이 사용된다.

〈Distortion 필터 설정 옵션〉

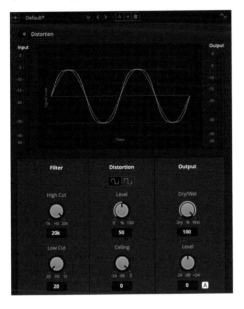

- High Cut: 높은 주파수대가 변형되는 음형
- Low Cut: 낮은 주파수대가 변형되는 음형
- Distortion Level: 신호가 변형되는 정도를 조절하는 곳
- Ceiling: 클리핑(볼륨이 너무 커서 찢어지는 소리)과 연결된 인풋 신호 레벨을 조절하는 곳
- Dry/Wet: 구간별로 구성된 Distortion 필터가 전체적으로 적용될 때 양을 조절하는 곳
- Output Level: 필터를 적용한 후 바뀐 오디오 레벨을 조절하는 곳

Distortion 필터 설정 창의 왼쪽 상단에서 여러 가지 프리셋을 선택해 사용할 수 있다.

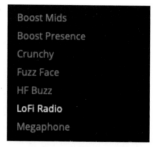

음성 변조에는 목소리를 기계음으로 바꾸는 것 외에도 목소리를 높낮이를 바꾸는 경우가 있다. 주로 시사 프로그램이나 다큐멘터리에서 인터뷰 대상의 익명성을 보호할 목적으로 이용한다. 이러한 음성 변조는 인스펙터의 Pitch 섹션에서 쉽게 조절할 수 있다.

〈Pitch 섹션 설정 옵션〉

- **Semi Tones**: 소리의 높낮이를 반음 간격으로 조절
- **Cents**: 소리의 높낮이를 센트 단위로 조절
  (100 Cents = 1 Semi Tone)

Unit. 05 ▶ EQ 사용하기

EQ(Equalizer)는 소리의 주파수별 신호를 조절하는 이펙트로, 특정 주파수 대역의 신호를 강조하거나 감소시킬 수 있다. EQ는 소리를 주파수별로 분리해서 서로 겹치지 않게 하는 데 많이 사용된다. 주파수 대역이 겹치는 예시를 들어보겠다. 기타와 바이올린의 조합처럼 다른 두 악기로 같은 멜로디를 연주하고 녹음했다고 해보자. 녹음된 각각의 소리는 서로 다른 음색을 갖고 있지만 서로 같거나 비슷한 높이의 음을 연주하는 경우가 발생할 수 있다(이렇게 겹치는 소리를 마스킹(Masking)이라고 한다). 또 다른 예로 내레이션에 백그라운드 음악을 사용할 때 내레이션 사운드의 주파수와 사용되는 음악의 주파수가 겹칠 수 있다. 이처럼 음악과 내레이션에서 주파수 대역이 겹칠 때, EQ를 설정하여 소리가 잘 구분되어 들리도록 조절한다.

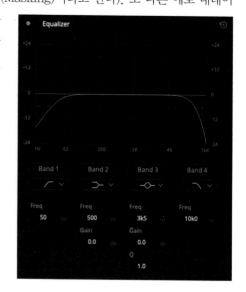

미디어 클립을 선택하고 인스펙터를 열면 Equalizer 섹션에서 EQ를 설정할 수 있다. 여기서 EQ는 총 네 가지 밴드(주파수 대역)로 구성된다.

이외에도 채널 스트립을 이용하여 트랙별로 EQ를 적용할 수도 있다. 각각의 채널 스트립에는 EQ를 설정하는 EQ 섹션이 있다(만약 EQ가 보이지 않는다면 오른쪽 상단 메뉴 버튼을 눌러 EQ가 체크되었는지 확인하자). 인스펙터의 이퀄라이저 섹션과는 다르게 채널 스트립에서는 더 세밀한 작업을 할 수 있도록 여섯 가지 밴드로 구성되어 있다.

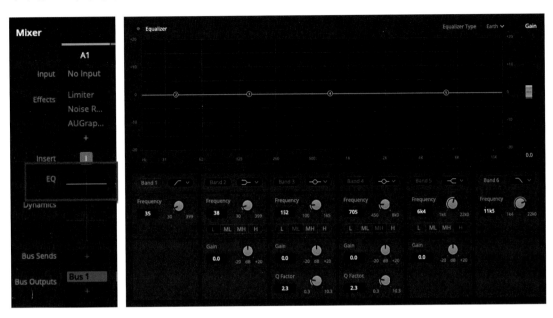

더 세분화된 EQ 작업을 위해 밴드를 좀 더 많이 사용하고 싶다면 Effects 섹션에서 EQ 〉 AU 〉 AU-GraphicEQ를 선택하여 사용할 수 있다. AUGraphicEQ는 총 31개의 밴드를 지원한다.

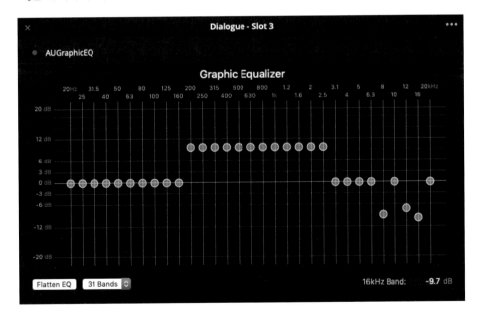

Reverb는 소리에 잔향을 만들어 공간감을 연출하는 이펙트이다. 주로 노래나 연주가 포함된 라이브 영상에 Reverb 이펙트를 적용한다. Reverb 이펙트 설정 창의 왼쪽 상단 프리셋 옵션에서 자신이 원하는 종류의 잔향 효과를 선택해 사용할 수 있다.

Unit. 07 ▶ 컴프레서, 리미터 사용하기

채널 스트립에는 각각 컴프레서와 리미터 등을 사용할 수 있는 Dynamics 섹션이 있다(만약 Dynamics가 보이지 않는다면 오른쪽 상단 메뉴에서 Dynamics가 체크되어 있는지 확인하자).

〈Dynamics 섹션 설정 옵션〉

- Expander/Gate: 일정 볼륨보다 작은 소리를 더 작게 만들거나 없앤다.
- Compressor: 일정 볼륨보다 큰 소리를 임의의 비율로 작게 만든다.
- Limiter: 일정 볼륨보다 더 소리가 커지지 않도록 방지해준다.

사운드 라이브러리 Sound Library 설치하기

DaVinci Resolve는 사운드 라이브러리 팩을 무료로 제공한다. 사운드 라이브러리를 열고 Download 버튼을 누르면 Blackmagic 웹사이트로 연결되며 사운드 팩을 다운로드할 수 있다.

팩을 다운로드하는 사이트가 열리면 개인정보 입력란에 자신의 정보를 입력한다. 그 후 다음 페이지에서 약관에 동의하면 다운로드가 시작된다.

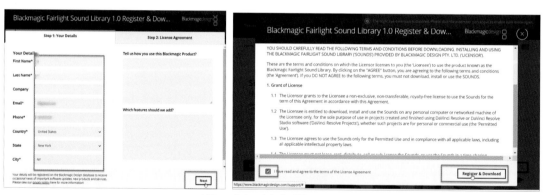

▲ 사운드 라이브러리 팩 다운로드 과정 1

▲ 사운드 라이브러리 팩 다운로드 과정 2

설치를 마친 후 DaVinci Resolve를 재시작해야 사운드 라이브러리를 사용할 수 있다.

사운드 라이브러리를 사용할 때 한 가지 주의할 점은 바로 사운드 목록이 보이지 않는다는 것이다. 검색창에 ***을 입력해야 자신이 가진 라이브러리의 모든 사운드를 볼 수 있다.

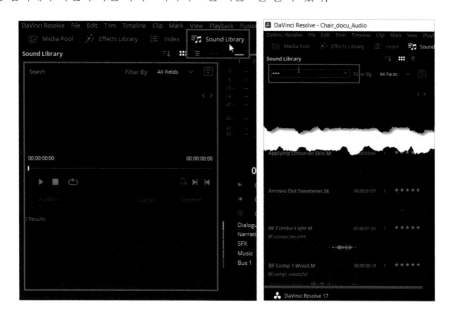

CHAPTER 10 ▶ 요약하기

이번 챕터에서는 Davinci Resolve에서 제공하는 Fairlight를 이용해 오디오를 편집하는 방법을 배워보았다. Fairlight는 후반 작업 과정에서 손대기 어려운 고난도 오디오 작업을 가능케하는 훌륭한 DAW(Digital Audio Workspace)이다. Fairlight 페이지는 클립에 있는 노이즈를 지우는 기능을 비롯해 수많은 오디오 필터를 제공한다. 또한 간단한 보이스오버 기능을 이용해서 후반 작업 과정에서 꼭 필요한 내레이션 부분을 전문 레코딩 워크스테이션처럼 사용하게 해준다.

최근에 오디오 레벨과 라우드니스 측정의 중요성이 강조되는데, DaVinci Resolve는 내장 필터를 사용해 측정할 수 있다. 그리고 측정한 라우드니스(Loudness)는 오디오 평준화(Audio Normalization) 기능을 이용해서 유튜브 또는 방송용 라우드니스로 변환할 수 있다. 편집이 끝난 오디오는 반드시 타깃 라우드니스를 확인해서 오디오 미터에서 확인되지 않은 방송 또는 유튜브 사운드 표준을 따를 수 있게 하자.

CHAPTER 11

Fusion 페이지 사용하기

DaVinci Resolve

간단한 모션 그래픽 효과를 넣을 수 있는 Cut 페이지나 Edit 페이지와는 달리, Fusion 페이지에서는 정교한 모션 그래픽 효과를 만들 수 있다. 이 페이지에서 주요하게 볼 것은 노드 모드와 트래킹 기능이다.

노드를 이용하면 자칫 복잡해보일 수 있는 다양한 효과의 관계를 도식화된 형태로 쉽게 파악하고 조절할 수 있다. 그리고 트래킹 기능은 클립의 흔들림을 보정하거나 움직임이 있는 영역에 모자이크를 넣을 때 등 클립의 특정 영역의 움직임을 제어할 때 유용하게 쓰인다.

우리는 Chapter 07에서 타이틀 작업을 할 때 잠깐 Fusion 페이지를 다루었다. 이때는 효과의 세부 옵션을 수정하기 위해서 이용했지만, 사실 Fusion 페이지는 2D 및 3D 효과를 동시에 사용할 수 있게 하는 컴포지팅(Compositing) 툴이다.

Fusion 페이지에는 노드 모드를 이용해 효과적으로 작업을 할 수 있다. 여기서 노드(Node)라는 나뭇가지 구도를 가진 방식을 의미한다. 노드를 이용한 방식은 직관적인 뷰(View)를 제공하기 때문에 효과를 중첩 적용할 때 복잡해보일 수 있는 구조를 간단히 풀어내어 작업 속도를 향상시킨다.

한 마디로 Fusion 페이지는 레이어를 사용하지 않는 애프터 이펙트(After Effects)와 같다고 보면 된다.

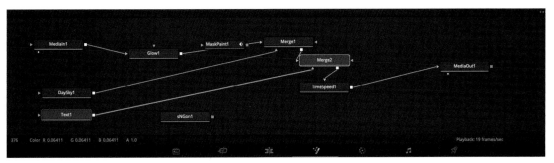

▲ 노드를 이용한 Fusion의 작업 영역

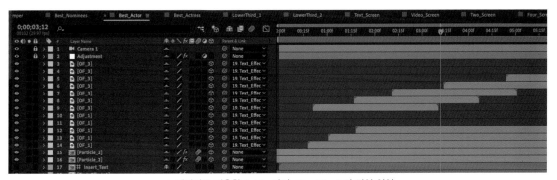

▲ 레이어를 이용한 Adobe사의 After Effects의 작업 영역

▲ Fusion 페이지에서 모션 트래킹을 활용한 텍스트 넣기

Fusion 페이지 인터페이스

Fusion 페이지는 크게 다섯 가지 영역으로 구성된다.

(만약 자신의 컴퓨터 화면이 아래 그림과 다르다면 메뉴 〉Workspace 〉Reset UI Layout을 누르자.)

❶ **뷰어(Viewer)**: 윈도우 두 개로 구성된 미리보기 창이다. 보통 왼쪽 뷰어는 작업 중인 이미지를, 오른쪽은 최종 아웃풋 이미지를 보기 위해 사용한다.

❷ **타임 룰러(Time Ruler)**: 노란 선 두 개로 작업 구간을 표시한다.

❸ **툴바(Toolbar)**: Fusion에서 자주 사용하는 툴이 화면 중앙에 위치한다.

❹ **노드 에디터(Node Editor)**: Fusion의 노드 작업을 위한 영역이며 각각의 노드가 서로 연결되어 최종 이미지를 만들어낸다.

❺ **인스펙터(Inspector)**: 사용하는 툴과 노드의 여러 속성 및 옵션을 보여준다.

Unit. 01 ▶ **Fusion 페이지 열기**

다음을 따라하며 Fusion 페이지를 열어보자.

01 Timelines 빈에 있는 Ch11_Fusion 타임라인을 더블 클릭해서 열자.

02 타임라인 플레이헤드를 Video 3 트랙의 첫 번째 클립(chair_bRoll_1.mov) 위로 위치시키자. 그러면 이 클립이 Fusion 페이지에서 열릴 것이다.

> 만약 Video 3 트랙 아래에 있는 클립을 작업하고 싶다면 위에 위치한 클립을 비활성화한 후 Fusion 페이지로 가야 한다.

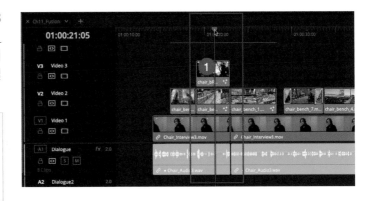

03 타임라인 하단의 Fusion 페이지 아이콘을 눌러 Fusion 페이지로 들어가자.

04 Fusion 페이지가 나타난 모습이다.

노드를 자세히 알아보자. 노드란 이미지 프로세싱 시퀀스에서 구간별 포인트를 의미한다. 노드는 클립이 될 수도 있고 효과나 텍스트가 될 수도 있다. 노드는 이미지 정보를 받은 후에 그 결과를 조합해서 출력하며 구간별로 순차적 변경과 진행을 함께 한다. 간략하게 정리하면 이미지에 적용되는 여러 가지 효과의 조합이다. 노드 에디터에서는 노드들이 연결된 구성을 직관적으로 확인하고 편집할 수 있다.

노드와 노드는 파이프라인으로 연결되어 있다(노드 에디터에서 파이프라인은 화살표로 표현한다). 왼쪽에서 오른쪽으로 노드의 효과가 적용되며 노드가 연결되는 구성에 따라 총 네 가지 종류가 있다. 노드 에디터에서 노란색 파이프라인은 백그라운드로 노드가 적용됨을 의미하고 초록색은 포어그라운드, 파란색은 이펙트 마스크를 의미한다. 노드 오른쪽에 붙는 하얀색 네모는 이미지의 아웃풋을 의미한다.

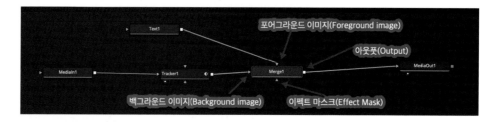

Fusion 페이지에서 노드 에디터를 이용해 간단한 작업을 해보자.

01 MediaIn1을 클릭해보자. 빨간색으로 선택된 것이 보일 것이다. 이제 이 상태에서 단축키 ①을 누르면 해당 노드의 이미지가 왼쪽 뷰어에 보이게 된다.

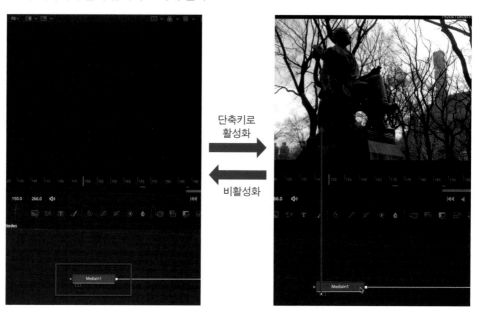

뷰어 활성화 단축키를 이용해 원하는 뷰어에 이미지 띄우기

노드 왼쪽 하단을 보면 뷰어 활성화 버튼이
있다. 노드를 선택한 후 이 버튼을 활성화하
면 왼쪽 또는 오른쪽 뷰어에 노드 이미지가
보이게 된다.

숫자키 ①, ②를 토글하여 왼쪽, 오른쪽 뷰어
를 활성화/비활성화할 수 있다.

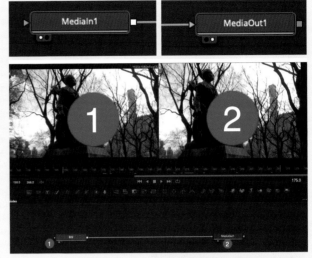

▲ 노드 이미지를 각각 왼쪽, 오른쪽 뷰어에 띄운 모습

02 MediaIn1 노드를 마우스 오른쪽 클
릭하고 Rename을 누른다.

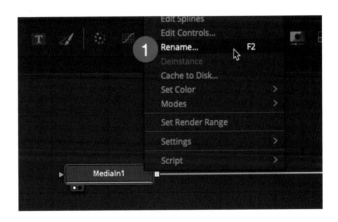

03 이름 변경 창이 나타나면 동상이라고 입력
하고 OK 버튼을 누르자.

04 노드의 이름이 변경되었다.

트래커 Tracker 사용하기

트래킹(Tracking)은 시간에 따라 클립의 특정 영역을 분석하여 모션 경로를 생성할 때 쓰이며, 컴포지팅 툴에서 가장 많이 사용하는 기능이다. DaVinci Resolve는 다른 편집 프로그램보다 월등한 모션 트래킹 기능을 제공한다. 트래킹으로 분석된 클립의 움직임과 데이터를 통해 다른 클립이나 텍스트 또한 분석된 것과 동일한 움직임을 가지도록 만들 수 있다.

Fusion에서는 다음 세 가지 트래킹을 제공한다.

- **카메라 트래커(Camera Tracker)**: 클립에 있는 여러 포인트와 움직임의 패턴을 비교하여 정교한 트래킹 데이터를 만든다.
- **평면 트래커(Planar Tracker)**: 2D 모션 경로를 따라 클립의 픽셀을 추적해서 평평하고 변하지 않는 표면 경로 데이터를 만든다.

- **트래커(Tracker)**: 2D 모션 경로를 이용해서 클립에 있는 포인트를 추적하는 가장 빠르고 간편한 모션 트래킹 기능이다.

Unit. 01 ▶ 트래킹 데이터 생성하기

트래킹을 사용해서 이미지의 움직임을 제거해보자.

01 툴바에서 음소거(Mute) 버튼을 눌러 소리가 들리지 않도록 하고 Space Bar 또는 툴바의 재생 버튼을 눌러 클립을 재생해보자. 이미지가 흔들리는 것을 확인할 수 있다.

> Fusion 페이지에서는 클립을 반복 재생할 일이 많다. 따라서 이미지에 집중할 수 있도록 음소거(Mute) 버튼을 활성화한 후 작업하는 것이 좋다.

02 노드 에디터의 빈 공간에 마우스 오른쪽 클릭을 하고 Add Tools > Tracking > Tracker를 선택하자. 새로운 Tracker 1 노드가 생성될 것이다.

03 트래커 노드가 생겼지만 이 노드를 사용하려면 다른 노드와 직접 연결해야 한다. Shift 를 누른 채 Tracker1 노드를 다른 노드 사이의 선 위로 드래그해보자. 연결선이 파란선과 노란선으로 바뀔 것이다. 이 상태에서 마우스 버튼을 놓으면 두 노드 사이에 Tracker1 노드가 연결된다.

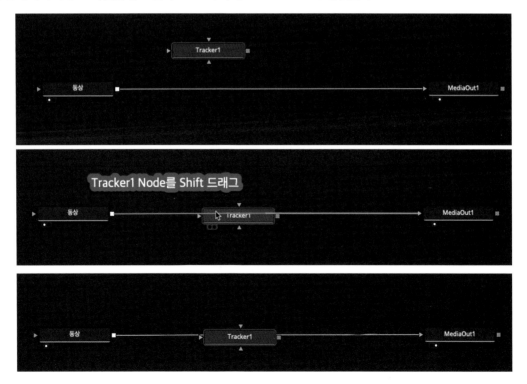

Tip 자신의 화면에 맞춰 전체 노드 위치를 조정하는 방법

노드의 일부가 화면 밖으로 나가서 보이지 않는다면 Ctrl + Shift 를 누른 상태에서 노드 에디터 아무 곳이나 드래그해
보자. 자신의 화면에 맞춰 전체 노드 위치를 조정할 수 있다. 마우스 휠 버튼을 누르고 드래그해서 조정할 수도 있다.

04 Tracker1 노드를 클릭하고 단축키 1 을 눌러 왼쪽 뷰어에 Tracker1 노드가 보이게 하자.

05 초록색의 트래커를 클릭하면 빨간색으로 바뀌면서 두 개의 박스가 보일 것이다. 작은 박스의 왼쪽 모
서리에 있는 아이콘(무빙 툴)을 드래그하면 트래커를 원하는 위치로 옮길 수 있다. 명암 대조가 큰 곳
으로 트래커를 옮겨보자. 여기서는 동상의 코
부분으로 옮겨보겠다. 트래킹 포인트를 잡을
때는 명암 대조가 큰 곳의 픽셀을 선택하는 것
이 유리하다.

06 화면의 흔들림을 보정하려면 트래커가 두 개 이상 필요하다. 인스펙터의 Tracker List 섹션에서 Add 를 눌러 트래커를 추가하자.

07 새로운 트래커가 뷰어에 나타났다. 첫 번째 트래커와 마찬가지로 명암 대조가 큰 영역에 트래커를 위치시키자. 여기서는 동상의 손끝으로 트래커를 옮겨보겠다.

08 타임 룰러에 있는 플레이헤드를 클립의 시작점(노란선)에 위치시키자.

09 트래킹을 할 준비가 완료되었다. 이제 인스펙터의
Tracking 옵션 중 '현재 지점부터 트래킹 진행하기
(Track Forward From Current Time)'를 클릭하자.

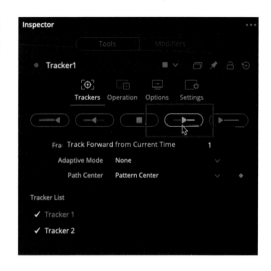

10 컴퓨터가 이미지를 분석하여 트래킹 작업을 한다. 렌더링이 완료되면 렌더링 범위와 렌더링에 걸린
시간을 알려주는 확인 창이 나올 것이다. OK 버튼을 눌러 닫아주자.

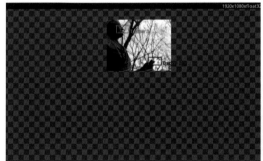

Tip 렌더링 시간을 단축하는 방법

컴퓨터의 사양에 따라 렌더링 시간이
오래 걸릴 수 있다. 이럴 경우에는 툴
바 위에서 마우스 오른쪽 클릭을 한
후 High Quality와 Motion Blur를 체크
해제하자.

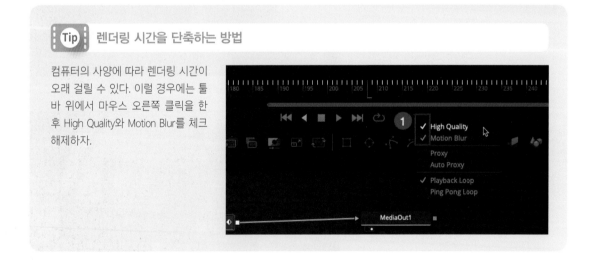

11 렌더링이 완료되면 타임 룰러에 짧은 하얀 선이 생긴 것을 볼 수 있다. 이는 해당 부분에 렌더링 데이터가 생성되었다는 것을 의미한다. 하지만 이미지를 분석해 트래킹 데이터를 생성한 것뿐이지 아직 흔들림 보정(Stabilization)을 적용한 것은 아니다. 이제 렌더링된 트래킹 데이터를 가지고 흔들림 보정 작업을 해볼 것이다.

Unit. 02 ▶ **매치 무브(Match Move)를 적용해 흔들림 보정하기**

이전 유닛에서 만든 트래킹 데이터를 바탕으로 흔들림 보정 작업을 해보자.

01 먼저 Tracker1 노드가 선택한 후 인스펙터에서 Operation 탭을 선택하고 Operation 옵션에서 Match Move를 선택하자.

02 앞에 이어서, Merge 옵션에서 BG only(Background only)를 선택한다. 그리고 Edges 옵션 아래의 체크 박스를 확인하자. 여기서는 고정된 샷이지만 카메라를 손으로 들고(Hand-held) 찍었기 때문에 흔들림 이 있다. 따라서 Position, Rotation, 그리고 Scaling을 선택했다. 영상의 상황에 따라 적절한 옵션을 선택하자.

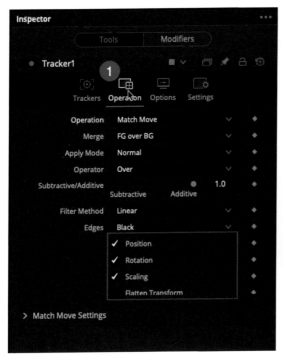
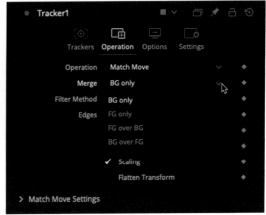

03 Options 탭으로 이동한 후 Enlargement Pattern on Dragging 값을 9로 설정하자.

04 이제 원본 영상과 비교하여 트래커가 잘 적 용되었는지 확인해보자. 동상 노드를 클릭 하고 단축키 [1]을 눌러 왼쪽 뷰어에는 트래킹이 미 적용된 원본 클립 이미지를 띄우자.

05 현재 왼쪽 뷰어에는 원본 클립 이미지가 보이고 오른쪽 뷰어에는 트래킹이 적용된 결과 이미지가 보인다. 이제 클립을 재생하여 매치 무브(Match Move)가 잘 적용되었는지 확인해보자.

Tip 뷰어에 보이는 이미지를 확대/축소하는 방법

`Ctrl`을 누른 상태에서 마우스 휠을 위아래로 조작하거나 뷰어 왼쪽 상단의 화면 배율 옵션을 선택하여 이미지 확대/축소할 수 있다. 이미지의 흔들림을 더 자세히 확인하고 싶다면 이 방법을 이용해보자.

마우스 휠을 누른 상태에서 클립 포지션을 옮길 수 있다

Ctrl + 마우스 휠로 줌인/ 줌 아웃

Unit. 03 ▶ 트랜스폼(Transform) 노드로 클립 사이즈 조절하기

흔들림 보정(Stabilization) 기능이 적용된 후에는 클립이 뷰어에서 다소 움직이면서 뒷배경이 보일 수도 있다. 이럴 땐 트랜스폼(Transform) 노드를 추가해 클립 크기를 조절함으로써 문제를 해결할 수 있다.

01 Tracker1 노드를 선택한 후 단축키 ①번을 눌러 왼쪽 뷰어에 Tracker1 노드 이미지를 보이게 한다. 그리고 툴바의 Transform 버튼을 누르자.

02 Transform 버튼을 눌렀더니 Tracker1 노드 다음에 Transform1 노드가 생성되었다.

03 인스펙터를 확인해보면 Transform에 관련된 설정을 볼 수 있다. 여기서 Size 항목의 슬라이더를 움직이거나 숫자를 직접 입력해서 Size 값을 1.06으로 바꿔주자. 클립 사이즈가 약간 커질 것이다.

04 타임라인 하단의 Edit 페이지 버튼을 눌러 Edit 페이지로 가자.

05 이제 Edit 페이지로 이동한 후 클립을 재생해 효과가 잘 적용되었는지 확인하자. 뷰어 오른쪽 상단의 Bypass Color Grade and Fusion Effects 버튼을 토글하면 Fusion 페이지에서 설정한 효과가 활성화/비활성화된다.

▲ Fusion Effects가 활성화된 모습

▲ Fusion Effects가 비활성화된 원본 이미지

06 클립에 효과가 잘 적용된 것을 확인했다면 Bypass Color Grade and Fusion Effects 버튼을 활성화하고 다시 Fusion 페이지로 돌아가자.

페인트 노드 사용하기

DaVinci Resolve는 페인트 툴을 제공한다. 페인트 툴은 이름 그대로 그림을 그릴 때 사용할 수도 있지만, 이미지를 복사해서 덮어버리는 기능을 지원하기 때문에 이미지에서 필요 없는 부분을 제거할 때 더욱 유용하다. 페인트 노드를 사용해 동상 머리 근처에 있는 나뭇가지를 지워보자.

01 Transform1 노드를 선택하고 툴바에서 Paint 버튼을 눌러 Paint1 노드를 추가하자. 그리고 단축키 ①을 눌러 왼쪽 뷰어에 Paint1 노드의 이미지가 보이게 하자.

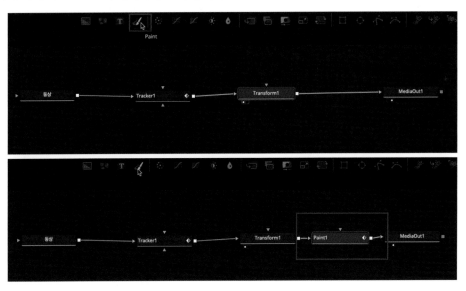

02 왼쪽 뷰어 상단 툴바에서 Stoke를 선택하자.

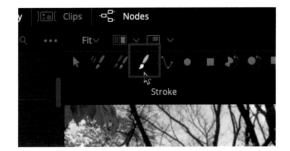

페인트 툴을 처음 선택하면 기본 설정 툴인 Multi Stroke Paint가 활성화되는데, 이것은 선택된 하나의 프레임에만 효과가 적용된다. 이 실습과 같이 클립 전체에 페인트 효과를 적용하려는 경우에는 반드시 Stroke 툴을 선택해서 사용해야 함을 기억하자.

03 Paint1 노드가 선택된 이 상태에서 뷰어 안의 아무 곳을 마우스로 드래그하면 마우스 포인터를 따라 선이 그려진다.

04 단축키 `Ctrl`+`Z`를 눌러 원래 상태로 되돌리자.

05 인스펙터에서 Apply Controls 섹션의 Apply Mode 중 Clone을 선택하자.

06 브러시 크기를 조절하기 위해 Brush Controls 섹션의 Tablet Settings를 조정하자. Size는 0.011, Softness는 0.678 정도로 값을 입력한다.

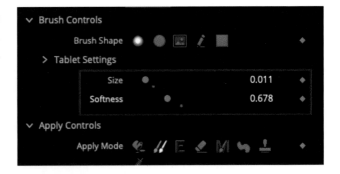

07 이제 본격적으로 브러시 툴을 사용해보자. 먼저 원활한 작업을 위해 이미지를 확대해보자. 화면 배율 버튼을 누르거나 Ctrl을 누른 채 마우스 휠을 움직여서 화면 크기를 조절한다.

08 동상 주위에 보이는 지저분한 나뭇가지들을 지워보자. 페인트 툴의 클론 기능을 사용하기 위해서는 먼저 복사할 영역을 선택해야 한다. Alt를 누른 상태에서 이미지의 깨끗한 하늘 부분을 선택하자. 여기서 선택한 영역이 동상 주위로 복사될 것이다.

09 동상 얼굴 근처의 나뭇가지를 마우스로 드래그해서 지우자. 현재 편집하는 영역은 O로 표시되고 복사되는 소스 영역은 X로 표시된다. O과 X의 관계를 잘 살피며 작업하자. 경우에 따라서는 X지역을 여러 번 선택해(Alt+클릭) 복사해야 할 수도 있다.

10 클립을 재생해서 효과가 잘 적용되었는지 확인해보자. Transform1 노드를 선택하고 단축키 1을 눌러 왼쪽 뷰어에 이미지가 보이게 하자. 그리고 화면을 재생하면 왼쪽에는 페인트 툴이 적용되기 이전의 이미지, 오른쪽에는 페인트 툴이 적용된 이미지가 보일 것이다.

11 재생 버튼을 누르면 렌더링이 진행되며 영상이 재생된다. 렌더링이 완료된 부분은 타임 룰러에서 초록색으로 표시된다.

SECTION 04

DaVinci Resolve

텍스트 노드 트래킹하기

트래커를 활용하면 화면의 특정 부분을 따라다니는 텍스트 효과를 만들 수 있다. 화면의 한 구역을 지정해서 트래킹 데이터를 만들고 분석된 움직임을 기반으로 텍스트 노드를 연결해보겠다. 연결된 노드는 트래킹 정보와 동일한 위치를 따라갈 것이다.

01 인터페이스 툴바에서 Clips를 눌러 클립 뷰를 열고 10번 클립을 선택하자.

클립 뷰를 이용하면 사용 중인 모든 클립을 선택할 수 있어 Edit 페이지로 이동하지 않아도 된다.

02 Fusion 페이지에서 10번 클립이 로드되어 편집할 수 있게 된다.

03 MediaIn1 노드를 선택하고 단축키 [1]을 눌러 왼쪽 뷰어에 이미지가 보이게 하자.

04 이제 트래커 노드를 추가해보자. [Shift] + [Space Bar] 키를 누르면 Select Tool 창이 열리며 자신이 원하는 툴을 목록으로 보거나 검색하여 찾을 수 있다. 검색 창에 Tracker라고 검색해 Tracker 툴을 선택한 다음 Add 버튼을 눌러 트래커 노드를 추가하자.

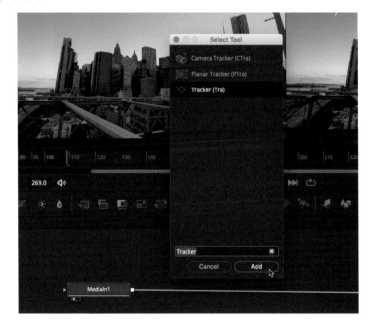

05 Tracker1을 선택하고 단축키 [1]을 눌러 이미지가 왼쪽 뷰어에 보이게 하자.

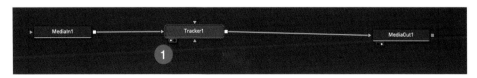

06 트래커가 따라갈 영역을 지정하기
위해 클립의 첫 번째 프레임에서
트래커를 편집하자. Ctrl + ← (왼쪽 방향키)
를 누르면 클립의 첫 번째 프레임으로 플레
이헤드가 이동한다.

07 트래커의 정확도를 향상하기 위해 인스펙터에서
Adaptive Mode 옵션을 Best match로 선택하자.

 트래킹 데이터를 생성하는 세 가지 방법

- **None**: 트래킹 데이터를 생성할 때 점선 테두리 안에서만 원하는 패턴을 찾는다.
- **Every Frame**: 점선 테두리 안에서 트래킹 정보를 만들되, 첫 번째 프레임에서 사용된 패턴을 두 번째 프레임 트래킹
  에 사용하고, 두 번째 프레임에서 만들어진 패턴은 세 번째 프레임에서 사용한다. 트래커의 패턴 변화를 파악하기 쉽
  지만, 렌더링이 느려지고 이전 프레임에서 사용된 하위 픽셀의 정보가 사라지기 쉽다는 단점이 있다.
- **Best match**: Every Frame 모드와 비슷하지만 프레임 간의 패턴 차이가 많아질 경우, 그 차이를 무시하고 새로운 정
  보를 자체적으로 만들어 사용한다. 흔들림이 많은 프레임에서 사용하는 것이 아주 효과적이다. 가장 많이 쓰는 트래
  킹 패턴 분석 방식이다.

08 센터 구역의 왼쪽 모서리(무빙 툴)를 드래그하면 트래커 영역을 옮길 수 있다. 센터를 맨 왼쪽 건물의 꼭대기에 맞추자.

09 점선으로 이루어진 패턴 확인 구역을 마우스 드래그해서 크기를 약간 줄여주자. 우리가 지정한 픽셀의 움직임에 따라 색깔이나 밝기가 변할 수 있다. 바뀐 정보를 패턴 구간 안에서만 찾게 하는 것은 렌더링 시간을 감소시키고 렌더링 데이터의 정확도를 높인다.

10 인스펙터에서 Track Forward from Current Frame을 누르면 현재 프레임부터 트래킹 분석이 시작된다.

11 이미지 패턴을 분석하며 렌더링이 진행될 것이다.

12 지정된 픽셀을 따라 트래킹이 진행된 후 각각의 키프레임이 초록색 점으로 화면에 생긴다. 트래킹 계산이 끝나면 해당 구간의 타임 룰러에 하얀 작은 선이 생긴 것을 볼 수 있을 것이다.

13 이제 노드 에디터에서 텍스트 노드를 생성해보자. Tracker1 노드를 선택한 상태에서 툴바에서 Text 툴을 누르자.

14 텍스트 편집을 하기 위해서 Merge1 노드를 선택하고 단축키 1을 눌러 왼쪽 뷰어에 이미지가 보이게 하자.

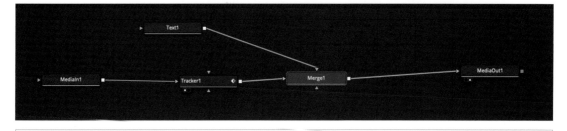

> 텍스트 노드를 만들면 동시에 Merge 노드가 함께 만들어질 것이다. 그 이유는 텍스트 노드는 하나의 독자적인 이미지라서 다른 이미지를 가릴 수도 있기 때문이다. 그래서 Merge 노드를 함께 추가함으로써 텍스트가 이미지와 합쳐지는 것이다.

15 Text1 노드를 선택하고 인스펙터에서 텍스트를 NYC라고 입력하자. 그리고 Size를 0.26 정도로 입력하여 텍스트 크기를 조절하자.

16 텍스트와 트래커를 연결할 때 트래커를 쉽게 찾을 수 있도록 트래커의 이름을 바꾸자. Tracker1 노드를 선택하고 인스펙터에서 Tracker1의 이름을 빌딩으로 바꾸자. 트래커를 더블 클릭하면 이름을 바꿀 수 있다.

17 다시 Text1 노드를 선택한 후 인스펙터에서 Layout 탭을 선택하자.

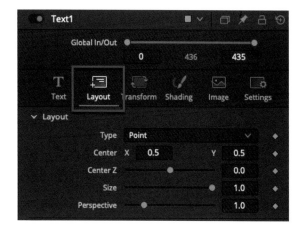

18 Layout 섹션의 Center를 마우스 오른쪽 클릭하고 Connect To > Tracker1 > 빌딩: Offset position을 선택하자. 설정을 마치면 텍스트와 트래커가 연결된다. 올바른 설정을 위해서 꼭 Center 위에서 마우스 오른쪽 클릭을 하자.

19 텍스트와 트래커는 연결되었으니 텍스트의 위치를 잡아주자. Tracker 1 노드를 선택하고 인스펙터에서 X Offset 1과 Y Offset 1을 조절해서 텍스트의 위치를 조절한다(그림의 값은 참고값이다).

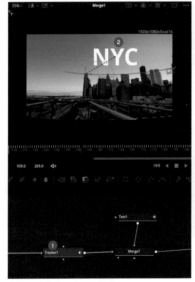

20 영상을 재생해서 트래킹 효과가 잘 적용되었는지 확인해보자. 텍스트가 모션 트래킹과 연결되어 NYC 글자가 건물 위를 따라다니는 것을 볼 수 있다.

얼굴 모자이크하기

모자이크 효과는 시사 프로그램이나 다큐멘터리 등에서 출연자의 익명성을 보장하기 위해 주로 사용된다. Blur 툴을 사용해 이미지의 일부를 모자이크하는 방법을 배워보자.

01 DaVinci Resolve 상단의 인터페이스 툴바에서 Clips를 눌러 클립 뷰를 열자.

02 노드 에디터 아래에 클립 뷰가 나타나면 여섯 번째 클립인 인터뷰 클립을 선택하자.

03 인터뷰 클립이 선택되었다면 Medialn1 노드를 클릭하고 단축키 ①을 눌러 왼쪽 뷰어에 이미지를 보이게 하자. 그리고 툴바에서 Blur를 누르면 Medialn1 노드의 오른쪽에 Blur1 노드가 생성될 것이다.

04 아직 Blur 값을 정하지 않았기 때문에 양쪽 뷰어에 아무런 차이가 없을 것이다. 이제 Blur1 노드가 선택된 것을 확인하고 인스펙터에서 Blur 툴에 관련된 옵션을 설정해보자.

05 인스펙터에서 Blur Size의 값을 30.0으로 설정하자.

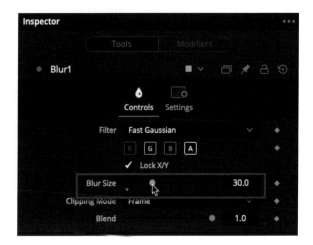

06 뷰어를 확인하면 오른쪽 뷰어에 Blur 효과가 적용된 것을 볼 수 있다. 그런데 우리가 원하는 건 등장인물의 얼굴에만 효과가 적용되는 것이다. 마스크(Mask) 기능을 사용해서 이미지의 일부분에만 Blur를 적용하는 방법을 알아보자.

07 Blur1 노드를 선택하고 툴바에서 타원형(Ellipse)을 선택하자. Blur1 노드 위에 Ellipse1 노드가 생성된다.

08 뷰어에 보이는 초록색 타원형을 드래그해 마스크 영역을 사람의 얼굴 크기에 맞게 조절해보자. 바깥의 실선 테두리를 드래그하면 영역의 크기를 조절할 수 있고, 안쪽의 점선 테두리를 드래그하면 각도를 조절할 수 있다. 또 가운데에 있는 하얀색 네모를 드래그하면 마스크 영역의 위치를 옮길 수 있다.

09 인스펙터에서 Ellipse1의 마스크 영역을 더 자세히 설정하거나 필터의 종류를 선택할 수 있다. 좀 더 부드러운 Blur 효과를 주기 위해 Filter를 Gaussian으로 선택하고 Soft Edge를 0.05 정도로 설정하자.

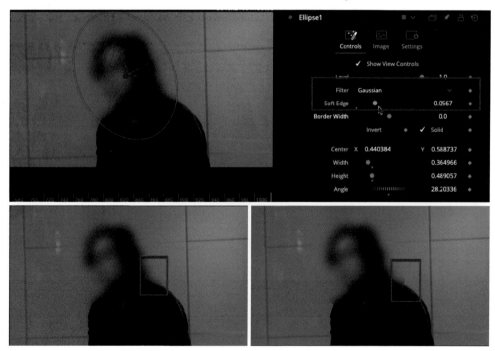

▲ Soft Edge를 사용하면 왼쪽과 같이 경계가 부드러워진다

10 재생 버튼을 눌러 영상을 재생하고 효과가 잘 적용되었는지 확인하자.

모자이크 트래킹하기

SECTION 06

DaVinci Resolve

이미지에 모자이크 효과를 적용할 때 이미지가 움직이는 경우가 있다. 이럴 때는 트래킹과 모자이크를 서로 연결하여 적용하면 모자이크가 이미지를 따라 움직이게 된다.

Unit. 01 ▶ 블러(Blur) 효과를 트래킹과 연결하기

다음을 따라하며 움직이는 대상을 트래킹한 후 모자이크를 연결해보자.

01 클립 뷰를 열고 여덟 번째 클립을 선택하자.

02 MediaIn1 노드를 선택하고 단축키 1을 눌러 왼쪽 뷰어에 이미지가 보이게 한 후, 타임 룰러에서 플레이헤드를 212 프레임에 위치시키자.

03 Medialn1 노드가 선택되었는지 확인하고 Shift + Space Bar 를 눌러 Select Tool을 열자. Tracker를 검색하고 선택한 후 Add 버튼을 누른다.

04 Tracker1 노드가 추가되면 단축키 1 을 눌러 왼쪽 뷰어에 이미지가 나오게 하자. 그리고 무빙 툴을 드래그해서 센터 구역을 남자의 머리에 위치시키자.

05 인스펙터에서 Adaptive Mode를 Best match로 선택하고 Track Forward from Current Frame를 눌러 이미지를 분석해 트래킹 데이터를 생성하자.

06 이미지 패턴을 분석하며 렌더링이 진행된다.

07 Tracker1 노드가 선택된 것을 확인하고 툴바에서 Blur 툴을 선택한다. Blur1 노드가 노드 에디터에 생성될 것이다.

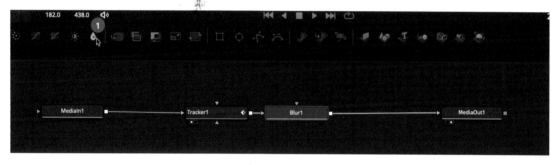

08 Blur1 노드를 선택한 후 인스펙터에서 Blur Size를 30으로 설정하자.

09 다시 노트 에디터로 돌아온 후 툴바에서 Polygon 툴을 눌러 Polygon1 노드를 생성하자. Polygon 툴은 포토샵의 펜툴과 비슷한 툴이라고 생각하면 된다.

10 남자의 몸을 가릴 수 있도록 포인트를 지정해 영역을 설정해주자. 마우스 클릭으로 포인트를 찍고 드래그하여 선을 만드는 과정을 반복하며 영역을 설정한다. 이때 주의할 점은 반드시 영역의 마지막 포인트는 시작 포인트로 돌아와야 한다는 것이다. 닫힌 도형이 되지 않으면 Polygon 툴이 제대로 적용되지 않는다.

11 인스펙터의 Center에서 마우스 오른쪽 클릭을 하고 Connect To > Tracker1 > Tracker1: Offset position을 선택하자.

12 그런데 Tracker1 노드와 Polygon1 노드를 연결한 순간 뷰어에서 블러 영역이 사라져버렸다.

13 뷰어의 배율을 작게 해서 확인해보면 블러 영역이 화면 밖으로 빠져나간 것을 볼 수 있다(단축키: Ctrl+마우스 휠). 트래커의 좌표가 화면 왼쪽에 치우쳤고 블러 노드와 서로 연결되면서 블러 영역의 좌표에 영향을 준 것이다.

14 블러 영역과 트래커의 위치를 다시 조정해보자. 먼저 269 프레임으로 플레이헤드를 위치시키자.

15 다시 Tracker1 노드를 선택하고 인스펙터의 X Offset 1과 Y Offset 1을 조절하여 블러 영역이 남자의 몸을 덮게 만들자.

16 영상을 재생해보면 블러 영역이 남자를 따라다니는 것을 볼 수 있다. 그런데 클립의 마지막 부분에서 남자가 화면 밖으로 나가면 트래커가 따라가지 못하게 된다. 다음 유닛에서 키프레임 에디터를 이용해 이를 해결해보자.

01 인터페이스 툴바에서 Keyframes를 클릭해 키프레임 에디터를 열자. 노드 에디터 옆에 키프레임 에디터가 열릴 것이다.

02 먼저 플레이헤드를 316 프레임에 위치시키자. 그런 다음 키프레임 에디터에서 Tracker1 레이어를 열고 오른쪽 상단의 슬라이더를 움직여 키프레임 에디터를 확대하자. 플레이헤드를 기준으로 오른쪽에 있는 키프레임은 남자가 화면에서 나간 후에 생성된 것이므로 트래커의 위치가 정확하지 않다. 따라서 316 프레임 이후의 키프레임은 전부 지워야 한다.

03 마우스로 드래그하거나 Shift를 누른 채 플레이헤드 이후의 첫 키프레임과 끝 키프레임을 선택하면 동시에 여러 개를 선택할 수 있다. 선택된 키프레임들은 노란색으로 하이라이트된다.

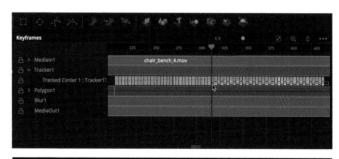

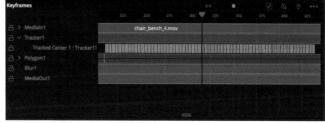

04 Delete 키를 눌러 선택된 키프레임을 지우자.

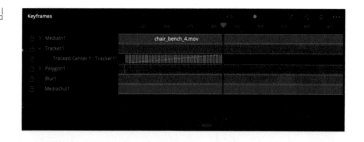

05 키프레임 에디터 오른쪽 상단의 슬라이더를 이용해 화면을 확대하고 316 프레임에 있는 키프레임을 선택하자.

Tip 키프레임 에디터 또는 타임 룰러에서 키보드 방향키로 키프레임 위치 확인하기

키보드 좌우 방향키를 눌러 플레이헤드를 1프레임씩 움직일 수 있다. 플레이헤드 때문에 키프레임이 선택되었는지 잘 보이지 않는다면 좌우 방향키를 이용해 플레이헤드를 다른 곳으로 옮긴 후 확인해보자.

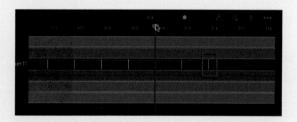

타임 룰러와 키프레임 에디터는 서로 연동되므로 키프레임 에디터를 사용하지 않아도 키보드 방향키를 눌러서 키프레임을 탐색할 수 있다. 이 책의 실습을 따라하다 보면 책에서 주는 정확한 정보와 사용자가 설정하는 값이 다를 수 있다. 트래킹에서 사용하는 키프레임은 픽셀의 움직임을 측정한 도표의 값이기 때문에 사용자가 조금이라도 다른 지역의 픽셀을 선택하면 책에서 설정한 값과 달라질 수 있다. 이럴 때 키보드 방향키를 눌러 한 프레임씩 움직이며 키프레임의 위치를 확인할 수 있다.

06 마지막 키프레임이 튀는 모습이 보일 것이다. 이 프레임을 선택하고 뷰어에서 트래커를 화면 오른쪽 바깥으로 옮겨주자.

'키프레임이 튄다'는 표현은 지정한 픽셀이 화면 밖으로 사라지면서 트래킹이 제대로 이루어지지 않았을 때, 의도치 않은 방식으로 키프레임이 만들어졌다는 뜻이다.

07 다시 키프레임 에디터에서 마지막 키프레임을 15 프레임 정도 뒤로 드래그하자.

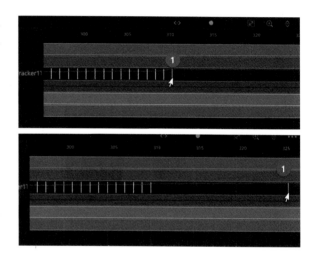

08 영상을 다시 재생해보면 블러 영역이 남자를 따라 화면 밖으로 부드럽게 움직이는 것을 볼 수 있다.

CHAPTER 11 ▶ 요약하기

이번 챕터는 Fusion 페이지에서 제공하는 수많은 기능 중 노드와 트래킹 기능을 소개하였다. 노드 모드는 다음 챕터에서 배울 Color 페이지를 다루는 데 꼭 필요한 개념이므로 사용법에 익숙해져야 한다. 그리고 트래킹은 활용도가 아주 높은 이펙트이다. 트래킹을 익숙하게 쓸 수 있게 되면 텍스트 또는 다른 노드와 연동해 모션 그래픽 효과에 적용을 해보자.

CHAPTER 12

Color 페이지 사용하기

DaVinci Resolve

Color 페이지는 DaVinci Resolve가 가진 가장 강력한 기능인 '색보정(Color Correction)'에 최적화된 작업 공간이다. 이곳에서 제공하는 전문 컬러 그레이딩(Color Grading) 기능을 이용해 방송과 영화 업계에서 사용하는 표준 컬러 보정을 할 수 있다. 컬러 코렉션은 영상 편집의 후반 과정에 필수적으로 들어가고, 색과 밝기는 시각적으로 큰 영향을 주는 요소이기 때문에 중요하다.

따라서 이번 챕터에서는 컬러 코렉션을 위한 컬러 기초 지식을 습득한 후, 컬러 측정 툴의 사용 방법을 이해하고 기본 컬러 툴을 직접 다루며 익숙해지도록 연습해볼 것이다. 이로써 촬영 과정에서 실수가 있었던 영상물을 수정하는 방법, 자신이 원하는 영상물의 색감을 만들기 위한 가장 효과적인 방법을 배울 수 있다.

과거 컬러 코렉션(Color Correction, 색보정)은 영상물의 명도나 채도를 정확히 이해한 후, 전문 색채 보정 소프트웨어를 사용할 수 있는 컬러리스트(Colorlist)만의 전문 영역으로 인식되었다. 그러나 최근 컬러 코렉션 필터(Color Correction Filter)가 보급되면서 편집자들도 영상 편집 프로그램으로 손쉽게 색보정 작업을 할 수 있게 되었고, 적은 노력으로도 전문가 못지 않는 수준의 영상물을 만들어낼 수 있게 되었다. 이와 같은 영상 제작 환경의 변화는 촬영 방식과 편집 과정에도 영향를 주었다. 요즘은 영상 편집의 후반 과정에 필수적으로 컬러 코렉션 작업이 들어가는데, 이 과정에서 영상의 성격에 걸맞은 밝기와 색을 구현한다. 그래서 현장에서는 컬러 코렉션 과정을 염두에 두고 일부러 밋밋한 색감으로 영상을 촬영한다.

DaVinci Resolve의 Color 페이지는 전문 컬러 코렉션 툴로, 컬러 휠과 바를 사용해 영상 밝기를 조절하고 색깔을 고친 후 채도까지 간단하게 수정할 수 있다. 다른 페이지에 비해 복잡해 보이지만, 컬러 코렉션 진행 순서에 최적화된 인터페이스와 직관적인 사용 방식을 갖고 있기 때문에 컬러 그레이딩을 가장 효율적으로 작업할 수 있다. 또한 편집이 끝난 후 해결해야 하는 컬러와 관련된 영상 클립 문제도 효과적으로 해결할 수 있다.

Color 페이지는 색과 밝기를 측정하는 다섯 가지 비디오 스코프를 제공한다. 이 스코프를 이용해 편집된 영상이 방송 규격에 맞는 영상물인지 확인할 수 있다 .

▲ Color 페이지에서 색과 밝기를 측정할 때 사용하는 비디오 스코프 1

＊ 비디오 스코프에 대한 자세한 내용은 Section 03에서 다룰 것이다.

▲ Color 페이지에서 색과 밝기를 측정할 때 사용하는 비디오 스코프 2

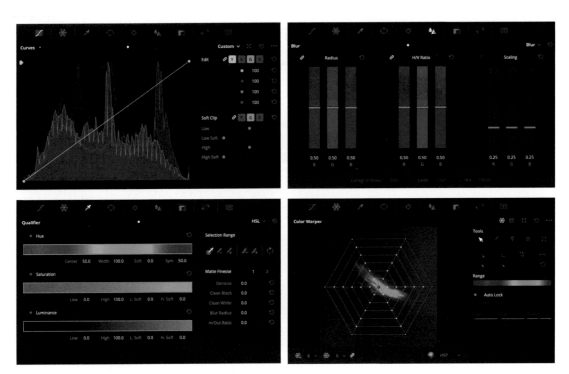

▲ Color 페이지에서 컬러 작업을 진행할 때 사용하는 팔레트

컬러 코렉션 이해하기
Understanding Color Correction

Unit. 01 ► 명도(Luminance), 채도(Saturation), 색(Hue)

TV 또는 모니터에서 보여지는 컬러(Color)는 빛의 삼원색인 Red, Green, Blue의 합성이다. 세 가지 색이 혼합하여 각각의 화소를 다양한 색깔로 보여지게 하며 그 화소들이 모여 눈으로 구별할 수 있는 색영역으로 보이는 것이다. 색이 섞이면 더욱 진한 색이 나오리라 생각할 수 있지만, 그건 종이 위에 인쇄되는 CMYK 구성일 경우에 그러하다. 이론상 CMYK 구성은 색이 더해질수록 어두워지면서 검은색으로 된다. 반면에 모니터에 구현되는 RGB 구성은 색이 더해질수록 밝아지면서 흰색으로 바뀐다(아래 그림 참조).

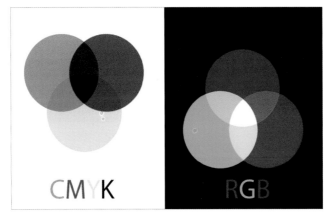

▲ CMYK와 RGB 색구성

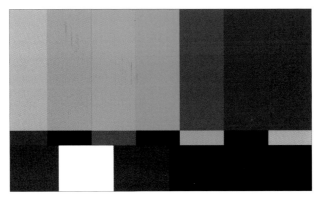

▲ 컬러 바(Color Bar)는 RGB의 혼합과 밝기를 이용해 TV에서 표현 가능한 기본색과 명도를 보여주는 표준 영상이다

컬러 코렉션의 과정을 이해하려면 색의 3속성인 명도(Luminance), 채도(Saturation), 색(Hue)의 기본 원리를 이해해야 한다.

1. 명도(Luminance)

명도는 **색이 지니는 밝고 어두움**을 나타낸다. 색이 밝으면 명도가 높아지고 어두우면 명도가 낮아진다. 빛은 합칠수록 빛의 양이 증가되어 더 밝아지며, 이를 명도(밝기)가 올라간다고 표현한다. 참고로 색을 더할수록 밝아지는 것을 가산 혼합이라 한다.

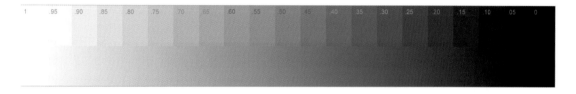

2. 채도(Saturation)

채도는 **색의 선명함**을 나타낸다. 아무 것도 섞지 않아, 맑고 깨끗하며 원색에 가까운 것을 채도가 높다고 표현한다. 흰색, 회색, 검정색은 채도가 없기 때문에 무채색이라고 한다. 아래는 파란색의 채도를 연속적으로 나타낸 것이다.

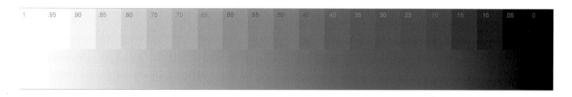

3. 색(Hue)

빛의 파장으로 표현되어 사람의 눈으로 인지되는 **기본 3색(빨강, 녹색, 파랑)과 그 외의 혼합된 색**을 의미한다. 다만 디지털 영상물에서 표현할 수 있는 색은 유한하다. 특히 방송에서 보이는 영상물의 색 범위는 다른 디지털 영상물과 비교해 많이 제한되어 있다.

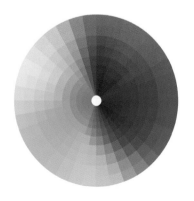

비디오 영상의 기본 삼색과 보조 삼색

- **기본 삼색 색상표(Primary Color Wheel)**: 비디오 영상에서는 Red, Green, Blue를 기본 삼색으로 하며, 이 색들은 다른 색상과 혼합해서 만들어질 수 없다. 그리고 세 가지 색이 모두 섞이는 중앙점은 흰색으로 표현된다.

- **보조 삼색 색상표(Secondary Color Wheel)**: 비디오 영상에 두 가지 기본색이 혼합되어 만들어지는 중간색을 보조 삼색(Magenta, Cyan, Yellow)이라고 한다. Magneta는 Red와 Blue의 혼합이고, Cyan은 Blue와 Green의 혼합이며, Yellow는 Green과 Red의 혼합이다.

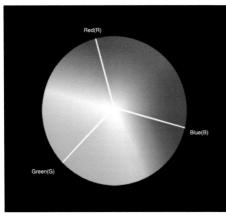
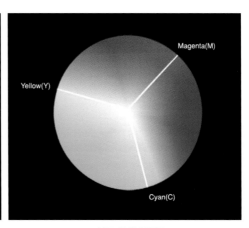

▲ 기본 삼색 색상표　　　　　　▲ 보조 삼색 색상표

각각의 보조색은 기본색과 반대되는 개념으로 이해하면 된다. 예를 들어 보조색인 Cyan은 기본색인 Red의 반대색(보색 관계)이며 Red에 Cyan을 합칠수록 흰색에 가까워진다.

비디오 색상에서의 보색 관계

보색(Complementary Colors)은 서로 반대되는 색을 말하며 빛의 색깔에서는 보색에 해당하는 두 색을 합치면 무채색이 된다. 예를 들어 노랑과 파랑은 보색 관계인데, 이 말은 영상에 있는 노란색의 느낌을 낮추고 싶을 때 파란색을 섞으면 전체적으로 무채색이 되면서 흰색에 가까워진다는 뜻이다. 이 보색 관계를 정확히 이해해야 원하는 색감이나 톤을 영상에 구현할 때 필요한 색을 찾아 적용할 수 있다. 기본 삼색 RGB와 보조 삼색 CMY는 각각 빛과 색의 삼원색으로서 보색 관계를 가진다.

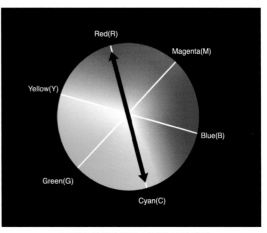

▲ 기본 삼색과 보조 삼색의 보색 관계

DaVinci Resolve에는 보색을 이용한 컬러 코렉션 툴로, 컬러 휠(Color Wheels)과 벡터스코프(Vectorscope)가 있다. 컬러 휠은 컬러 수정, 벡터스코프는 컬러 측정 역할을 하며 두 기능 모두 기본 삼색(Red, Green, Blue)과 보조 삼색(Magenta, Cyan, Yellow)을 이용해 색을 표현한다(참고로 두 기능의 사용 방법은 차후 알아볼 것이다).

- **컬러 휠**: 컬러 휠의 핸들을 조절해 색을 고친다. 그림과 같이 중앙을 기준으로 일직선 방향에 보색 관계를 이루는 색이 배치되어 있다.

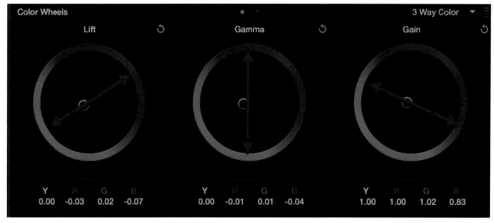

▲ 보색을 이용한 DaVinci Resolve의 컬러 코렉션 툴 1 – 컬러 휠(Color Wheels)

- **벡터스코프**: 컬러 휠을 이용해 영상 이미지의 색을 고치면 벡터스코프는 실시간으로 결과치를 보여준다. 트레이스(Trace)라는 백색 선으로 색상 차이와 채도를 표현한다.

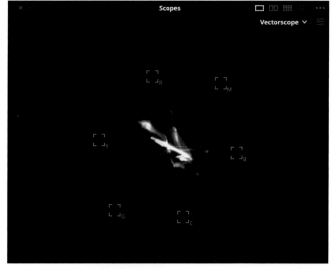

▲ 보색을 이용한 DaVinci Resolve의 컬러 코렉션 툴 2– 벡터스코프(Vectorscope)

Unit. 03 ▶ 컬러 코렉션의 목적

편집 과정에서 중요한 후반 작업인 컬러 코렉션은 다음과 같은 네 가지의 경우에 주로 사용된다.

경우 1 │ 장면과 장면의 밝기와 색깔을 맞춰줄 때

동일한 장소를 촬영하더라도 구도나 시간대에 따라 이미지에 다소 차이가 생긴다. 장면과 장면의 밝기와 색깔이 잘 맞도록 색상을 보정할 때 컬러 코렉션을 사용한다. Color 페이지에서는 갤러리(Gallery)라는 레퍼런스 이미지 저장 공간을 이용해 컬러 보정을 한다.

▲ 갤러리에 저장된 레퍼런스 이미지를 가져와 원본 이미지와 비교

경우 2 │ 촬영 중에 발생한 실수를 보완할 때

촬영 중에 발생한 실수를 보완하기 위해 컬러 코렉션을 사용한다. 예를 들어 촬영 과정에서 창문을 통해 빛이 너무 많이 들어와 화면이 빛에 과다 노출(Overexpose)되었거나, 한 화면에 서로 다른 색온도(Color Temperture)가 나타날 수 있다. 이러할 경우 이를 컬러 코렉션으로 수정할 수 있다.

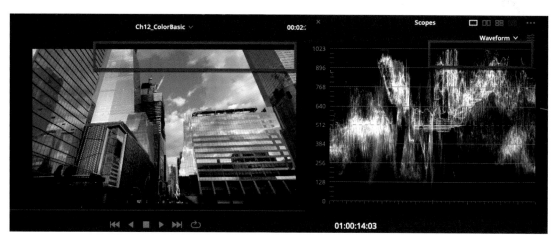

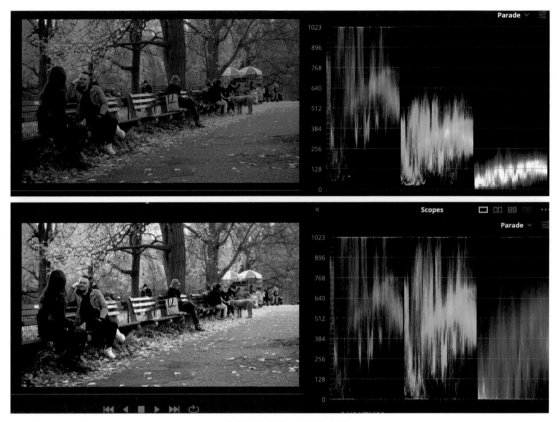

▲ 색 측정 후 화이트 밸런스 수정

경우 3 **촬영한 영상을 부분적으로 수정할 때**

촬영한 영상을 부분적으로 수정하고 싶을 때 원하는 부분만 선택해서 고칠 수 있다. 영화 〈쉰들러 리스트〉처럼 전체적으로 흑백 영상을 만든 후, 필요한 부분만 컬러로 바꿀 수도 있다. 마스크(Mask)를 이용해 제한된 구역에 지정한 색감을 선택해서 바꿀 수 있다.

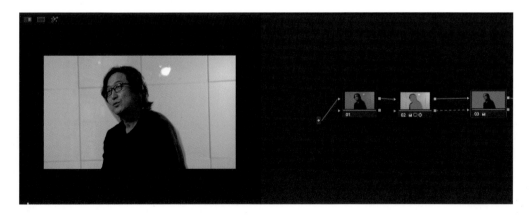

원하는 화면에 특별한 효과를 줄 때

원하는 화면에 특별한 효과를 주기 위해 색감을 입히고 명도에 변화를 줄 때 컬러 코렉션 또는 컬러 그레이딩(Color Grading)을 사용한다. 이외에도 높은 명암비(High Contrast)와 더불어 진한 황색이 많이 첨가된 더운 이미지를 만들고 싶을 때나 평범한 이미지를 강하고 거친 느낌의 이미지를 표현하고 싶을 때에도 컬러 그레이딩을 사용한다.

컬러 코렉션의 주 목적은 모니터가 표현해낼 수 있는 밝기와 색을 정확하게 표현을 하는 것이다. 즉, 잘못 촬영된 이미지의 밝기와 화이트 밸런스를 조절함으로써 올바른 밝기와 톤을 만들어내는 것이다. 또한 여기서는 제작자가 원하는 비주얼 효과를 내기 위해 클립의 색감을 바꿀 때(경우 4)도 컬러 코렉션을 사용한다고 하였다. 사실 이 경우는 컬러 그레이딩˙이라는 표현이 좀 더 정확하지만, 일단 여기서는 컬러 코렉션을 사용하는 경우로 알아두고 컬러 코렉션과 컬러 그레이딩의 차이는 차후에 자세히 다뤄보겠다.

˙ 컬러 그레이딩(Color Grading)이란 이미지에 편집자의 의도에 맞게 컬러 스타일을 연출하는 것을 의미한다.

Color 페이지 인터페이스

이제 본격적으로 Color 페이지에 대해 배워보자. Color 페이지는 총 다섯 가지 구역으로 이루어지는데, 각 구역이 작업 진행 순서에 따라 적절한 위치에 배치되어 있어 효율적이다.

기본적인 Color 페이지의 진행 순서는 다음과 같다.

STEP 1 **Color 페이지로 이동**: 선택된 클립의 첫 프레임이 뷰어에 보이고, 미니 타임라인에도 정렬됨

STEP 2 **노드 에디터에서 단계별로 노드 추가**

STEP 3 **팔레트 구역에서 컬러 휠을 이용해 색을 수정**

위의 STEP 이후로 좀 더 복잡한 컬러 매칭을 원한다면 갤러리에 레퍼런스 이미지를 저장하고 그 이미지를 뷰어에서 비교하면서 작업을 마무리할 수 있다.

❶ **갤러리(Gallery)**: 컬러 코렉션 작업 시 레퍼런스 이미지를 저장할 수 있는 곳이다. 매칭 컬러 이미지를 구현할 때 여기에 저장된 레퍼런스 이미지와 작업 중인 이미지를 비교할 수 있다. 저장된 레퍼런스 이미지에 적용된 컬러 효과와 노드를 복사해서 사용할 수도 있다.

❷ **뷰어(Viewer)**: 타임라인에 있는 작업 중인 클립의 이미지를 보여준다.

❸ **노드 에디터(Node Editor)**: Color 페이지에서 진행되는 하나의 스테이지를 노드라고 이해하자. 노드 에디터는 컬러 코렉션 툴과 마스크를 이용해서 왼쪽에서 오른쪽 방향으로 흘러가며 단계별 작업을 할 수

있게 한다.

④ 썸네일 타임라인(Thumbnail Timeline): 타임라인에 있는 클립들을 순서대로 작은 썸네일로 보여주고, 그 아래에는 미니 타임라인이라는 구역을 만들어서 전체 클립 구성과 위치를 보여준다.

Tip 썸네일 타임라인에 있는 클립의 상단과 하단에서 클립 정보를 확인 가능

썸네일 타임라인에 있는 클립의 상단과 하단에서 클립에 대한 정보를 확인할 수 있다.

❶ 컬러 코렉션 효과의 적용 유무
❷ 클립이 위치한 비디오 트랙
❸ 해당 클립의 코덱(또는 클립 이름)

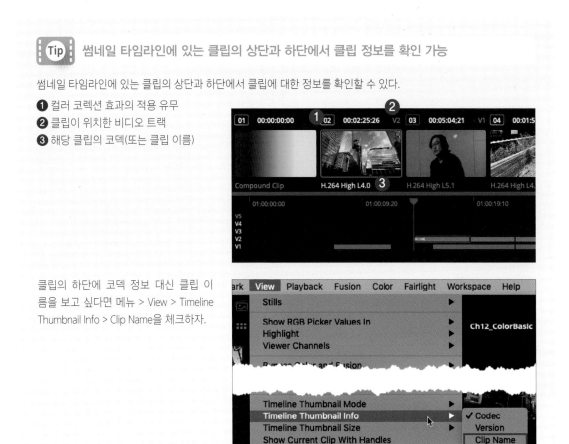

클립의 하단에 코덱 정보 대신 클립 이름을 보고 싶다면 메뉴 > View > Timeline Thumbnail Info > Clip Name을 체크하자.

⑤ 팔레트 구역(Palette Area): Color 페이지에서 사용하는 여러 가지 툴이 위치한 곳이며, 컬러 코렉션이 적용된 효과를 객관적으로 볼 수 있는 스코프(Scope)가 포함되어 있다.

Unit. 02 ▶ 팔레트 구역 살펴보기

팔레트 구역은 Color 페이지에서 가장 중요한 부분이며 여러 가지 툴이 모여 있는 곳이다. 1920×1080 이상의 해상도에서는 두 번째 팔레트가 분리되어 팔레트 구역 가운데 위치하게 된다. 그 이하의 해상도에서는 팔레트가 하나로 합쳐 구성되므로 자신의 모니터 해상도에 따라 레이아웃이 바뀔 수 있다는 것을 알아두자.

다음으로 넘어가 팔레트 구역을 하나씩 살펴보자.

이 책에서는 1920×1080의 해상도를 기준으로 설명하겠다.

(※ DaVinci Resolve 인터페이스가 책과 다르면 Workspace 〉 Reset UI Layout을 눌러 초기화해보자.)

▲ 1920×1080 이상의 해상도에 보이는 팔레트 구역

▲ 1920×1080 미만의 해상도에 보이는 팔레트 구역

1. 좌측 팔레트

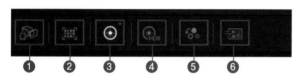

❶ 카메라 RAW(Camera RAW): 촬영본이 RAW 파일 포맷일 경우, 그 RAW 파일의 메타데이터를 확인하고 수정할 수 있는 툴이다.

❷ **컬러 매치(Color Match):** 레퍼런스로 제공되는 컬러 차트를 이용해서 자동으로 컬러를 매칭시키는 툴이다.

❸ **프라이머리(Primaries):** 컬러 휠과 컬러 바를 이용해 컬러 코렉션을 할 수 있는 툴이다. 컬러 휠로 이미지를 세 구역으로 구분해서 수정하고, 컬러 바로는 RGB 색을 독립적으로 구분해서 조절한다.

❹ **하이 다이내믹 레인지(High Dynamic Range):** 이미지에서 하이라이트 구역을 보존하기 위해 많이 사용되는 HDR(High Dynamic Range) 모드를 볼 수 있다.

❺ **RGB 믹서(RGB Mixer):** 컬러 채널을 리믹스하거나 각 컬러 채널의 비율을 조절해서 모노크롬 이미지에 추가할 때 사용되는 툴이다.

❻ **모션 이펙트(Motion Effects):** 장소와 시간의 변화에 따라 발생하는 이미지 문제를 모션 블러를 적용해서 고쳐주는 툴이다.

2. 중앙 팔레트

❶ **커브(Curves):** 이미지의 색상과 대비를 조작하는 S 커버(곡선 기반) 방법으로 색 조정을 할 수 있으며, 총 여섯 가지 모드가 있다. 각 곡선을 사용하면 이미지 음영(명암), 특정 색상 또는 채도를 기준으로 이미지에서 사용자가 지정한 영역을 조정할 수 있다.

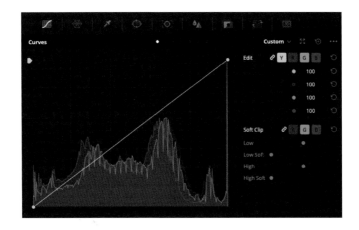

❷ **컬러 워퍼(Color Warper):** 프레임의 특정 사물에 대해 구체적인 조정을 할 수 있는 툴이다. 채도와 색 또는 밝기와 색 중 두 가지 다른 속성을 동시에 쉽게 수정할 수 있다. 한 번에 하나의 색상만 조정할 수 있는 커버 툴보다 더 효과적으로 색을 선택해서 고칠 수 있다.

❸ **퀄리파이어 팔레트(Qualifier palette):** 한정된 색과 밝기를 지닌 구역을 지정해서 색공간을 인식하는 툴이다. 원본 미디어의 색 공간이나 사용 중인 타임라인 색 공간에 상관없이 사용자가 지정하는 대로 고품질 키를 만들 수 있다.

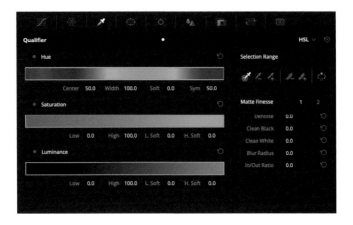

❹ **윈도우 팔레트(Window palette)**: 이미지의 특정 부분을 지정해서 분리하거나 효과를 주는 파워 윈도우 지정 특성 툴이다. 총 다섯 가지 카테고리로 구성된다.

❺ **트래커 팔레트(Tracker palette)**: 파워 윈도우에서 지정된 픽셀이나 구역을 트래킹하는 툴이다. 흔들림 보정 효과(Stabilization)가 지원되기 때문에 흔들리는 샷을 손쉽게 보정할 수 있다.

❻ **블러 팔레트(Blur palette)**: 세 가지 작동 방식(Blur, Sharpen, Mist)이 있다. 각 모드는 전용 제어장치를 제공하는데, 서로 변경할 수 없는 개별 RGB 채널 컨트롤을 이용하여 각 색 공간의 채널에 선명도를 수정해서 결과물을 만들어낸다.

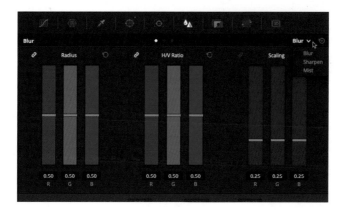

❼ **키 팔레트(Key palette)**: 이미지에서 필요한 구역을 그 컬러 밸류를 통해 분리하거나 따로 빼서 다른 이미지와 합칠 경우에 사용된다. 가장 보편적인 예로 크로마키(Chroma Key)가 있다.

❽ **크기 조절 팔레트(Sizing palette)**: 화면 안의 이미지를 전체 또는 부분적으로 크기 조정을 하는 툴로, 다섯 가지 모드가 있다. 각 모드는 이미지를 변형할 때 옵티컬 플로우(Optical Flow) 알고리즘을 이용해서 이미지 렌더링을 하기 때문에 최상의 화질을 유지한다.

❾ **스테레오 스코프 3D 팔레트(Stereoscopic 3D palette)**: DaVinci Resolve는 다양한 업계 표준 3D 워크플로우를 지원하고, 모든 클립이 3D 보기에 최적화되도록 스테레오별 속성을 조정할 수 있다. 또한 3D 영상을 볼 때 양쪽 눈이 보는 각도와 원근감에 차이가 있는데, 이에 맞춰 카메라 정렬을 보정하거나 외장 재생 장치를 연결해서 한 모니터에 두 이미지를 독립적으로 표시하도록 설정할 수 있다. 이 툴을 사용하기 위해서는 3D 이미지 클립이 있어야 한다.

3. 우측 팔레트

❶ 키프레임 에디터(Keyframe Editor): 시간 경과
에 따른 색상, 크기 조정 및 스테레오 형식 조
정을 애니메이션화하는 인터페이스를 제공한
다.

❷ 비디오 스코프(Video Scopes): 다섯 가지 비디
오 스코프를 이용해서 각 이미지의 객관적 레
퍼런스 정보(클립의 색, 밝기 등)를 보여준다.

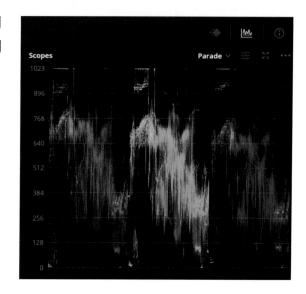

❸ 인포메이션(Information): 작업하는 동안 클립 및 사
용 중인 시스템 정보를 볼 수 있게 한다.

컬러 코렉션을 시작하기 전에 프로젝트의 통일된 색공간을 설정해야 함

DaVinci Resolve에서 사용하는 모든 클립은 독립적인 색공간을 가질 수 있다. 따라서 컬러 코렉션을 시작하기 전에 프로젝트의 통일된 색공간을 설정해야 한다. 프로젝트 세팅의 Color Management 탭에서 프로젝트에 대한 색공간을 자신의 카메라와 모니터 스펙에 맞게 설정할 수 있다. 색공간의 기본값은 Rec. 709으로 설정되어 있다.

SDR Rec. 709는 방송용과 인터넷용 비디오 작업에서 가장 많이 사용되는 포맷이다.

좀 더 자세하게 색공간 설정을 하고 싶다면 Resolve color management preset을 Custom으로 선택해보자. 프로젝트의 색공간을 구체적으로 설정할 수 있다.

비디오 스코프 이해하기
Understanding Video Scope

사람의 눈은 주변의 색이나 밝기에 빠르게 적응하기 때문에 한 영상을 보면서 객관적으로 밝기나 색감을 파악하기 어렵다. 어두워보이는 영상도 계속 보고 있으면 어느 순간 어둡지 않게 보이는 착각을 일으키게 한다. 예를 들면 우리가 제작한 영상물이 방송 규격에 적합한지 아닌지는 사람의 눈으로만 판단하기 어렵다. 색감 역시 같은 색이라도 모든 사람이 다르게 느낄 수 있고 같은 빨간색이라도 많은 종류가 있다.

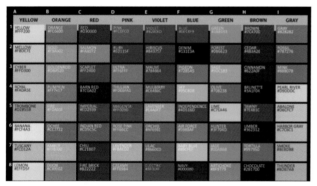

▲ 컬러 차트

▲ Edward H. Adelson의 체커 그림자 착시[*]

이런 문제를 방지하고 객관적인 밝기와 색상 수치를 측정하기 위해 컬러 코렉션 작업 시 비디오 스코프를 필수적으로 사용해야 한다. DaVinci Resolve에는 방송 비디오 시그널을 측정하고 이미지의 속성을 객관적인 수치로 나타내는 웨이브폼과 벡터스코프 등의 측정 툴들이 내장되어 있다.

▲ 4K 벡터 스코프

＊　A와 B는 같은 색이지만 주변의 환경에 의해서 다른 색처럼 보인다.

▲ DaVinci Resolve에서 제공하는 웨이브폼

유튜브 등 웹용 플랫폼이나 극장 영화와는 다르게, TV 방송은 영상물의 밝기와 색채 등에 엄격한 제한을 둔다. 그 이유는 방송용 시그널로 변환되는 영상물에 만약 과도한 밝기나 색채가 있다면, 이러한 영상 시그널은 압축 시 원하지 않는 색이 나온다거나 디지털 노이즈가 일어나 결과를 변형시키고 오디오에 잡음을 발생시키기 때문이다. 방송 엔지니어는 이런 부분을 필히 감지하기 때문에 편집자는 편집의 마지막 단계에서 꼭 컬러 코렉션을 사용해서 기본적인 문제점은 꼭 고쳐야 한다. 편집본의 최종 포맷이 꼭 방송용이 아니더라도 영상물의 밝기와 색채를 어느 정도 규격화하는 것이 전문 편집자의 자세라 생각된다.

DaVinci Resolve는 기본으로 웨이브폼(Waveform), 벡터스코프(Vectorscope), 퍼레이드(Parade), 히스토그램(Histogram), CIE 색도 다이어그램(CIE Chromaticity)를 사용할 수 있다. 이 다섯 가지 스코프는 비디오 클립의 밝기와 색감 그리고 영상의 방송 적합 여부를 객관적인 수치로 판단하는 데 필요하다. 육안으로 영상의 색과 밝기를 객관적으로 판단할 수 없기 때문에 TV에 방영할 영상을 제작할 때는 항상 벡터스코프와 웨이브폼 모니터 등을 사용하여 영상이 방송에 적합한지를 꼭 확인해야 한다.

다음으로 넘어가 DaVinci Resolve에서 제공하는 다섯 가지 비디오 스코프에 대해 간략하게 알아보자.

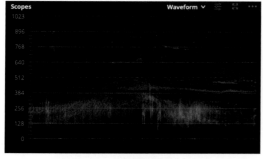

▲ 웨이브폼

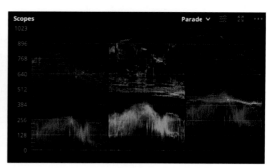

▲ 퍼레이드

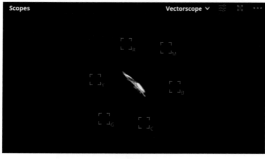

▲ 벡터스코프

벡터스코프에 보이는 하얀 선은 채도를 표시하는 선, 트레이스(Trace)라고 한다. 영상 이미지를 화소로 보여주는 뷰어와는 달리 비디오 스코프는 비디오의 밝기 정도를 아주 작은 백색 점으로 표현하는데, 이러한 점들이 뭉쳐 만들어진 선이 트레이스이다.

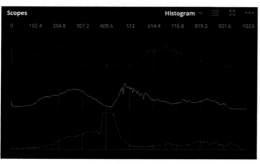

▲ 히스토그램

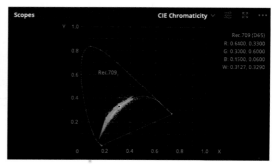

▲ CIE 색도 다이어그램

Unit. 01 ▶ 비디오 스코프(Video Scopes) 사용하기

비디오 스코프는 현재 뷰어에 보이는 프레임을 분석한 결과를 보여주며, 세심하게 컬러를 수정하기 위해서는 꼭 필요하다. 비디오 스코프 창은 팔레트 구역 오른쪽에 있는 그래프 모양 아이콘을 선택하면 볼 수 있다. 비디오 스코프는 타임라인 상의 플레이헤드가 위치해 있는 프레임을 분석해서 컬러와 밝기, 색상에 대한 객관적인 데이터를 보여준다.

＊ 화소란 RGB를 표현하는 작은 점 단위로, pixel이라고도 표현한다. 보통 우리가 모니터로 보는 사진, 그림 등은 수많은 화소들이 모여 이루어진 이미지이다.

만약 최종 영상물의 방송 적합 여부를 판단해야 한다면, 웨이브폼에 나타나는 밝기와 벡터스코프에 나타나는 채도는 반드시 확인해야 한다.

퍼레이드, 웨이브폼, 그리고 히스토그램 스코프는 이미지의 밝기를 0부터 1023까지 1024 단계로 보여준다. 밝기의 단계가 1024개로 나누어진 이유는 10 비트 (2^{10})를 사용한 이미지 프로세싱을 진행하기 때문이다.

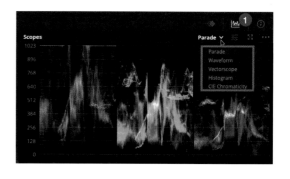

또한 비디오 스코프는 Expand 버튼을 눌러 팝업창으로 분리해 사용할 수 있고, 상황에 따라 싱글 뷰, 듀얼 뷰, 쿼드 뷰 등을 선택하여 여러 비디오 스코프를 동시에 볼 수도 있다.

비디오 스코프는 우측 팔레트 구역에서 해당 버튼을 눌러 활성화하며, 그림과 같이 하단 화살표 버튼을 클릭한 후 스코프 모드를 선택할 수 있다.

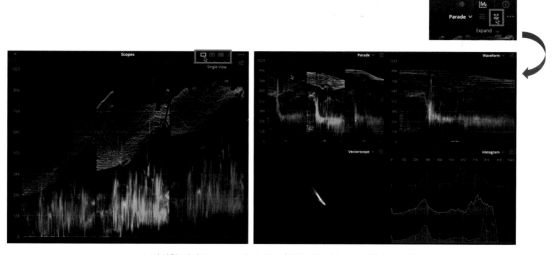

▲ 다양한 비디오 스코프의 뷰 모드 (왼쪽: 싱글 뷰 / 오른쪽: 쿼드 뷰)

Unit. 02 ▶ 퍼레이드(Parade)

퍼레이드는 이미지를 분석한 결과를 빨간색, 녹색, 파란색으로 분리해 보여준다. 세 가지 색깔 채널의 분석이 교차되어 나오기 때문에, 이미지를 전체적으로 보았을 때 RGB 색상이 상대적으로 어떻게 분포되어 있는지 비교할 수가 있다. 이미지의 기본 삼색의 구성을 보여주며 컬러를 조절할 때 가장 많이 사용하는 스코프이다.

이해를 돕기 위해 다음 페이지의 두 그림을 퍼레이드를 이용해 비교해보겠다. 첫 번째 이미지는 기본 삼색의 밸런스가 맞아서 색상이 자연스럽게 표현되었다. 반면에 두 번째 이미지는 빨간색이 너무 많아 색의 밸런스가 맞지 않는다는 것을 알 수 있다.

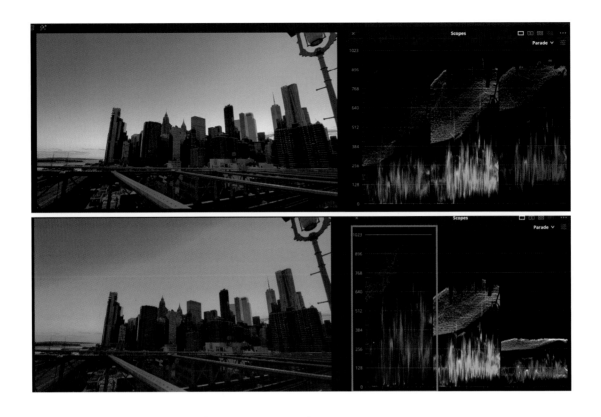

Unit. 03 ▶ 웨이브폼(Waveform)

사람의 눈은 색깔보다 밝기에 훨씬 민감하다. 그런 이유로 컬러 코렉션을 시작할 때는 밝기를 보여주는 웨이브폼(Waveform)을 먼저 사용해서 밝기를 측정하는 것이 중요하다. 웨이브폼 모니터는 비디오의 밝기를 분석하는 데 가장 도움이 되는 스코프로, 프레임 안의 이미지 구성 요소를 RGB 또는 그레이스케일로 표현해서 보여준다.

웨이브폼은 방송에 적합한 밝기(Luminance)를 0에서 1023까지, 1024 단계로 나누어 웨이브폼으로 보여준다. 이는 이미지가 상단에 위치할수록 매칭 부위의 영상이 더 밝다는 의미이다. 웨이브폼에서 밝기가 1023을 넘어서는 시그널을 슈퍼화이트(Superwhite)라 하는데, 이 경우에는 클리핑이 발생해 이미지에 인공적인 색이나 밝기가 나타난다. 즉, 방송에 부적합한 시그널이 된다. 이러할 경우 웨이브폼 모니터를 사용하여 영상의 밝기를 실시간으로 확인하며 컬러 코렉션 필터를 사용해 밝기를 조절할 수 있다.

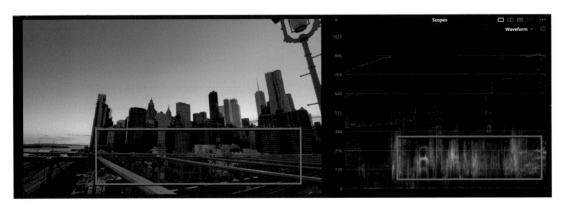

웨이브폼 모니터를 가로로 3등분 하였을 경우 중앙 부분은 미드톤(Mid-Tone)이라 부른다. 그리고 상단은 화이트 또는 하이라이트, 하단은 블랙 또는 섀도우를 나타낸다. 즉, 웨이브폼은 이미지가 밝을수록 상단에, 어두울수록 하단에 위치한다. 그리고 밝기 구간이 서로 겹치는 부분이 존재한다.

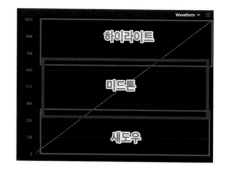

정확히 캔버스에 있는 영상의 어떤 부분이 웨이브폼 모니터에 나타나는지 확인하기 위해서 밑에 있는 이미지를 왼쪽에서 오른쪽으로 분석해 보겠다.

뷰어에 있는 이미지를 보면 작품 위의 창문은 가장 밝고, 작품은 그보다 덜 밝다. 웨이브폼 모니터 좌측에 있는 1023이란 의미는 방송에서 보여질 수 있는 최대치의 밝기를 의미한다. 뷰어의 이미지와 스코프와 비교해보면, 창문 부분에 해당하는 트레이스(Trace)가 1023을 벗어난다. 이를 통해 빛에 과도하게 노출되었음을 알 수 있고, 밝기 단계가 1023을 넘는 트레이스는 슈퍼화이트(Superwhite)에 해당하므로 뷰어의 이미지는 방송에 부적격하다.

▲ 웨이브폼을 이용한 이미지 밝기 측정 1

다음으로 넘어가서 웨이브폼의 기준을 바꿔서 창문에 노출된 빛의 영향으로 창가와 작품, 공간의 밝기가 얼마나 차이나는지 확인해보자.

▲ 웨이브폼을 이용한 이미지 밝기 측정 2

육안으로 보이는 이미지와 웨이브폼 정보를 토대로 왼쪽, 오른쪽 그리고 상단과 하단의 밝기 차이를 비교해보 겠다. 작품 왼쪽을 보면 벽이 작품보다 더 밝아 보인다. 실제로 웨이브폼을 확인해보면 왼쪽 창문 부분의 밝기 가 1023을 넘었다. 이 부분이 빛에 과다 노출된 바람에 완전히 하얗게 오버되어서 벽보다 더 밝아진 것을 알 수 있다. 반면, 작품 오른쪽 벽을 보면 창문을 통해 들어오는 빛이 적어 왼쪽보다 약간 더 어둡다. 웨이브폼 모 니터로 이 부분의 밝기를 확인해보면 384~640 정도 된다.

이번엔 이미지 하단의 밝기를 확인해보자. 다른 곳보다 조금 어두워보이지만 바닥의 반사광의 영향으로 여전 히 밝다. 이 부분을 웨이브폼 모니터로 확인해보면 밝기 단계가 512 정도로, 미드톤에 해당한다. 그리고 작품 의 오른쪽 하단에 구멍이 있다. 이곳의 밝기는 256 정도로 이미지 전체에서 가장 어두운 부분임을 알 수 있다.

결론적으로 이 비디오 영상은 전체적으로 미드톤만 많이 있고 명암 대비가 많이 부족한 이미지임을 알 수 있 다. 그림자 부분을 담당하는 섀도우(Shadow)를 더 내려서 명암 대비를 살려주고, 빛에 과다 노출된 건물의 창 부분을 1023 이하로 만들어야 한다.

▲ Color Correction 적용 전(왼쪽)과 후(오른쪽) 비교

Unit. 04 ▶ 벡터스코프(Vectorscope)

영상의 밝기를 표현하는 웨이브폼 모니터와 함께 영상의 색상 및 채도를 보여주는 벡터스코프는 방송 규격 색을 구분하는 데 사용되는 중요한 도구이다. 만일 영상의 채도가 심하게 낮거나 높으면 이 또한 방송물로 적합하지 않다. 많은 그래픽 디자이너들이 타이틀이나 이미지를 만들 때 실수로 포토샵에서 방송에 부적격

한 색을 사용해 파일을 만든 후 DaVinci Resolve에서 작업하는 경우가 있다. 이렇게 방송 송출 규정에 벗어난 색을 사용한 그래픽 이미지는 앞에서 말했듯이 영상이나 오디오 트랙에 문제를 일으키기도 한다.

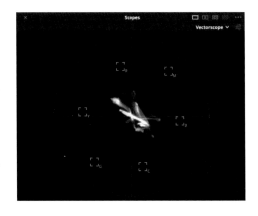

벡터스코프는 원형 그래프를 사용하여 영상의 색상 및 채도를 확인해주며, 색상을 보정하는 기준으로 사용된다. 옆의 그림에 보이듯, 벡터스코프는 중심이 있고 6개의 타깃 박스가 있다. 중심은 색상 유무와 채도, 각각의 타깃 박스는 앞에서 배운 기본 삼색과 보조 삼색을 나타낸다.

타깃 박스의 이니셜이 상징하는 바는 다음과 같다.

R: Red / G: Green / B: Blue / M: Magenta / C: Cyan / Y: Yellow

아래는 컬러 바에 있는 여러 단색을 벡터스코프로 본 모습이다. 벡터스코프로 보면 정확하게 타깃 박스에 색이 나타나고 타깃 박스 중앙과 주변으로 점들이 보인다. 타깃 박스 중앙의 점들은 그 색상이 나타내는 최고조의 채도를 의미하며, 이는 방송 적합의 한계선이라 할 수 있다. 그리고 타깃 박스 외곽의 점들은 각 색상의 채도나 강렬함의 정도를 의미한다. 벡터스코프의 중앙에서 멀어질수록 채도가 높다는 뜻이고, 그 어떤 색상도 정해진 타깃 이상으로 넘어가서는 안 된다.

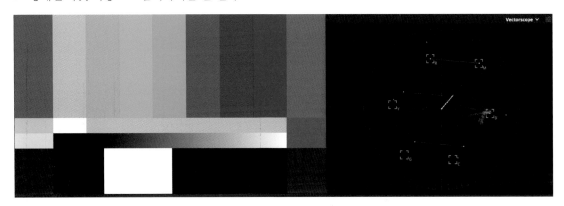

이미지의 색상과 채도를 변경하면 벡터스코프에 변화가 생긴다. 어떻게 바뀌게 되는지 다음 예시를 통해 알아보자.

▲ 색상과 채도가 정상인 화면

경우 1 **색상과 채도가 정상인 영상**

벡터스코프에는 사람의 피부색이 잘 표현되었는지 알려주는 피부색 표시선(Skin Tone Indicator)이 있다. 벡터스코프 오른쪽 상단에 있는 옵션 버튼을 누르고 Show Skin Tone Indicator를 체크하면 중심에서부터 11시 방향으로 직선이 나타난다.

아래 그림의 벡터스코프를 보면 채도가 정상이고 트레이스(Trace)가 피부색 표시선과 일직선상에 위치한다. 따라서 이 영상에서는 사람의 피부색이 정상임을 알 수 있다.

▲ 피부색 표시선(Skin Tone Indicator)을 활성화한 화면

경우 2 **흑백 영상(색상과 채도가 없는 경우)**

반면에 흑백 영상을 벡터스코프로 확인해보면 어떠한 색 정보도 나타나지 않는다. 그리고 영상물의 밝기와 상관없이 트레이스들이 벡터스코프 중심에 몰려서 흰 점만으로 표시된다.

▲ 색상과 채도가 흑백인 화면

경우 3 **채도가 과한 영상**

다음 그림을 보면 얼굴에 빨간색이 과하게 들어갔고, 벡터스코프에는 트레이스가 피부색 표시선보다 더 오른쪽으로 향해 있다. 이것은 정상이었던 첫 번째 그림의 피부색에 비해 빨간색이 많다는 것을 의미한다. 이처럼 트레이스가 기준을 벗어나는 경우에는 방송에 부적합한 영상이 된다.

▲ 색상이 과다하게 추가된 화면

Unit. 05 ▶ 히스토그램(Histogram)

이미지에 있는 밝기의 양을 백분율로 좌에서 우측으로 보여준다. DaVinci Resolve의 히스토그램은 포토샵의 히스토그램과 같은 원리로, 픽셀의 영역을 섀도우, 미드톤, 하이라이트 영역까지 보여준다. 쉽게 생각하면 웨이브폼을 시계 방향으로 90도 회전시켜 놓은 것이라고 생각하면 된다.

다음의 두 그림은 서로 밝기가 다른 이미지의 정보를 히스토그램을 통해 나타낸 것이다. 밝기가 조정된 두 번째 그림을 보면 히스토그램에서 밝아진 만큼 히스토그램이 오른쪽으로 이동한 것을 알 수 있다. 또한 히스토그램을 통해서 이 영상의 사람의 밝기는 미드톤 이상인 것을 알 수 있다.

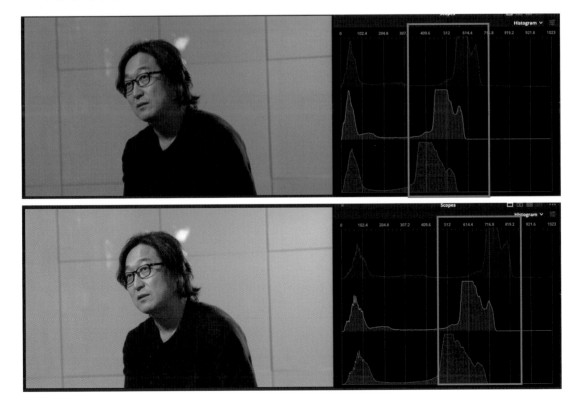

비디오 스코프를 좀 더 밝게 보는 방법

비디오 스코프에서 흰색 웨이브폼이 잘 보이지 않을 때, 웨이브폼을 더 밝게 하고 싶으면 비디오 스코프 세팅 창에서 트레이스이 밝기 레벨을 조절할 수 있는 슬라이더를 오른쪽으로 높여주면 된다.

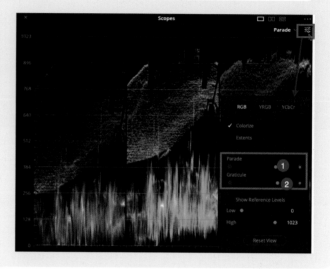

Tip 밝기의 레벨을 백분율로 바꾸고 싶다면 Waveform Scale Style 〉 Percentage를 체크

밝기의 레벨을 10 bit가 아닌 백분율로 바꾸고 싶다면 오른쪽 상단의 메뉴 버튼을 누르고 Waveform Scale Style > Percentage를 체크하면 된다.

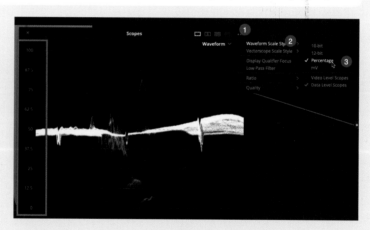

컬러 코렉션 시작하기
Color Correction

DaVinci Resolve의 Color 페이지에서의 매뉴얼 컬러 조절은 컬러 보드에서 이루어진다. 프라이머리 팔레트(Primary palette)는 컬러 코렉션 전용 인터페이스로서, 오버랩된 이미지 영역의 대비(Contrast), 컬러(Color), 채도(Saturation)에 관한 컨트롤이 위치해 있다. 여기에서 그림자나 하이라이트, 그리고 이미지의 미드톤을 컬러 휠이나 컬러 바를 이용해 독립적으로 또는 오버랩해서 조절할 수 있다.

이번 섹션에서 수정하는 컬러 코렉션 내용은 대부분 프라이머리 팔레트를 이용해 이루어질 것이다. 컬러의 잘못된 부분을 고친 경우이든, 컬러를 임의로 바꾼 경우이든 컬러 코렉션은 전체적인 이미지에 영향을 준다. 이 섹션에서는 효과적인 컬러 코렉션을 위해 부분별로 나누어서 각 팔레트의 사용법을 배우게 될 것이다.

프라이머리 팔레트를 사용하여 클립의 색조, 채도 및 노출을 정확하게 조정할 수 있다. 프라이머리 팔레트는 비디오 전체 그림을 펼쳐서 컬러 보드와 일치하게 맞춘 후 색과 밝기를 수정한다. 즉 비디오 이미지와 이 프라이머리 팔레트가 보여주는 수치는 같은 이미지라고 이해하면 된다. 이미지가 바뀌면 프라이머리 팔레트에 있는 수치가 바뀐 것이다.

▲ 프라이머리 팔레트의 구성

❶ **컬러 휠(Color wheel)**: 기본 삼색과 보조 삼색을 이용해서 컬러를 수정한다.
❷ **밝기 조절(Luminance)**: 구간별로 밝기를 조절해서 이미지의 대비(Contrast)를 높인다.
❸ **구간 리셋 버튼**: 적용된 수정값을 구간별로 리셋한다.
❹ **전체 리셋 버튼**: 적용된 수정값을 모두 리셋한다.

- Lift: 앞서 배운 섀도우(Shadows)와 같은 뜻으로, 가장 어두운 3분의 1부분 영역을 말한다.
- Gamma: 미드톤(Mid-tone)과 같은 뜻으로, 중간 밝기의 영역을 말한다.
- Gain: 하이라이트(Highlights)와 같은 뜻으로, 가장 밝은 3분의 1 부분 영역을 말한다.

- Offset: 전체 이미지의 밝기와 색깔을 조절한다.

Unit. 01 ▶ 프라이머리 팔레트(Primaries Palette) 살펴보기

네 가지로 분류된 밝기 구간(Lift, Gamma, Gain, Offset)을 조절했을 때 어떤 결과가 나오는지 그리고 그 결과를 어떻게 웨이브폼(Waveform)으로 확인하는지를 배워보겠다.

01 Timelines 빈 안에 있는 Ch12_ColorBaisc 타임라인을 더블 클릭하여 연다.

02 이펙트 라이브러리를 연 후 Generators 카테고리를 선택하고 Grey Scale을 누른다.

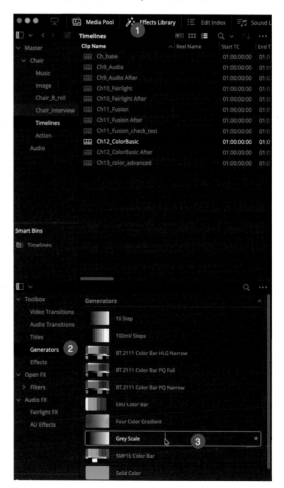

03 선택된 Grey Scale을 마우스로 드래그해서 타임라인의 Video 1 트랙으로 가져오자.

04 가져온 Grey Scale 위에 타임라인 플레이헤드를 그 위에 위치시킨 후 하단의 Color 페이지 아이콘을 눌러 Color 페이지로 이동하자.

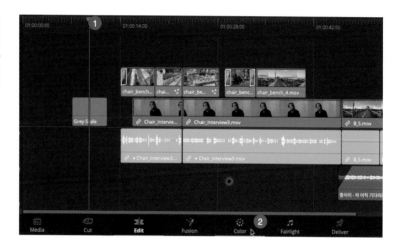

05 Color 페이지에서는 썸네일 타임라인(Thumbnail Timeline)을 통해 Edit 페이지에서 다루었던 클립들을 순서대로 보여준다. 그런데 우리가 방금 만든 Grey Scale이 여기서는 보이지 않는다. 그 이유는 Grey Scale이 실제 비디오 클립이 아닌 제너레이터 클립*이라 Color 페이지에서 편집할 수 없기 때문이다.

---

* 제너레이터 클립이란 실제로 존재하는 클립이 아니라 프로그램 안에서 하나의 필터처럼 사용되는 클립을 말한다.

06 타임라인을 간략하게 확인하기 위해서 오른쪽 상단의 Timeline 버튼을 눌러 미니 타임라인을 활성화하자. 썸네일 타임라인 아래로 실제 타임라인의 모습이 단순화되어 나타나는 것을 볼 수 있다.

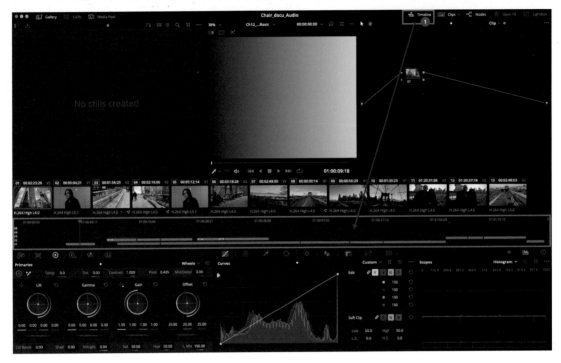

07 제너레이터 클립은 비디오 클립이 아니기 때문에 다른 클립과는 달리 클릭해도 빨간색으로 하이라이트되지 않는다.

제너레이터 클립인 Grey Scale을 편집하기 위해 비디오 클립으로 변환하는 과정을 거칠 것이다. Edit 페이지에서 컴파운드 클립 기능을 이용해 비디오 클립으로 만들어보자.

08 Edit 페이지로 이동해보자.

09 타임라인에서 Grey Scale을 마우스 오른쪽 클릭한 후 New Compound Clip을 선택하자.

10 팝업창이 뜨면 Create 버튼을 눌러 Compound Clip을 생성하자.

11 이제 Grey Scale이 비디오 클립으로 변하며 썸네일이 생성되는 것이 보일 것이다. 다시 Color 페이지로 돌아가자.

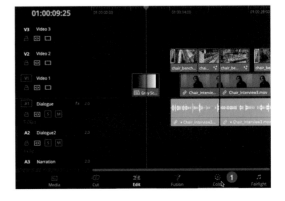

12 썸네일 타임라인에서 Grey Scale의 썸네일을 확인할 수 있을 것이다. 또한 미니 타임라인에서 Grey Scale을 클릭하면 빨간색 선으로 하이라이트되며 해당 클립을 편집할 수 있게 된다.

13 이제 비디오 스코프를 통해 이 클립을 분석해보자.

14 우측 팔레트 구역에서 Scopes 아이콘을 눌러 비디오 스코프를 활성화하자.

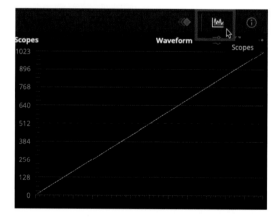

15 Expand 버튼을 눌러 비디오 스코프를 팝업창으로 분리한 후, 팝업창 오른쪽 상단에서 첫 번째 아이콘, 싱글 뷰(Single View)를 선택하자.

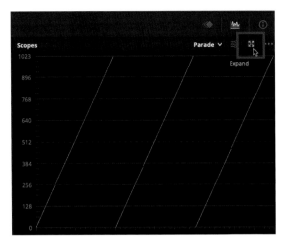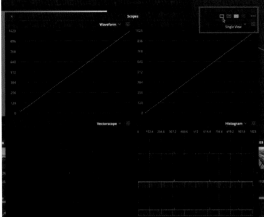

16 스코프 이름을 누르고 Waveform을 선택하자.

17 스코프의 창 크기를 알맞게 줄이고 뷰어의 오른쪽에 위치시키자. 클립의 밝기가 비디오 스코프에 그래프로 나타나는 것이 보일 것이다. 이 클립은 그레이 스케일 이미지로, 0부터 1023까지의 밝기를 가졌다.

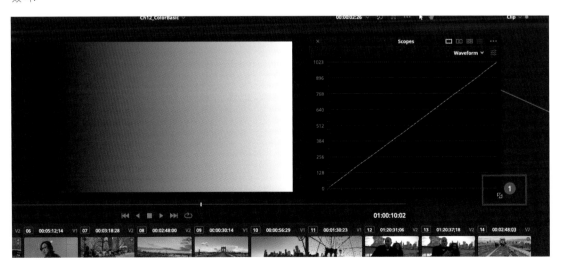

18 Lift 컬러 휠 하단의 섀도우 구역 밝기 조절 휠을 오른쪽으로 드래그해보자.

19 블랙 레벨이 0에서 160 정도로 올라가면서 섀도우 부분이 전체적으로 검정색에서 회색으로 바뀌었다.

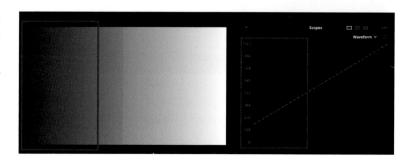

20 이번엔 Gain 컬러 휠 하단의 하이라이트 구역 밝기 조절 휠을 왼쪽으로 드래그해보자.

21 이번엔 화이트 레벨이 1023에서 770 정도로 내려가면서 하이라이트 부분이 전체적으로 하얀색에서 옅은 회색으로 바뀌었다.

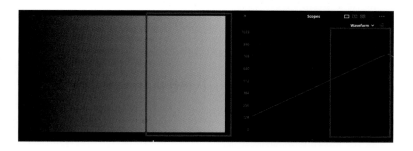

22 마지막으로 Offset 컬러 휠 하단의 전체 톤 밝기 조절 휠을 오른쪽으로 드래그해보자.

23 전체적인 밝기 레벨이 올라간 것을 확인할 수 있다.

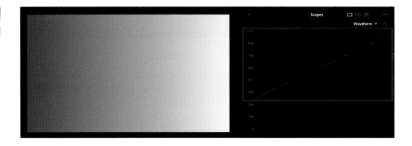

24 우리가 지금까지 수정한 값을 초기화해보자. 프라이머리 팔레트의 오른쪽 상단에서 전체 리셋 버튼을 누르면 지금까지 변경한 내용이 초기화된다.

25 변경되었던 내용들이 초기화되어 원래의 상태로 돌아갔다.

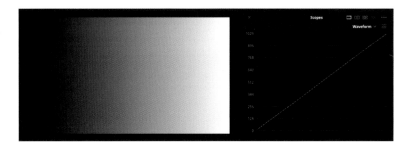

Unit. 02 ▶ 컬러 휠(Color Wheel) 사용하기

프라이머리 팔레트에서 사용할 수 있는 컬러 휠은 전문가용 컬러 수정 프로그램에서 사용하는 작동 방식이라 좀 더 직관적으로 색상과 채도, 밝기를 조절할수 있다. 기본 삼색과 보색의 관계, 즉 노란색이 많으면 반대편에 있는 파란색을 추가해서 자연스러운 색상을 만들 수 있는 것이다. 세 구역으로 구분된 각각의 밝기 구간에서 색을 조절할 수 있다.

❶ **오토 밸런스(Auto Balance)**: 플레이헤드가 위치한 프레임에서 가장 어두운 곳(블랙 레벨)과 가장 밝은 곳(화이트 레벨)을 자동으로 찾아서 고치는 툴이다.

❷ **화이트 밸런스(White Balance)**: 빛의 색온도에 따라서 바뀌는 카메라의 흰색 지점을 찾아서 색감을 바꿔주는 기능이다.

❸ **색온도(Temperature)**: 색의 온도를 나타내며 숫자가 낮을수록 파란 계열이, 높을수록 붉은 계열이 강해진다.

❹ **색조(Tint)**: 초록을 조절하는 역할을 한다. 왼쪽으로 갈수록 녹색 계열, 오른쪽으로 갈수록 자홍 계열이 강해진다.

❺ **대비(Contrast)**: 가장 어두운 부분과 가장 밝은 부분 사이의 대비를 조절해주는 기능이다.

❻ **피봇(Pivot)**: 이미지의 어둡고 밝은 곳의 한 구간을 더 넓게하거나 더 좁게 만들어주는 기능이다.

❼ **미드톤/디테일(Mid/Detail)**: 영상 영역의 대비를 이용해서 이미지의 선명도를 높이는 기능이다.

❽ **블랙 포인트 설정(Pick Black Point)**: 이미지에서 가장 어두운 곳을 선택해서 지정하는 툴이다. 자연적인 검정색을 지정하면 그것에 맞추어 전체적인 톤이 바뀐다.

❾ **화이트 포인트 설정(Pick White Point)**: 이미지에서 가장 밝은 곳을 선택해서 지정하는 툴이다. 자연적인 흰색을 지정하면 그것에 맞추어 전체적인 톤이 바뀐다.

❿ **컬러 휠**: 각 구간의 기본 색요소를 조절한다. Shift 를 누른 상태에서 클릭을 하면 원하는 컬러 구역을 바로 지정할 수 있다.

⓫ **YRGB**: DaVinci Resolve는 밝기(Y)와 삼원색(RGB)를 합쳐서 동시에 조절한다. 밝기는 분리하여 조절할 수 있고 삼원색은 서로 교차해서 조절된다.

⓬ **밝기 조절 휠**: 구간별 클립의 밝기를 조절하는 휠이다. 상황에 따라서 Brightness, Contrast, Luminance 라고 불리지만 다 같은 개념으로 사용된다.

⓭ **컬러 부스트(Color Boost)**: 채도를 고칠 때 전체적인 채도를 고치는 것이 아니라, 채도가 낮은 부분만 선택적으로 채도를 더 올려주는 기능이다.

⓮ **섀도우(Shadows)**: 밝기를 기준으로 3단계로 나눈 구간에서 어두운 부분을 자세하게 조절할 때 사용한다.

⑮ **하이라이트(Highlights)**: 밝기를 기준으로 삼단계로 나눈 구간에서 밝은 부분을 자세하게 조절할 때 사용한다.

⑯ **채도(Saturation)**: 색의 강도를 조절해주는 기능이다. 평균값은 50이지만 0이 될 경우 모든 색이 빠지게 되어 이미지가 흑백으로 바뀐다.

⑰ **명도(Hue)**: 빨강, 파랑, 노랑, 초록을 말하며 색감의 인식 정도를 지정한다.

⑱ **루미넌스 믹스(Luminance Mix)**: 원본 이미지와 컬러 코렉션 이미지를 블렌딩하는 양을 조절한다. 오리지널 이미지일 때는 0의 값을 가지고, 100 퍼센트 고쳐진 이미지는 값이 100이 된다. 자연스러운 컬러 코렉션을 위해서 믹스값을 100 이하로 내려준다. 루마 커브의 기본값은 100이지만 개별적으로 조정해서 루마 레벨을 유지하면서 다른 컬러 채널을 조절할 수 있다.

⑲ **구간 리셋 버튼**: 각 구간에 적용된 변형값을 리셋한다.

⑳ **전체 리셋 버튼**: 모든 구간에 적용된 변형값을 리셋한다.

이전 유닛에서 만든 Grey Scale에 색을 넣고 변경해볼 것이다. 컬러 휠을 조절하며 클립 이미지와 벡터스코프의 변화를 확인해보자.

01 색상을 수정할 것이므로 색상을 계산하여 판단하게 해주는 벡터스코프(Vectorscope)를 사용하자. 비디오 스코프 창에서 스코프의 이름을 Vectorscope로 선택하자.

02 비디오 스코프 창 오른쪽 상단에서 설정 아이콘을 누르고 Graticule 항목의 슬라이더를 오른쪽으로 움직여서 벡터스코프의 안내선이 잘 보이게 하자.

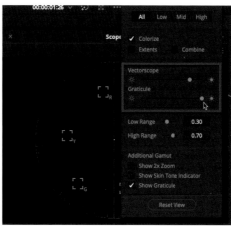

03 하이라이트 구간을 조절하는 Gain 컬러 휠 가운데 위치한 컬러 버튼을 노란색쪽으로 드래그해서 약간 움직여보자.

04 Gain 휠의 컬러 버튼을 노란색 방향으로 드래그했더니, 클립의 하이라이트 부분에만 무채색이였던 이미지에 노란색이 입혀지면서 벡터 스코프에도 변화가 생겼다(어두운 지역에는 큰 변화가 없지만 밝은 지역은 변화가 생긴다).

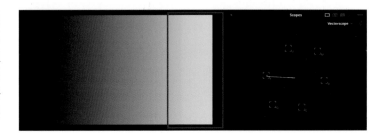

05 이번에는 섀도우 영역을 조절하는 Lift 휠의 컬러 버튼을 파란색 방향으로 드래그해보자(어두운 지역에는 큰 변화가 없지만 밝은 지역은 변화가 생긴다).

06 클립의 섀도우 부분이 파란색으로 변하고 벡터스코프에서도 변화가 생겼다.

07 앞과 같은 방법으로, 미드톤 영역을 조절하는 Gamma 휠의 컬러 버튼을 초록색 방향으로 드래그하자.

08 클립의 미드톤 부분이 초록 색으로 변하고 벡터스코프 에 변화가 생겼다.

09 Shadows의 값을 낮춰 섀도 우 영역을 넓혀보자.

10 Highlights의 값을 높여 하 이라이트 영역을 넓혀보자

11 Saturation의 값을 높여 이 미지의 채도를 올리자. 색 감이 선명해져서 각각의 색이 더 뚜 렷하게 구분된다.

가장 기본적인 비디오의 색과 밝기를 이해하고자 비디오 클립을 세 구간으로 나누어 밝기의 세 지점 (Highlights, Shadows, Midtones)에 다른 색을 적용하고 명암비를 조절해 보았다. 웨이브폼 모니터의 세 가지 밝기 영역을 먼저 이해하고 각 영역의 색을 고쳐보았다. 이처럼 색과 밝기를 조절했을 때 어떤 결과 가 나올지 예측하면서, 좀 더 정확한 컬러를 표현할 수 있도록 꾸준히 연습해보길 바란다.

DaVinci Resolve는 이미지의 밝기를 자동으로 보정해주는 오토 밸런스 기능을 제공한다. 수동으로 클립을 고치는 것이 가장 좋은 결과를 보여주지만 급하게 영상을 수정해야 할 경우에는 오토 밸런스를 이용하기도 한다. 이 기능을 활용해 클립의 밝기를 수정해보자.

01 썸네일 타임라인에서 두 번째 클립을 클릭해서 선택하자.

 컬러 코렉션 작업에 집중하도록 돕는 두 가지 기능 – Unmix와 Mute

Color 페이지의 썸네일 타임라인에서 클립을 선택하면 플레이헤드가 해당 클립의 첫 프레임으로 이동한다. Dissolve 등의 화면 전환 효과가 적용된 클립의 경우, 첫 프레임이 까맣게 나오게 되어 컬러 코렉션 작업을 하기가 어렵게 된다. 이 때 뷰어 왼쪽 하단에서 Unmix 버튼을 활성화하면 적용 중인 화면 전환 효과를 무시하고 해당 클립의 첫 프레임을 뷰어에서 볼 수 있게 된다. 다만 이 효과는 Color 페이지에서만 적용되므로 Edit 페이지에서 실제로 화면 전환이 비활성화되지 않는다.

또한 Unmix 버튼 옆에 있는 음소거(Mute) 버튼을 누르면 클립의 사운드가 재생되지 않는다. 컬러 코렉션 작업에 집중해야 할 때 유용하다.

02 프라이머리 팔레트 왼쪽 상단에서 오토 밸런스 아이콘을 누르자.

03 오토 밸런스가 적용된 그림은 자동으로 블랙 레벨과 화이트 레벨이 조절되면서 명암 대비가 극대화된다.

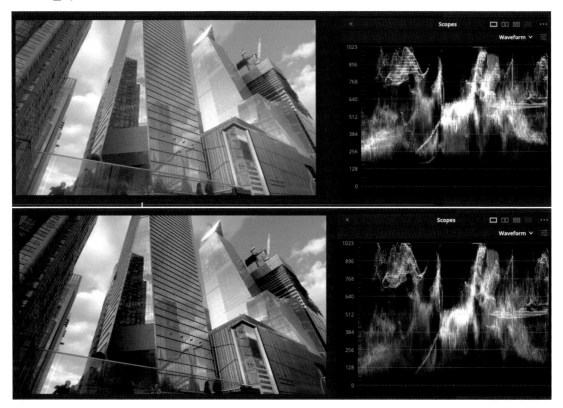

> **Tip** 적용된 오토 밸런스를 지우는 방법
>
> 오토 밸런스를 적용한 클립을 원래 상태로 되돌리려면 노드 에디터에서 노드를 선택하고 마우스 오른쪽 클릭으로 메뉴를 연 후, Reset Node Grade를 클릭하면 된다. (단축키: Shift + Home)

색에는 온도가 있다. 광원에 따라 온도가 다르고 색과 밝기가 다르게 표현되는데, 온도가 낮은 경우에는 붉은빛을 띠고 높은 경우에는 푸른빛을 띤다. 그리고 빛은 파장에 따라 나타나는 특성이 다르다. 파장이 길수록 빛이 내는 에너지가 작아 온도가 낮다. 그래서 카메라로 촬영할 경우 파장이 긴 적외선은 붉은색, 파장이 짧은 자외선은 보라색을 띤다.

우리 눈으로 볼 수 있는 빛의 영역은 가시광선뿐이지만, 카메라는 자외선도 인식을 한다. 인식할 수 있는 빛의 종류가 다양하니 다양한 색온도를 표현할 수 있다. 특히 방송용 카메라는 빛의 파장에 따라 달라지는 색온도를 고려해 색감을 조절해주는 화이트 밸런스(White Balance, WB) 기능을 반드시 설정해야 한다.

예를 들면 낮에 야외에서 촬영할 경우에는 태양 광선의 색온도인 5600K(켈빈)* 으로, 실내 촬영일 경우에는 텅스텐 라이트 색 온도인 3200K(켈빈) 정도로 세팅해줘야 한다. 만약 화이트 밸런스를 텅스텐 라이트 색 온도에 맞춰 설정하고 대낮에 야외에서 촬영한다면, 태양빛의 파장에 따라 이미지들이 파란 빛을 띠게 될 것이다. 이렇게 잘못된 화이트 밸런스로 촬영된 영상들은 DaVinci Resolve의 프라이머리 팔레트에서 수정할 수 있다.

다음을 따라하며 이미지의 화이트 밸런스를 수정해보자.

01 썸네일 타임라인에서 15번 클립을 선택하자. 이 클립은 화이트 밸런스가 잘 맞지 않아 전체적으로 붉은 빛을 띠고 있다.

---

* 켈빈(Kelvin)은 절대 온도를 나타내는 단위로, 보통 물리적으로 열을 측정할 때 쓰지만 빛의 색을 측정하는 목적으로 색온도를 표현할 때도 이 단위를 쓴다. 색온도가 낮을수록 붉은 빛을 띠고, 높을수록 푸른 빛을 띤다.

02 비디오 스코프를 퍼레이드(Parade)로 바꾸어 이미지를 분석해보자. 빨간색 영역이 다른 색보다 확연히 많은 것을 볼 수 있다.

03 프라이머리 팔레트에서 화이트 밸런스(White Balance) 버튼을 누르자. 마우스 포인터가 스포이트 모양으로 바뀔 것이다.

04 원래 하얀색이어야할 부분을 뷰어에서 클릭하자. 스피커 옆에 있는 흰 종이나 흰 벽 또는 흰 테이블 등을 선택하면 된다.

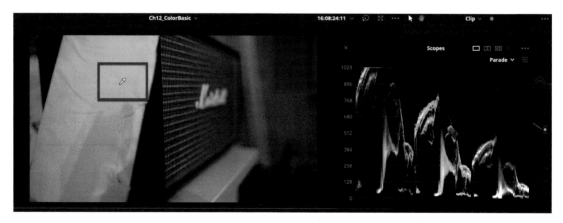

05 선택한 지점을 기준으로 화이트 밸런스가 설정되어 이미지가 훨씬 자연스러워진 것을 볼 수 있다. 또한 프라이머리 팔레트를 확인해보면 Temp와 Tint의 값이 변경되었을 것이다.

06 비디오 스코프를 보면 아직 빨간색 영역이 다른 색에 비해 많은 것이 보인다. 흰색이 되기 위해서는 세가지 색의 밸런스가 맞아야 하기 때문에, 이제 수동으로 빨간색을 약간 낮추고 파란색을 더 높여보겠다.

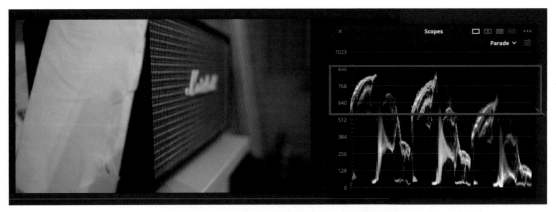

07 프라이머리 팔레트의 전체 톤(Offset) 컬러 휠 아래의 RGB 값을 조절해 이미지를 수정해보자. 빨간색과 초록색의 값을 약간 낮추고 파란색의 값을 높이자.

08 뷰어를 확인하면 이미지의 붉은 톤과 노란 톤이 빠지고 좀 더 자연스러운 흰색으로 바뀐 것을 볼 수 있다. 비디오 스코프에서의 색 영역도 비슷해진 것을 볼 수 있다.

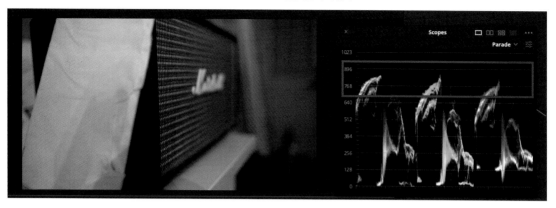

Unit. 05 ▶ 화이트 포인트와 블랙 포인트 이용해 화이트밸런스 수정하기

이번 유닛에서는 화이트 포인트와 블랙 포인트를 이용해서 잘못 촬영된 이미지를 수정할 것이다. 화이트 포인트는 Gain의 밝기와 컬러를 조절해서 화이트 레벨을 지정하고, 블랙 포인트는 Lift의 밝기와 컬러를 조절해서 블랙 레벨을 지정한다. 앞에서 배운 자동 화이트 밸런스와는 달리, 블랙/화이트 포인트를 이용하는 방법은 구간별로 밝기와 컬러 밸런스를 맞출 수 있기 때문에 좀 더 정확하게 화이트 밸런스를 수정할 수 있다.

▲ Lift 구간에 있는 십자 아이콘을 누르면 블랙 포인트, Gain 구간에 있는 십자 아이콘을 누르면 화이트 포인트를 지정할 수 있다.

01 썸네일 타임라인에서 16번째 클립을 선택하자. 비디오 스코프로 이미지를 분석해보면 빨간색이 다른 색에 비해 지나치게 많은 것을 볼 수 있다.

02 프라이머리 팔레트에서 화이트 포인트 설정(Pick White Point) 버튼을 누르자. 마우스 포인터가 십자 모양으로 바뀔 것이다. 화이트 포인트를 설정하게 위해 프레임 안에서 하얀색이어야 할 부분을 클릭하자. 여기서는 벤치에 앉아 있는 남자의 신발을 선택해보겠다.

색상 선택 툴(Qualifier)을 이용한 자동 화이트 밸런스 설정

한 번 화이트 포인트를 설정하고 나면 마우스 포인터가 자동으로 Qualifier로 바뀌며 커브 팔레트가 활성화된다. 화이트 포인트를 다시 설정하고 싶다면 프라이머리 팔레트에서 화이트 포인트 설정 버튼을 다시 누른 후 자신이 원하는 부분을 찍어야 한다.

03 자연 상태에서 흰색이어야 하는 색상(남자의 신발)을 화이트 포인트로 지정했기 때문에 전체적인 잘
못된 화이트 밸런스가 이에 맞춰 재설정되었다. 비디오 스코프를 확인해보면 초록색과 파란색의 영역
이 늘어난 것을 볼 수 있다. 이처럼 화이트 포인트를 사용하면 화이트 밸런스를 자동으로 맞춰주지만 색온도
의 값은 변화하지 않고 Gain 구간의 밝기와 삼원색의 밸런스가 조정된다.

04 이번엔 블랙 포인트를 설정해보자. 촬영 중 발생한 밝기와 컬러의 문제를 고치기 위해서는 화이트 포
인트뿐만 아니라 블랙 포인트까지 설정해주어야 전체적인 밸런스가 더 자연스러워진다. 프라이머리
팔레트에서 Lift 컬러 휠 옆에 있는 블랙 포인트 설정(Pick Black Point) 버튼을 누르자.

05 프레임 내에서 검은색이어야 하는 부분을 선택
하자. 여기에서는 벤치에 앉아 있는 여자의 치마
를 선택해보겠다.

🔔 블랙 포인트 설정 후 Qualifier 기능을 이용해 전체 밸런스 잡기

블랙 포인트도 화이트 포인트와 마찬가지로 한 번 설정하고 나면 마우스 포인터가 Qualifier 아이콘으로 바뀌므로 다시
설정하고 싶다면 블랙 포인트 설정 버튼을 다시 눌러야 한다.

06 이미지의 검은 부분이 더 어둡게 바뀌어 이미지의 전체적인 명암 대비가 살아났다.

07 이제 Bypass 버튼을 사용해 컬러 코렉션(화이트/블랙 포인트)을 사용하기 전과 후를 비교해보자. 뷰
어 오른쪽 상단에서 Bypass Color Grades and Fusion Effects 버튼을 누르면 원본 클립의 이미지가 보
이게 된다.

08 확인이 끝났으면 다시 Bypass 버튼을 눌러주자.

이제 프라이머리 팔레트를 활용해서 직접 이미지의 컬러 코렉션 작업을 해보자. 앞서 언급했듯이, 사람의 눈은 색보다 밝기의 차이를 더 민감하게 받아들인다. 따라서 컬러 코렉션의 진행 과정은 밝기 조절 전후의 차이가 큰 부분을 먼저 수정하고 그 이후에 적게 차이가 나는 부분을 보충해서 수정하는 것이 일반적이다. 이 순서에 따라, 이번 유닛에서는 밝기 조절 휠로 이미지의 밝기를 수정하는 방법을 알아보고 다음 유닛에서는 컬러 휠로 이미지의 색을 수정하는 방법을 알아보도록 하겠다.

01 썸네일 타임라인에서 네 번째 클립을 클릭하자.

02 이미지의 밝기를 분석하기 위해 비디오 스코프를 웨이브폼(Waveform)으로 바꾸자. 웨이브폼은 클립의 명암 대비 정도를 알아내는 데 가장 적합한 보기 옵션이다. 웨이브폼을 통해 이 이미지를 분석해보면 하이라이트 영역 위에 빈 공간이 많이 남아 있다. 이것은 가장 밝은 부분이 더 밝아질 수 있다는 것을 의미한다. 또한 아래의 블랙 레벨을 보면 섀도우 구간도 빈 공간이 많이 남아 있다. 우리는 여기서 하이라이트는 더 위로, 섀도우는 더 아래로 조절해서 이미지의 명암 대비를 극대화시킬 것이다.

03 이미지의 하이라이트를 더 높이기 위해 Gain 밝기 조절 휠을 오른쪽으로 드래그하자. 웨이브폼에서 최고 밝기가 1023에 도달할 때까지 Gain의 밝기를 올려보자. 이미지의 밝은 부분이 더 밝아질 것이다.

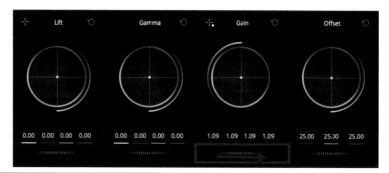

04 이번에는 이미지의 섀도우를 더 내리기 위해 Lift 밝기 조절 휠을 왼쪽으로 드래그하자. 웨이브폼에서 최저 밝기가 0에 도달할 때까지 Lift의 밝기를 내리자. 이미지의 어두운 부분이 더 어두워질 것이다.

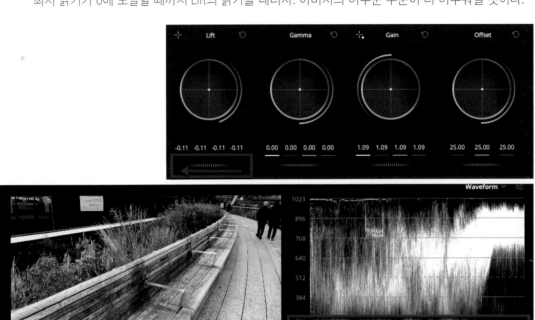

05 앞의 과정으로 명암 대비가 뚜렷해졌지만 전체적인 밝기 톤이 많이 어두워졌다. 이때 미드톤의 밝기를 올리면 명암 대비는 유지하면서 전체적으로 밝은 느낌을 줄 수 있다. Gamma 밝기 조절 휠을 오른쪽으로 드래그해서 미드톤의 밝기를 올리자.

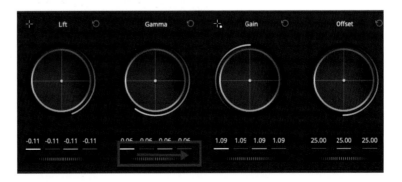

06 Bypass 버튼을 눌러 명암 대비 전후의 이미지를 비교하자.

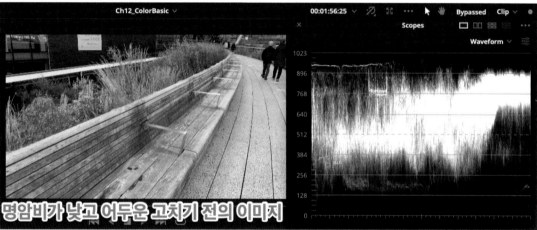

Unit. 07 ▶ 컬러 그레이딩(Color Grading) 하기

우리는 지금까지 영상의 밝기와 화이트 밸런스 등을 수정해서 잘못 촬영된 이미지를 올바른 밝기와 톤으로 만드는 작업을 했다. 이것을 컬러 코렉션이라고 부른다. 그리고 컬러 코렉션을 마친 후에는 제작자의 의도에 따라 화면의 무드와 톤을 장르와 분위기에 따라 조절하게 되는데, 이것을 컬러 그레이딩이라고 부른다.

이번 유닛에서는 밝기 및 화이트 밸런스가 이미 평준화되어 문제가 없는 클립을 가지고 디렉터의 의도에 따라 컬러와 톤을 입히는 방법을 배워보도록 하겠다.

01 썸네일 타임라인에서 9번째 클립을 선택하자.

02 비디오 스코프를 퍼레이드로 바꾸어 이미지를 분석해보면 전체 이미지가 세 가지 색의 밸런스로 잘 맞추어서 아무런 문제가 없음을 확인할 수 있다. 이 영상을 해가 지기 전의 불그스름한 톤의 영상으로 바꾸어보자.

03 먼저 하이라이트의 색이 약간 붉은빛이 돌도록 조절해보자. 프라이머리 팔레트에서 Gain 컬러 휠 안의 컬러 버튼을 왼쪽 위로 약간 드래그한다. 하이라이트 영역인 하늘과 구름이 약간 빨간색을 띠는 것을 확인할 수 있다.

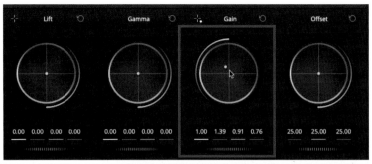

04 이번에는 섀도우 영역을 약간 빨갛게 만들어보자. Lift 컬러 휠의 컬러 버튼을 왼쪽 위로 살짝 드래그한다. 이미지가 전체적으로 붉게 변한 것을 볼 수 있다.

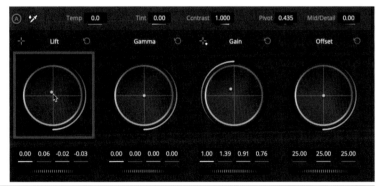

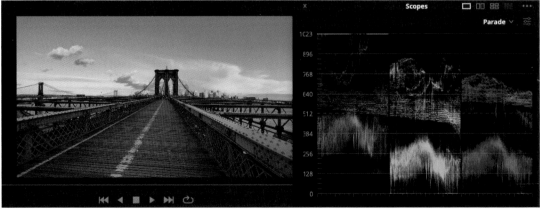

05 전체적으로 너무 빨간 색이 많이 들어갔기 때문에 이를 줄이기 위해 빨간색의 보색인 청록색(Cyan)을 더하자. Gamma 컬러 휠의 컬러 버튼을 약간 아래로 드래그하자. 이미지에 빨간색과 푸른색이 적절히 섞이게 되었다.

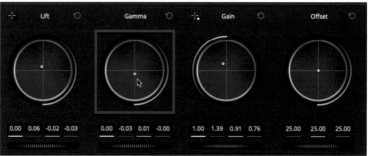

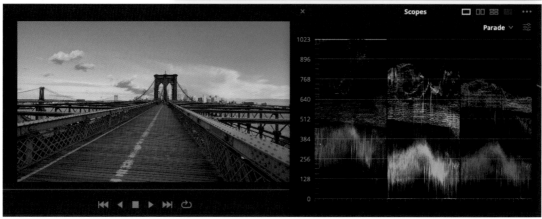

06 이미지에 약간 어두운 톤을 입히면 해가 질 때의 이미지를 좀 더 자연스럽게 연출할 수 있다. 섀도우의 영역을 강조해서 좀 더 해가 질 때 그림자 영역을 더 진하게 만들어보자. 프라이머리 팔레트에서 컬러 휠 아래에 있는 Shadows 값을 낮춰준다.

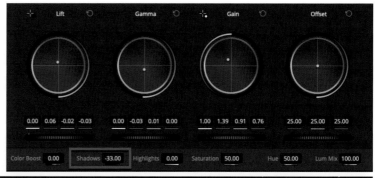

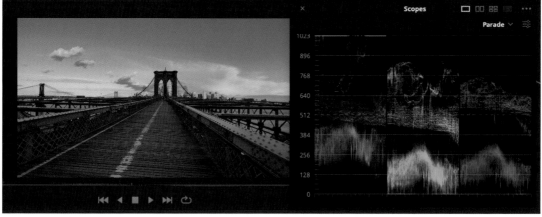

> **Tip** 컬러 휠 하단 옵션의 값을 초기화하려면 해당 옵션 이름을 더블 클릭
>
> 만약 컬러 휠 아래에 있는 값(Color Boost, Shadows 등)을 초기화하고 싶다면 해당 옵션의 이름을 더블 클릭하면 된다.

07 명암 대비를 좀 더 강조하기 위해 Highlights 값을 올려주자. 하늘의 밝은 영역이 더 밝아지는 것을 확인할 수 있다.

08 Bypass 버튼을 눌러 컬러 그레이딩 전후의 이미지를 비교해보자. (단축키: [Shift] + [D])

Unit. 08 ▶ 색상 맞추기(Matching colors)

일반적으로 많이 하는 컬러 코렉션 작업 중 하나는 특정한 샷의 색상을 다른 샷과 맞추어 바꿔주는 것이다. 이 매치 컬러 작업을 통해 하나의 시퀀스를 더 통일감 있게 만들 수 있다. 이를 테면 서로 다른 장소에서 촬영한 두 개의 씬을 비슷한 색상으로 맞춤으로써, 시청자들이 보기에 똑같은 세팅으로 촬영된 것처럼 만들 수 있다.

01 썸네일 타임라인의 9번 클립과 10번 클립을 보면 두 클립의 색이 상당히 다른 것을 알 수 있다. 매치 컬러 기능을 사용해서 10번 클립의 색을 9번 클립처럼 만들어보자. 썸네일 타임라인에서 10번 클립을 선택한다.

02 10번 클립이 선택된 상태에서 썸네일 타임라인의 9번 클립을 마우스 오른쪽 클릭하고 Shot Match to this Clip을 클릭하자.

03 10번 클립이 9번 클립처럼 붉은색으로 매치되었다.

Tip 컬러 매치하는 세 가지 방법

방법1 Shot Match to this Clip 기능 이용

썸네일 타임라인에서 타깃 클립을 선택하고 소스 클립을 마우스 오른쪽 클릭한 후 Shot Match to this Clip을 누른다.

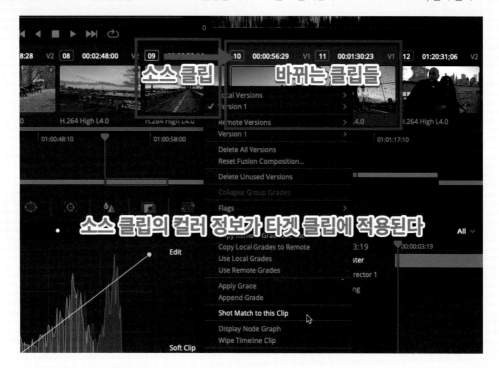

방법2 속성 복사(Paste Attributes)를 이용

먼저 소스 클립을 선택하고 Ctrl + C를 눌러 복사한다. 타깃 클립을 선택하고 메뉴 > Edit > Past Attributes를 누른 후(단축키: Alt + V), Color Corrector 항목에 체크하고 Apply 버튼을 눌러 컬러 매치를 적용한다.

방법3 마우스 휠 버튼 이용

썸네일 타임라인에서 타깃 클립을 선택한 후 소스 클립 위로 마우스를 가져가서 중간 휠 버튼을 누르면 컬러를 매치할 수 있다. 여러 클립을 선택하고 컬러를 매치하면 여러 클립의 색을 매치할 수 있다.

노드 Nodes 를 사용해
구간별로 채도와 컬러 수정하기

노드는 하나의 스테이지라는 것을 우리는 이전 챕터에서 배웠다. 지금까지의 컬러 코렉션 작업은 여러 노드를 사용하지 않고 하나의 노드(스테이지)에서 모든 작업을 진행했다. 이렇게 세분화되지 않은 스테이지에서 컬러 코렉션 작업을 할 경우, 나중에 다시 한 부분만 수정을 할 때 여러 속성이 같은 스테이지에 묶여 있기 때문에 특정 부분만 따로 수정하기가 굉장히 어렵다. 따라서 컬러 코렉션 작업을 할 때는 각각의 그레이딩과 컬러 코렉션을 세분화해서 스테이지별로 작업하는 것이 중요하다. 작업 과정을 스테이지별로 세분화했을 경우 특정 부분을 찾아서 수정하기가 쉽다. 이번 섹션에서는 각 노드를 하나의 스테이지로 이용해서 구간별로 컬러 코렉션을 진행해보겠다.

▲ 노드 에디터를 이용해 채도 및 컬러를 수정한 예

01 썸네일 타임라인에서 11번 클립을 선택하자. 노드 에디터에 노드가 하나 있는 것이 보일 것이다.

02 노드 01 위에 마우스 오른쪽 클릭을 한 후 Add Node > Add Serial을 클릭하거나, 단축키 Shift + S 를 눌러 새로운 노드를 추가하자.

 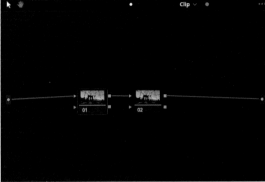

03 컬러의 변화를 보기 위해 비디오 스코프를 벡터스코프로 바꿔주자.

04 노드 에디터에서 노드 01을 선택한 후 프라이머리 팔레트에서 Saturation의 값을 0으로 낮추어주자. 채도의 값이 0이므로 이미지는 흑백으로 보일 것이다.

05 영상이 색을 잃고 흑백으로 바뀌면서 벡터스코프에서 채도를 표시하는 트레이스가 사라졌다.

벡터스코프에서 색상의 정도를 표시해주는 트레이스는 클립에서 색깔을 없애버리면 같이 사라져버린다. 왜냐하면 이미지에 있는 색상이 더 이상 분석할 수 없는 0으로 바뀌었기 때문이다.

06 프라이머리 팔레트의 컬러 휠을 이용해 색상을 임의로 수정해보자. Saturation의 값이 0이기 때문에 아무리 색을 바꾸려 해도 이미지에는 변화가 없다.

07 이제 다음 스테이지에서 컬러 작업을 해보자. 노드 에디터에서 노드 02를 선택한 후, 앞과 같은 방법으로 마찬가지로 프라이머리 팔레트에서 컬러 휠을 사용해 색을 임의로 바꿔보자. 이번엔 컬러 휠을 조절하는 대로 이미지의 색이 바뀌고 벡터스코프에 트레이스가 다시 나타날 것이다.

08 노드 에디터에서 노드 02를 선택하고 단축키 Ctrl + D 를 눌러 노드 02를 비활성화하자. 노드 02에서 설정했던 색상값은 보이지 않고 노드 01에서 설정했던 채도값만이 적용되므로 클립의 이미지는 흑백으로 나온다.

09 다시 노드 에디터에서 노드 01을 선택하고 프라이머리 팔레트에서 Saturation 옵션의 이름 부분을 더블 클릭해서 채도값을 초기화하자.

10 Saturation을 초기화했다면 각 컬러 휠의 구간 리셋 버튼을 눌러 RGB 값을 초기화해보자. 노드를 사용하면 나누어진 구간별로 수정하거나 리셋을 할 수 있다.

CHAPTER 12 ▶ 요약하기

이번 챕터에서는 Color 페이지에서의 기초적인 컬러 코렉션에 대해서 배워 보았다. 컬러 코렉션과 컬러 그레이딩을 시작하기 전에 컬러의 구성 요소와 특징을 자세히 알아보았고 명도, 채도 및 보색 개념의 이해를 바탕으로 컬러 휠의 사용 방법을 배워보았다. 컬러 코렉션 중 채도와 명도의 변화를 비디오 스코프를 이용해 확인하였고, 확인한 결과에 Color 페이지에서 제공하는 다양한 팔레트를 활용하여 컬러 그레이딩까지 진행하였다. 또한 자연스러운 색감을 구현하기 위해 오토 화이트 밸런스를 사용하였고 여기에서 고치지 못한 미세한 부분을 수동으로 고쳐서 이미지를 더 자연스럽게 보이게끔 하는 방법을 배워보았다. 마지막으로 노드를 소개해서 컬러 코렉션 중 진행되는 각 스테이지를 이해하였다.

CHAPTER 13

컬러 그레이딩
(Color Grading)

DaVinci Resolve

컬러 그레이딩은 이미지의 색과 밝기를 편집자의 의도에 맞게 고치는 것을 의미한다. 사진을 컬러 그레이딩 할 경우 한 장의 이미지만 고치면 되지만 동영상은 이미지가 연속된 집합이므로 움직이는 이미지의 색과 밝기를 수정해야 한다. DaVinci Resolve가 제공하는 키프레임과 모션 트래킹 기능을 응용해서 같이 사용함으로써 자연스럽게 동영상에 컬러 그레이딩을 할 수 있다.

이 챕터에서는 갤러리(Gallery), 커브(Curves), 파워 윈도우(Power Window), 크로마키(Chroma Key), LUT, Open FX 등을 활용해 편집자의 의도에 맞는 정교한 색과 밝기를 만들어보자.

컬러를 수정하는 경우는 크게 두 가지로 구분된다.

첫 번째는 클립에서 화이트 밸런스가 잘못되었거나 빛이 과하게 노출된 부분을 고치고 채도와 명도를 수정해 영상이 자연스러운 이미지로 보일 수 있도록 하는 작업인 컬러 코렉션이다. 예를 들어 텅스텐 조명(3200K)과 햇빛(5600K)이 섞인 공간에서 촬영을 하면 두 가지 빛이 겹치는 구역에서는 카메라의 화이트 밸런스 선택에 따라 한쪽 지역이 심하게 파란색이나 빨간색을 띠게 된다. 이렇게 잘못된 색상이 표현된 것을 자연스러운 색상으로 고치는 작업을 컬러 코렉션이라고 한다.

▲ 채도와 명도를 수정하기 전과 후의 이미지 ▲ 색온도의 차이로 인해 발생하는 부자연스러운 이미지

두 번째는 감독이나 영상 제작자의 의도에 의해 색감과 톤을 조절해서 설정된 무드와 스타일을 구현하는 컬러 그레이딩이다.

이전 챕터에서 잘못된 영상을 고치는 컬러 코렉션을 알아보았으니, 이번 챕터에서는 제작자의 의도에 따라 수정하는 컬러 그레이딩에 대해서 자세히 알아보겠다.

컬러 코렉션과 컬러 그레이딩의 목적은 다르다. 하지만 작업 과정이나 단계의 차이는 크지 않아, 많은 초보자들이 두 작업을 혼동하기 쉽다. 또한 대부분 컬러리스트들과 일반 영상 제작자들이 컬러 코렉션과 컬러 그레이딩의 정확한 구분 없이 컬러를 수정하는 모든 작업을 컬러 그레이딩이라고 부르는데, 이것이 요즘 추세이다. 따라서 이 챕터부터는 컬러를 수정하는 모든 작업을 컬러 그레이딩으로 지칭하여 진행하도록 하겠다.

▲ DaVinci Resolve가 제공하는 컬러 그레이딩 샘플

아래 그림은 컬러 그레이딩의 작업 과정을 도식화한 것이다. 컬러 그레이딩은 크게 세 가지 단계로 나뉘어 진행한다.

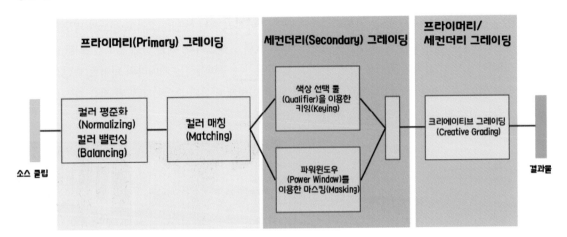

- 프라이머리 그레이딩(Primary Grading): 전체적인 이미지를 고치는 과정이다. 클립의 색감을 평준화(Normalization)하고, 화이트 밸런스를 맞추고(Balancing), 색감이 다른 클립을 매치(Matching)해서 비슷한 룩으로 만들고 전체적으로 색감을 통일하는 과정이다.
- 세컨더리 그레이딩(Secondary Grading): 키잉(Keying)과 마스킹(Masking)을 이용해서 타깃 지역 또는 그 반대 지역을 선택한 후, 전체 이미지에서 원하는 부분만 수정하는 단계이다.
- 크리에이티브 그레이딩: 컬러 코렉션 단계인 프라이머리 그레이딩과 부분적 수정을 요하는 세컨더리 그레이딩을 끝낸 후, 무드와 스타일을 만들기 위해 크리에이티브 그레이딩을 적용할 수 있다. 크리에이티브 그레이딩은 프라이머리와 세컨더리 그레이딩에 사용된 테크닉을 사용할 수도 있고, 컬러 프리셋인 LUT(Look Up Table)를 전체에 적용할 수도 있다. 크리에이티브 그레이딩의 주 목적은 따뜻하거나 차가운 색감 등을 이용해서 시청자가 영상을 볼 때 받아들이는 심리적 환경과 정서적 인식을 바꾸는 것이다. 예를 들어 공포 영화는 어둡고 강한 색채의 톤으로 다시 컬러 그레이딩을 하고, 로맨틱 코미디 영화는 화사하고 밝은 톤으로 컬러 그레이딩을 한다.

갤러리 Gallery 사용하기

갤러리는 컬러 매칭을 할 때 꼭 필요한 기능으로, 기준점이 되는 이미지를 모아두는 라이브러리 개념이다. 갤러리의 기능을 요약해 정리해보면 다음과 같다.

〈갤러리(Gallery)의 기능〉

- 레퍼런스로 사용할 이미지를 스틸(Still)로 저장
- 컬러 매칭 시, 갤러리에 저장된 레퍼런스 이미지를 컬러를 수정할 클립과 비교하며 작업 가능
- 컬러 그레이딩을 할 때 필요한 이미지 라이브러리를 만듦
- 전체 그레이딩 노드 중에서 필요한 노드 구간을 분리해 다른 클립에 적용 가능

이외에도 갤러리는 파워그레이드(Power-Grade)나 컬러 그레이딩 프리셋 활용 등에 이용할 수 있다. 파워그레이드를 활용하면 갤러리에 저장된 스틸을 같은 데이터베이스에 속한 다른 프로젝트에 공유할 수 있다. 또한 컬러 그레이딩 프리셋을 활용하면 미리 저장된 컬러 그레이딩 샘플을 가져와서 원하는 이미지에 바로 적용할 수 있다.

▲ DaVinci Resolve의 갤러리에 저장된 스틸들

스틸(Still)이란?

스틸은 DPX(Digital Picture eXchange) 포맷을 사용하는 이미지이다. DPX란 비압축 방식의 이미지 저장 파일 포맷으로, 비주얼 이펙트에서 가장 폭넓게 사용되는 파일 포맷이다. 갤러리에 저장된 스틸에는 오리지널 클립의 컬러 채널과 정보가 모두 저장되어 있다.

＊ 컬러 그레이딩 프리셋이란 여러 가지 단계의 컬러 그레이딩을 통해 독특한 룩으로 만들어진 조합으로, 필터처럼 사용된다. DaVinci Resolve는 DaVinci Resolve Looks라는 컬러 그레이딩 프리셋을 제공한다. 자세한 내용은 Unit 04에서 다룰 것이다.

클립 이미지를 컬러 바를 이용해 컬러 그레이딩을 한 후 스틸로 만들어보자.

01 Timelines 빈 안에 있는 Ch13_ColorAdvanced 타임라인을 더블 클릭해서 열자.

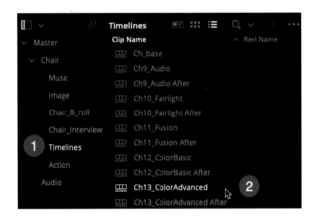

02 Color 페이지를 열고 썸네일 타임라인에서 8번 클립을 선택하자.

03 컬러 바를 이용해 색을 독립적으로 수정할 것이다. 프라이머리 툴을 열고 오른쪽 상단 옵션에서 Wheels 대신 Bars 를 선택하자.

RGB를 독립적으로 수정할 때는 컬러 바를 사용

DaVinci Resolve의 컬러 휠에서는 YRGB를 기준으로
색이 변경된다. 그렇기 때문에 한 채널의 색을 고치
더라도 밝기를 유지하기 위해 다른 두 가지 색도 동
시에 바뀐다. 하지만 컬러 바에서는 다른 색을 변
화시키지 않고 한 가지 색을 독립적으로 수정할 수
있다.

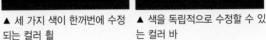
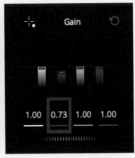

▲ 세 가지 색이 한꺼번에 수정　▲ 색을 독립적으로 수정할 수 있
되는 컬러 휠　　　　　　　　　는 컬러 바

04 노드 에디터에서 새로운 노드를 추가하자. (단축키: [Alt] + [S])

05 이미지의 RGB 값을 객관적으로 파악하기 위
해 비디오 스코프를 퍼레이드로 선택하자.
빨간색 영역이 다른 색보다 더 많은 것을 확인할 수
있다.

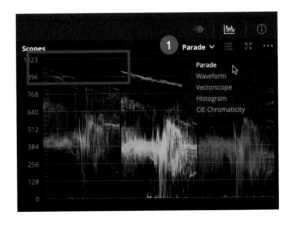

06 이미지의 붉은 느낌을 줄이기 위해 Gain 컬러 바의 빨간색 값을 약간 내려주자. 스코프에서 빨간색 영역의 상단이 줄어들 것이다.

07 이제 이 프레임을 스틸(Still)로 만들어보자. 뷰어의 이미지를 마우스 오른쪽 클릭하고 Grab Still을 클릭하면 갤러리에 새로운 스틸이 등록된다.

08 다른 버전의 컬러 그레이딩 스틸을 만들기 위해 노드 에디터에서 새로운 노드를 추가하자. 이번에는 약간 파란색이 도는 이미지를 만들어 볼 것이다.

09 프라이머리 툴 Lift 컬러 바에서 밝기를 낮춰서 명암 대비를 높여주고, Lift와 Gamma 컬러 바에서 파란색을 약간 높여서 어두운 부분은 파란색을 띠도록 만들자(값은 다음 그림 참조).

10 앞에서와 같은 방법으로 새로 컬러 그레이딩한 이미지를 스틸로 만들어보자.

11 갤러리를 확인해보면 각각 다른 스틸이 두 개 등록된 것을 볼 수 있다.

12 스틸을 쉽게 구분하기 위해 이름을 붙여보자. 스틸을 마우스 오른쪽 클릭하고 Change Label을 선택하면 스틸의 이름을 입력할 수 있다. 첫 번째 스틸은 Orange, 두 번째는 Dark Blue로 만들어보자.

스틸을 갤러리에 등록해놓으면 이미지 와이프(Image Wipe)와 스플릿 스크린(Split Screen) 기능을 이용해 클립의 이미지와 스틸의 이미지를 동시에 보면서 컬러 매치를 할 수 있다. 이전 유닛에서 등록한 스틸을 레퍼런스로 사용해서 컬러 매치를 해보자.

- **이미지 와이프(Image Wipe)**: 레퍼런스 이미지와 고칠 이미지를 뷰어에 절반씩 보여준다. 중간의 경계 선을 마우스로 드래그해 이미지가 보이는 면적을 조절할 수 있다. 그리고 뷰어 상단의 아이콘을 눌러 상하, 좌우, 대각선 등등 여러 가지 방향으로 경계선을 설정할 수 있다.

또한 Mix, Alpha, Difference, Box, Venetian Blind, Checker Board 등의 옵션을 활용하여 두 이미지를 다양하게 배치해 볼 수 있다.

- **스플릿 스크린(Split Screen)**: 전체 화면을 수정 전후 이미지로 양분하여 온전히 보여준다. 아래의 예에서 왼쪽은 컬러 자동 매치 이후 바뀔 이미지이고 오른쪽은 오리지널 클립의 이미지이다. 이미지 와이프 기능과는 달리 전체 이미지를 보고 비교할 수 있다.

이미지 와이프 기능을 이용해 레퍼런스 이미지와 수정할 이미지의 구도를 설정하고, 컬러 휠을 이용해 컬러 그레이딩을 해보자.

01 썸네일 타임라인에서 7번 클립을 선택하자.

02 이전 유닛에서 만든 Orange 스틸을 더블 클릭하자. 갤러리에 있는 스틸을 더블 클릭하면 자동으로 스플릿 스크린이 활성화되어, 뷰어에 스틸 이미지와 컬러 그레이딩을 할 클립의 이미지가 동시에 절반씩 보일 것이다.

03 이미지 와이프의 옵션을 위아래보기(Vertical)
로 바꾸어주자.

04 컬러 매치 작업을 하기 위해 노드 에디터에서 새로운 노드를 추가하자.

05 프라이머리 툴에서 컬러 휠을
이용해 하단 이미지를 상단 이
미지와 최대한 비슷하게 만들어보자.
다음 그림과 같이 값을 입력한다.

06 Bypass 버튼을 눌러 컬러 그레이딩 전후를 비교해보자. (단축키: [Shift] + [D])

Unit. 03 ▶ 갤러리에 저장된 스틸을 이용해 자동으로 컬러 매치하기

이번에는 Dark Blue 스틸을 이용해 작업할 이미지와 컬러 매치해보자.

01 썸네일 타임라인의 12번 클립을 선택하자. 이 클립을 앞서 만든 스틸과 컬러가 자동으로 매치되도록 해볼 것이다.

02 스틸과 클립의 이미지를 혼동 하지 않도록, 갤러리에서 Live Preview 옵션을 체크 해제하자.

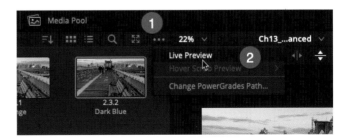

03 작업할 이미지와 비교할 레퍼런스 이미지로 Dark Blue 스틸을 선택하자. 그러면 뷰어 상단에는 레퍼런스 이미지가, 하단에는 컬러 그레이딩을 할 이미지가 보일 것이다.

04 Dark Blue 스틸의 노드 구성을 살펴보자. Dark Blue 스틸을 마우스 오른쪽 클릭한 후 그래프 표시하기(Display Node Graph)를 누른다.

05 스틸은 컬러 그레이딩의 모든 정보를 노드와 함께 가지고 있다. 노드 정보를 확인했다면 Close 버튼을 눌러 창을 닫자.

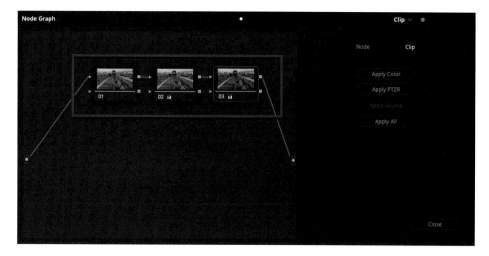

06 Dark Blue 스틸을 마우스 오른쪽 클릭하고 Apply Grade를 선택하자. 선택된 클립의 컬러가 자동으로 매치되는 것을 확인할 수 있다. 노드 에디터를 확인해보면 Dark Blue 스틸의 노드와 동일한 노드가 생성되었을 것이다.

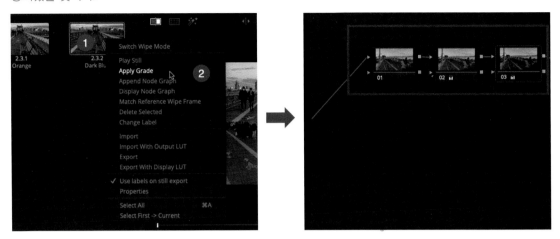

07 스플릿 스크린 기능을 사용해 레퍼런스 이미지와 컬러 그레이딩을 적용한 클립의 이미지를 비교해보자. Selected Still Images 옵션을 선택하면 스틸 이미지와 클립의 이미지를 비교할 수 있다.

Tip Cinema Viewer를 이용하면 뷰어를 전체 화면 크기로 바꿀 수 있음

메뉴 > Workspace > Viewer Mode > Cinema Viewer를 선택하면 뷰어의 전체 화면으로 바뀌어서 더 편하게 이미지를 비교할 수 있다. Cinema Viewer를 종료하고 싶다면 Esc를 누르면 된다.

DaVinci Resolve에는 다양한 상황에서 사용할 수 있는 DaVinci Resolve Looks라는 컬러 그레이딩 프리셋을 제공한다. 여섯 가지 카테고리로 구성된 이 프리셋 라이브러리를 사용하면 쉽고 빠르게 이미지를 컬러 그레이딩을 할 수 있다.

▲ DaVinci Resolve에서 제공하는 다양한 스틸

DaVinci Resolve Looks는 갤러리 뷰(Gallery View)에서 가져올 수 있으며, 갤러리 뷰는 자신이 저장한 스틸을 다른 프로젝트에서 사용할 수 있는 기능(파워그레이드)과 스틸을 단축키로 설정할 수 있는 기능을 제공한다.

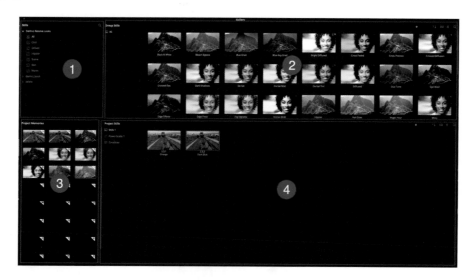

❶ Stills: DaVinci Resolve에서 제공하는 스틸을 카테고리별로 보여준다.

❷ Group Stills: Stills 리스트에서 선택된 카테고리의 스틸을 보여준다.

❸ **Project Memories**: 자주 사용할 스틸을 A부터 Z까지 지정해 단축키로 활용할 수 있도록 해준다.

❹ **Project Stills**: 현재 프로젝트에서 사용되는 스틸과 파워그레이드(PowerGrade)에 있는 스틸을 보여준다.

갤러리 뷰에서 컬러 그레이딩 프리셋을 가져온 후, 클립 이미지에 컬러 그레이딩을 해보자.

01 뷰어에서 스플릿 스크린(Split Screen)을 비활성화하여 선택된 클립의 이미지만 보이게 하고, 썸네일 타임라인에서 2번 클립을 선택하자.

02 갤러리의 상단에 있는 갤러리 뷰(Gallery View) 버튼을 누르자.

03 갤러리 뷰가 팝업되면 Project Stills 패널의 왼쪽 리스트를 마우스 오른쪽 클릭하고 Add Still Album 을 눌러 스틸 앨범(Still Album)을 추가하자. 스틸 앨범은 스틸을 모아놓을 수 있는 폴더라고 이해하면 된다.

04 Stills 2 스틸 앨범의 이름을 더블 클릭하면 스틸 앨범의 이름을 바꿀 수 있게 된다. Film Look이라고 입력하고 Enter↵를 누르자.

05 Group Stills에 있는 여러 가지 프리셋 중 Bleach Bypass, Hi-Con BnW, Diffused, Magic Hour 스틸을 각각 선택한 후 아래로 드래그해서 Film Look 스틸 앨범으로 가져오자.

06 스틸 프리셋을 가져왔다면 갤러리 뷰 왼쪽 상단의 X 버튼을 눌러 창을 닫자.

07 갤러리 왼쪽 상단의 Still Albums 버튼을 누르면 Film Look 스틸 앨범이 선택되고, 이 앨범에 조금 전 가져온 네 가지 스틸이 들어 있을 것이다.

08 스틸이 어떤 노드로 구성되어 있는지 확인해보자. Diffused 스틸을 마우스 오른쪽 클릭하고 Display Node Graph를 누르자.

09 Node Graph가 팝업되어 Diffused 스틸의 노드 구성을 볼 수 있다. Apply All 버튼을 누르면 선택된 클립에 해당 스틸의 컬러 정보가 적용된다. 작업이 끝났다면 Close 버튼을 눌러 Node Graph 창을 닫자.

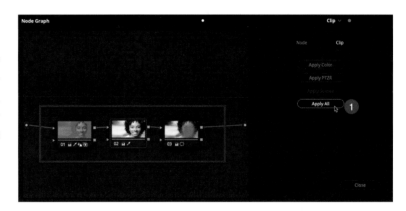

10 노드 에디터를 확인하면 클립 이미지에 스틸과 동일한 노드가 생성될 것이다.

Tip 원하는 스틸의 노드만 클립에 적용하는 방법

스틸의 노드 그래프에서 일부 노드만 클립에 적용하고 싶다면, 원하는 스틸의 노드를 노드 에디터에 있는 클립의 노드로 드래그하면 된다.

11 이번에는 썸네일 타임라인에서 3번 클립을 선택한 후, 갤러리에 있는 Magic Hour 스틸을 마우스 휠로 클릭하자. 스틸의 컬러가 바로 클립에 적용되는 것을 볼 수 있다.

Tip **마우스 오른쪽 클릭 후 Apply Grade를 눌러도 클립에 스틸의 컬러가 바로 적용됨**

마우스 휠이 없거나 트랙패드를 사용하고 있을 경우 오른쪽 클릭을 한 후
Apply Grade를 누르면 동일한 효과를 얻을 수 있다.

파워그레이드(PowerGrade)

파워그레이드는 파워 빈(Power Bins) 기능처럼 자신이 원하는 스틸을 같은 데이터베이스 안에 있는 모든 프로젝트에서 같이 사용할 수 있게 한다. 원하는 스틸을 마우스로 드래그해서 파워그레이드에 드래그하면 해당 파워그레이드에 스틸이 등록된다. 여기서 주의할 점은 파워그레이드로 사용할 스틸을 드래그했을 경우 스틸이 복사되는 것이 아니라 이동하게 된다는 것이다. 또한 파워그레이드로 스틸을 이동하는 것은 실행 취소(Ctrl + Z)가 되지 않으므로 스틸을 다시 원래의 스틸 앨범으로 돌려놓고 싶다면 마우스로 해당 스틸을 다시 다른 스틸 앨범으로 드래그해야 한다.

▲ 스틸을 선택한 후 드래그해 파워그레이드로 이동

▲ 이 그림에서는 한 데이터베이스 안에 다섯 가지 프로젝트가 있다는 것을 알 수 있다

커브 툴 Curves

전체 이미지에 컬러를 적용하는 프라이머리 툴과는 다르게 커브 툴은 색상이나 밝기를 이용해 타깃을 지정한 후 그 부분만 컬러 코렉션을 하는 툴이다. 또한 커브 툴의 곡선을 S자 모양으로 변형해 직관적으로 명암대비를 조절할 수 있고 히스토그램(Histogram)을 이용해서 원하는 지역을 편리하게 선택할 수 있다.

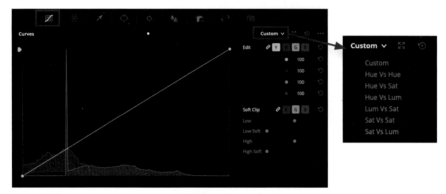

▲ 다양한 커브 툴의 종류

▲ 커브 툴의 Vs 기능 이용 (Hue Vs Sat / Lum Vs Sat)

Unit. 01 ▶ 커브 툴(Curves)을 이용해서 이미지의 특정색만 바꾸기

커브 툴을 이용해 클립 이미지의 특정한 색만 바꿔보자.

01 썸네일 타임라인에서 4번 클립을 선택하자.

02 비디오 스코프를 퍼레이드로 선택하고 살펴보면 빨간색이 다른 색에 비해 많음을 알 수 있다.

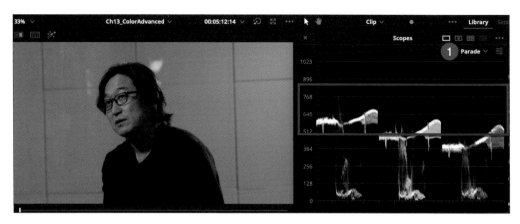

03 이번에는 비디오 스코프를 웨이브폼을 바꿔보자. 웨이브폼으로 클립을 분석해보면 하이라이트가 비어 있어 이미지의 하이라이트 영역이 부족하다는 것을 알 수 있다.

04 마지막으로 비디오 스코프를 벡터스코프로 선택해서 이미지를 분석해보자. 벡터스코프의 설정 버튼 (…)을 클릭하고 Show Skin Tone Indicator를 체크한다. 벡터스코프를 참조해서 살펴보면, 트레이스가 피부색 표시선과 일직선상에 위치하기 때문에 컬러에는 큰 문제가 없음을 알 수 있다.

05 비디오 스코프를 다시 웨이브폼으로 바꾼 후에 커브 그래프의 오른쪽에서 4분의 1지점을 마우스로 클릭하고 위로 드래그해주자. 웨이브폼을 확인하면 하이라이트가 높아져 이미지가 선명해진 것을 알 수 있다.

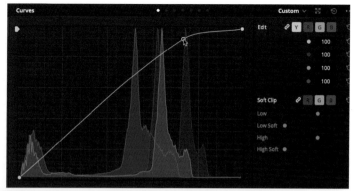

06 섀도우는 큰 문제가 없기 때문에 섀도우와 미드톤 사이 레벨을 살짝 낮춰서 명암 대비를 올려보겠다.

미드톤을 약간 낮추기 위해 커브 그래프의 왼쪽에서 3분의 1지점을 마우스로 클릭하고 약간 아래로 드래그하자. 너무 이미지를 많이 고치면 이미지가 인위적인 느낌이 나고 어색해질 수 있으니 뷰어를 보면서 커브를 조금만 조절해주자.

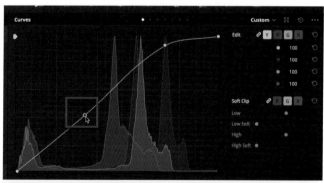

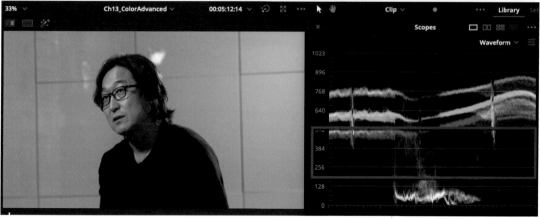

07 이미지의 RGB 중 R(빨간색)이 너무 많으므로 살짝 줄여보도록 하자. 커브 툴의 오른쪽에 Edit 섹션에서 R을 누른다. R이 선택된 상태에서 커브를 조절하면 이미지의 빨간색 영역만 바꿀 수 있다.

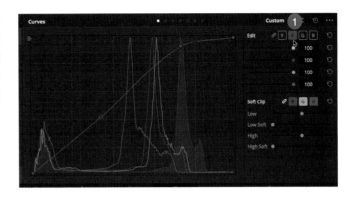

08 빨간색 커브 그래프를 전체적으로 약간 줄여서 빨간색을 낮춰보자. 프라이머리 툴은 전체 구역을 3분의 1로 나눠서 조절하지만, 커브 툴을 사용하면 자신이 원하는 부분을 클릭해서 드래그함으로써 구역을 나누어 섬세하게 컬러 그레이딩을 할 수 있다.

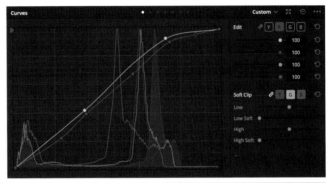

09 이미지를 잘 보면 하이라이트를 높였기 때문에 약간 번들거리는 부분이 보인다. 커브 툴의 Soft Clip 섹션에서 High와 High Soft를 높여 이미지를 부드럽게 만들자.

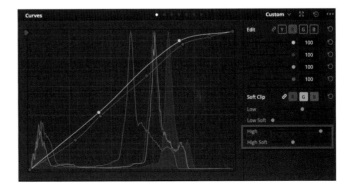

10 마지막으로 파란색 영역을 좀 더 조절해보자. Edit 섹션에서 B를 선택하고 커브 그래프를 미드톤 부분을 약간 높여서 파란색을 올리자. 그래프에 보이는 히스토그램에 파란색과 초록색이 살짝 겹치는 것을 볼 수 있을 것이다.

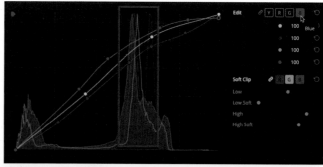

11 Bypass 버튼을 사용해서 컬러 그레이딩 전후를 비교해보자(단축키: Shift + D). 비교가 끝났으면 효과가 적용된 이미지를 볼 수 있도록 버튼을 활성화해놓자.

커브 툴은 커스텀 커브 이외에 여섯 가지 종류의 커브를 사용하여 색상(Hue)이나 채도(Saturation) 또는 밝기(Luminance) 등을 기준으로 특정 영역의 색의 3속성을 조절할 수 있다. 예를 들어 이미지의 파란색이 들어간 영역의 채도만 낮추고 싶을 때, 커브 툴을 사용하면 색상은 변화시키지 않고 해당 지역의 채도만 낮출 수 있다. 커브 툴에서 제공하는 여섯 가지 대비 기능은 왼쪽 뷰어에 지정된 특성을 기준으로 오른쪽 뷰어에 지정된 특성을 바꾸는 것이다.

- Hue Vs Hue: 색상을 기준으로 영역을 선택해 해당 색상이 포함된 부분을 다른 색상으로 바꾸는 기능이다. 예를 들어 하늘색을 선택해 해당 색을 가진 영역을 다른 색으로 바꾸는 것이다.

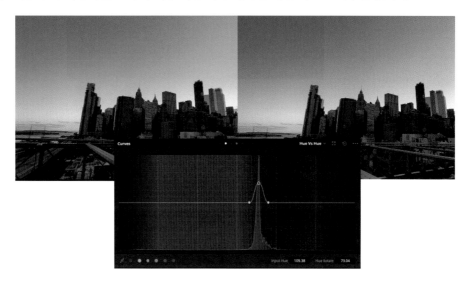

- Hue Vs Sat: 색상을 기준으로 영역을 선택해 해당 색상이 포함된 부분의 채도를 바꾸는 기능이다. 특정 색상의 채도를 높여줌으로써 원하는 색상을 강조해준다.

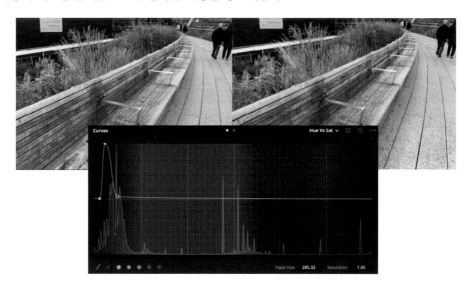

- **Hue Vs Lum**: 색상을 기준으로 영역을 선택해 해당 색상이 포함된 부분의 밝기를 바꾸는 기능이다. 특정 색을 어둡게 만들어서 색의 깊이를 더하고 특정 색상을 돋보이게 할 때 많이 사용된다.

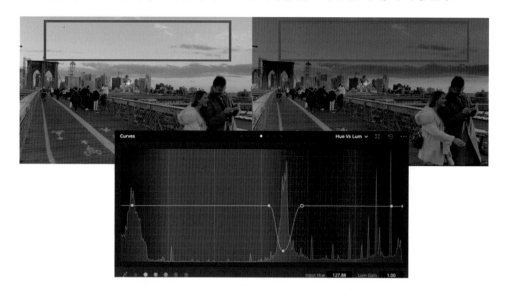

- **Lum Vs Sat**: 밝기를 기준으로 영역을 선택해 해당 밝기만큼 밝은 부분의 채도를 바꾸는 기능이다. 예를 들어 미드톤의 채도는 높이고 섀도우의 채도는 낮추어 이미지의 깊이를 더할 수 있다.

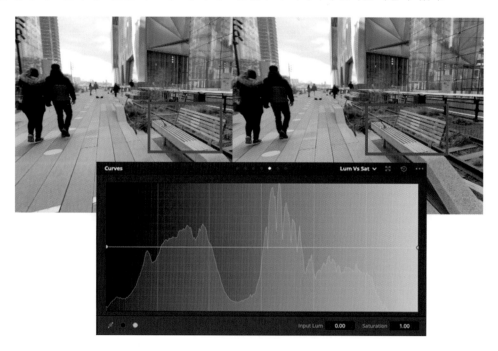

- Sat Vs Sat: 채도를 기준으로 영역을 선택해 해당 채도를 가진 부분의 채도를 바꾸는 기능이다. 선택된 부분의 채도를 이용해서 그 부분의 채도를 조절할 때 사용한다.

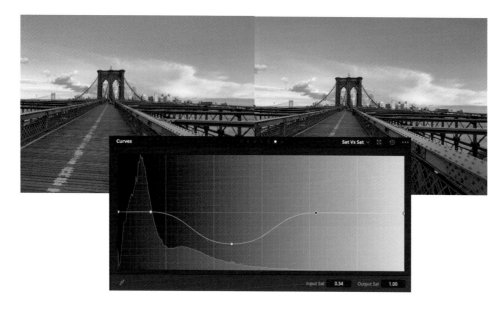

- Sat Vs Lum: 채도를 기준으로 영역을 선택해 해당 채도를 가진 부분의 밝기를 바꾸는 기능이다.

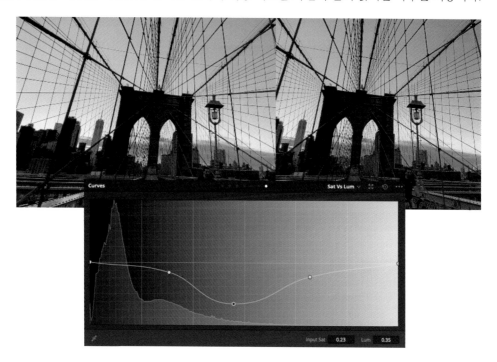

Hue Vs Sat 커브와 Sat Vs Lum 커브를 사용해 클립 이미지의 특정 부분의 채도를 높이고 밝게 만들어 보자.

01 썸네일 타임라인에서 6번 클립을 선택하자.

02 노드 에디터에서 새로운 노드(노드 02)를 추가하자.

03 우선 이미지의 하늘색을 진하게 만들어볼 것이다. 커브 툴에서 Hue Vs Sat를 선택하자.

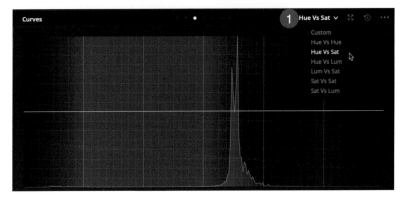

04 마우스 포인터를 뷰어로 가져가면 마우스 포인터가 색상 선택 툴로 바뀔 것이다. 하늘 부분을 마우스로 선택하자. 커브 툴을 확인해보면 하늘색에 해당하는 부분에 앵커가 생겼을 것이다.

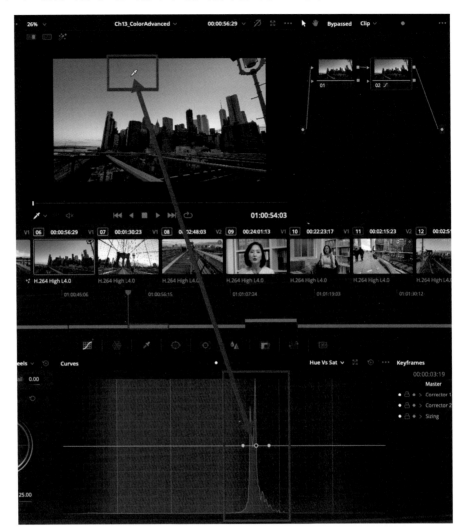

05 생성된 앵커를 마우스로 드래그해서 위로 올리자. 뷰어를 확인하면 선택된 지점의 채도가 높아져서 하늘의 색이 진해진 것을 볼 수 있다.

06 이번에는 Sat Vs Lum 커브를 사용하여 채도를 기준으로 하늘 지역을 선택해서 그 부분만 밝기를 조절해볼 것이다. 먼저 노드 에디터에서 새로운 노드(노드 03)를 추가하자.

07 커브 툴에서 Sat Vs Lum을 선택하자.

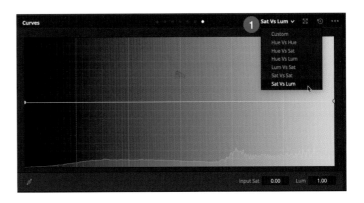

08 뷰어에서 진한 하늘 부분을 선택하자. 커브 툴을 확인해보면 선택된 채도에 해당되는 부분에 앵커가 만들어졌을 것이다.

09 밝기를 높이기 위해 커브 툴에 생성된 앵커를 클릭한 채 위쪽으로 드래그하자. 그 다음 뷰어를 확인하면 채도는 유지된 채 하늘이 밝아진 것을 볼 수 있다.

10 노드 에디터에서 노드 03의 왼쪽 하단에서 숫자(03)를 클릭하면 해당 노드가 비활성화된다(단축키 Ctrl + D). 이 기능을 활용해 Sat Vs Lum 기능을 사용한 컬러 그레이딩 전후를 비교해보자.

SECTION 03

색상 선택 툴 Qualifier

DaVinci Resolve

전체 이미지를 직접 고치는 프라이머리 그레이딩(Primary Grading)과는 달리, 색상 선택 툴(Qualifier)은 이미지의 한 부분을 선택해서 고치는 세컨더리 그레이딩(Secondary Grading)의 한 기능이다. 세컨더리 그레이딩*은 키잉(Keying)**과 마스크를 이용해서 선택된 부분을 고치는데, 색상 선택 툴은 그중 키잉을 이용해서 선택한 부분의 색을 골라내는 역할을 한다.

▲ 색상 선택 툴을 이용해 이미지의 초록색 부분만 선택한 모습

---

* 세컨더리 그레이딩은 키잉(Keying)을 이용하는 색상 선택 툴, 마스크를 이용하는 파워 윈도우(Power Window) 기능이 있다. 파워 윈도우는 다음 섹션에서 자세히 다룰 것이다.
** 키잉(Keying)은 색상이나 밝기 정보를 기준으로 이미지를 부분적으로 추출하는 작업이다. 키잉은 차후 크로마키를 다룰 때 다시 언급할 것이다.

색상 선택 툴을 이용해서 이미지의 특정한 색을 제외한 나머지를 흑백으로 만들어 해당 색을 강조하는 방법을 알아보자.

01 썸네일 타임라인에서 11번 클립을 선택하자.

02 플레이헤드를 중간 정도에 위치시켜서 벤치 위 초록색 원이 프레임에 보일 수 있게 하자.

03 노드 에디터에서 새로운 노드를 추가하자.

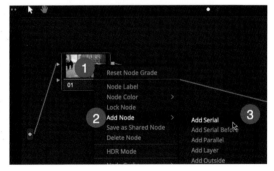

04 색상 선택 툴(Qualifier)을 선택하자. 아직 색상을 선택하지 않았기 때문에 색상 선택 툴 안에는 아무 것도 표시되지 않는다.

05 뷰어에서 초록색 원을 선택하자. 색상 선택 툴을 이용해서 색을 선택할 때는 자신이 원하는 색을 클릭한 후 선을 그리듯이 해당 색상 안에서 드래그하자. 이렇게 하면 더 많은 지역이 평준화되어서 더 많은 색이 선택된다.

06 뷰어 왼쪽 상단에서 하이라이트 기능을 활성화하고 원하는 부분이 잘 선택되었는지 확인해보자. 우리가 선택했던 벤치 위의 마크 외에도 다른 지역이 지저분하게 선택되었을 것이다.

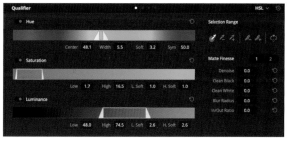

07 색상 선택 툴로 가서 Hue와 Saturation 영역을 아래 그림과 같이 조절해주자. 이렇게 하면 프레임에서 정확하게 우리가 원하는 부분만 선택된다. 아직은 색상 선택 툴을 사용해 색을 선택한 것일뿐, 컬러 그레이딩 작업을 하지 않았기 때문에 아무런 변화가 없다.

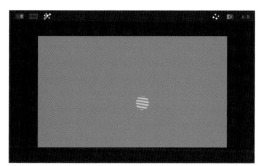
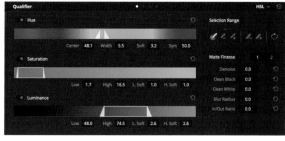

08 전체적인 이미지를 보며 컬러 그레이딩 작업을 할 수 있도록 하이라이트 기능을 끄자.

09 Invert 기능을 사용해 선택된 부분을 제외한 나머지 부분을 흑백으로 만들어보자. 색상 선택 툴의 Selection Range 섹션에서 Invert를 클릭하여 벤치의 초록 원 바깥 부분이 선택되게 하자.

10 Invert 기능을 사용하면 노드의 썸네일이 바뀌게 된다. 선택된 구간을 자세히, 더 크게 보고 싶다면 하이라이트를 활성화한 후 뷰어로 확인해보자.

11 이번엔 이미지를 흑백으로 만들어볼 것이다. 프라이머리 툴에서 Saturation의 값을 0으로 만들자.

프라이머리 툴 하단 속성의 이름을 더블 클릭하면 값이 초기화됨

프라이머리 툴의 컬러 휠 아래의 값들을 초기화하려면 해당 속성의 이름을 더블 클릭해야 한다.

12 Invert 기능을 사용했기 때문에, 색상 선택 툴을 사용해 선택한 부분은 색이 그대로 남고 나머지는 모두 흑백으로 변하였다.

13 노드 에디터에서 노드 02를 마우스 오른쪽 클릭하고 Add Node > Add Outside를 선택하자(단축키: [Alt] + [O]). 아웃사이드 노드(Outside node)는 Invert 기능처럼 선택된 구역의 정반대 부분을 새로운 노드에 추가해주는 기능이다.

14 노드 에디터에서 노드 03의 썸네일을 확인해보면 노드 02에서 선택한 부분의 나머지 구역인 벤치의 원 부분이 보인다.

15 프라이머리 툴에서 Gain 컬러 휠의 컬러 버튼을 빨간색으로 드래그하고 Saturation을 최대로 올려보자. 뷰어를 확인해보면 벤치 위의 원 부분만 빨간색으로 변했을 것이다.

이번 유닛에서는 벡터스코프의 피부색 표시선(Skin Tone Indicator)을 참조해서 인물의 얼굴색을 수정하는 방법을 배워볼 것이다.

01 썸네일 타임라인에서 9번 클립을 선택하자.

02 노드 에디터에서 새로운 노드(노드 02)를 추가하자.

03 색상 선택 툴(Qualifier)을 선택하자.

04 뷰어에서 얼굴의 한 지점을 클릭해 얼굴 색을 키(Key)로 지정한다. 노드 02의 썸네일에 선택된 살구색 영역이 보인다.

05 하이라이트 기능을 활성화한 후 선택된 영역을 뷰어로 확인하자.

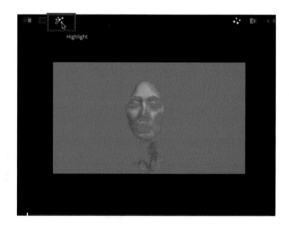

06 빠진 부분 없이 얼굴색을 전부 키로 지정하기 위해서 얼굴을 마우스로 여러 번 드래그하자. 얼굴을 드래그하면 색상 선택 툴에서 색조, 채도, 명도의 범위가 약간 바뀐다.

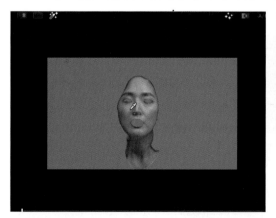

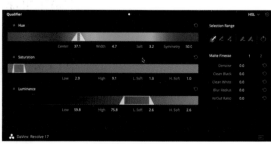

07 색상 선택 툴에서 색조, 채도, 명도의 범위를 구체적으로 입력해 키 영역을 설정하자. 다음 그림과 같이 값을 입력하고 경계를 부드럽게 만들어주기 위해 Blur Radius의 값도 입력해주자.

08 비디오 스코프를 벡터스코프로 선택하고 팝업 창으로 만들어서 뷰어 왼쪽에 위치시키자.

비디오 스코프는 Expand 버튼을 눌러 팝업 창으로 분리할 수 있다.

09 비디오 스코프 오른쪽 상단의 설정 버튼을 누르고 Show Skin Tone Indicator를 체크하자. 벡터스코프에 11시 방향으로 흰색 선이 생길 것이다.

Tip 피부색 표시선(Skin Tone Indicator)

벡터스코프에 있는 피부색 표시선은 평균적인 사람의 피부색을 표시하는 선이다. 예를 들어 아래의 첫 번째 그림은 이미지의 피부색이 평균치보다 노랗다는 뜻이고, 색이 과장되어 있는 두 번째 그림은 피부색이 평균에 비해 훨씬 빨갛다는 것을 의미한다. 인터뷰 클립을 조절할 때 피부색을 피부색 표시선으로 확인하면 인물의 피부색이 평균적인 색에 가까운지 확인할 수 있다. 인종과 관계없이 평균적인 피부색은 피부색 표시선을 지나가게 된다.

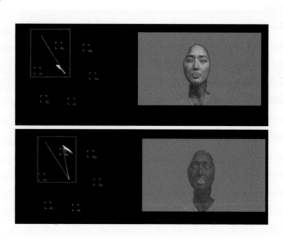

10 이제 얼굴색을 조절해보자. 프라이머리 툴을 선택하고 컬러 휠을 사용해 색을 조절해보자. 피부색은 컬러 값을 약간만 수정해야 색을 어색하지 않고 자연스럽게 바꿀 수 있다. 다음 그림과 같이 컬러와 채도 값을 입력해주자.

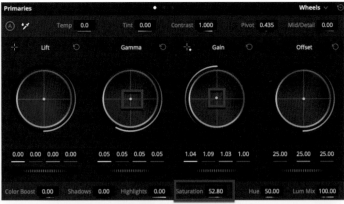

11 컬러 수정이 끝났다면 Bypass 버튼을 눌러서 수정된 효과를 확인하자(단축키: Shift + D). 프레임의 전체적인 톤은 유지되면서 인물의 얼굴색이 더 밝아졌다.

파워 윈도우 Power Window 로 부분 컬러 코렉션하기

DaVinci Resolve

전체 화면에서 원하는 지역을 선택하는 툴을 마스크 툴이라고 한다. DaVinci Resolve에서는 다섯 가지 마스크 툴을 제공하는데, 이 툴들을 합쳐서 파워 윈도우(Power Window)라고 부른다. 파워 윈도우의 주 목적은 필요한 부분만을 선택적으로 구분해서 그 선택된 지역에 프라이머리 컬러 코렉션 툴을 적용하는 것이다. 사용 방법은 간단하지만 컬러 그레이딩을 할 때 가장 효과가 큰 툴이기 때문에 컬러 그레이딩에서 필수적으로 사용된다.

▲ 파워 윈도우를 사용해 컬러 그레이딩을 적용한 예

▲ 파워 윈도우에서 제공하는 다섯 가지 마스크 툴

Unit. 01 ▶ 리니어(Linear)를 이용해서 특정 부분만 색깔 바꾸기

전체 이미지에서 하늘 영역만 마스크로 설정해서 선택한 후 그 지역에만 노을이 지는 색감을 적용해보겠다.

01 썸네일 타임라인에서 5번 클립을 선택하자.

02 노드 에디터에서 새로운 노드를 추가하자.

03 팔레트 구역에서 파워 윈도우 툴을 선택하자.

04 파워 윈도우에서 네모 모양 아이콘을 한 리니어(Linear)를 클릭해서 활성화하자. 그러면 해당 아이콘이 빨간색으로 하이라이트되고 뷰어에 네모난 마스크(리니어 마스크)가 나타난다.

 마스크의 크기와 위치를 조절하는 방법

- **리니어 마스크(Linear Mask) 영역**: 리니어 마스크의 선상에 있는 앵커를 드래그해서 마스크의 크기를 조절한다.
- **소프트니스(Softness) 영역**: 마스크로 지정된 영역에 적용될 효과가 끝나는 지점을 얼마나 부드럽게 할지 결정한다.
- **위치 변경 핸들**: 마스크의 중심점을 원하는 위치로 드래그해 마스크를 이동시킨다.
- **로테이션(Rotation) 핸들**: 좌우로 움직여서 리니어 마스크를 회전시킨다.

05 리니어 마스크를 위로 옮긴 후 마스크 영역을 양쪽으로 넓혀서 하늘 영역을 덮어보자.

06 소프트니스 영역(빨간색 앵커)을 조절해서 소프트니스 영역을 넓히자. 마스크를 사용해서 컬러를 적용할 때 중요한 점 중 하나는 소프트니스를 적절히 사용하여 부드러운 컬러 효과(Gradient)를 적용하는 것이다. 아래 그림을 참고하여 소프트니스 영역을 충분히 만들자.

07 하이라이트 기능을 활성화하여 하늘이 잘 선택되었는지 확인해보자. 마스크 영역의 끝부분이 부드럽게 잘 처리되었는지도 확인하자. 마스크 툴을 사용해서 특정 영역을 선택하기만 한 것뿐이라 아직 아무런 변화가 없다. 확인이 끝났다면 하이라이트 기능을 다시 끄자.

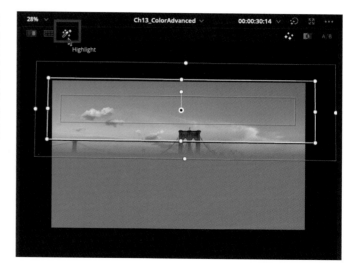

08 프라이머리 툴에서 컬러 휠을 조절하여 해질녘의 하늘빛을 만들어보자.

Shift를 누른 상태에서 컬러 휠 내부의 원하는 지점을 클릭하면 해당 지점으로 바로 이동해서 지정된 색으로 바꿀 수 있다.

09 이제 이미지의 전체 모습을 확인해보자. 뷰어 왼쪽 하단의 파워 윈도우 옵션을 누르고 Off를 선택하면 뷰어에 마스크 영역이 나타나지 않게 된다(단축키: Shift + ').

Unit. 02 ▶ 그레이디언트(Gradient)를 사용해서 컬러 효과 만들기

이번에 그레이디언트 마스크를 이용해 간편하게 이미지의 풀밭 부분만 색이 진해보이는 효과를 내보자.

01 썸네일 타임라인에서 3번 클립을 선택하자.

02 노드 에디터에서 새로운 노드(노드 03)를 추가하자.

03 파워 윈도우 툴에서 그레이디언트(Gradient)를 선택하자. 그레이디언트 아이콘이 빨간색 선으로 하이라이트되고 뷰어에 T자 모양의 그레이디언트 마스크가 나타날 것이다.

04 다음 그림과 같이 그레이디언트 마스크의 위치와 소프트니스의 영역을 조절하자.

05 하이라이트 기능을 활성화해서 그레이디언트 마스크의 위치와 방향을 확인해보자. 확인이 끝났다면 하이라이트를 다시 끄자.

06 프라이머리 툴에서 Saturation을 약간 올리고 Gain 컬러 휠의 컬러 버튼을 왼쪽 위로 약간 드래그하자.

07 이미지의 풀밭 부분만 붉게 바뀌었다.

08 뷰어에서 파워 윈도우 옵션을 Off로 선택해 전체 이미지를 확인하자.

키잉 Keying 과 마스킹 Masking 을 응용한 컬러 그레이딩

우리는 두 섹션을 거쳐, 색상 선택 툴(Qualifier)과 파워 윈도우를 이용해 각각 키잉(Keying) 및 마스킹 (Masking)을 하는 방법을 배웠다. 이번 섹션에서는 두 기능을 응용한 컬러 그레이딩을 배워보자.

> Unit. 01 ▶ 색상 선택 툴과 파워 윈도우로 원하는 영역의 색 바꾸기

색상 선택 툴과 파워 윈도우를 함께 적용해 원하는 영역의 색만 수정해보자.

01 썸네일 타임라인에서 10번 클립을 선택하자. 이 클립은 인물 뒤에 있는 창문이 너무 파란빛을 띠어서 실내 조명과 이질감이 느껴진다. 컬러 키잉을 활용해 창문의 색만 바꿔보자.

02 노드 에디터에서 새로운 노드(노드 02)를
추가하자.

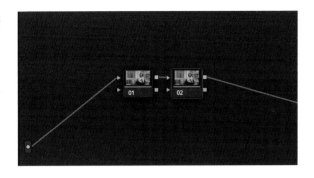

03 팔레트 구역에서 색상 선택 툴(Qualifier)
을 선택하자.

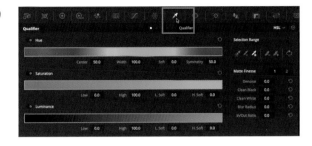

04 색상 선택 툴(Qualifier)을 활성화한 채 뷰어에서 창문의 파란색 부분을 클릭한다. 그리고 노드 에디터
에서 노드 02의 썸네일을 확인해보면 창문의 파란색 부분만 선택되어 나타난다.

05 하이라이트 기능을 활성화하고 파란색 영역을 뷰어로 확인해보자. 파란색 영역이 듬성듬성 선택되
었을 것이다.

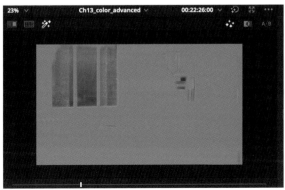

06 파란색 범위를 넓혀서 파란색이 전부 선택되도록 하자. 그림과 같이 색상 선택 툴의 색조(Hue), 채도(Saturation), 명도(Luminance) 범위를 조절한다.

07 이어서 선택한 영역의 경계를 부드럽게 해주기 위해 Blur Radius를 70으로 설정하자.

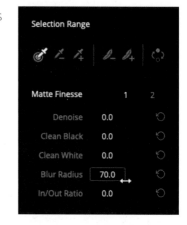

08 하이라이트 기능을 비활성화해서 클립의 이미지가 전부 보이게 하자. 이제 실내 톤에 맞춰서 창문의 색을 조절해볼 것이다.

09 창문에 약간 붉은 빛이 돌도록 만들어보자. 프라이머리 툴의 Lift, Gamma, Gain 컬러 휠과 Saturation의 값을 다음 그림과 같이 입력한다.

10 창문의 색상과 톤이 바뀌면서 실내 분위기와 자연스럽게 어우러졌다.

11 다시 하이라이트 기능을 활성화 하자. 색상 선택 툴(Qualifier)을 이용해 선택된 파란색 영역을 잘 보면 창문 뿐만 아니라 우리가 원하지 않는 지역의 파란색까지 선택된 것이 보인다. 이 문제는 파워 윈도우 기능을 활용하여 선택된 파란색 영역을 창문에 한정지어서 해결해 보겠다. 다음 과정을 따라해보자.

12 노드 에디터에서 새로운 노드(노드 03)을 추가하자.
(※ 3번 노드에는 아직 키가 없기 때문에 하이라이트 기능이 활성화되어도 클립의 원래 이미지를 보여준다.)

13 윈도우 툴을 선택하고 Linear를 클릭해 뷰어
에 리니어 마스크를 활성화한다.

14 리니어 마스크의 위치와 크기를 잘 조절해서 창문 모양에 맞추자. 이렇게 하면 창문 영역의 파란색 부
분만 선택된다.

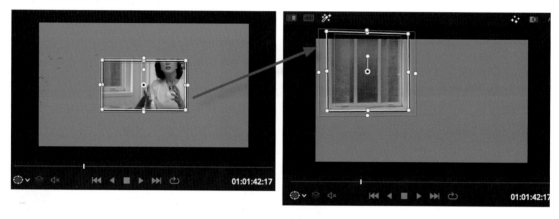

15 다시 하이라이트 기능을 비활성화하고 전체 이미지를 확인해보자.

16 뷰어 왼쪽 하단의 선택 영역 옵션을 Off로 선택
해 리니어 마스크가 보이지 않게 하자.

17 우리가 원하는 대로 창문만 선택되어 실내 톤과 자연스럽게 어우러진다.

Unit. 02 ▶ 트래킹과 파워 윈도우를 활용해 백그라운드 컬러 바꾸기

파워 윈도우에 있는 커브 툴을 사용해서 원하는 모양을 만든 후 특정 부분 또는 그 부분 이외의 지역에만 컬러 효과를 적용할 수도 있다. 하지만 선택한 부분이 움직이는 경우, 마스크 기능만으로는 효과를 적용하기 어렵다. 이 경우에는 모션 트래킹을 이용해 선택된 마스크를 화면의 움직임에 맞춰 따라가게 만듦으로써 해결할 수 있다. 다음을 따라하며 모션 트래킹과 파워 윈도우를 활용해 컬러 효과가 인물의 움직임에 맞춰 따라가게 하는 방법을 배워보자.

01 썸네일 타임라인에서 1번 클립을 선택하자. 이 클립은 인물과 배경의 톤이 비슷해서 화면이 밋밋하게 느껴진다. 인물을 제외한 배경에 컬러 효과를 적용해 인물이 더 돋보이도록 해보자.

02 노드 에디터에서 새로운 노드(노드 02)를 만들자.

03 윈도우 툴을 선택하고 커브 툴을 선택한다.

04 플레이헤드가 첫 프레임에 위치하는지 확인한 후, 클릭과 드래그로 인물의 몸에 맞춰 앵커를 생성해 마스크를 만들자. 앵커가 촘촘할수록 더 자연스러운 효과를 얻을 수 있다.

시작점과 끝점이 같아야 마스크가 올바르게 만들어진다는 것을 염두에 두고 편집을 진행하자.

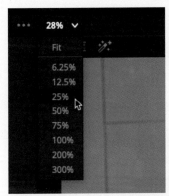 **Tip** **프레임 바깥에 앵커를 생성하려면 뷰어의 배율을 줄여야 함**

커브 툴을 사용해 마스크를 만들 때 주의할 점은 프레임 바깥에 앵커를 생성하려면 뷰어의 배율을 줄여야 한다는 것이다. 뷰어의 배율은 왼쪽 상단의 옵션 또는 메뉴 > View > Zoom에서 조절할 수 있다.

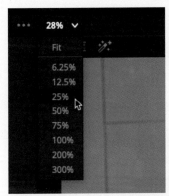

보기 사이즈를 조금 줄이면 전체 이미지가 보이고 주변에 여유 공간이 있어서 파워 윈도우 커버툴을 사용할때 편하다.

05 마스크의 경계를 부드럽게 하기 위해 Softness 섹션에서 Inside와 Outside 값을 다음과 같이 입력하자. Inside와 Outside 앵커가 빨간색으로 생성되는 것을 볼 수 있다.

06 인물을 제외한 배경에 효과를 적용하기 위해 Invert 버튼을 누르자.

07 하이라이트 기능을 활성화해서 마스크가 잘 적용되었는지 확인해보자. 선택된 마스크 구역을 반전했기 때문에 인물 영역은 회색으로 나타나게 된다.

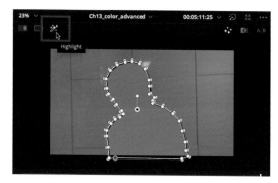

08 원래의 이미지를 보기 위해 다시 하이라이트 기능을 비활성화하고 파워 윈도우도 보이지 않게 하자.

09 프라이머리 툴을 선택하고 컬러 휠을 조절해 배경색을 조절해보자. 다음 그림과 같이 값을 입력한다.

10 컬러 효과가 인물을 제외한 배경에만 적용되었는지 확인하자.

Tip 앵커의 위치를 재조정하여 인물과 배경의 경계 수정하기

인물과 배경의 경계가 어색하다면 다시 파워 윈도우를 보이게 만든 후 앵커의 위치를 재조정하자.

11 컬러 효과가 인물의 움직임에 맞춰 적용될
수 있도록 트래커 기능을 사용해보자. 트래
커 툴을 클릭해서 열고 플레이헤드가 첫 프레임에
위치하는지 확인하자.

12 Pan, Tilt, Zoom을 모두 체크하고 Track Forward
버튼을 누르면 모션 트래킹 분석이 시작된다.

13 트래킹이 끝났다면 플레이헤드를
첫 프레임으로 위치시키고 파워 윈
도우를 보이지 않게 한 후 영상을 재생해서
결과물을 확인하자. 파워 윈도우로 만든 마
스크가 인물의 움직임을 따라 변화하며 인
물을 제외한 배경에만 컬러 효과가 적용될
것이다.

아웃사이드 노드 Outside Node 사용하기

Color 페이지에 있는 노드는 하나의 스테이지라고 우리는 배웠다(Chapter 12의 'Color 페이지 인터페이스'를 참조해보자). 각 노드는 이미지 프로세싱을 하는 파이프라인의 한 지점이며, 파이프라인이 연결된 노드의 하나 또는 여러 개의 특성을 변경할 수 있다.

DaVinci Resolve에서 제공하는 아웃사이드 노드(Outside Node)는 선택된 마스크를 다른 독립 노드로 쉽게 인버트(Invert)하는 기능의 노드이다. 즉, 아웃사이드 노드를 사용하면 이전 노드에서 선택된 이미지의 마스크와 반대되는 개념의 마스크가 자동으로 선택된다.

다음 그림을 예로 들어 보겠다. 이전 노드에서는 사람을 제외한 영역이 선택되었지만, 아웃사이드 노드를 적용하면 이전 노드와 반대되는 영역, 즉 인사이드(Inside) 마스크가 자동으로 생성된다.

노드 에디터에서 기존의 노드에 대한 아웃사이드 노드를 생성한 후 차이를 비교해보자.

01 노드 에디터에서 노드 02에 대한 아웃사이드 노드(Outside Node)를 생성하자. 노드 02를 마우스 오른쪽 클릭하고 Add Node > Add Outside를 선택한다.

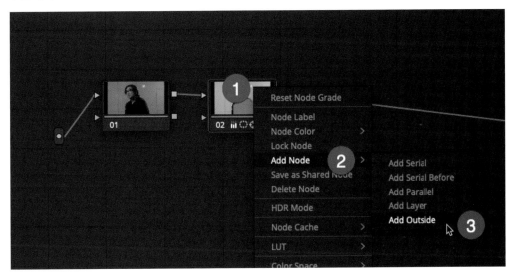

02 기존 노드에서는 인물을 제외한 노란색 배경이 선택되었지만 아웃사이드 노드에서는 그 반대부분인 인물이 선택되었다. 그리고 아웃사이드 노드를 자세히 보면 이전 클립의 네모로부터 점선으로 연결된 것을 볼 수 있다. 이는 두 노드의 마스크가 서로 연결되어 있다는 것을 의미한다. 즉, 여기서는 노드 02에서 마스크의 형태를 바꾸면 아웃사이드 노드인 노드 03에도 그 변화가 동시에 적용된다.

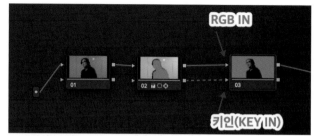

03 인물을 흑백으로 만들기 위해 프라이머리 툴에서 Saturation 값을 0으로 입력하자. 아웃사이드 노드(노드 03)에서는 인물만 선택되었기 때문에 배경은 변하지 않고 인물만 흑백으로 바뀔 것이다.

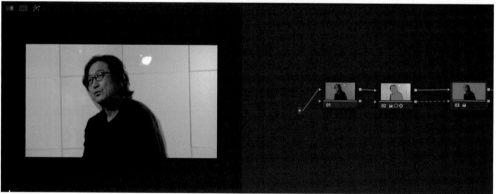

04 이번에는 노드 02를 선택하고 노드를 비활성화해보자. 그러면 노드 02의 마스크와 연결된 노드 03 또한 아무것도 선택되지 않는 것을 볼 수 있다.

LUT Look Up Table

LUT(Look Up Table)은 미리 저장되어 있는 컬러 조절값의 조합이라고 생각하면 이해하기 쉽다. 기존 클립을 원하는 스타일의 색상으로 바꾸고자 할 때, LUT를 하나의 이펙트로 반복 적용하면 빠른 시간 내에 원하는 결과를 만들어낼 수 있다.

LUT는 픽셀의 RGB 채널 데이터를 미리 저장한 조절값으로 바꿔주는 기능이다. 그렇기 때문에 컬러 그레이딩에서 따로 렌더링을 하지 않고 단지 기준치만 바꾸게 된다. 한 마디로 LUT는 일종의 컬러 프리셋이라고 할 수 있다.

예를 들면, LUT 프리셋을 이용해서 기존의 R(Red)이 100일 때 이 R을 200으로 가게끔 설정할 수 있고 그 바뀐 기준값을 바탕으로 나머지 모든 데이터를 자동으로 업데이트할 수 있다. 자신이 원하는 색감을 표현하기 위해 필요한 데이터 값을 만든 후 기존의 클립에 바로 적용해서 컬러 그레이딩과 같은 효과를 쉽게 만들어낼 수 있다. LUT를 적용하는 것 또한 컬러 그레이딩의 한 단계로, 프라이머리 툴을 사용해서 컬러 그레이딩을 하기 전에 미리 지정된 값을 적용해서 그 베이스를 만들어두는 과정이다.

극단적인 예로 파란색을 빨간색으로 설정하는 LUT 데이터를 만든 후 이 LUT 값을 비디오 클립에 적용하면, 바뀐 파란색의 변형값 만큼 나머지 모든 색깔들도 바뀌게 된다.

▲ 적용된 LUT값에 의해 변형된 이미지

아래의 그림은 Sony A7 카메라로 촬영하고 컬러 그레이딩을 작업한 워크플로우이다. 카메라로 촬영된 클립이 약속된 LUT 값으로 적용된다는 것을 알기 때문에 미리 S-Log2로 촬영을 한 것이다.

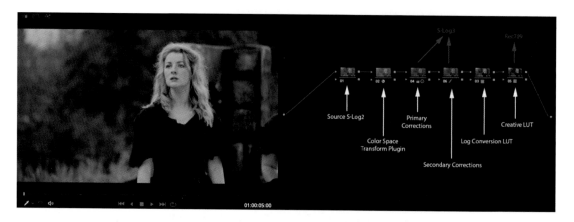

요즘 영상 촬영을 할 때 LUT 작업을 염두에 두고 Log 파일로 촬영을 하는 것이 추세이다. Log 파일로 영상을 촬영하면 굉장히 밋밋한 색감을 가지는데, 스케치가 된 도화지와 같은 상태라고 보면 된다. 그리고 영상 편집 후반 과정에 접어들 때, 스케치가 된 도화지에 색을 입히듯 Log로 촬영된 클립에 미리 저장한 컬러 조절치를 맞춰 명도, 채도, 색상(LUT 데이터)을 입힌다. 참고로 LUT는 영상 촬영에 사용한 카메라 회사에서 제공하는 것 외에도 무료로 배포된 LUT나 유료 LUT를 구매하여 클립에 적용할 수 있다.

▲ S-Log 오리지널 촬영본

▲ LUT 값이 적용된 이후의 이미지

▲ Panasonic의 V-Log

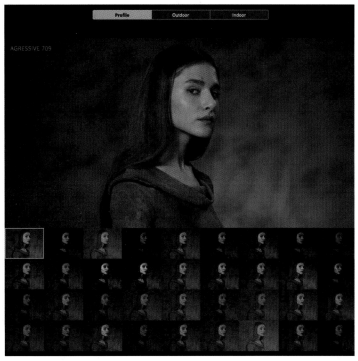

▲ Panasonic에서 제공하는 LUT

 카메라 제조사에 따라 Log 프로파일의 이름이 다름

Log 프로파일의 이름은 제조사의 이름을 따서 만들어진다. 예를 들어 S-Log는 Sony, V-Log는 Panasonic(Varicam), OM-Log는 Olympus, C-Log는 Canon에서 제공하는 프로파일을 의미한다.

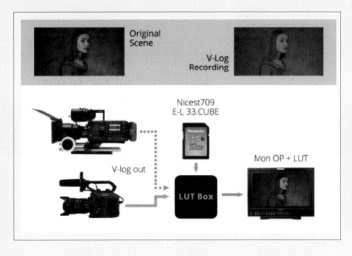

카메라 회사들은 각각 자기 브랜드로 촬영된 Log 파일에 최적화된 컬러 프로파일을 제공한다. 참고로 저자가 사용한 클립은 Sony에서 제공하는 S-Log3 프로파일이며 카메라는 FX5 모델을 사용하였다. 이론적으로는 사용한 카메라 회사의 컬러 프로파일을 적용하는 것이 가장 무난하겠지만, 개인적으로 선호하는 색감을 만들기 위해 가끔 다른 회사에서 제공하는 컬러 프로파일을 적용해 그 결과물을 만들어낼 때도 있다.

01 썸네일 타임라인에서 13번 클립을 선택하자. 이 클립은 Sony FX5 S-Log3로 촬영된 클립이다. 이 클립은 Log로 촬영했기 때문에 칙칙하고 밋밋한 색감을 가졌다.

02 비디오 스코프를 뷰어 옆에 위치시켜서 그래프를 확인해보자. Log로 촬영된 전형적인 영상의 특징인, 명도와 채도가 매우 낮고 좁게 저장된 모습을 볼 수 있을 것이다. 앞으로 명도와 채도를 LUT에 맞춰 바꿀 것이기 때문에 의도적으로 빈 도화지와 같은 색상값으로 촬영한 것이다.

03 DaVinci Resolve 왼쪽 상단에서 LUTs 버튼을 눌러 LUT 윈도우를 열자. 여러 회사의 LUT 목록이 보일 것이다.

04 왼쪽 카테고리에서 Sony를 선택하고 SLog3SGamut3.CineToLC-709TypeA를 더블 클릭하자. LUT가 적용되면서 스코프에서 RGB 값이 바뀌는 것이 보일 것이다.

Tip 사용한 카메라 회사의 LUT를 고집하기 보단 자신의 의도에 맞는 LUT를 골라보기

Sony 카메라를 사용해 촬영했다고 해서 반드시 Sony에서 제공하는 LUT를 사용할 필요는 없다. 자신의 원하는 색감과 의도에 따라 여러 가지 LUT를 사용해보자. Film Looks 카테고리에서는 영화와 같은 느낌을 주는 LUT를 사용할 수 있다.

05 노드 에디터에서 새로운 노드를 추가하자.

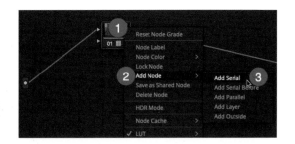

06 노드 01을 선택한 후 프라이 머리 툴의 컬러 휠을 사용해서 컬러 그레이딩을 해보자. 다음 그림을 참조하여 RGB 값을 입력하면 명암 대비가 커져서 이미지가 밝고 선명해진다. 그리고 비디오 스코프를 확인하면 RGB의 영역이 넓어질 것이다.

07 적용된 LUT를 다시 없애보자. LUT를 적용한 노드(노드 01)를 마우스 오른쪽 클릭하고 LUT > No LUT Selected를 선택한다. LUT 값이 선택되지 않았기 때문에 초기의 Log 촬영본으로 돌아가게 된다.

08 이번에는 다른 방법으로 앞에서와 같은 LUT를 적용해보자. 노드 01을 마우스 오른쪽 클릭하고 LUT > Sony > SLog3SGamut3.CineToLC-709TypeA를 선택하자. LUT 값은 실행 취소(Ctrl + Z)가 적용되지 않으므로 LUT를 변경하거나 초기화하고 싶을 때는 꼭 이와 같은 방법을 사용해야 한다.

Tip 일반적인 컬러 그레이딩 작업 순서

LUT를 적용하는 것은 컬러 그레이딩의 가장 기초적인 작업이다. 따라서 첫 번째 노드에서 LUT를 적용한 후 노드부터 컬러 휠이나 키잉(Keying) 등의 구체적인 컬러 그레이딩 작업을 하는 것이 일반적인 컬러 그레이딩 작업 순서이다.

Unit. 02 ▶ 써드 파티(Third Party)에서 LUT(Look Up Table) 불러오기

카메라 제조사에서 제공하는 것 이외에도 써드 파티(Third Party)를 통해 다양한 LUT를 무료로 다운로드하거나 구매해서 사용할 수 있다.

LUT를 제공하는 써드 파티를 몇 가지 소개하겠다.

LUTs.Store

[URL] https://luts.store

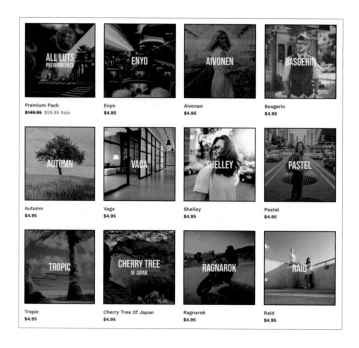

PremiumBeat 제공 LUT

[URL] https://www.premiumbeat.com/blog/29-free-luts-for-video/

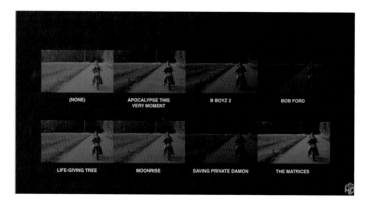

Fix the photo 제공 LUT

[URL] https://fixthephoto.com/free-luts

이번 유닛에서는 다운로드한 LUT를 DaVinci Resolve에 불러와서 사용하는 방법을 배워보자.

여기서는 RocketStock이 제공하는 LUT를 사용할 것이므로 다음의 링크를 참조하자.

[URL] https://www.rocketstock.com/free-after-effects-templates/35-free-luts-for-color-grading-videos/

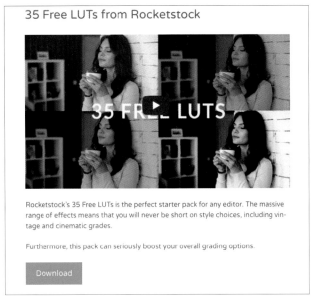

▲ 35 Free LUTs from RocketStock

01 RocketStock에서 무료로 제공하는 LUT 팩을 다운로드하거나 예제 파일에 포함된 LUT 파일을 열자.

02 다운로드한 파일의 압축을 풀면 CUBE 파일들이 나온다.

03 DaVinci Resolve로 돌아와서 프로젝트 세팅을 열고 Color Management 탭의 Lookup Tables 섹션에서 Open LUT Folder를 클릭하자.

04 DaVinci Resolve LUT 폴더가 열리면 다운로드한 LUT 팩 폴더를 복사해서 넣자.

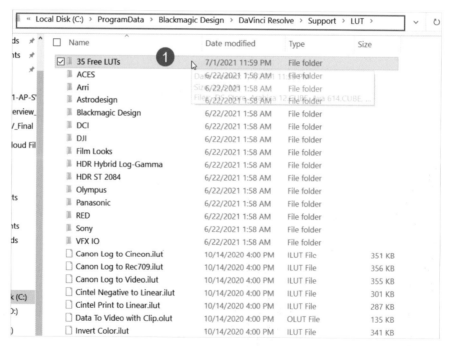

05 DaVinci Resolve의 LUT 윈도우를 확인해보면 아직 복사한 LUT들이 보이지 않는다. 프로젝트 세팅에서 Update Lists를 눌러 LUT를 업데이트해주자. LUT를 업데이트했다면 Save 버튼을 눌러 프로젝트 세팅을 닫아준다.

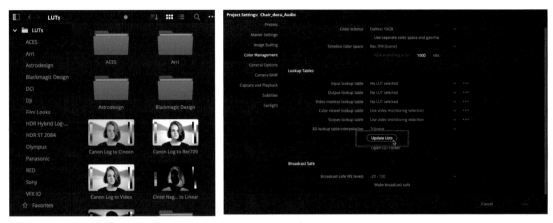

▲ 프로젝트 세팅에서 LUT 업데이트를 하기 전에는 복사한 LUT들이 LUT 윈도우에 보이지 않는다

06 LUT 윈도우를 확인해보면 복사한 LUT가 나타난다. 자신이 원하는 다른 LUT가 있다면 다운로드해 위의 과정을 반복한다.

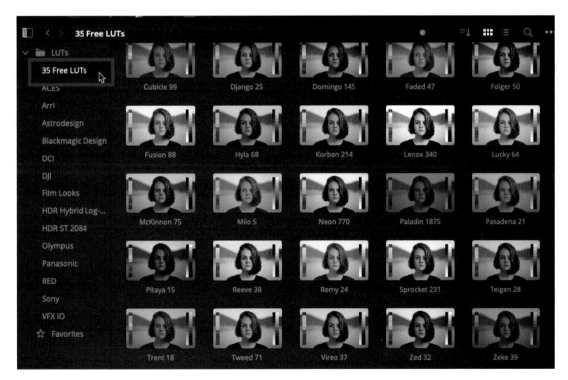

크로마키를 사용해 백그라운드 분리하기 (3D Keyer)

키잉(Keying)은 색상이나 밝기의 정보를 선택해서 클립 이미지를 부분적으로 추출한 후 다른 이미지를 합성하는 효과이다. 앞에서 색상 선택 툴(Qulifier)로 색깔 영역을 선택한 것이 바로 키잉을 이용한 예이다. 그리고 영상 클립 위에 텍스트를 얹히는 과정 또한 일종의 키 작업이라고 할 수 있다.

키잉의 대표적인 예는 날씨 뉴스 배경인데, 흔히 초록색 배경이라고 하면 여러분도 쉽게 떠올릴 수 있는 '크로마 키(Chroma Key)' 효과를 이용한다. 초록색이나 파란색 등의 배경을 백그라운드로 하고, 크로마키 효과로 백그라운드를 투명하게 만들어 지도 이미지를 합성하는 것이다.

다음 그림은 크로마키를 적용한 예시로, 이번 섹션에서 다뤄볼 것이다.

Unit. 01 ▶ 크로마키(Chroma Key) 적용하기

키잉(Keying) 효과를 이용해 크로마키를 적용하는 방법을 알아보자.

01 썸네일 타임라인에서 15번 클립을 선택하자. 초록색 배경과 인물이 보일 것이다.

02 노드 에디터에서 새로운 노드를 추가하자.

03 색상 선택 툴(Qualifier)을 클릭하고 오른쪽 상단에서 툴 옵션을 3D로 선택하자.

04 뷰어에서 초록색 부분을 여러 번 드래그하자. 사람 주변으로 세 번 정도 드래그한다. 드래그한 흔적을 따라 파란색 선이 나타날 것이다.

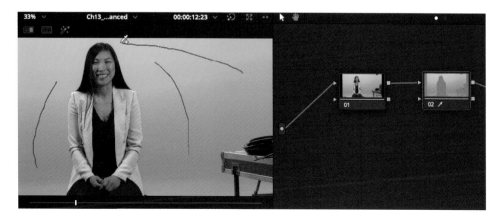

05 하이라이트 기능을 활성화해보자. 초록색 배경만 선택된 것이 보일 것이다.

06 색상 선택 툴에서 Selection Range의 Invert 버튼을 누르자. 선택한 부분이 반전(Invert)되어 사람과 오른쪽 테이블만 선택될 것이다.

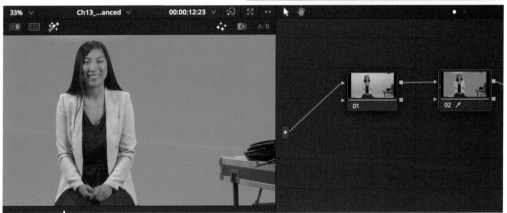

07 노드 에디터에서 빈 부분을 마우스 오른쪽 클릭을 한 후 메뉴에서 Add Alpha Output을 클릭하자. 노드 에디터의 오른쪽 끝에 새로운 파란색 동그란 점이 나타날 것이다.

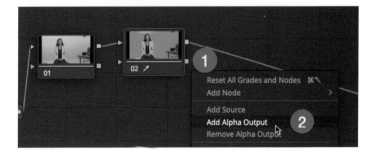

08 노드 02의 키 아웃(파란색 네모)을 마우스로 드래그해서 알파 아웃풋(파란색 동그라미)에 연결하자. 이렇게 노드의 키 부분과 알파 아웃풋을 연결하면 선택되지 않은 부분이 모두 투명하게 처리된다.

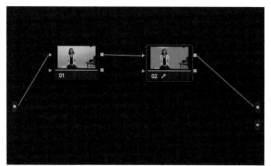 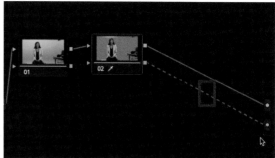

09 뷰어를 확인하면 기존의 초록색 배경이 키잉(Keying)이 되어 사라지고 그 밑에 있던 다른 클립이 보인다. 하지만 사람 주변과 머리 위에 초록색 크로마키 배경이 살짝 남아 있다. 이 부분을 깨끗하게 만들어보자.

10 색상 선택 툴에서 Despill 옵션을 체크하자. 사람 주변에 묻어 있던 초록색이 사라질 것이다.

11 뷰어를 확대하고 색상 선택 툴에서 Clean Black 값을 약간 올려주자. 머리카락 근처가 부드럽게 처리될 것이다.

12 인물의 머리 위에 아직 초록색이 남아 있다. 파워 윈도우 툴의 마스크로 사람 부분만 보이게 해보자. 뷰어의 배율을 다시 낮추고 파워 윈도우 툴에서 리니어 마스크를 활성화한 후 그림과 같이 마스크 크기를 설정한다. 크로마키에서는 소프트니스 구역(빨간색 앵커)을 설정하지 않는 것이 더 깔끔한 결과를 만들 수 있다.

13 크기 조절 툴(Edit Sizing)을 선택해서 이미지의 사이즈와 위치를 조절해보자. Zoom X 와 Zoom Y 값으로 이미지의 크기를 결정하고 Pan을 이용해 좌우를, Tilt를 이용해 상하를 조절한다.

14 Edit 페이지로 이동한 후 트랜스폼(Transform)을 이용해 인물의 위치와 사이즈를 조절해보자. 뷰어 왼쪽 하단의 옵션에서 Transform을 선택하면 뷰어에서 직접 마우스로 이미지의 크기와 위치를 조절할 수 있다. 크로마키 작업은 Color 페이지에서 진행하더라도 이미지의 크기와 위치는 Edit 페이지에서 조절하는 것이 더 쉽고 간단하다.

15 다시 Color 페이지로 돌아가서 배경을 블러(Blur) 처리해보자. 썸네일 타임라인에서 14번 클립을 선택한다.

16 블러 팔레트를 선택하고 Radius의 값을 약간 올려보자. 배경이 흐리게 처리되어 인물이 좀 더 도드라져 보일 것이다.

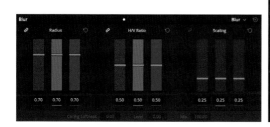

Tip Edit 페이지에서 3D Keyer를 사용해 크로마키 적용하기

Edit 페이지에서도 이펙트를 적용해 크로마키를 사용할 수 있다.

01 먼저 타임라인에서 크로마키를 적용할 클립을 위에 위치시키고 아래에는 배경으로 사용될 이미지를 위치시킨다. (첫 번째 그림 타임라인 부분 참조)

02 크로마키를 적용할 클립을 선택한 후 이펙트 라이브러리에서 3D Keyer를 더블 클릭해서 적용한다. 인스펙터를 확인하면 3D Keyer에 대한 옵션을 확인할 수 있을 것이다. (첫 번째 그림 ❶, ❺ 참조)

03 3D Keyer가 클립에 적용되었다면 뷰어 왼쪽 하단의 옵션에서 Open FX Overlay를 선택한다. (첫 번째 그림 ❷, ❸ 참조)

04 이제 Color 페이지에서 색상 선택 툴(Qualifier)을 사용했던 것처럼 뷰어에서 초록색 배경을 여러 번 드래그한다. (첫 번째 그림 ❹ 참조)

05 마지막으로 인스펙터의 Keyer Options 섹션에서 Despill 옵션을 체크해주면 크로마키가 깔끔하게 적용된다. Crop 툴을 사용하면 Color 페이지에서 파워 윈도우를 사용했던 것처럼 인물의 이미지만을 남길 수 있다. (첫 번째 그림 ❺ 및 두 번째 그림 참조)

만약 배경에 블러 효과를 넣고 싶다면 이펙트 라이브러리에서 Blur 이펙트를 배경 클립으로 드래그해 적용하면 된다.

Open FX 필터 사용하기

Open FX는 DaVinci Resolve에서 사용할 수 있는 영상 효과 필터의 모음이다. DaVinci Resolve에서 제공하는 영상 필터들을 Resovle FX라고 부른다. Resolve FX의 어떤 필터들은 DaVinci Resolve에서 사용 시 화면에 워터마크를 표시하기도 한다. 이 효과들은 DaVinci Resolve Studio에서만 제한 없이 사용할 수 있는 것으로, DaVinci Resolve에서 사용할 경우에는 제약이 따른다. 다만 이렇게 작업한 영상을 나중에 DaVinci Resolve Studio에서 열면 워터마크 없이 다시 렌더링을 할 수 있다. 참고로 Color 페이지에서 적용한 Open FX는 Color 페이지에서만 수정하거나 편집할 수 있다.

 Color 페이지에서는 한 노드당 필터 하나만 적용 가능

Edit 페이지에서는 한 클립에 여러 필터를 동시 적용해 인스펙터에서 편집할 수 있지만 Color 페이지에서는 한 노드당 필터 하나만 적용할 수 있다.

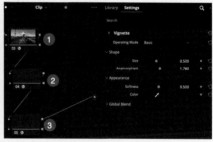

▲ Edit 페이지와 Color 페이지에서의 필터 적용 비교 (왼쪽: Edit 페이지 / 오른쪽: Color 페이지)

Tip **Open FX 필터 효과를 지우려면 노드를 마우스 오른쪽 클릭 후 Remove OFX Plugin을 선택**

Color 페이지에서 영상 필터를 지우려면 노드를 마우스 오른쪽 클릭하고 Remove OFX Plugin을 선택하면 된다.

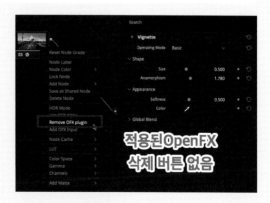

Vignette 필터는 프레임의 가장자리가 어두워지는 효과를 주는 필터이다. 예전 영화를 제작할 때는 렌즈와 매트박스의 사용으로 필름의 가장자리에 어둡고 부드러운 원의 테두리 같은 명암 대비 지역이 발생하였다. 요즘은 관객들이 이 명암 대비 지역에 익숙해져서 이 효과를 볼 때마다 아주 옛날 느낌의 영상으로 인식하고 밝은 중앙 부분에 자연스럽게 집중을 하게 된다. 지금까지 작업한 클립 중 하나에 이 필터를 적용해서 옛날 필름 영화 느낌을 내보자.

01 썸네일 타임라인에서 5번 클립을 선택하자.

02 노드 에디터에서 새로운 노드(노드 03)를 추가하자.

03 노드 에디터 상단에서 Open FX를 열고 목록에서 Resolve FX Stylize 카테고리에 있는 Vignette를 찾아보자. 그리고 필터를 노드 03에 드래그해서 적용한다.

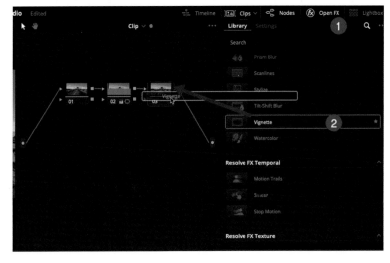

04 필터가 적용되면 노드에 FX 아이콘이 나타나며 Open FX Settings에 여러 옵션이 생긴다.

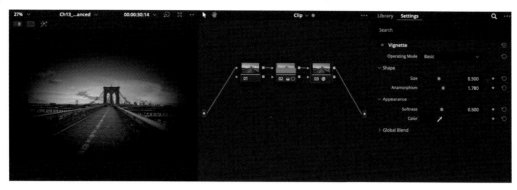

05 Settings에서 Shape 섹션의 Size과 Anamorphism을 약간 낮춰서 Vignette의 모양과 크기를 조정해주자.

Unit. 02 ▶ Camera Shake 필터를 사용해서 흔들림 효과 만들기

이번에는 Camera Shake 필터를 사용해 화면이 흔들리는 효과를 만들어보자.

01 Color 페이지에서는 노드 하나당 필터 하나만 적용할 수 있으므로 새로운 노드를 추가해야 한다. 새로운 노드를 추가하기 전에 헷갈리지 않도록 기존의 노드에 이름을 붙여보자. (해당 노드 위에 마우스 오른쪽 클릭 > Node Label)

02 노드 에디터에서 새로운 노드(노드 04)를 추가하자.

> ⓘ **기존의 노드에 Open FX 필터를 추가하면 기존의 필터에 새로운 필터가 덮어 씌워짐**
>
> 노드를 새로 만들지 않고 기존의 노드에 Open FX 필터를 추가하면 기존의 필터에 새로운 필터가 덮어 씌워진다.

03 새로 만든 노드의 이름을 Camera Shake 로 지정하자.

04 Open FX를 열고 Resolve FX Transform 카테고리에서 Camera Shake 필터를 찾아 노드 04로 드래그하자.

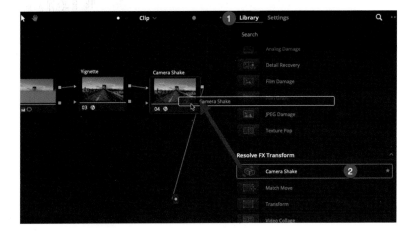

05 Open FX의 Settings에서 Shake Levels 섹션의 옵션값들을 많이 높여서 화면이 심하게 흔들리도록 해보자.

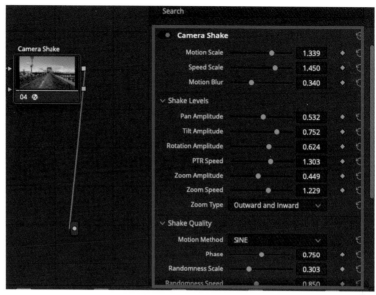

06 이번엔 적용된 Open FX 필터를 비활성화해보자. Open FX의 Settings에서 필터 이름 왼쪽의 토글 버튼을 클릭하면 필터를 비활성화할 수 있다.

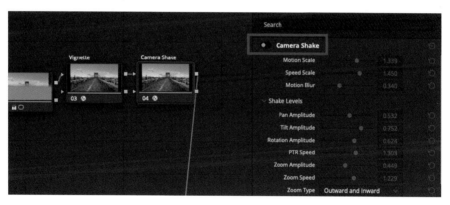

07 적용된 Open FX 필터를 삭제하고 싶다면 노드를 마우스 오른쪽 클릭하고 Remove OFX plugin을 클릭하자. 노드의 썸네일에 있던 FX 아이콘이 사라지며 필터 효과가 제거될 것이다.

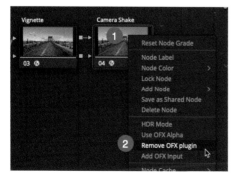

DaVinci Resolve에서는 다양하고 강력한 필터를 제공한다. 그중에서 몇 가지 필터를 소개해보겠다.

DaVinci Resolve Studio에서 제공되는 Beauty, Face Refinement, Noise Reduction 필터는 인물의 얼굴을 보정하거나 화면의 노이즈를 없애는 데 아주 효과적인 필터이다. 이 필터들을 사용하는 것만으로도 DaVinci Resolve Studio를 구매할 가치가 충분히 있다고 생각한다.

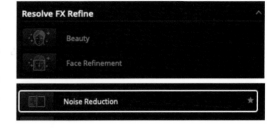

위의 필터는 유료 버전에서 제공되는 것이라서 무료 버전에서 사용할 경우에는 워터마크가 생긴다. 물론 워터마크가 생기더라도 필터 자체의 효과는 적용된다.

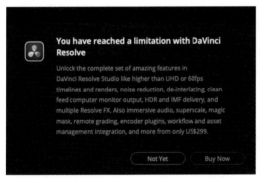

▲ DaVinci Resolve Studio가 제공하는 필터들

▲ Noise Reduction 필터 사용 전후 비교 예시

이번 유닛에서는 유료 버전인 DaVinci Resolve Studio에서 제공되는 얼굴 보정 필터인 Face Refinement 필터를 적용해보자.

01 썸네일 타임라인에서 16번 클립을 선택하자.

02 노드 에디터에서 새로운 노드를 추가하자.
(단축키: Alt + S)

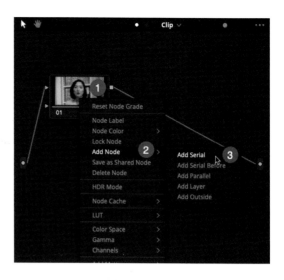

03 Open FX를 열고 목록을 아래로 내려 Resolve FX Refine 카테고리에 Face Refinement를 찾아보자. 그리고 노드 02로 Face Refinement 항목을 드래그 앤 드롭한다.

> 무료 버전에서 Face Refinement 필터를 적용할 경우, 앞에서 언급한 안내문이 나올 것이다. 이때 Not Yet 버튼을 누르면 워터마크가 생성된 채로 편집을 계속 진행하게 된다.

04 뷰어에서 플레이헤드가 첫 프레임에 위치하는지 확인하자. 그 이유는 이 필터는 사용하기 전에 먼저 첫 프레임부터 마지막 프레임까지 이미지를 분석해야 하는데, 이때 플레이헤드가 위치한 지점부터 분석이 시작되기 때문이다. 따라서 분석을 시작하기에 앞서 플레이헤드가 첫 프레임에 위치한 것을 확인해야 한다.

05 Open FX의 Settings 탭에서 Analyze 버튼을 눌러 이미지 분석을 시작하자. 분석이 끝나면 얼굴 형태를 인식하여 이목구비에 초록색 점이 생긴 것을 볼 수 있다.

06 Show Overlay를 체크 해제해서 뷰어에 초록색 점들이 보이지 않게 하자.

07 Settings에서 얼굴 부위별로 옵션을 세밀하게 조정할 수 있다. 여러 가지 슬라이더를 조정해서 얼굴이 자연스럽게 보정되도록 해보자.

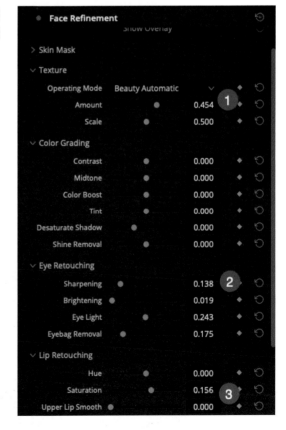

08 영상을 재생해 완성된 결과물을 확인해보자.

▲ 얼굴 보정 전

▲ 얼굴 보정 후

 Tip 썸네일 타임라인에서 Open FX 필터만 적용된 클립만 보려면 Clips 〉 Open FX를 체크

썸네일 타임라인에서 Open FX 필터만 적용된 클립만을 보고 싶다면 Clips 버튼의 화살표 아이콘을 누르고 Open FX를 체크하면 된다.

CHAPTER 13 ▶ 요약하기

이번 챕터에서는 DaVinci Resolve가 제공하는 여러 컬러 그레이딩 기능 중에서 특정한 구역에 컬러 그레이딩을 적용하는 것을 배워보았다.

먼저 노드를 추가한 다음, 그 노드에 지정된 색이나 마스크를 사용하고 원하는 구역을 선택해 컬러 그레이딩을 적용해 보았다. 그리고 이미지의 한 구역을 지정한 후 커브 툴을 이용해 손쉽게 명암비를 극대화할 수 있다는 것을 배웠다. 또한 프라이머리 컬러 툴에서 여러 단계를 거쳐야 했던 컬러 그레이딩의 결과물을 커브 툴을 이용해서 손쉽게 만들어내었다. 이외에도 파워 윈도우를 사용해서 선택된 구간에 색상을 지정하고 특정한 방향으로 색감을 적용하기도 하였다. 적용된 효과를 다른 클립에 매칭하는 방법 이외에도 필요한 효과만 따로 복사해서 다른 이미지에 적용해보았다.

컬러 프리셋의 일종인 LUT를 Log 포맷으로 촬영된 영상본에 직접 적용해서 컬러 그레이딩 이전 단계의 베이스 효과를 확인하였고, 카메라 제조사에서 만든 LUT 이외에 다른 사용자 또는 소프트웨어 회사가 만든 창의적인 LUT 프리셋을 다운로드해서 설치하는 방법까지 배웠다.

이외에도 Color 페이지에서 크로마키를 이용해 백그라운드 배경을 분리하는 방법을 배우고, Open FX 필터를 적용해 컬러 그레이딩 이외에 모션 그래픽에서 사용하는 필터 효과까지 같이 적용해보았다. 특히 크로마키는 색상을 다룰 때 효과를 실험할 목적으로 가장 많이 쓰는 기능이니 잘 알아두자.

CHAPTER 14

Deliver 페이지 사용하기

DaVinci Resolve

DaVinci Resolve의 Deliver 페이지는 비디오 또는 오디오 파일 등을 여러 가지 포맷으로 익스포트(Export)할 수 있게 해준다. Deliver 페이지의 다양한 익스포트 옵션을 이용해 자신이 원하는 포맷으로 영상 클립 및 메타데이터를 만들 수 있다. 이번 챕터에서는 DaVinci Resolve의 Deliver 페이지를 자세히 알아보고 편집이 끝난 후 마스터 파일을 만드는 방법, 유튜브 등 온라인 비디오 포맷에 최적화된 파일을 만드는 방법을 배워보겠다.

Deliver 페이지의 익스포트 옵션 살펴보기

영상 편집이 끝나면 마스터 파일이나 유튜브 영상, 웹 비디오 등으로 출력을 한다. Deliver 페이지는 완성된 프로젝트를 여러 포맷으로 익스포트(Export)할 수 있는 페이지이다.

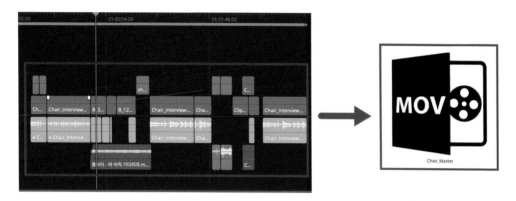

DaVinci Resolve에서 파일을 익스포트하는 방법은 크게 두 가지로 나눌 수 있다.

1. Cut 페이지 또는 Edit 페이지의 Quick Export 기능 이용

Chapter 02에서 배운 것처럼 Cut 페이지나 Edit 페이지의 Quick Export 기능을 이용하면 미리 만들어진 익스포트 프리셋을 바탕으로 추가적인 설정 없이 용도에 맞는 파일을 익스포트할 수 있다.

File 〉 Export 메뉴는 최종 결과물을 익스포트하는 기능이 아님

File > Export 메뉴는 최종 결과물을 익스포트하는 것이 아니라 프로젝트나 타임라인 등 작업 중인 데이터 파일들을 내보내는 기능이다. Quick Export와 혼동하지 않도록 주의하자.

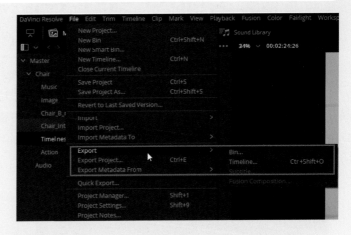

2. Deliver 페이지의 렌더 세팅(Render Settings) 이용

Deliver 페이지의 렌더 세팅(Render Settings)을 이용하면 자신이 원하는 옵션을 세밀하게 설정해 익스포트할 수 있다.

Deliver 페이지에서 익스포트하는 방법을 세부적으로 나눠보면 다음과 같다(참고로 익스포트 진행은 Section 03부터 다룰 것이다).

방법1 편집된 영상을 최종 파일로 보관하고 싶을 때 프로젝트를 하나의 마스터 파일로 저장하는 방법

방법2 전체 프로젝트를 압축해서 YouTube나 Vimeo와 같은 웹용 무비 파일로 변환하는 방법

방법3 프로젝트 타임라인 전체를 XML 파일*로 만들고 사용된 클립까지 렌더(Render)해서 다른 편집 프로그램(Adobe Premiere 또는 Final Cut Pro X 등)으로 보내는 방법

Deliver 페이지에서는 타임라인 전체를 하나의 영상 파일로 익스포트하거나 타임라인에서 필요한 부분만을 인/아웃 포인트로 지정해서 익스포트할 수 있다. 또한 타임라인에 사용된 모든 클립을 개별적으로 익스포트할 수도 있다.

저자가 생각하는 가장 좋은 영상 파일의 압축 방법은 항상 모든 프로젝트 파일을 마스터 파일로 먼저 익스포트 한 후 마스터 파일을 Adobe Media Encoder나 Apple Compressor 등 전문 영상 압축 소프트웨어를 이용해 원하는 포맷의 파일로 변환해서 사용하는 것이다. 마스터 파일을 만들었을 경우 이 비압축파일을 가지고 원하는 어떠한 파일 형태로든 세분화해서 변환할 수 있다. 따라서 항상 보관용인 마스터 파일을 만든 후 다른 포맷의 파일을 만드는 방식을 추천한다.

---

* XML는 eXtensible Markup Language의 약자로, 마크업 언어의 일종이다. 다른 웹서비스 기반 플랫폼에서 데이터를 쉽게 주고 받을 목적으로 만들어졌다.

Deliver 페이지 인터페이스

Deliver 페이지의 인터페이스는 상단에 있는 인터페이스 툴바(Interface Toolbar) 부분을 제외하고 크게 네 가지 영역으로 구분된다. 여기서 가장 중요한 곳은 렌더 세팅(Render Settings)과 렌더 큐(Render Queues)이다.

❶ **렌더 세팅(Render Settings):** 렌더 세팅은 타임라인에 있는 편집된 결과물을 어떤 포맷으로 익스포트할지 결정하는 곳이다. 여기에서 렌더링이 되는 파일의 포맷을 결정하고 파일이 저장될 공간도 지정한다.

❷ **뷰어:** 미디어가 현재 세팅에서 어떻게 보여지는지 알 수 있는 곳이다. 렌더링이 되는 동안에는 현재의 플레이헤드가 위치한 곳이 어떠한 결과물로 나올지 보여준다.

❸ **렌더 큐(Render Queues):** 렌더 세팅에서 보낸 익스포트된 결과물을 리스트로 보여준다. 리스트에 있는 모든 큐를 한꺼번에 렌더링할 수도 있고, 하나 또는 여러 개의 큐를 선택해서 렌더링할 수도 있다. 리스트에 있는 큐를 다시 렌더 세팅으로 보내서 세팅을 변경할 수도 있다.

❹ **타임라인:** DaVinci Resolve의 다른 페이지와는 달리 Deliver 페이지의 타임라인에서는 더 이상 클립을 편집할 수 없고, 인/아웃 포인트를 지정하거나 전체 타임라인을 선택하는 기본 옵션만 사용할 수 있다. 타임라인 위에는 썸네일 타임라인이 있는데, 여기에서 어떤 클립이 렌더링이 진행되는지 확인할 수 있다.

앞에서 배운 다른 페이지와 마찬가지로, Deliver 페이지의 인터페이스 또한 작업 순서에 따라 배치되어 있다. Deliver 페이지에서 렌더링을 진행하는 전체 과정은 다음과 같다.

> 뷰어에서 최종적으로 영상이 어떻게 보이는지 확인 > 타임라인에서 전체 구간 또는 원하는 구간을 지정 > 렌더 세팅에서 원하는 포맷을 지정하고 렌더 큐로 보냄 > 최종적으로 렌더 큐에서 렌더할 항목을 선택해서 파일을 익스포트함

Unit. 01 ▶ 렌더 세팅(Render Settings) 보기

렌더 세팅은 편집 후 보편적으로 사용하는 익스포트 옵션(프리셋)을 모아서 제공한다. 각각의 프리셋을 선택하면 그에 걸맞은 설정을 자동으로 맞춰준다.

Deliver 페이지에서 제공하는 렌더 프리셋 세팅

- **Custom**: 이 프리셋을 선택하면 다른 프리셋과는 달리 사용자가 모든 구간을 하나하나 자신의 용도에 맞게 선택을 해줘야 좋은 결과물이 나온다. Custom 프리셋을 사용할 때는 다른 프리셋을 먼저 선택한 후 Custom 프리셋을 눌러 세부적인 설정을 해야 한다.
- **YouTube, Vimeo, Twitter**: 이 세 가지의 프리셋은 해당 비디오 웹사이트의 규격에 맞추어 렌더링을 진행하고, 계정을 연결하면 자동으로 비디오 업로드를 할 수 있게 해준다.
- **ProRes Master, H.264 Master, H.265 Master**: 세 가지 자동 마스터 파일 프리셋이다. ProRes는 비디오 영상 업계에서 가장 폭넓게 사용되는 비압축 비디오 포맷이다. H.264는 보편적으로 사용되는 압축률이 가장 좋은 비디오 파일 포맷이고 유튜브 등의 비디오 서비스 사이트에서 사용된다. 그리고 H.265는 H.264 포맷을 대체할 최적의 압축 비디오 파일 포맷으로 최근에 많이 사용된다. 아직은 호환성 문제로 널리 사용되지는 않지만 곧 H.265 포맷이 압축 비디오 포맷으로 가장 많이 사용될 것이다.

> macOS에서는 세 가지 프리셋을 모두, Windows 환경에서는 H.264 Master 프리셋을 사용할 수 있다.

- **IMF(Interoperable Master Format)**: DaVinci Resolve Studio에서만 사용할 수 있는 프리셋으로, 넷플릭스 등 디지털 시네마의 표준 규격이다.
- **Final Cut Pro X, Premiere XML, AVID AAF, Pro Tools**: DaVinci Resolve의 타임라인에서 사용된 모든 클립과 편집 구조를 XML 포맷으로 만들어서 다른 편집 소프트웨어에 보낼 수 있다. 영상 편집 프로그램 간의 호환을 위해 만들어진 XML 파일을 사용하면 DaVinci Resolve에서 다른 소프트웨어로 타임라인과 파일들을 호환해서 보낼 수 있다. 또한 역으로 Adobe Premiere 등 다른 영상 편집 프로그램에서 만들어진 타임라인을 컬러 코렉션을 위해 DaVinci Resolve로 보내게 할 수도 있다.
- **Audio Only**: 타임라인에 있는 비디오와 오디오 트랙에서 오디오 트랙만 렌더링해서 오디오 클립을 만드는 프리셋이다. QuickTime, MP4, WAV 등의 포맷으로 만들 수 있다.

1. Custom 프리셋

Custom 프리셋은 다른 프리셋을 선택한 후 Custom을 클릭하면 이전에 선택했던 프리셋에 맞추어서 옵션을 변경할 수 있다. 다른 프리셋의 설정을 기준으로 세밀하게 옵션을 변경하고 싶을 때 사용하면 유용한 프리셋이다. 아래 그림은 YouTube 프리셋을 선택한 후 Custom 프리셋을 선택했을 때의 렌더 세팅이다.

▲ Custom 프리셋

❶ Filename: 파일 이름을 입력할 수 있다.

❷ Render: Single clip을 선택하면 전체 클립을 통째로 익스포트하고, Individual clips를 선택하면 클립별로 파일을 익스포트한다.

❸ Format: 익스포트될 파일의 포맷(형태)을 설정할 수 있다.

❹ Codec: 익스포트될 파일의 압축 방식(코덱)을 설정할 수 있다.

❺ Resolution: 익스포트될 파일의 해상도를 설정할 수 있다.

❻ Frame rate: 현재 타임라인의 프레임 레이트를 보여준다.

❼ Quality: 압축률을 결정하는 옵션으로, 자동으로 파일 사이즈를 조절거나 1초당 익스포트할 파일의 최대 사이즈를 결정할 수 있다.

❽ Key Frames: 압축 방식의 하나인 GOP(Group Of Pictures) 압축으로, 여러 프레임을 묶어서 압축할 때 몇 프레임씩 묶어서 압축할지 결정하는 옵션이다.

▲ Format / Codec / Resolution의 세부 옵션

2. YouTube 프리셋

유튜브에 최적화된 파일을 렌더링하는 프리셋이다. 파일 이름과 해상도를 설정하고 이외에는 손을 댈
필요가 없다. 유튜브 계정과 DaVinci Resolve를 연동하면 Deliver 페이지에서 유튜브로 영상을 바로
업로드할 수 있다.

파일을 익스포트할 때 DaVinci Resolve에서 제공하는 최대 해상도는 UHD(3840×2160)이다. 더 큰
해상도의 파일을 익스포트하려면 DaVinci Resolve Studio를 구매하여 사용해야 한다.

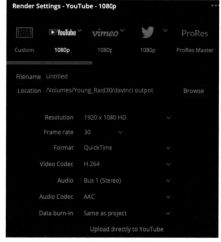

▲ YouTube 프리셋

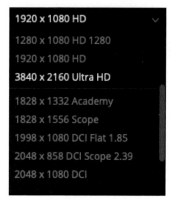

▲ UHD를 최대 해상도로 제공

3. ProRes 프리셋

macOS에서 비압축 방식으로 마스터 파일을 만들어 저장할 때 사용하는 프리셋이다. 방송이나 광고 및 영
화 등을 제작 후 손실 없는 가장 좋은 화질로 보관할 때 사용할 것을 추천한다. Windows에서는 ProRes
코덱을 사용할 수 없기 때문에 마스터 파일을 만들 때 AVID에서 개발한 DNxHR 코덱을 추천한다.

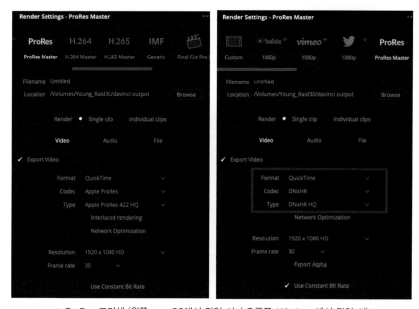

▲ ProRes 프리셋 (왼쪽: macOS에서 작업 시 / 오른쪽: Windows에서 작업 시)

4. H.264 프리셋

아마추어 영상 장비로 제작된 영상 결과물을 저장할 때 사용되는 압축 방식의 영상 파일 포맷이다. 호환성이 뛰어나고 압축비가 훌륭해서 유튜브용 영상을 만들거나 개인 작업을 할 때 많이 사용하는 프리셋이다. 최근에는 압축 대비 화질이 더욱 뛰어난 H.265가 많이 사용되기 시작했다.

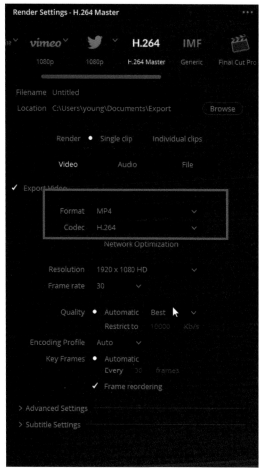

▲ 압축 방식인 H.264 코덱으로 마스터 파일을 만드는 셋업

▲ 비압축 방식인 DNxHR 코덱으로 마스터 파일을 만드는 셋업

렌더 큐에는 렌더 세팅을 이용해 익스포트한 파일의 결과물을 리스트로 확인하고 렌더링하는 기능이 있다.

❶ 같은 네트워크 안에 있는 다른 컴퓨터에서 렌더링을 할 수 있게 해주는 기능이다. 두 컴퓨터 모두 DaVinci Resolve Studio가 설치되어 있어야 사용할 수 있다.

❷ 렌더 큐를 다시 렌더 세팅으로 보내는 옵션이다.

❸ 렌더 큐 리스트에서 항목을 삭제한다.

❹ 선택한 리스트를 렌더링한다.

❺ 렌더 큐를 확장하는 기능이다.

❻ 렌더 큐에 있는 리스트 보기 옵션을 제공한다.

Unit. 03 ▶ Deliver 페이지의 타임라인 보기

Deliver 페이지는 렌더링하기 전에 최종적으로 영상을 재생해서 리뷰하는 기능만 갖추었다.

❶ 타임라인 뷰 옵션을 설정할 수 있다.

❷ 렌더링할 범위를 타임라인 전체로 할지, 인/아웃 포인트로 구간을 지정할지를 선택할 수 있다.

유튜브 업로드용 파일 익스포트 설정하기

앞에서 잠시 Deliver 페이지에서 익스포트하는 방법을 여럿 소개했다. 이 섹션에서는 Deliver 페이지에서 유튜브 업로드용 파일을 익스포트하는 방법을 먼저 배워보겠다.

Unit. 01 ❯ 타임라인 전체 렌더링하기

Deliver 페이지의 렌더 세팅(Render Settings)을 이용해 유튜브 업로드용 파일을 익스포트해보자.

01 Timelines 빈에 있는 Ch14_Deliver 타임라인을 더블 클릭해 열자.

02 Deliver 페이지 버튼을 눌러 Deliver 페이지로 이동하자.

03 최종 결과물을 익스포트하기 전에는 트랙이 비활성화되거나 클립이 빠지는 등의 문제가 없는지 눈으로 직접 확인해야 한다. 타임라인 뷰 옵션을 조절해서 타임라인에 있는 클립들이 잘 보이도록 설정하자. Track Height에서 비디오 트랙과 오디오 트랙의 높이를 조절할 수 있다. 타임라인에서 트랙의 높이를 트랙별로 조절할 수도 있다.

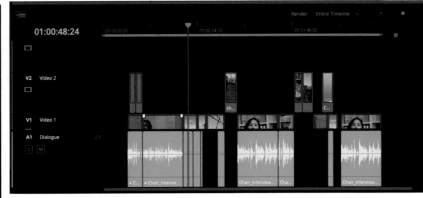

▲ 타임라인 뷰 옵션을 설정한 나쁜 예. 타임라인에 있는 클립들이 잘 보이지 않는다

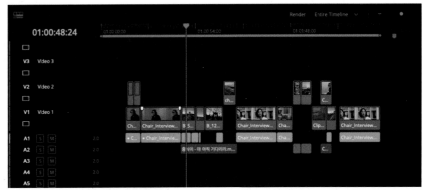

▲ 타임라인 뷰 옵션을 설정한 좋은 예. 타임라인에 있는 클립들의 썸네일이 한눈에 들어온다

04 렌더 세팅에서 YouTube 탭을 누르면 유튜브 업로드용 익스포트 설정이 나타난다. 파일 이름을 Chair master로 입력하고 Browse 버튼을 눌러 파일 저장 경로를 지정한 후 열기(Open)를 누른다.

렌더 세팅이 자동 설정하는 해상도는 프로젝트 파일의 해상도를 따른다.

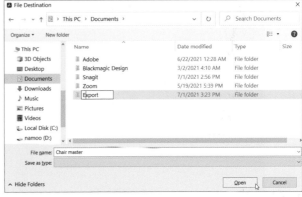

05 Add to Render Queue를 눌러 렌더 큐에 작업을 추가하자. 방금 익스포트 설정을 마친 프로젝트 파일이 렌더 큐에 추가될 것이다. 추가된 큐(Queue)에 표시된 파일 이름과 익스포트할 경로를 다시 한 번 확인한 후 Render All 버튼을 눌러 렌더링을 시작하자.

06 렌더링이 시작되면 현재 렌더링되는 프레임이 실시간으로 뷰어에 보일 것이다.

07 렌더링을 마치고 작업이 끝난 큐에는 Completed 표시가 나타난다.

> 앞으로 렌더 세팅에서 익스포트해서 렌더 큐에 추가된 각각의 리스트를 큐(Queue)라고 하겠다.

08 Windows 탐색기나 Finder로 자신이 지정한 경로에 파일이 잘 익스포트되었는지 확인해보자. 작업이 끝난 큐 위에 마우스 오른쪽 클릭 후 Open in Location을 선택하면 저장된 파일을 확인할 수 있다.

Tip 타임라인의 정보를 확인하는 방법

자신이 사용하는 타임라인의 해상도 및 프레임 레이트 등의 정보는 Cut 페이지나 Edit 페이지처럼 인스펙터를 볼 수 있는 페이지에서 확인할 수 있다. 빈 리스트에서 자신이 원하는 타임라인을 선택하고 인스펙터를 연 후 File 탭을 선택하면 타임라인에 관한 정보를 볼 수 있다.

Unit. 02 ▶ 인/아웃 포인트 설정해서 일부분만 렌더링하기

아래 그림과 같이 타임라인의 맨 앞 공간이 빈 상태에서 타임라인 전체를 익스포트하면 영상의 첫 부분에 검은 화면이 나오게 된다. 이 문제를 해결하기 위해 인/아웃 포인트를 지정해서 타임라인의 일부분만 렌더링하는 방법을 배워보자.

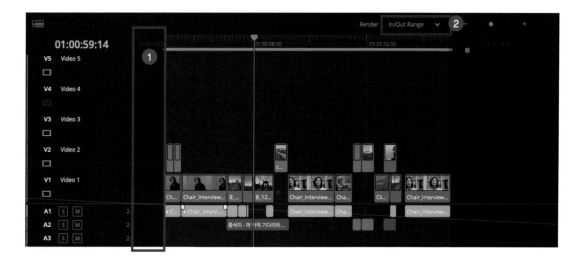

01 타임라인에서 B_5.mov가 시작하는 지점부터 chair_bench_3.mov가 끝나는 지점까지 인/아웃 포인트를 지정하자. 인/아웃 포인트를 지정하면 타임라인 상단의 Render 옵션이 In/Out Range로 바뀐다.

> **Tip** 인/아웃 포인트를 해제하는 방법
>
> Alt + X를 누르면 설정된 인 포인트와 아웃 포인트를 해제할 수 있다.

02 chair_bench_3.mov의 끝 부분에 플레이헤드를 위치시키고 아웃 포인트를 설정해보자. 타임라인에서는 정확하게 아웃 포인트가 지정된 것처럼 보이지만, 뷰어로 확인해보면 다음 클립의 프레임이 보일 것이다.

03 타임라인을 크게 확대하면 정확하게 클립의 끝 부분만이 아니라 다음 클립의 첫 프레임까지 아웃 포인트가 지정된 것이 보일 것이다.

> 타임라인은 프레임을 기준으로 하여 편집한다. 따라서 플레이헤드를 위치시키고 아웃 포인트를 설정할 경우, 플레이헤드가 위치한 지점에서부터 한 프레임의 공간이 아웃 포인트로 지정된다.

04 이 문제를 해결하려면 왼쪽 방향키(←)를 한 번 눌러 플레이헤드의 위치를 한 프레임 앞으로 옮기면 된다. 주황색으로 표시된 클립의 마지막 프레임 앞에 플레이헤드를 위치시킨 후 아웃 포인트를 지정하자. 아웃 포인트가 제대로 지정되었다면 뷰어에 클립의 마지막 프레임이 제대로 보일 것이다.

다음 그림은 편집 시 플레이헤드부터 아웃 포인트까지 스내핑 기능으로 편집 포인트를 찾아서 아웃 포인트를 지정한 예이다. 줌 인을 해보면 마지막 플레이헤드와 옆의 아웃 포인트 구간이 보일 것이다. 플레이헤드로 마크해서 아웃 포인트를 지정하면 가끔 한 프레임이 다음 프레임에 걸려 넘어갈 수 있다. 이럴 때는 왼쪽 방향키(⬅)를 눌러 플레이헤드를 한 프레임 왼쪽으로 옮겨줘야 한다.

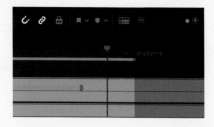

이 그림과 같은 경우에는, 플레이헤드를 파란색으로 마크한 쪽으로 한 프레임 옮기고 아웃 포인트를 설정하면 원래 의도했던 지점에 아웃 포인트가 생성된다.

05 렌더 세팅으로 가서 YouTube를 선택하자. 그리고 Custom을 선택하면 YouTube 탭에서 설정된 값들이 그대로 Custom 탭에 남아 있게 된다. 이제 YouTube 렌더 세팅 값을 바탕으로 좀 더 상세한 렌더 세팅 값을 설정해 볼 것이다.

Custom 세팅은 항상 어떤 프리셋을 먼저 선택했는지에 따라 설정이 달라진다. 쉽게 말해서 YouTube를 선택하고 Custom을 누르면 YouTube 셋업의 고급 설정이 되는 것이고, H.264를 선택하고 Custom을 누르면 마스터 파일의 고급 설정이 되는 것이다. 상세한 렌더 세팅을 하려면 Custom을 바로 선택하지 말고, 원하는 프리셋을 선택한 후 Custom에서 해당 프리셋을 바탕으로 고급 설정을 해야 한다.

06 렌더 세팅에서 **❶** Filename을 Chair_Master_UHD로 입력하고 **❷** Codec은 H.265로, **❸** Resolution은 3840×2160 Ultra HD로 선택하자. 그리고 **❹** Quality를 Restrict to 60000 Kb/s로 설정한다. 사용하는 그래픽 카드나 하드웨어 환경에 따라 코덱이 H.265가 선택되지 않는 경우도 있는데, 이럴 때는 H.264를 선택해서 진행하자.

🔔 Codec, Resolution, Quality 옵션에 대한 추천값

비디오 압축 방식을 결정하는 코덱은 압축 대비 화질을 결정하는 가장 중요한 요소이다. 최신 압축 방식인 H.265가 파일 용량 대비 가장 좋은 화질을 보여준다. 유튜브용으로 압축을 할 경우, 호환성에 문제가 없다면 H.265로 설정하기를 권한다.

현재 타임라인은 FHD 1920×1080이지만 해상도를 4K로 업그레이드한 후 HD용으로 재생을 하면 좀 더 좋은 화질로 바뀐다. 4K는 아니지만 4K로 렌더링해서 유튜브에 업로드 후 HD로 보는 방식을 추천한다.

4K 영상의 화질을 저하시키지 않는 최소 용량의 비트 레이트(Bit Rate)는 프레임 레이트에 따라 세 가지로 구별할 수 있다. 24 프레임일 경우 50,000 Kb/s, 30 프레임일 경우 60,000 Kb/s, 60 프레임일 경우 120,000 Kb/s로 설정하면 4K 해상도로 익스포트 시 화질을 유지할 수 있다. 그 이상 비트 레이트를 올려도 화질이 상향되진 않으니 이보다 더 큰 값을 입력하지 않아도 된다.

07 설정이 끝났다면 Add to Render Queue 버튼을 눌러 렌더 큐에 큐를 추가하자. Add to Render Queue 버튼을 누르면 그림과 같은 경고창이 나타나는데, 이는 타임라인 해상도보다 더 높은 해상도로 렌더링 옵션을 설정했기 때문에 나타난 것이다. 당황하지 말고 Add 버튼을 눌러 다음으로 넘어가자.

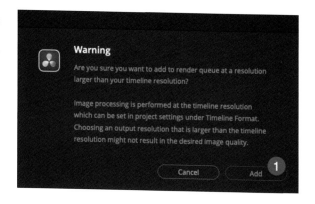

08 렌더 큐에서 방금 추가한 큐를 선택하고 Render 1 버튼을 눌러 렌더링을 시작하자.

🔔 **렌더 큐에서 큐를 부분 선택할 때와 모두 선택할 때의 버튼 이름이 다름**

렌더 큐에 있는 모든 큐를 선택하면 Render 1 버튼이 Render All 버튼으로 바뀐다.

09 렌더링이 끝났다면 Windows 탐색기나 Finder
로 자신이 지정한 경로에 파일이 잘 익스포트
되었는지 확인해보자. 작업이 완료된 큐 위에서 마우
스 오른쪽 클릭 후 Open in Location을 선택하면 저장
된 파일을 확인할 수 있다.

Tip 렌더 큐에서 선택한 큐의 렌더 세팅 수정 및 적용 방법

렌더 큐에서 연필 모양 아이콘을 누르면 해당 큐의 렌더 세팅을 수정할 수 있다. 렌더 세팅에서 Update Job을 누르면 변
경된 사항이 기존의 큐에 적용되고, Add New Job을 누르면 새로운 큐로 추가된다.

데이터 번인(Data Burn-In)은 비디오 클립 위에 우리가 원하는 메타데이터를 새겨서 볼 수 있게 만드는 기능이다. 사용 가능한 메타데이터는 텍스트, 이미지, 타임코드, 경고 메시지, 워터마크 등 여러 포맷이 될 수 있다. 파일을 공유할 때 타임코드 등을 영상에 입혀서 정보를 정확하게 전달하고 커뮤니케이션을 할 수 있다.

데이터 번인을 이용해 비디오 클립에 메타데이터를 새기는 방법을 알아 보자.

01 메뉴 > Workspace > Data Burn-In을 클릭하자.

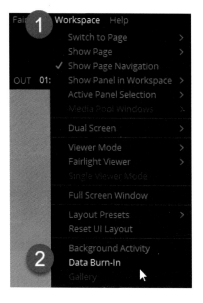

02 데이터 번인 설정 창이 나타나면 Record Timecode, Audio Timecode, Custom Text를 체크하자. Custom Text를 선택하고 자신이 원하는 텍스트를 입력한다. 설정이 끝났다면 왼쪽 상단의 X 버튼을 눌러 창을 닫아주자.

03 뷰어를 보면 프레임에 데이터 번인이 나타났을 것이다. 여기서 보이는 데이터 번인은 일종의 레이어로, 우리가 클립을 익스포트할 때 클립에 같이 포함할 수도 있고 제거하고 비디오 클립만 익스포트할 수도 있다.

04 렌더 세팅에서 H.264 탭을 선택한 후 파일 이름을 Data_Burn_in clip이라고 입력하자. 그리고 파일 위치는 자신의 컴퓨터의 적절한 경로로 지정해준다. 그 다음 Advanced Settings 섹션을 클릭해 세부 옵션을 열어보자.

05 Data burn-in 옵션이 Same as project로 선택
되어 있는지 확인하자. None으로 설정하면
렌더링 시 데이터 번인이 클립에 포함되지 않는다.

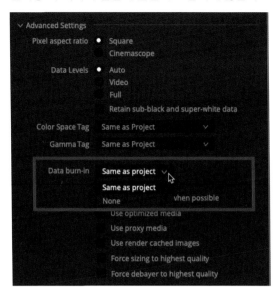

06 타임라인에서 원하는 부분에 인/아웃 포인
트를 설정하자.

07 Add to Render Queue 버튼을 눌러 렌더 큐에 큐를 추가하자.

08 렌더 큐에서 방금 만든 큐를 선택한 후 Render 1 버튼을 눌러 렌더링을 시작하자.

09 렌더링이 완료되었다면 익스포트된 파일을 확인해보자. 클립에 데이터 번인이 포함된 것을 볼 수 있다.

Tip 데이터 번인을 제외하고 익스포트를 하는 방법

데이터 번인을 제외하고 익스포트를 하고 싶다면 렌더 세팅의 Advanced Settings 섹션에서 Data burn-in 옵션을 None 으로 선택하거나, 메뉴 > Workspace > Data Burn-In을 클릭해 설정 창을 연 후 Reset All 버튼을 눌러 데이터 번인을 초기화해주자.

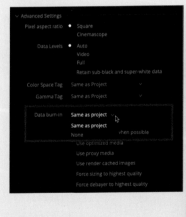

마스터 파일 익스포트하기

비압축 마스터 파일을 만들 때는 Windows에서는 DNxHR, macOS에서는 ProRes 코덱을 사용한다.

Windows 환경에서 마스터 파일을 익스포트할 때는 일반적으로 비압축 방식인 DNxHR를 사용하고, 압축 방식으로 파일을 익스포트할 때는 H.264를 사용한다. DNxHR 코덱은 Digital Nonlinear Extensible High Resolution의 약자로, AVID에서 개발한 비디오 코덱이다.

DNxHR 코덱에서 여러 가지 압축 방식을 선택할 수 있다. 그중에서 DNxHR 4:4:4 방식의 비압축 파일은 가장 화질이 좋지만 용량이 너무 커지기 때문에 일반 영상 편집자들이 마스터 파일 보관용으로 만들기에는 문제가 있다. 그래서 50 퍼센트 정도의 압축률을 사용해서 눈으로 구분이 되지 않는 압축 결과물을 만들어내는 DNxHR HQ 방식을 추천한다. 다만 개인 작업이나 웹용 영상을 제작했을 경우, DNxHR HQ 역시 용도에 비해 용량이 너무 커지는 문제가 또 발생한다. 이럴 땐 10분의 1 크기인 H.264 또는 H.265를 마스터 파일용 코덱으로 추천한다.

H.265는 아직 호환성 문제 때문에 몇몇 컴퓨터에서 지원이 되지 않는 문제가 있다. 하지만 용량 대비 가장 좋은 화질을 가지는 코덱이기 때문에 자신이 사용하는 컴퓨터가 이 코덱을 지원한다면 꼭 H.265로 마스터 파일을 만드는 것을 추천한다.

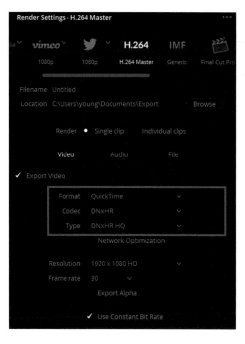

macOS 환경에서는 영상 편집을 할 경우에는 Apple ProRes 코덱을 마스터 파일용으로 사용한다. 그중에서 Apple ProRes 422가 파일 용량 대비 가장 좋은 화질을 보여주기 때문에 이 방식의 코덱을 마스터 파일용 코덱으로 추천한다. 다만 Apple ProRes 422는 용량을 많이 차지하기 때문에 자신이 갖고 있는 저장장치의 용량이 충분하지 않을 수도 있다. 이러할 경우에는 Apple ProRes 422 HQ를 사용하는 것을 추천한다. 그리고 macOS는 별도의 설정 없이 H.265 코덱을 지원하므로 인터넷 업로드용으로 마스터 파일을 익스포트할 경우에는 H.265 코덱을 사용하는 것을 추천한다.

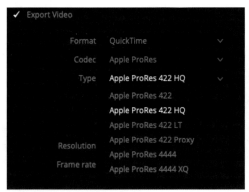 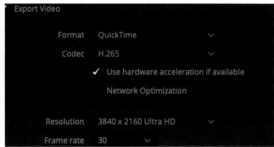

Tip 타임라인에 있는 클립들을 개별적으로 익스포트하는 방법

렌더 세팅에서 Render 옵션을 Individual clips로 설정하면 타임라인에 있는 클립들을 개별적으로 익스포트할 수 있다. 다만 이 기능을 사용해서 클립을 익스포트할 경우, 오디오 파일들은 개별적으로 익스포트되지 않는다는 점을 유의하도록 하자.

타임라인을 XML 파일로 만든 후 다른 영상 편집 소프트웨어에서 불러오기

편집의 과정에서 어쩔 수 없이 다른 프로그램과의 호환이 필요할 때가 있다. 예를 들면 Adobe Premiere 에서 편집된 영상을 DaVinci Resolve에서 열어서 컬러 그레이딩 작업을 하고 Pro Tools에서 오디오 믹 싱을 하여 최종 영상본을 만들어야 할 상황이 발생할 수도 있다. 한편 Adobe Premiere에서 작업된 타임 라인을 XML 파일로 만들어서 DaVinci Resolve의 Color 페 이지에서 컬러 코렉션을 한 후 다시 영상의 타임라인을 Adobe Premiere로 보내서 최종 마스터 파일을 만들 수도 있다.

DaVinci Resolve에서 작업한 타임라인 전체 구조를 Adobe Premiere에서 열어보자.

01 타임라인 전체를 확인하고 렌더 세팅에서 Premiere XML 탭을 선택하자.

02 XML 파일로 익스포트할 경우 파일이 여러 개 익스포트된다. 그러므로 렌더 세팅에서 Browse 버튼을 눌러 파일이 저장될 폴더를 새로 만든 후 경로를 지정하자.

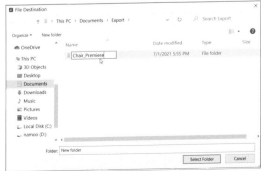

03 렌더 세팅을 아래 그림과 같이 설정하고 Add to Render Queue를 눌러 렌더 큐에 큐를 추가하자.

04 렌더 큐에서 방금 추가한 큐를 선택하고 Render 1 버튼을 눌러 렌더링을 진행하자.

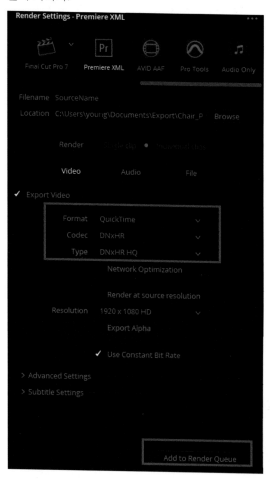

05 렌더링이 끝나고 익스포트된 파일이 위치한 폴더를 확인해보자. XML 파일과 타임라인에 있던 여러 클립 파일을 확인할 수 있다.

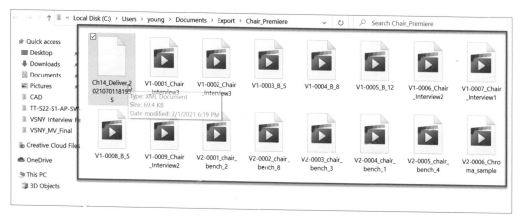

06 Adobe Premiere를 실행하고 Open Project를 클릭하자. 사용하는 Adobe Premiere의 버전에 따라 인터페이스가 약간 달라질 수 있다.

07 DaVinci Resolve에서 익스포트한 XML 파일을 선택한 후 Open 버튼을 눌러 파일을 연다.

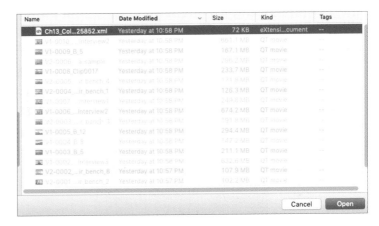

08 타임라인을 확인해보면 DaVinci Resolve에서 작업한 것과 동일한 구조의 타임라인이 생성된 것을 알수 있다.

▲ XML 파일을 이용해서 Adobe Premiere에서 오픈한 DaVinci Resolve의 타임라인

스틸 이미지 익스포트하기

영상을 편집하면서 비디오의 한 프레임을 JPEG나 PNG 등 스틸 이미지로 만들어 좋은 화질의 이미지로 저장할 수 있다. 이렇게 저장한 이미지는 유튜브 썸네일 등에 사용된다. Deliver 페이지에는 스틸 이미지를 익스포트하는 옵션이 없기 때문에 스틸 이미지를 익스포트하는 과정은 Color 페이지의 갤러리에서 이루어진다.

비디오의 한 프레임을 JPEG 또는 PNG 포맷의 스틸 이미지로 만들고 익스포트해보자.

01 Color 페이지로 이동한 후 5번 클립(B_5.mov) 위에 플레이헤드를 위치시키자.

02 뷰어를 마우스 오른쪽 클릭하고 Grab Still을 선택하자. 갤러리에 새로운 스틸이 추가될 것이다.

03 갤러리에서 새로 생성된 스틸을 마우스 오른쪽 클릭하고 Export를 누른다.

04 Export Stills 창이 나타나면 원하는 이름을 입력하고 이미지가 저장될 경로를 지정하자. 그리고 저장될 파일의 확장자를 JPEG 혹은 PNG로 설정한 후 Export 버튼을 누른다.

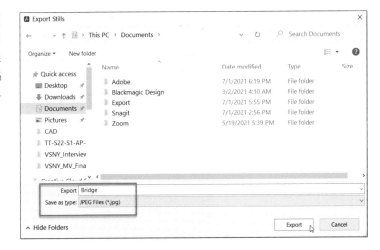

05 파일이 저장된 경로를 확인해보면 DRX 파일과 스틸 이미지가 함께 익스포트된 것을 확인할 수 있다. DRX는 DaVinci Resolve eXchange이라는 뜻으로 DaVinci Resolve가 컬러 그레이딩 메타데이터를 저장할 때 사용되는 확장자이다. 이름 뒤에 붙는 세 개의 숫자는 각각 해당 클립의 타임라인, 트랙, 씬을 의미한다. 이미지를 사용할 때는 숫자 부분을 지워도 무방하다.

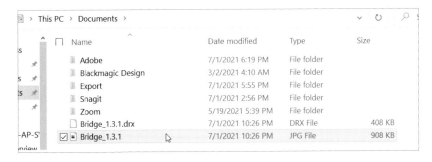

파일을 익스포트할 때 영향을 주는 옵션 / 영향을 주지 않는 옵션

Edit 페이지에서 비디오 또는 오디오 트랙을 비활성화하면 Deliver 페이지에서 파일을 익스포트할 때 영향을 주어 비활성화된 트랙이 익스포트되지 않는다. Deliver 페이지에서는 타임라인을 수정할 수 없으므로 다시 Cut 페이지나 Edit 페이지에서 트랙을 활성화한 후 익스포트를 진행하자.

▲ Edit 페이지

▲ Deliver 페이지

Edit 페이지에서 비활성화한 클립은 익스포트 시 파일로 만들어지지 않는다.

▲ Edit 페이지

▲ Deliver 페이지

Deliver 페이지에서 Mute 버튼을 눌러 영상을 음소거하여도 익스포트되는 파일에는 영향을 주지 않는다.

익스포트 시 영향을 주는 옵션과 그렇지 않는 옵션을 잘 구분해서 익스포트를 진행하자.

CHAPTER 14 ▶ 요약하기

DaVinci Resolve의 Deliver 페이지는 최종 결과물의 용도에 따라 YouTube 등의 웹용 압축 영상 파일을 쉽게 만들 수 있고 계정을 연동해서 웹사이트에 곧바로 업로드할 수도 있다. 최종적으로 영상물을 익스포트할 때는 용도와 압축 방식에 따라 미리 프리셋으로 만들어진 탭을 선택해서 그 목적에 최적화된 압축 또는 비압축 방식으로 파일을 렌더링하여 익스포트한다. 그리고 익스포트한 파일은 렌더 큐에서 렌더링할 수 있으며, 한 번 렌더링을 마친 큐는 렌더 세팅을 수정해서 다시 렌더링할 수 있다.

편집이 끝난 후엔 어떠한 경우라도 최종 편집본을 마스터 파일로 만들어서 보관해야 하는 것을 잊지 말자. 변환이 끝난 최종 파일은 첫 프레임부터 마지막 프레임까지 꼭 재생해보면서 문제가 없다는 것을 자신의 눈으로 반드시 확인하기를 권한다.

다른 영상 편집 소프트웨어에서 가져온 타임라인과 컬러 그레이딩이 끝난 DaVinci Resolve의 타임라인을 호환시키는 XML 작업 방식을 자신이 직접 테스트해서 숙지하자. 다른 편집 소프트웨어에서 구현할 수 없는 DaVinci Resolve의 강력한 컬러 그레이딩 기능을 활용하기 위해서 편집 결과물을 DaVinci Resolve로 가져와 컬러 그레이딩 작업을 한 후, 다시 이전의 편집 프로그램으로 가져가야 하는 작업 방식이 현업에서 많이 요구될 것이다.

다빈치
리졸브
DaVinci | Resolve
마스터하기

1판 1쇄 인쇄 2021년 11월 5일
1판 1쇄 발행 2021년 11월 10일

—

지 은 이 정영헌
발 행 인 이미옥
발 행 처 디지털북스
정　　가 44,000원
등 록 일 1999년 9월 3일
등록번호 220-90-18139
주　　소 (03979) 서울 마포구 성미산로 23길 72 (연남동)
전화번호 (02)447-3157~8
팩스번호 (02)447-3159

ISBN 978-89-6088-383-3 (13000)
D-21-11
Copyright ⓒ 2021 Digital Books Publishing Co., Ltd

DIGITAL BOOKS
디지털북스